高等教育管理科学与工程类专业

GAODENG JIAOYU GUANLI KEXUE
YU GONGCHENG LEI ZHUANYE 系列教材

新型基础设施建设项目管理

XINXING JICHU SHESHI JIANSHE XIANGMU GUANLI

主 编／洪竞科 刘炳胜

副主编／李政道 毛 超

重庆大学出版社

内容提要

本书针对目前国内项目管理教材在新型基础设施领域讨论方面的不足,结合新型基础设施项目管理实践,全面阐述了新型基础设施建设和管理的具体要求和方法,旨在为推动我国新型基础设施的建设管理水平作出贡献。本书分为3篇共10章,第1篇为总论,主要讨论了新型基础设施的战略意义、基本内涵、典型特征与应用场景;第2篇为理论篇,包括新型基础设施建设项目的组织管理、合同管理、投融资管理、风险管理、安全管理等内容;第3篇为实践篇,重点介绍了数据中心、智慧交通基础设施、智慧能源基础设施以及新型信息基础设施的管理流程和重点。

本书可作为工程管理类专业本科生和管理科学与工程研究生学习用书,也可作为其他相关专业教学参考用书,供工程项目建设管理人员参考使用。

图书在版编目(CIP)数据

新型基础设施建设项目管理 / 洪竞科,刘炳胜主编
. -- 重庆 : 重庆大学出版社,2024.4
高等教育管理科学与工程类专业系列教材
ISBN 978-7-5689-4459-5

Ⅰ.①新… Ⅱ.①洪…②刘… Ⅲ.①基本建设项目
—项目管理—高等学校—教材 Ⅳ.①F284

中国国家版本馆 CIP 数据核字(2024)第 082699 号

新型基础设施建设项目管理

主 编 洪竞科 刘炳胜
副主编 李政道 毛 超
策划编辑:林青山

责任编辑:陈 力 版式设计:林青山
责任校对:邬 忌 责任印制:赵 晟

*

重庆大学出版社出版发行
出版人:陈晓阳
社址:重庆市沙坪坝区大学城西路21号
邮编:401331
电话:(023) 88617190 88617185(中小学)
传真:(023) 88617186 88617166
网址:http://www.cqup.com.cn
邮箱:fxk@ cqup.com.cn(营销中心)
全国新华书店经销
重庆永驰印务有限公司印刷

*

开本:787mm×1092mm 1/16 印张:16 字数:411 千
2024 年 4 月第 1 版 2024 年 4 月第 1 次印刷
ISBN 978-7-5689-4459-5 定价:48.00 元

前 言
Foreword

随着数字经济时代的加速到来,新型基础设施作为新发展背景下的新动能,正在成为信息科技革命和产业变革的重要支撑和关键物质保障。当前我国经济社会已转向高质量发展阶段,科学地布局、建设和管理新型基础设施项目十分必要。相对于传统基础设施而言,新型基础设施具有技术迭代、软硬兼备、数据驱动、领域扩大、协同融合等更加复杂的系统特征,这意味着传统的项目建设管理方法与体系将不能完全适用于新型基础设施项目的管理。因此,如何管理具有信息化、网络化、智能化的新型基础设施工程项目,是工程项目管理领域一个亟待解决的理论和实践问题。

新型基础设施项目建设管理是指为实现工程项目发展效能和满足利益相关者需要,使用科学管理思想对新型基础设施建设项目决策、设计、施工、运行等进行全过程、全方位管理。本书在梳理总结已有文献和书籍材料的基础上,以新型基础设施项目为对象,基于建设项目的数字化特点,分别对项目全过程的组织管理、投融资管理、风险管理、安全管理进行了详细阐述,对数据中心、智能交通基础设施、智慧能源基础设施、新型信息基础设施的现况进行了概述并提出了对应的项目管理方法,以解决由数字赋能工程项目涌现的管理问题。本书内容为丰富新型基础设施项目管理内涵和外延、实现项目价值提升提供了一些有益建议和参考。

本书由重庆大学洪竞科教授、刘炳胜教授负责总体编写,深圳大学李政道副研究员、重庆大学毛超教授协助编写,参与编写的人员包括唐琢、郑琪、徐颖、郭兴欣、代忠龙、付子洋、贺莉、汪诗赟、蒋静雅等。本书出版同时也得到了国家自然科学基金重点项目"新基建项目驱动区域平衡充分发展的机制与政策研究"(72134002)以及教育部哲学社会科学研究重大课题攻关项目"新基建促进区域平衡充分发展的长效机制研究"(资助编号:21JZD029)的资助。

本书面向应用、深入浅出、图文并茂、重于实用,以新型基础设施项目的建设管理为主线,涵盖了新型基础设施建设的全过程、全方位、多目标的全部内容。

本书在编写过程中参阅、摘引及摘编了相关文献著作中的内容,对直接引用内容已在正文中做脚注,对间接引用或有启发意义的论著皆在参考文献中列出。如有遗漏,敬请谅解。在此对所有被引用文献原著者表示衷心感谢!

限于编写人员的水平,本书难免有遗漏错误之处,希望读者谅解并予以指正,使本书通过不断修订更加臻于完善。

编 者

2023 年 4 月

目 录

Contents

第 **1** 篇

总　论

1

新型基础设施概论

　　党的十九大报告指出,中国特色社会主义进入新时代。新时代历史标志之一是我国当前经济增长速度逐渐由原来高速型经济增长为主的历史阶段逐步转向实现经济高质量和跨越式大发展的新阶段。近年来,在面对人类新一轮信息科技和产业结构升级变革大潮等战略驱动背景下,数字化信息建设已悄然地成为未来一股不可逆转的、爆发式的增长动力。作为未来发展一股强劲的全球动力,数字化支撑着我国数字和信息技术的发展,包括全球 5G 网络架构、物联网、人工智能、数据中心建设等基础设施项目和通用技术领域。这些领域也是当今世界主要发达经济体每年大力投入科技研发资金并助力其技术创新发展的主要关键战略领域。近年来,在重大风险事件的处理方式上,新型基础设施更是进一步体现了数据要素资源禀赋和中国数字实力,为构建现代数字智慧社会、构筑全球经济未来的信息化世界大国格局起着重要的积极推动作用。

1.1　新型基础设施的战略意义

1.1.1　推动经济高质量发展

　　从新一轮驱动人类科技的颠覆性革命和产业技术创新变革两个宏观趋势分析,第四次世界工业革命浪潮是以信息产业为中心,集成数字化、智能化、网络化等核心技术,共同开启一个人类与自然万物互联、人机智联的全新时代。以 5G、人工智能、大数据、云计算、互联网、物联网等领域为代表的新型数字技术也开始全面融合发展、深度渗透,成为行业未来强劲的竞争潜力。数据资源在我国已经成为重要的生产要素,成为我们迈向 21 世纪发展的"黄金"和"石油",是取之不尽、用之不竭的信息资源;继农业经济、工业经济之后,数字经济已逐步成为现代经济主要的形态。新型基础设施作为主要技术载体,正在加快推动我国数字经济的发展,是支撑数字时代经济增长的战略性结构力量,有助于加快实现我国数字化重大转型、实现制造业的全要素生产率持续提升。这是一场伟大的数字革命,数字经济从 2008 年的 4.8 万亿元提高到 2019 年的 35.9 万亿元,占 GDP 的比重从 15% 提高到

36.2%,年均增速20%。互联网数据中心(Internet Data Center,IDC)研究认为,未来国内的人均地区生产总值(Gross Do mestic Product,GDP)的60%以上将是数字化的,每个行业的增长都将由数字化的产品、运营所驱动。

在疫情冲击和经济下行压力下,新型基础设施的发展短期可快速刺激大量需求,促进市场稳定和投资领域稳步发展。当前新的动能正推动着中国经济向高质量的方向发展,我国正处于缩小贫富差距,增加中等收入群体规模,促进共同富裕的关键时刻,2019年中国GDP实际增速降至6.1%,是自1991年以来最低增速,如图1-1所示。2020年2月出台的中国制造业采购经理指数(Purchasing Managers,Index,PMI)和非制造业商务活动指数分别降至约35.7%和29.6%,创历史新低,短期的影响程度已超过到了2008年的国际金融危机。

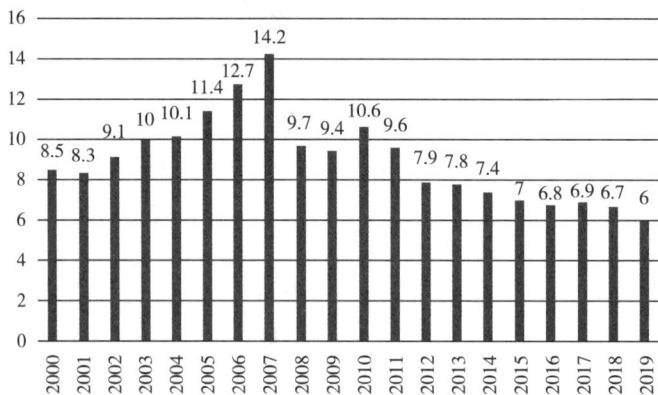

图1-1 国内生产总值增速/%

在传统基础设施投资建设的年代,生产要素以"路"为轨道进行流动,包括了铁路、公路、航路、水路运输等方面;未来的生产要素将主要在"网"平台上流动,包括工业互联网、物联网。过去我们常说"要致富、先修路",现在可以说"要做强、先上网"。在数字化及网络平台上,数据流带领了产业技术流、物质流、资金流、人才流,数字化产业将有力推动传统产业转型智能化。海量数据信息资源聚集在同一个网络环境下,各种智能机器在信息网络世界持续互动,开辟出了新的发展空间,创造出了数量众多、潜在价值巨大的商机,有力地促进了社会发展生产资源的优化。麦肯锡咨询公司(MGI)提供的《人工智能对全球经济影响的模拟计算》的研究报告中认为:发展人工智能产业将更可持续提高未来生产力,到2030年有极大可能会使总产量的增加规模达到13万亿美元,从而促使全球GDP每年增长的平均速度达到1.2%。除此之外,2030年时人工智能将对全球经济高速增长带来更大的贡献,可能达到未来5年的3倍甚至是更多,远远超过了第一次工业革命对人类经济社会的影响。

从"十二五"和"十三五"传统基础设施投资来看,公路、铁路、水路、民航、轨道交通等领域在上述两个期间投资额分别为12.95万亿元和23.73万亿元,十年平均增速为3.8%。"五纵五横"综合运输大通道网络基本贯通,高速铁路网、高速公路网基本建成。我国的高速铁路的营业里程占了全球的60%以上,位居世界第一,全球机场旅客吞吐量在世界前10位中占3位,港口货物吞吐量在全球前10位中占7位,这些成果无疑都是令人振奋鼓舞和欣喜自豪的。

从"十二五"与"十三五"期间信息基础设施投资来看,投资额分别为2万亿元和1.9万亿元,十年平均增速只有2.1%,比传统基础设施投资约低1.7个百分点。《世界互联网发展报告2019》显示,美国互联网基础设施指数为4.1,中国互联网基础设施指数为3.2;美国信息基建公司总市值约 13.1 万亿元,中国信息基建公司总市值仅为 1.7 万亿元;美国场景应用公司总市值约 21.5 万亿元,中国场景应用公司总市值也仅为 9.2 万亿元。2018 年,联合国有关机构发布的报告显示,中国数字经济规模 4.73 万亿美元,排名全球第二,而排名第一的美国数字经济规模达到 12.34 万亿美元,是我们的 2.6 倍,如图 1-2 所示。

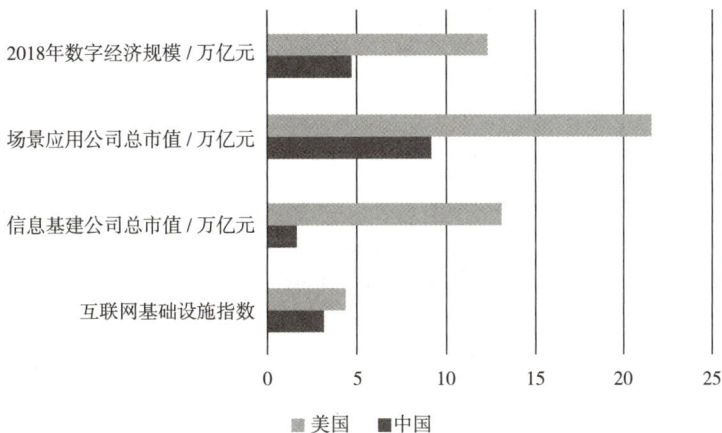

图 1-2　中美数字经济规模对比

　　这些数据说明,中国的传统基础设施可能因为政府的主导,受到边际效应递减、政府债务约束的影响,加之现有规模巨大,发展空间受限。就目前而言,新型城市基础设施的建设仍是我国目前发展的短板。作为经济发展转型的工作重点,新型基础设施的有效投资可以进一步提高发展的内在潜力,以解决我国短期经济萧条和长期提质增效持续动力不足的问题。"好钢要用在刀刃上",下一个十年,要逐步把工作重点放在新型信息基础设施的建设上。新型基础设施在推动经济建设方面和传统基础设施有着相似的作用,可推动经济业态的转型升级,注入新的发展动力。纵观历史,不论是国外还是国内的实践经验,都印证了基础设施在经济发展过程中的根本性动力。

　　当前中国经济增长的动能和发展新态势转变迅速,推进建设新型基础设施将更加促进新动能的引领和发展。从投资看,2019 年高技术产业投资增长 17.3%,社会领域投资增长 13.2%,增速较整体投资分别快了 12.2 和 8.1 个百分点。从生产来看,2019 年高技术制造业、工业战略性新兴产业增加值分别比上年增长 8.8%、8.4%,增速较规模以上工业分别快了 3.1、2.7 个百分点;服务机器人、太阳能电池和移动通信基站设备分别比上年增长 38.9%、26.8% 和 14%。战略性新兴服务业企业营业收入增长 12.7%,快于规模以上服务业 3.3 个百分点;信息服务业增加值增长 18.7%,无论是从投资还是生产来看,新型基础设施的建设和发展持续向好。

1.1.2　满足人民美好生活需要

　　新型基础设施惠民生,可满足人民美好生活的需要。党的十九大报告指出,我国社会主要矛盾已经转化为人民日益增长的美好生活需要和不平衡不充分的发展之间的矛盾。基础设施是提供公共服务的载体,不管是经济基建还是社会基建,都为人民群众提供公共服务。通过当前基建存量的国际比较可以发现,中国虽然已经成为基础设施建设大国,但人均基础设施存量、质量与发达国家相比还存在明显差距。由于中国过去长期注重能够快速促进经济增长的能源、交通运输、通信等经济基建,对社会基建重视相对不够,所以医疗、环保、文化、体育等社会基础设施与发达国家相比差距明显。新型基础设施通过支撑产业的智能化，将劳动者从繁重、危险、枯燥、重复的体力劳动中解放出来，有助于提高产业劳动生产率，从而留出大量的时间供劳动者享受生活和促进其个人发展。在新型基础设施的支撑下，各行业可以更加准确地预判消费者的需求，以更低的成本生产定制化产品，更加精细地应对社会各种需求，将所需的物品、服务在所需之时按所需之量提供给所需之人，使每个人都能获得高品质的产品、享受高质量的服务。

1.1.3 赋能政府治理能力

新型基础设施赋能政府治理能力，高效的公共治理依赖于对数据的获取和处理能力。依托普遍存在的数字基础设施，政府管理部门可以获取经济社会生活的海量鲜活数据；利用大数据、人工智能等手段对数据进行分析、挖掘，可做出更精准的判断、预测，并据此做出相应决策，实施相应政策，从而切实提高公共服务水平和社会治理能力。区块链去中心化、不可篡改的特性有助于一个更加诚信的社会的出现。可以说，新型基础设施将成为国家治理体系和治理能力现代化的有力支撑。例如，政务数据的实时分析与发布是实现立体监督的有力支撑。在信息技术支持下，从政府业务系统中直接采集工作数据并进行汇总分析成为可能。如出现问题或收到反馈，能够做到及时形成可视化、数据化、逻辑化的公共服务效果信息，并自动向负责人、监察部门或行政领导推送，同时将分析报告向公众公开。通过系统自动分析、及时推送和公开发布，可有效减少被监督者掩盖问题的可能性，同时缩短监督者搜寻分散于各处的相关信息的时间，降低监督成本。

1.2 新型基础设施的基本内涵

据中央的报告和发展的实践，新型基础设施是以5G、人工智能、工业互联网、物联网、数据中心、云计算、固定宽带、重大科技设施为重点，致力于打造数字化、智能化的新型基础设施，运用数字化、智能化技术改造提升传统基础设施。从新型基础设施的分类和特点来看，其主要有以下4个核心：一是连接，二是计算，三是交互，四是安全。从要素、应用、治理方面来看主要包括8个方面：基础网络、基础数据、基础硬件、基础软件、基础平台、基础应用、基础标准和基础安全。新型基础设施是一个复杂系统的基础支撑，其本身也是一项复杂庞大的工程。

1) 基础网络

基础网络是新型基础设施的主要内容和基础支撑，以5G建设引领，结合了网络核心设备、传输设备、无线基站，形成了以有线网络、无线网络和卫星网络组成的"天地空"一体化网络系统。从使用的用途和范围分类，基础网络通常分为物联网、互联网、工业互联网。物联网主要是将物理空间的物品和虚拟空间联系起来，实现生产线上操控；互联网主要实现人与人的线上即时沟通；工业互联网则主要应用于企业，实现企业生产的智能管控。我国目前基础网络的建设重点是5G基站建成、固定无线宽带网络系统建设，建立具有交互共享功能的网络平台。我国已建成全球最大的光纤宽带网络和4G网络。2019年末，我国的4G网络用户总数已达到了12.8亿户，光纤宽带用户总数已达到4.18亿户，均居全球第一。华赛迪智库电子信息研究所预测显示,截至 2025 年底,我国 5G 基站数量将接近 500 万个,我国 5G 用户将超过 9 亿,5G 个人用户普及率超过 56%。[①]

2) 基础数据

基础数据主要分为两类:数据存储载体和数据本身。存储载体主要为大数据中心和分布式数据中心。数据本身主要来源于海量的非结构化数据,如语音、视频等。基础数据平台需要将其转化为数字信息进行存储,为后续的分析、搜集提供基础。目前,我国的建设重点是要打造一个数据开放、共享、应用、安全的平台,这需要相应的制度建设以促进数据的流动和交易。IDC(互联网数据中心,Internet Data Center)和希捷公司报告显示,2018 年,中国数据占全球数据圈的 23.4%,即 7.6 泽字节(Zettabyte,ZB);到 2025 年,中国数据规模将达 48.6 ZB,超过美国同期的数据产生量约 18 ZB,成为全球最大的数据生产国。赛迪研究院数据显示,2019 年中国互联网数据中心数量大约有 7.4 万个市场规模,从 2009 年的 72.8 亿元增长到 2019 年的 1 562 亿元,截至 2021 年,我国数据中心行业市场收入达到 1 500 亿元左右,近三年年均复合增长率达到 30.69%,如图 1-3 所示[②]。2022 年 3 月,十三届全国人大五次会议审查的计划报告提出要实施并推进"东数西算"工程。"东数西算"工程是指把东部密集的算力需求有序引导到西部,使数据要素跨域流动,打通"数"的动脉,织就全国统一的算力网,既缓解了东部能源紧张的问题,也给西部开辟了一条新的发展道路。数字时代正在召唤一张高效率的"算力网",将日渐递增的数字资源合理利用起来。

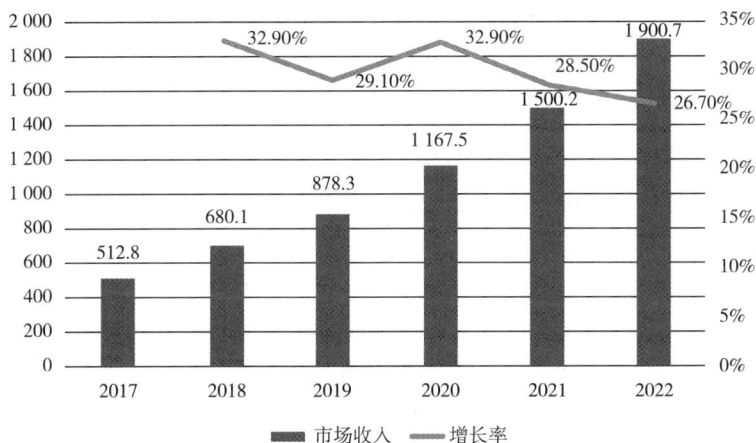

图 1-3 我国数据中心市场规模[③]

3) 基础硬件

基础硬件是建立我国数字化和智能化网络的基本物质条件,主要指的是集成电路、电子元器件、新型显示器、半导体材料和设备,广义的基础硬件包括电脑、智能穿戴设备、手机等终端设备。我国目前对基础硬件的建设重点聚焦于提升网络设备连接能力、智能计算能力,

---

① 资料来源:《"新基建"发展白皮书》。
② 资料来源:《2022 数据中心白皮书》。
③ 资料来源:wind。

但芯片作为国产大规模集成计算机电路的重要基本载体,依旧没有把握住生产芯片的主动权,芯片产品主要依赖进口,是我国进口商品数量最多、金额最高的商品,如图 1-4 所示。在中央处理器(Central Processing Unit,CPU)、可编程器件(Field Programmable Gate Array,FP-GA)、数字信号处理(Digital Signal Process,DSP)、微处理器(Microprocessor Unit,MPU)、动态随机存取存储器(Dyna mic Rando m Access Me mory,DRAM)和 NAND-Flash 等核心芯片产品市场,国产芯片几乎一片空白,高端芯片仍然主要依赖进口,这也是我国未来要加强研发、核心突破的技术。

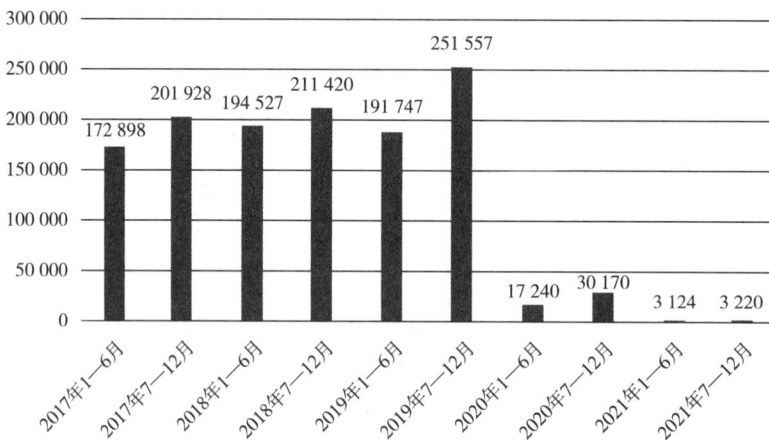

图 1-4　我国集成电路进口数量①(单位:百万个)

4)基础软件

基础软件主要是指为硬件设备配套的操作系统、设备上的应用软件、数据库和中间件等,既是新型基础设施支撑的数字技术平台的基础,也是构建网络安全的盾牌。基础软件的功能主要为数据的处理、分析和运算,为终端的应用提供服务。当前基础软件的建设重点是打造具有国际竞争力的、特色鲜明的自主软件生态,提高软件应用供给能力的安全可靠性。近几年,我国的软件业务发展迅速,2014—2022 年,我国软件业务收入从 2014 年的 3.70 万亿元增至 2022 年的 10.81 万亿元,年复合增长率为 14%②,但关键基础软件仍被国外垄断。以 PC 操作系统为例,Net Market share 统计数据显示,2019 年 7 月,Windows 10 占有率为46%,Windows 7 占有率为 36%,Mac OS 占有率为 5%,前 10 名中没有国产操作系统,自主研发操作系统主要是以开源系统 Linux 为基础的二次开发,国产操作系统在核心技术和市场占有率上缺乏优势。

5)基础应用

基础应用是指广泛应用于经济社会各个领域的操作系统及网络平台,依托数字技术推进各行各业的数字化水平,增强互联网精细化和产业协同化的发展。当前我国的建设重点是推进智慧城市的建设,提高公共服务和治理的水平,提升人民幸福生活的指数。我国电子商务是最广泛的基础应用模式。电子商务规模从 2008 年的 3.15 万亿元增长到 2019 年的

---

① 资料来源:中国宏观经济数据库。
② 资料来源:工业和信息化部网站。

34.81万亿元,年均增速20%。根据IDC数据,2019年,我国云计算产业规模为594亿元,预计到2025年达到7 961亿元,年均增速37%。

6)基础平台

基础平台是指国家实验室、重点实验室、工程实验室、企业技术研究中心等重大科技设施和科技平台,核心功能为技术研发突破、技术应用引领和技术协同融合。美国设立的洛斯阿拉莫斯、劳伦斯伯克利、橡树岭、阿贡等一批国家实验室,在宇宙观测、生命科学、粒子物理、物质微观结构等领域傲踞全球,支撑其在核电、生物医药、先进材料等技术、产业长期保持领先优势,被称为美国科技"皇冠上的钻石"。当前我国基础平台的建设重点为建设联通重大科技设施的骨干网络,目标是要覆盖全国40个主要城市,建设40个主干网络节点、133个边缘网络等,构建全长3.4万千米并能够支撑4 096个科教平台并行试验的基础平台体系。

7)基础标准

基础标准主要是指为维护网络正常运行而建立的统一标准体系,包括新型基础设施的建设管理、运营维护和更新升级全生命周期过程的制度参考。从纵横两个方向看,基础标准有不同的分类。通常纵向主要为国家标准、行业标准、企业标准等,横向包括技术标准、管理标准、工作标准等。基础标准的建设既能体现我国的数字化社会制度体系的完善,也能代表我国的"软实力"。当前基础标准的建设重点为在国内统一大环境下,建设统一的标准,并推进国内标准走向国际市场,在国际标准的制定上争取更多话语权,从而提升我国数字经济实力。最具有代表性的为5G标准,是众多技术的一个组合,由多个国家共同参与和推进。5G标准集中表现在5G必要专利(Standard-Essential Patent,SEP)数量上,截至2020年1月,全球5G专利声明达到95 526项,申报的5G专利族21 571个。其中,中国企业声明的5G专利占32.97%,华为以3 147族排名第一,前12名中有4家中国企业,如图1-5所示。

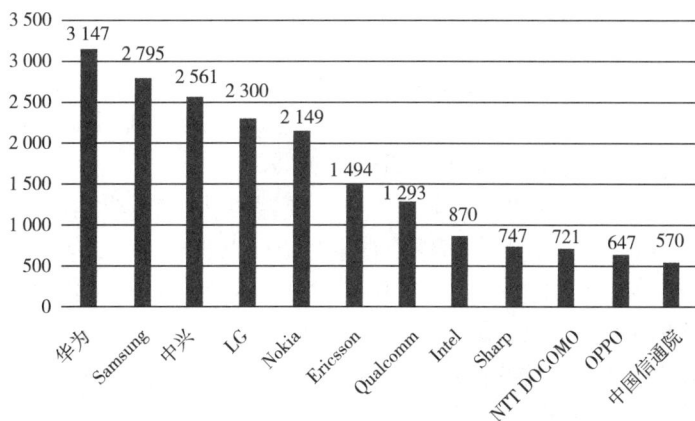

图1-5　企业在ETSI上声明的5G标准必要专利数量[①]/项

---

① 资料来源:中国信通院知识产权中心。

8）基础安全

基础安全是数字时代的基本保障，具体内容为保障计算机硬件、软件和存储的数据信息资源不被袭击和泄露篡改，网络系统能够正常运行。在常见的安全保障中，网络安全、数据安全、软硬件安全是最基本的要求。首先是网络安全，指能够抵御恶意软件、恶意网址、移动安全、公共漏洞（Common Vulnerabilities & Exposures，CVE）、互联网安全、Linux 病毒对网络造成的恶意攻击。其次是数据安全，指防止对数据中心的网络攻击，防范数据泄露，确保经过网络传输和交换的数据不会发生增加、修改、丢失和泄露等。最后是软硬件安全，指避免因软件、硬件被恶意破坏，造成网络终端被恶意攻击和控制。相关数据表明，中国在近几年的网络安全中所受威胁最为严重。2022 年，全球公开的高级持续性威胁评估报告共 331 篇，攻击目标以政府（33%）、国防军事（14%）、科技（12%）、能源（8%）为主，地域上主要攻击中国、美国、韩国、乌克兰、中东等主要地区。

1.3　新型基础设施的典型特征

相比于前几次重大工业革命，正在兴起中的第四次工业革命不是任何单一的技术的变革，而是一系列技术交叉发展演变的总体趋势。不同的关键技术相互融合集成将带来"核聚变"效应，其相应的服务和应用将辐射到社会各个维度。这些趋势会相互交织，相互影响，催生许多新形式、新业态，从而生产出新的产品、改变人类的生产或生活方式。可以说，新型基础设施是实现数字革命的基础，是对传统基础设施领域的一场重要变革。与传统基础设施建设相比，新型基础设施呈现出 5 个典型特征。

一是技术迭代。从世界第一代的移动通信技术 1G 演进到 5G，技术的演变历程本身就是一部科技变革史。互联网、物联网、人工智能、数据中心深入渗透到各项传统生产设备中，社会形态开始向大容量、超高速模式演进。从 5G 到未来具有无限可能的 6G 将世界万物互联；泛在化的无线网络与新一代嵌入式无线传感器、分布式计算能力结合在一起，实现空前海量的移动数据被存储在云端；云端的数据通过高性能的计算能力、高精度的先进算法实现对人工智能的发展，区块链技术使这些数据不会被篡改和遗忘，量子通信的绝对安全特性，量子计算的超强运算能力，都将带来令人期待的前景。

二是数据驱动。经济发展的核心动力正在从要素驱动、投资驱动转变为创新驱动。数字时代的来临必然伴随着创新的驱动，而数据本身也可以驱动创新，从而使得数据成为提升生产率的持续动力。数字技术将使人们可以同时处理海量信息，对语音数据文本进行全面深度的分析挖掘和解读，从中获得许多以往难以想象的洞察力，使新的系统将能以前所未有的处理速度吸收、处理和响应这些信息。谷歌公司就曾对机器学习和人工智能进行研究，结果表明强大高效的神经网络模式，可以将近 120 种语言文本的音频信息转化为文本。通过将数据融入基因编辑、纳米技术等，未来的数据处理不仅可以进入我们的工作、我们的环境，甚至还可以进入我们的身体。

三是软硬兼备。新型基础设施兼具软件和硬件设备，是虚拟世界和现实世界结合的技术前提。传统基础设施与之相比，侧重于物理空间实体的建设，比如列车轨道、公路、能源设备等基本硬件，传输主要对象为特定人员、物品。而新型基础设施侧重于虚拟网络的建设，借助新一代通信数字化、智能化技术构建万物互联可控的世界,传输对象以数据、特殊物品为主。新型基础设施的构成既有基础硬件,如通信高端芯片、传感器、智能终端;又有基础软件,如操作系统、数据库及管理系统、计算机辅助软件、应用分析软件等,软硬件的结合打破了物理空间和现实世界的界限,增强了两个生活生产空间的交互能力,转换的功能越来越强大。硬件系统与软件平台的更新,不断促进两者的协同和稳定持续的输出,代表了社会发展的不断攀升。

四是领域扩大。传统基础设施主要聚焦于交通、能源、社会、电信领域,而新型基础设施涉及的面要广得多,具有万物互联互通性。通过网络化、数字化、智能化的技术,新型基础设施将数据生产要素融入生产生活的方方面面,从而提高创新链、产业链、价值链的水平,并赋予工业、农业、交通、能源、医疗、教育等众多垂直行业新的生产动能,优化和完善产业结构和商业模式,创造更合理更优质的产品和服务。以路灯产品应用场景为例,可以将光传感器、无线发射器、新能源汽车充电站、5G基站以及其他先进技术嵌入到路灯里,为城市创造出新的商业服务和商业模式。

五是协同融合。新型基础设施所支撑的数字经济是一个全方位覆盖生产生活娱乐的复杂系统,其基本特征不仅在于产业融合、技术融合,还包括思想观念融合、生产生活方式的融合。新一代的网络基础设施将感知、传输、存储、计算、应用集为一体,是数字化和智能化技术的融合;传感器、摄像头、语音输入系统收集生产数据并传输到产业上下游,从而突破信息壁垒和资源限制,是产业的融合。政府、企业、个人基于人工智能和海量数据可以实现智能化治理、生产和智能化家居生活,这是生产生活方式的融合,同时也增进了人们思想观念的交流和融合。协同和融合还主要体现在新技术与新经济、2C与2B、线上与线下、传统基础设施与新型基础设施、社会治理与公共服务的有效协同融合等方面。

1.4　新型基础设施与传统基建的区别与联系

传统基础设施建设主要指物理空间实体的建设,包括社会基础设施、生产基础设施两大类,聚焦于交通、能源、电信设施的修建,城市医疗、教育服务性基础设施的建造。新型基础设施主要包括信息基础设施、融合基础设施、创新基础设施三大类,重点领域主要指5G、数据中心、人工智能、工业互联网、物联网,本质上是数字化的基础设施。"新基建"不是取代"老基建",而是在"老基建"的物理场景中叠加信息场景,以科技为发力端,协同作业。

随着数字经济时代的到来,新型基础设施在为全面重塑生产关系、释放数字生产力奠定基础。无论是信息基础设施,还是融合基础设施、创新基础设施,都是在力图重塑一个更加适合数字经济发展需要的经济社会基础环境,为数据要素全面融入经济社会的方方面面提供便利,从而构建一个全新的智慧社会。新型基础设施与传统基建的区别与联系见表1-1。

表1-1　新型基础设施与传统基建的区别与联系

区别	新型基础设施	传统基础设施	联系
特征	泛在支撑、融合创新、智能引领、软硬兼备、价值折旧快、支撑技术更迭快	基础性、不可贸易性、整体不可分割性、准公共物品性、空间依附性、自然垄断性	新型基础设施是提升传统基础设施的新动力

续表

区别	新型基础设施	传统基础设施	联系
功能定位	未来长期经济发展的新动能	短期稳增长、保就业的基石	
涉及领域	智能科技、新兴产业	实体领域	
投资量级	市场自主投资、自负盈亏,投资规模大小不一	一般由政府主导,投资规模大、回收慢	新型基础设施与传统基础设施最终发展目标一致
生产要素	土地、劳动力、资本、技术、数据	土地、劳动力、资本、技术	

1.4.1 主要区别

1) 特征不同

正如前文所述,新型基础设施具有泛在支撑、融合创新、智能引领、软硬兼备等特征。新型基础设施的核心在于数字技术,以新兴领域为主体,以科技创新为动力,以虚拟产品为主要形态,以平台为主要载体,具有价值折旧快、支撑技术更迭快的特点。主要原因来源于以下3方面:数字经济时代生产效率的不断提高,对创新提出了新的要求,需要不断进步的技术进行适配,特别是在互联网服务以及电子信息产品和软件领域体现得更加明显。互联网的低成本和可达性降低了行业的准入门槛,聚集了更多的人才和智慧,使得该领域的竞争更加激烈,只有最先进的产品和服务才能脱颖而出,获得盈利。同样,软件和网络访问的便捷性也对信息安全提出了更高要求,高风险环境下需要相关企业不断地推陈出新,才能抵挡住原有信息被人破解后的恶意侵害。传统基础设施的特征更多地受到单一物质产品的限制,主要包括网络性、基础性、不可替代贸易性、整体性和不可被分割性、准公共物品性、空间依附性,以及自然垄断性。

从创新的角度看,交通、能源信息等各类传统基础设施项目的建设和运营,应用的大多是较为成熟的技术,以投资增量型、渐进式创新为主,技术的更迭和突破不是其根本方向,因此传统基础设施的未来发展水平和质量主要取决于投资的规模。而新型基础设施则以技术为先导,颠覆性的创新是新型基础设施发展的根本动力,故其发展水平不仅取决于投资的规模,更受到科技创新发展水平的限制。科技创新的总体颠覆性程度越强,新技术的工程化运用和产业化推进的速度则越快,新型基础设施技术受到技术的推动,整体发展水平也就越高。

2) 功能定位不同

传统基础设施定位于短期刺激经济增长和保障就业的基石,新型基础设施定位于未来长期经济发展的新动能,是未来长期经济发展的基础性力量。在某种程度上,新型基础设施跳脱了基建的范围,演变成了新的消费和新产业的增长支柱。从短期看,新型基础设施可以拉动大量需求,对冲经济下行的压力,稳定就业和市场发展,从长期看,它将作为新的动能持续提供生产力,推动中国经济转型升级。

3）涉及领域不同

新型基础设施是当下社会迈向数字化、智能化的数字经济时代下的产物。经济的转型升级环境下诞生了许多新兴产业，依托于新型基础设施，催生了许多新技术、新业态、新产品和新的商业模式。现在，融合基础设施将先进的智能科技和传统产业进行深度融合，促进农业、畜牧业、制造业、金融业的加速变革。新型基础设施产业还能直接拉动基础产业的快速转型发展，既有利于带动产业群本身，也同样有利于全产业链及其上下游共同发展并壮大。传统基建主要涉及的是实体领域，包括运输基础设施、通信基础设施、能源基础设施、公共基础设施和社会基础设施等。

4）投资量级不同

相比于传统基础设施的投资主要由政府主导，新型基础设施的投资主体更加灵活，既有政府引领，也有市场自主投资。在市场投资模式下，由企业自负盈亏，投资规模大小不一。新型基础设施的实际投资与运营模式可分为如下 3 个层级：底层基础设施硬件、关键应用场景技术、下游的技术应用。从硬件技术铺设到各场景应用的进阶，投资运营的难度也逐级递增，其所具备的不同经济社会效益奠定了城市经济的发展基础。传统基础设施偏向于劳动密集型，拉动就业的作用大于新型基础设施，又因在政府主导下，其投资量级要大于新型基础设施。虽然传统基础设施投资规模大，但回收慢，其所具备的经济社会效益更多的是作为基础性力量，推动数字经济、智能经济、生命经济等的发展。

5）生产要素传递方式不同

2020 年 3 月，中共中央、国务院印发的《关于构建更加完善的要素市场化配置体制机制的意见》，分类提出了土地、劳动力、资本、技术、数据 5 个要素领域改革的方向。其中"数据"首次与其他传统要素并列，成为一种新型生产要素。传统基础设施主要包括铁路、公路、桥梁隧道的建设，生产要素主要是人力资源和物品资源在路上进行流动。新型基础设施主要包括 5G、信息网络、数据中心的建设，生产要素主要是数据通过网络进行流动。传统的生产要素流动速度慢，在新型基础设施的支撑下，数据生产要素流动速度快。新型公共基础设施数据要素的投入，既能拉动高端物质生产，又能更好地引领新一代信息技术快速提升，为深化供给侧结构性改革提供新能量。

1.4.2　主要联系

当前，我国经济总量稳步增长，增速逐渐减小，达到了一个传统生产模式下较为稳定的状态，人民的物质生活水平得到了基本保障。随着国际发展形势的日新月异，越来越多的人开始追求更加美好的生活和更个性化的需求，为实现更加充实稳定的生活，我国的经济需要转型升级。传统基础设施的发力开始疲乏，迫切需要新型基础设施协同传统基础设施共同发展，加快构建具有强大适应和快速调整能力的基础设施供给体系。中国信通院发布的《中国数字经济发展与就业白皮书（2019）》指出，2018 年我国数字经济领域就业岗位 1.91 亿个，占当年总就业人数 24.6%，新型基础设施在稳就业、保民生方面发挥的作用仍弱于交通、水利、能源、电力等重大传统基建工程项目。因此必须通过全产业链、全域化的行政推动，促使劳动密集型产业快速恢复，从而通过经济增长起到边际人群收入稳定的作用。只有新型基础设施和传统基建共同发展，才能在实质意义上促进经济发展。

1) 新型基础设施是提升传统基础设施的新动力

建设和发展新型基础设施,并不意味着要弱化或废除传统基础设施,新旧基础设施应互相配合,长期共存。传统基础设施在国民经济中仍起着"压舱石"的作用,而新型基础设施则聚积了补短板项目和新动力的优势。其中,补短板项目的优势更符合当前现实需求。这一方面是因为,从供给端来看,新型基础设施体系涵盖了城际高铁等当下为短板的基建项目,能够解决存量基建布局不均的问题;另一方面,从资金需求的端口来看,补短板项目还能够持续带动下游融资需求,起到稳定投资的作用。

数字技术在新型基础设施的蓬勃发展中得到了广泛应用,大力改善了传统基建的不足,是完善社会公共服务体系的新动力。新型基础设施的数字化和智能化特征可以助推传统交通、能源、电网、物流、水利基础设施的升级和发展,促进其传统产业模式的智能化,同样,与之相关联的新型储能材料、智能驾驶、无人配送、车联网等新兴产业集群开始蓬勃发展,网络教育、线上医疗、网络娱乐等极具潜力的新兴消费模式迎来繁荣。因此,新型基础设施带来的基础数字能力提升是支撑城市供给高能级消费业态与服务模式的重要手段,它能推动消费业态由传统型、生存型、物质型向现代型、发展型、服务型转变,从而提升城市发展能级。

2) 新型基础设施与传统基础设施最终目标一致

一个城市的发展环境不仅包含以自然环境和基础设施为代表的"硬环境",同时也包含以政务环境、市场环境和社会环境为代表的"软环境"。社会信用体系、知识创新体系、人文环境、知识产权保护制度等城市软实力的提升在一定程度上依赖于基础设施的保障。在新型基础设施与传统基础设施共同推进下,通过赋能政府更高效的治理能力,发展现代医疗、公共卫生、教育、公共住房、养老院、都市综合停车场体系等,增强社会公共服务系统软实力,更加接近城市功能建设、管理服务提升发展的终极目标。在落实我国城乡统筹及重大公共卫生事件和自然灾害事件的处理和管控下,新型基础设施的技术效应和传统基础设施的基石力量共同发力于城乡发展平衡、交通能源、重大工程水利、农业农村、生态环保、市政设施、社会民生项目及各类老旧居民住房小区综合改造项目等一系列涉及民生项目的投资建设。

1.5 新型基础设施的应用场景

新型基础设施能否创造强大的新动能,推动产业升级,催生新型业态,关键在于应用。随着5G技术的商用、新型基础设施的加速,垂直行业的应用场景会越来越多,应用价值会越来越高。从消费互联网到工业互联网、智慧城市互联网,从产业数字化到生活数字化、社会治理数字化,可以说无处不在、无所不能。

在现阶段发展过程中,新型基础设施主要涉及了十个领域的应用场景。例如,智能制造、智慧农业、智慧城市、智能交通、智能电网、智慧金融、智慧教育、智慧医疗、智慧物流、智能文旅;从无人工厂、定制生产到车联网、自动驾驶,从金融科技、生物支付到远程诊断、手术,从智能门锁到智能音箱,农产品从生产到销售、从田间到餐桌的全过程监控、追溯,以满足、保障人们对食品品质的需求,如图1-6所示。任何一个行业发生的源于质量、效率的变化,解决诸如假冒伪劣商品、融资难、融资贵、看病难、看病贵等问题,都会给人们带来惊喜,都会吸引更多的有效投资,激发更多的经济活力,释放更多的消费需求。德勤会计师事务所研究表明,2020 至 2035 年,全球 5G 产业链投资额将达到 3.5 万亿美元,由 5G 技术驱动的全球行业应用将创造 12 万亿美元以上的消费额。

1) 智能交通

智能交通系统是将先进的信息技术、通信技术、传感技术、控制技术及计算机技术等有效地集成运用于整个交通运输管理体系,而建立起的一种在大范围内全方位发挥作用的实时、准确、高效的综合运输管理系统,是一个系统工程。智能交通作为物联网产业链中的重要组成部分,具有行业市场成熟度较高、社会需求紧迫、行业应用技术相对成熟、政府扶持力度大的特点,在各地建设"智慧城市"的经济浪潮中,智能交通系统是"智慧城市"不可或缺的重要组成部分,将成为未来物联网产业发展的重点领域。智能交通旨在通过各种信息技术解决交通问题,突出用系统的手段从整体解决交通问题。物联网将物体与互联网连接起来,进行识别、定位、监控和管理等,将基础信息有机地整合起来达到信息共享。在交通领域,物联网突出交通三要素(人、车、路)之间的相互感知和信息互通。物联网与智能交通之间有着深刻的联系,可以将物联网感知层所感知的数据作为智能交通数据采集的有效补充,而在物联网的应用层,可以利用智能交通的综合平台来进行数据的处理,并将处理后的数据反馈给各交通要素,以达到人、车、路之间的相互感知、信息互通与利用。

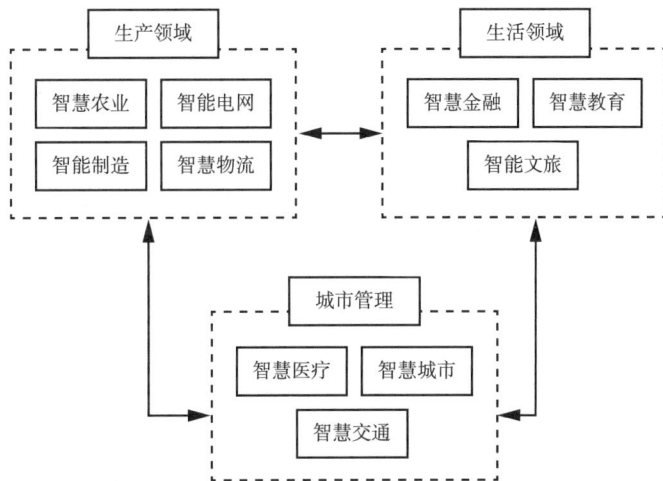

图 1-6 新型基础设施的应用场景

2) 智能电网

随着社会的快速发展与进步,传统电网越来越不能满足人们的日益增长的需求。因此,在电网发展的瓶颈时期,亟须一个能够集能源资源开发、输送技术,传统电网已有的发电、输电、配电、售电功能,以及对终端用户各种电气设备和其他用能设施连接共享信息的数字化网络为一体的智能系统。这种智能系统在提高能源利用效率的同时还兼顾环境保护。在这种情况下,智能电网的概念应运而生。由于各国和地区经济发展状况不同,对建立智能电网的目标也存在差异,因此到目前为止,对智能电网尚未有一个世界范围内的定义。现阶段中国智能电网的定义主要为以特高压电网为骨干网架、各级电网协调发展的坚强电网为基础,利用先进的通信、信息和控制技术,构建以信息化、自动化、数字化、互动化为特征的统一。其建设的主要目标是协调各级电网,优化电力资源配置,最大限度提高电力资源利用效率,但在智能电网深度建设方面,我国与其他国家和地区还有一定差距。

3)智能制造

智能制造是基于新一代信息通信技术与先进制造技术深度融合,贯穿于设计、生产、管理、服务等制造活动的各个环节,具有自感知、自学习、自决策、自执行、自适应等功能的新型生产方式。智能制造系统研究主要解决两个方面的问题:一方面是在制造系统中用机器智能替代人的脑力劳动,使脑力劳动自动化;另一方面是在制造系统中用机器智能替代熟练工人的操作技能,使得制造过程不再依赖于人的"手艺"(或"技艺"),或是在维持自动生产时,不再依赖于人的监视和决策控制,使得制造系统的生产过程可以自主进行。从范式维度看,智能工厂是制造工厂层面的信息化与工业化的深度融合,是数字化工厂、网络化互联工厂和自动化工厂的延伸和发展,通过将人工智能技术应用于产品设计、工艺、生产等过程,使得制造工厂在其关键环节或过程中能够体现出一定的智能化特征,即自主性地感知、学习、分析、预测、决策、通信与协调控制能力,能动态地适应制造环境的变化,从而实现提质增效、节能降本的目标。

4)智慧农业

智慧农业是以信息、知识与装备为核心要素的现代农业生产方式,是现代农业科技竞争的制高点,也是现代农业发展的重要方向。中国在政策引领与规模经营趋势下,常用环境类农业传感器、农业遥感技术、农业无人机、农机北斗导航、农业大数据与智能算法等智慧农业技术研发应用取得了长足进步,部分产品基本实现国产替代。发展智慧农业是"十四五"时期乃至2035年我国农业高质量发展的重要内容,针对我国农田地块细碎化、农业机械化水平不高、农村基础设施薄弱、智慧农业技术有效供给不足、政策体系与市场机制不健全等问题,未来智慧农业的发展亟需在技术攻关、应用示范、政策试验和社会试验等方面共同发力。

5)智慧城市

智慧城市是运用物联网、云计算、大数据、空间地理信息集成等新一代信息技术,促进城市规划、建设、管理和服务智慧化的新理念和新模式。建设智慧城市的目标是:聚集和辐射带动作用大幅增强,综合竞争优势明显提升,在保障和改善民生服务、创新社会管理、维护网络安全等方面取得显著成效。具体而言,要实现公共服务便捷化、城市管理精细化、生活环境宜居化、基础设施智能化、网络安全长效化等五大目标。智慧城市建设必须以人为基础、土地为载体、技术为先导、资本为后盾,智慧城市建设必须真正把人的因素和利用信息技术结合起来,把城市建设好、管理好。智慧城市建设必须突出城市的主体地位,回归到城市的本源,城市主要面向自然人、法人和社会管理者提供服务,如果离开人的因素去谈智慧城市建设,势必形成新的信息孤岛,建设成果实效性也不会太理想。从某种意义上讲,智慧城市是城市全域信息化,而最基本的是人的信息化,通过人的信息化来倒逼城市信息化,然后利用大数据技术对城市实施精细化管理。

6) 智慧金融

智慧金融是人工智能、大数据、云计算、物联网、区块链等新兴技术与金融业务的深度融合。当前金融业数字化转型创新不断加速,并驱动金融机构持续向智慧金融的方向转型升级,以满足新理念、新渠道、新产品、新业态等发展需求,以云为核心的数字化底座、以AI为核心的智能化引擎正在成为金融行业的"新国货"。数字经济的快速发展也带来了更为丰富的市场机遇,在此背景下,金融机构需克服挑战、抓住机遇,在组织架构、行业模式、考核机制等诸多方面转型升级。未来,在自主创新战略的有力支持下,我国金融机构的智慧化转型也将不断深入。云原生时代的智慧金融需要实现快速上线、弹性部署的场景化应用,以快速解决金融机构的实际问题,加速其业务创新步伐。

7) 智慧教育

智慧教育的根本要义是,通过人机协同作用优化教学过程与促进学习者美好发展的未来教育范式。该定义的内涵极为丰富。首先,表达了智慧教育是一种教育理念,也代表了人们对未来教育的美好追求,倡导并主张以发展学生的高级思维能力与创新品质为追求,帮助学生成为善于学习、善于协作、善于沟通、善于研判、善于创造、善于解决复杂问题的学习者,体现了一种新的人才培养观。其次,智慧教育体现为一种教育方法,通过智慧教学法的催化促导,实际上是教育智慧的体现,更加强调信息技术在促进教学方式和教学过程变革,建构文化共享(伦理、责任、价值认同、利益观)的学习共同体,提供丰富的学习内容、学习工具和实践机会等方面发挥重要作用。再者,智慧教育倡导采用新的评估模式,在评估方面体现自动化、智能化、个性化与发展性,不仅能使评估过程更为快速、直观,还能诊断与检测隐性的能力与素质要求,使评估不再停留于浅层的识记和理解维度,更能发现隐藏的问题,为促进学习者进一步发展提供科学的依据。此外,智慧教育呼吁全新的教育环境,该环境要具有智能、灵巧的特征,能够识别学习者特性和学习情境,灵活生成最佳适配的学习任务和活动,引导并帮助学习者进行正确决策。

8) 智慧医疗

智慧医疗以"感、知、行"为核心,旨在建立一个智能的远程疾病预防与护理平台,"感"即以物联网技术为基础,利用多种传感器实时跟踪各种生命体征数据并通过无线网络技术传送到医疗数据中心,然而如何能够长期、精确、便捷、及时、无创地采集各种人体关键生命体征是一个巨大挑战。"知"即利用大数据存储与处理平台,应用数据挖掘和知识发现原理对医疗历史数据进行建模与分析,如何从大数据信息中挖掘关键生理特征,可靠、快速、高效地发现早期疾病和预测健康风险,也是一项巨大挑战。"行"即将实时跟踪与历史数据的分析结果,通过云服务的方式提供给医务人员作为诊疗参考,或为终端用户直接提供医疗护理方案。

9) 智慧物流

智慧物流的核心是"协同共享",其兴起催生了新的商业模式和市场参与主体,"互联网+车货匹配""互联网+多式联运""互联网+仓储交易"等新模式的出现提高了物流供需资源整合程度,为企业转型升级提供了新思路。智慧物流技术得到初步应用。人工智能、大数据、物联网、遥感技术等高新技术和无人机、无人仓、自动导引运输车(Auto mated Guided Vehicle,AGV)、机械臂等智能设备在物流领域的应用,以及人机交互作业的智能终端等创新技术不断研发,为智慧物流发展奠定了技术基础。

10) 智能文旅

智能文旅是利用数字技术对文旅产业进行全方位、多角度、全链条的改造过程,旨在打破文化和旅游产业的边界,实现文旅产业深度融合发展。随着数字技术在文旅产业中的应用,文旅产业基于获取利益和实现价值的动机,会逐步推动产业组织结构的调整,由此会带来文旅产业发展模式的变革和新业态的发展,形成新的发展动能,近年来,增强现实(Aug mented Reality,AR)、虚拟现实技术(Virtual Reality,VR)、5G 等数字技术在文旅产业的加快应用,诞生的诸如虚拟现实景区、虚拟现实娱乐、数字博物馆等全新的文旅业态即是佐证。随着数字技术的进一步渗透,各类传统的文化资源和旅游资源借助数字技术得以"活起来",由此将不断创造文旅产业新资源,催生文旅融合新业态,推动形成智能文旅新生态和数字化新型产业链,在此基础上,将会不断改善文旅产业发展的基础设施、改变文旅产业发展的商业模式、提升文旅产业的有效供给水平、开拓文旅产业发展新的空间。以故宫博物院为例,随着数字技术的发展,故宫博物院利用数字技术对展览和藏品进行了宣传和解读,强化观众的互动性和参与感,不仅提升了故宫文旅产品的质量,也增强了大众的体验性和趣味性。

第 **2** 篇

新型基础设施项目建设管理理论

2

组织管理

2.1 概述

2.1.1 组织与项目组织的概念

组织是管理的一项重要职能。一般认为,组织有两层含义:一是表现为组织形式,即按照一定制度,通过部门设置、层次划分及职责分工形成的组织结构;另一层含义是为达到一定目标,组织成员利用组织所赋予的权力,合理配置组织所需的各种资源。无论将组织作为名词还是动词来理解,其目的都是处理好人与人,以及人与事、物之间的关系。

1)将组织作为名词

项目管理组织是以一定的领导体制、管理层次、管理幅度、分工制度为基础,为实现特定的具体目标而构成的有机整体。可以从以下3层含义理解:

(1)目标是项目组织存在的前提

目的决定组织,任何项目组织必须具有目标,目标是组织存在的前提。任何项目组织都是为目标而存在的,它是目标实现与否的决定性因素,无论项目的目标是否明确。如一项5G网络的建设项目,其目标是完成5G基站的铺设。通过项目目标决定组织结构,是保证目标实现的重要手段。

(2)分工与合作是组织成立的必要条件

项目组织必须兼有分工合作,相辅相成。例如,为了实现各个项目的目标,一个项目组织基本上都具有研发、采购、建设、生产、销售、财务和合同管理等许多部门。通过分工使各个部门各负其责。从另一种角度出发,各个部门需要互相配合。只有通过分工与合作的有机结合,才能提高工作效率。

(3)权力与责任是实现项目组织目标的必要保障

通过设立不同部门实现详细而具体的分工,赋予组织内部的部门和人员相应的权力和责任,保证权责分明,以实现组织的目标。完成工作目标,具备完成该项工作所必需的权力与承担相应责任同样重要。有责无权,工作任务无法按时完成,有权无责,滥用职权的情况会层出不穷,会影响对组织目标的实现。

2)将组织作为动词

为了完成组织的目标,项目管理者需要利用组织所赋予的权力,合理配置组织所需要的各种资源,这就是组织作为动词的理解。一般来说,进行组织的流程是先确定组织目标,根据目标进行工作划分,然后进行工作分类,最后确定不同类别的工作之间的关系。由此,对项目活动进行计划、安排、协调、控制等,如组织一次项目会议或组织项目的实施活动过程。

基于上述内容,将项目组织概念定义如下:

项目组织是指由各个部门、不同专业的员工为完成特定的项目目标,按一定的领导体制、部门设置、层次划分形成的工作组织。通过权责制度对项目所需的资源进行合理配置,以确保项目目标成功实现。

2.1.2 项目管理组织的特点

项目管理组织作为组织的重要类型之一,具有组织所具有的一般特征。但由于项目本身的临时性、一次性等特殊特征,使得项目组织具有不同于一般组织的特点。而就新型基础设施建设项目而言,其组织特点所具有的特点又可细分为共性特点与特性特点。

1)新型基础设施建设项目管理组织共性特点

项目组织是为项目建设的全过程服务,为完成项目目标而成立的组织。项目具有一次性,一旦成功地实现了项目目标,项目结束,项目组织的使命也随之完成。项目组织随着项目的结束而解散。由此,新型基础设施建设项目具有所有基础设施建设项目都具有的三大共性特点:临时性、目的性、整体性。

(1)临时性

项目本身具有临时性的特点。项目组织是为了完成特定项目所设置,为项目的全寿命周期服务。因此,项目组织的生命与它所承担的项目的生命密切相关,会随着项目的结束而解散。相较于某些部门的组织而言,项目组织的管理不采用永久或固定的管理模式,具有临时组织的特点。

(2)目的性

任何组织都具有强烈的目的性。没有目的,组织的设置就没有意义。项目目的跨越项目的整个生命周期,是确定项目的组织结构及其组织运作中最重要的因素,是实现是项目组织成立的原因,因此项目组织具有目的性。

(3)整体性

作为一个系统,项目组织具有集成系统的整体性特点。这意味着我们必须从组织整体的角度来认识、看待和管理组织。不论组织怎样分工,为了实现组织目标,最终还要将组织各个组成部分整合在一起。

2)新型基础设施建设项目管理组织特性特点

(1)复杂性与系统性

新型基础设施建设项目规模大、技术复杂、由多个时空交互的复杂活动构成、相互制约,导致协调工作困难。新型基础设施建设项目一般由多个部分组成,其实施工作通常跨越多个专业,涉及的技术软硬件组成复杂,需要运用多学科知识来解决问题。此外,该类项目在工作开展、执行过程中有较多未知因素,伴随着较高的不确定性,资源约束作用明显。因此需要将具有不同经历、不同组织的人员有机地组成临时组织,协同工作。

以5G网络为例,这类新型基础设施会对人们居住工作休闲和交通等各种区域实现覆盖,在人与人、物与物、物与人之间进行强连接。因此,对5G网络及类似的新型基础设施在规划、建设、运营管理的过程中,需要从系统工程的角度出发,在较大范围进行部署。一般来说,5G网络需要跨省、跨区域,甚至进行全国范围的大规模建设,不仅会受到不同区域的资源、气候、地质条件等其他自然影响因素的干预,还会受到当地政府的不同经济社会条件的限制。这些自然、经济、社会等方面的影响因素决定了其复杂性与系统性兼具的特征。

(2)柔性与灵活性

与一般组织相比,项目组织通常具有更大的柔性与灵活性。与项目一样,其组织也有生命周期。项目的主体非固定。在项目的规划、实施、运营等不同阶段可能还需根据项目的特征组建、调整,形成新的组织机构。组织需要根据项目不同阶段的具体任务,对组织机构进行不断调整。因此,项目的组织形式与用人要求具有较大的柔性与灵活性。

此外,就新型基础设施建设项目而言,其复杂和庞大的规模也赋予了组织活力和开放性的特征。新型基础设施建设项目的建设过程是曲线式前进,蕴含着很多变化,可能较为复杂。项目组织应该具有灵活的柔性而不是过于僵化的刚性,保证组织是灵活多变的,从而适应新型基础设施项目非直线型建设的建设过程。

(3)多利益主体及协调性

新型基础设施建设项目的组织,一般来说,都是由多个具有独立经济利益的主体通过合同、协议、法规及其他各种社会关系进行的组合。除了在新型基础设施建设项目的管理过程中占据重要地位的技术软硬件服务单位外,还包括发挥重要作用的各区域政府、相关主管部门、业主方、设计单位、施工单位、咨询单位和监理单位等。这些利益主体形成了不同层级与不同部门,它们的共同目标是保证新型基础设施建设项目的顺利完成。

因此,新型基础设施建设项目的多个利益主体必须从项目的整体利益出发,各个主体相互协调、相互适应。新型基础设施建设项目的组织需要具有全局意识,整合各方资源,打破传统的信息壁垒,并通过协商实现高效率的沟通、解决争议,使得整个项目从规划阶段到运营阶段的各种资源实现高效分配。否则,某一利益主体的成功可能导致组织分配给其他利益主体的资源不均衡,进而损害整个组织的利益。

2.1.3 项目管理组织的作用

1)提高项目的效率

项目管理组织具有多种组织形式,一个有效的组织可以为项目活动提供明确的指令,保证秩序统一,指挥有序。通过建立有效的、权责对等的组织结构和责任制度,实现项目内部的分工协作,有利于调动各方的积极性,形成良好的协作配合,提高项目建设实施的灵活性、适应性和效率。

2）有利于目标的完成

项目管理组织是项目目标实现的载体和支撑。合理的项目管理组织从全局视角出发，以问题为导向，对项目目标进行合理的分解，建立责任目标体系，形成项目各个子目标的协调机制，保障项目目标的最优实现。

3）合理配置组织资源

项目管理组织能够根据各个部门的特点，整合组织中有限的资源，在组织内部科学有效地分配和使用项目的资源。从而合理利用有限的资源，避免资源闲置，实现资源最优配置。

2.2 新型基础设施建设项目组织设计

项目组织是人们为实现特定目标而组建的。在实践的过程中我们会发现，有的组织能够保证组织目标高效率地完成，并适当降低组织运行过程中的成本。然而，有些项目组织不仅不会加速组织目标的实现，甚至会阻碍其实现。在现实中，有的组织可以高效率、低成本地实现组织目标，有些组织则不能促进组织目标的实现。因此，合理且适合该建设项目的组织是达成项目目标的一个重要影响因素。长久以来，管理学家及管理工作者们为保证组织组建的质量，总结出了进行项目组织设计的一些具体原则。

2.2.1 组织设计的原则

1）传统组织设计原则

亨利·法约尔认为，管理人员需要担任特定的角色来管理工作和员工。通过管理预测、计划、组织、指挥、协调与控制的六大职能演变出劳动分工、权责公平、纪律、统一指挥、统一领导、个人利益服从集体利益、合理报酬、集中化、等级链、秩序、公正、人员稳定、创新精神、团结精神的十四项管理原则，也是组织设计的基本原则。

2）现代组织设计原则

（1）整体性原则

在组织管理的过程中，必须有系统的、全面的视野。将组织看成一个整体，而不是一些零散的、独立的部门。因为项目是一个开放的系统，不同子系统之间、子系统内不同部门之间、不同学科和流程之间存在大量的管理界面。因此，在设计项目组织的管理层级时，需要适当地考虑层间关系、部门的划分、授权范围、人员配备、信息沟通等，才能组织为一个有机的整体。

（2）有效管理层次和管理幅度原则

管理幅度是指受上级管理人员直接领导的人数。管理层次是一个组织中从上到下所经历的层次数。管理幅度与管理层次成反比。管理层次的多少会影响组织的效率及效果，管理层次过少，则会引起管理幅度过大，影响管理效果；而管理层次过多，路径过长，会造成信息传递延迟和信息传输失真。根据具体情况,制订相应的管理层次和管理幅度是组织设计的重要原则。

（3）战略匹配原则

项目实施的成功与否与战略是否匹配密切相关。一方面,组织结构需要与战略一致,即有什么样的战略就有什么样的组织结构。另一方面,组织结构支持战略的实施。组织结构是战略实施的重要工具,战略的实施需要通过适当的项目的组织结构来进行。实践证明,组织结构与战略的不相匹配会极大地损害项目战略的实施,从而使良好的战略设计变得无济于事。因此,组织结构需要考虑与战略是否匹配,随战略目标的变化而调整。

（4）组织适应环境原则

组织需要适应不断变化的环境,实现生存和进一步发展。提高组织对环境的适应能力是组织设计重要的目标之一。组织内部的管理部门不可能控制组织的所有客观环境,为了适应环境的变化,需要不断地改变组织。改变组织结构和组织运行规则就是组织自身适应环境最为重要的途径之一。此外,组织成员的适应性也是组织适应环境的重要构成。无论在任何组织中,由于人有主观能动性,人永远是最为重要、最为活跃的因素。所以,组织对环境的适应也离不开组织成员对其思想、行为、态度等的更新。

（5）集权与分权有机结合原则

组织涉及权力的分配,集权与分权的关系必须统一解决。过去,组织设计强调集权的作用,有利于组织的集中统一领导和纵向协调。但是,集权化导致了基层管理成员的表面控制,降低了信息沟通的速度以及员工的积极性和创造力等方面的问题,考验管理者的管理水平。因此,分权制度在历史的发展中日益显露。权力下放虽然能提高组织的灵活性,但使项目管理者对组织的控制变得困难。

一般而言,凡是涉及组织全局的问题,可以实行集权,也可以赋予中层或基层一定的管理职责与权力,调动他们的积极性,促进其主动性和创造性,这也体现了管理中的分工原则。因此,集权与分权要适度,要适应组织的任务与环境。当然,从目前国内外组织管理的实践来看,扁平化的分权管理是组织设计的主要趋势。

2.2.2 组织设计的内容与程序

项目组织设计是指安排项目组织开展工作、实现目标所需的各种资源,以便在适当的时间和地点把工作所需的各方面资源有效地组合到一起的活动管理过程。从系统论的角度解释,组织设计要求达到充分发挥整体大于部分之和的优势,让有限的资源形成最好的整体效应。

1）组织设计的内容

项目组织设计包括3个方面的内容:组织结构的设计、组织职能的设计和组织管理方式的设计。

（1）组织结构的设计

项目组织结构是指项目管理内部各个部门之间的相互关系,是按一定的领导体制、部门设置、层次划分、管理职能分工等构成的有机整体,以完成一定的任务,并协调处理人与人、人与事、人与物之间的相互关系。组织结构能反映组织系统中各子系统之间或各元素之间的指令关系、工作任务分工和管理职能分工,是一种相对静态的组织关系。

组织结构的设计是一个建立或改造组织的过程,是对活动框架与组织结构的设计或再设计,通常包括组织结构类型确定、组织部门设置、管理跨度和管理层级的设计。

（2）组织职能的设计

组织职能的设计,是对组织目标所需要的各项活动进行总体设计,确定管理职能及职能结构,并层层分解到各个管理层次、管理部门、管理职务和岗位的具体的管理或执行工作。换言之,所谓职能设计,就是识别出各种具体的管理业务的工作职能,尤其是关键职能,并进一步分解并落实到各项具体的管理工作上,为组织战略和目标的执行提供可靠保障,并为组织框架结构,如管理层次、管理部门、工作岗位的设计提供科学依据。这也意味着职能设计是对组织的总体目标分解后的任务进行设计,确定组织的各项职能及职能间关系,并将其划分到各个部门岗位的工作和职责。职能设计的合理性、科学性和有效性决定了组织架构的合理性和有效性。如果职能设计不合理,那就必须在现实问题的基础上进行修改,否则接下来的组织设计就会失去基础。

（3）组织管理方式的设计

组织的管理制度是组织运行的准则。组织管理方式的设计是指在对组织结构和组织职能进行设计后,设计并采用科学合理的管理方法,以确保组织的各项功能得到充分发挥。通常是指确定组织管理的方式或制度,包括组织决策机制设计、组织集权分权设计、组织执行机制设计、组织协调机制设计、组织健全与完善设计等。

项目组织的运行需要管理制度的支撑,组织管理的制度相当于组织的骨架,能够帮助项目组织顺利运行,并规范项目组织参与单位和项目组织成员的行为,从而达到更高的组织效率。

2）组织设计的程序

要完成组织设计的任务,通常需要按确定的程序进行,其主要步骤可简要归纳为表2-1。

表2-1　组织设计的程序与工作内容

设计程序	工作内容
设计原则的确定	根据项目的目标及环境条件,确定组织设计的原则、方针及主要参数
职能设计	根据组织的战略任务和项目目标,建立组织健全的基本职能,包括对战略目标具有决定性意义的关键性职能
部门设置	根据组织职能要求,设计组织的具体结构,形成职能各异的组织单位
确定管理跨度与层次	根据预设组织的管理层级、职权、责任范围,综合考虑确定管理跨度与层次
确定职权	授予各级部门管理者完成任务所需的职务、责任和权力,从而分别确定组织成员上下级间、直线部门和参谋部门间的职权关系
岗位设置	根据各个部门承担的职责、工作范围、工作量大小、专业技术的特点等因素,设计相应的工作岗位种类与数量。类似于部门设置,在岗位确定的同时,考虑各岗位的职责与权力
绘制项目组织结构图	汇总部门与岗位上下级关系明确、部门体系完整、部门职责权力清晰、岗位设置精干齐全的项目组织结构图
确定组织的协调机制	根据建立的部门机构,确定相关部门的定向交流制度、跨部门直接沟通制度、例会制度、联合办公和现场调度、设置部门间的联络员等

续表

设计程序	工作内容
建立组织管理制度	建立部门的岗位职责,确定组织内部的上下级关系、平级关系,建立协调机制、组织内部信息传递机制以及激励与约束机制、监督制度等
反馈和修正	进行组织设计各步骤之间和试运行过程中的信息反馈,修正与完善组织设计方案

2.2.3 建设项目管理组织形式

项目组织是保证项目正常实施的组织保障。就建设项目这样的一次性任务而言,项目组织建设包括从组织设计、组织运行、组织更新到组织终结这样一个生命周期。要在有限的时间和预算内有效地整合资源,按计划实现项目目标,就必须建立合理的项目组织结构。通过确定建设项目管理的组织形式,明确组织间的责权分配制度,为实现项目目标奠定基础。

1)基础设施建设项目组织形式

项目管理组织形式应根据项目规模及特点、项目组织结构和项目管理单位的具体情况等确定。组织结构没有绝对的优劣之分。判断项目组织结构好坏的标准,应以组织结构是否适应项目规模及具体项目的需要,是否有利于高效地完成项目目标为准。许多项目组织形式对新型基础设施建设项目与传统基础设施建设项目而言均适用。其中,比较常见的有职能式管理组织、项目式管理组织、矩阵式管理组织。

(1)职能式管理组织

职能式管理组织是一个金字塔形的层次结构,高层管理者位于金字塔的顶部,中层和低层管理者则沿着塔身向下分布,每一层级都有一个明确的上级。职能式管理组织的结构如图 2-1 所示。

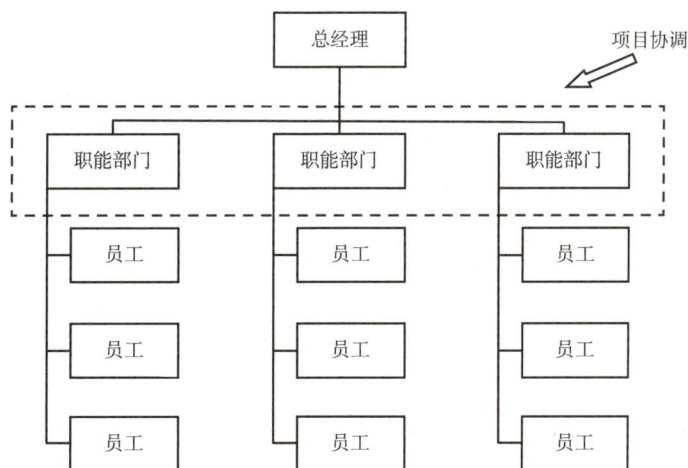

图 2-1 职能式管理组织示意图

①特征。职能式管理组织是按职能原则建立的项目组织。它与主导项目单位的现行建制无关，是把项目委托给某一专业部门，由被委托的部门领导，在本单位组织人员负责实施项目，项目终止后恢复原职。

②适用范围。一般适用于小型、专业性较强、不需要涉及众多部门的建设项目。

③优点。

a.有利于技术水平的提升。职能式管理组织是以职能的相似性来划分部门的，同一部门人员可以交流经验及共同研究，有利于专业人才专心致志地钻研本专业领域理论知识，积累经验与提高业务水平。同时，这种结构为项目实施提供了强大的技术支持。当项目遇到困难之时，各相关部门可以合力解决问题。

b.关系简单，易于控制。组织中工作流程清晰，职责规范也十分明确，并且容易理解，便于项目管理者进行管理，也有利于增强职能部门工作的主动性和创造性。职能式组织的沟通渠道是垂直型的，十分畅通，并且每一个职能部门领导只有一个上级，有利于贯彻统一指挥原则，所以职能式组织有利于项目组织的控制。

④缺点。

a.跨部门协调横向沟通困难。由于项目实施组织没有明确的项目经理，而每个职能部门由于职能的差异性及本部门的局部利益，部门领导会从本部门的角度考虑问题。在部门间发生冲突时，部门管理者很难进行协调，因此可能会影响项目整体目标的实现。

b.不能适用于大型项目管理的需要。真正需要进行项目管理的项目是大型、复杂的工程，职能式管理组织内人员的责任淡化不能保证人员的责任落实。

（2）项目式管理组织

项目式管理组织结构是按项目来划分所有资源的，即每个项目有完成项目任务所必需的所有资源，每个项目实施组织有明确的项目经理，也就是项目的负责人，对上直接接受高层主管或总经理领导，对下负责本项目资源的运用以完成项目任务。在这种组织形式中，每个项目就如同一个微型公司那样运作，各项目组是相互独立的。项目式管理组织的结构如图2-2所示。

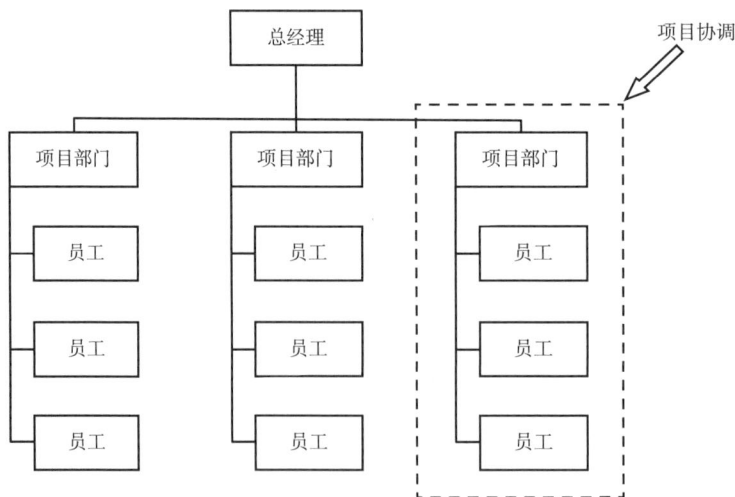

图2-2 项目式管理组织示意图

①特征。项目经理在调配资源,聘用职能人员组成新的管理机构,形成项目部。项目成员在建设项目期间建立领导与被领导关系,原单位负责人负责业务指导及服务,但不能干预、调回人员。此外,项目式管理组织与项目同寿命,项目结束后机构撤销。

②适用范围。适用于具有开拓性等风险比较大的项目或对进度、成本、质量等指标有严格要求的项目,不适合人才匮乏或规模小的项目。

③优点。

a.目标明确及统一指挥。项目式组织是基于某项目而组建的,圆满完成项目任务是项目组织的首要目标,而每个项目成员的责任及目标也是通过对项目总目标的分解而获得的。同时项目成员只接受项目经理领导,不会出现多头领导的现象。

b.有利于项目控制。由于项目式组织按项目划分资源,项目经理在项目范围内具有绝对的控制权,因此从项目角度来讲有利于项目进度、成本、质量等方面的控制与协调,而不像职能式组织形式或后面介绍的矩阵式组织形式那样,项目经理要通过职能经理的协调才能达到对项目的控制。

④缺点。

a.项目式管理组织不能发挥职能部门的优势。在项目式管理组织中,由于同一部门的人员分散,交流困难,难以进行有效的培养、指导,削弱了职能部门的工作。

b.项目式管理组织存在不稳定性。项目的一次性特点使得项目式组织形式随项目的产生而建立,随项目的结束而解体,在项目组织内部,由新成员刚刚组建的组织会发生相互碰撞而不稳定,随着项目的进展而进入相对的稳定期,但在项目快结束时所有成员预见到项目的结束,都为自己的未来考虑,而又进入不稳定期。

(3)矩阵式管理组织

矩阵式项目组织是在同一组织结构中,把按职能划分部门和按项目划分部门相结合而产生的一种组织形式,它是职能式和项目式组织形式的结合体,并将职能组织型的纵向优势和项目组织型的横向优势有效结合起来,从而加强了各职能部门同各项目的协作关系,可以最大限度地发挥项目式组织和职能式组织的优势并尽量避免其弱点。这种组织形式按职能化分工,对管理业务负责。矩阵式管理组织的结构如图2-3所示。

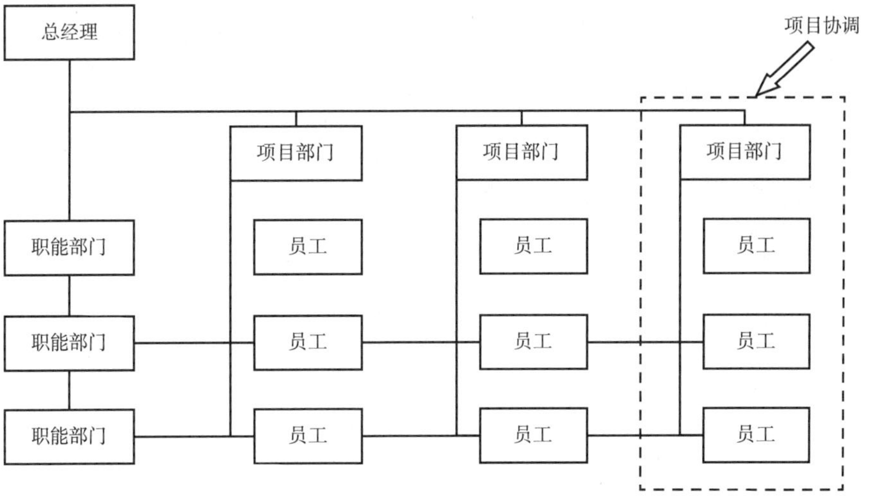

图2-3 矩阵式管理组织示意图

①特征。矩阵式管理组织的项目组织机构与职能部门的接合部同职能部门数相同。多个项目与职能部门的接合部呈矩阵状，每个接合部接受两个指令源的指令。其次，矩阵式管理组织的专业职能部门是永久性的，项目组织是临时性的，部门的控制力大于项目的控制力。这样的组织把职能原则和对象原则结合起来，既发挥了职能部门的纵向优势，又发挥了项目的横向优势。

②适用范围。适用于大型的、复杂的建设项目。因大型复杂的项目要求多部门、多层级配合实施，在不同的阶段，对不同人员，有不同数量和搭配上的需求。矩阵式项目管理组织能够满足多个项目管理的人才要求。

③优点。

a.同时具有职能式管理组织与项目式管理组织的优点。解决了单位组织与项目组织相互矛盾的状况，把职能原则和对象原则融为一体。

b.以少量的人力实现项目管理的高效率。通过职能部门的协调，可以将项目上的一些闲置人员及时转移到类似的项目上去，防止从整体而言的人才短缺。

c.有利于人才全面培养。可以使不同知识背景的人在合作中相互取长补短，在实践中拓展知识面。既能发挥纵向的专业优势，也能培养横向的部门协调交流能力。

④缺点。

a.双重领导。项目组织中的人员会面临职能组织与项目组织的双重领导，当二者意见不统一时，当事人便无所适从。职能组织与项目组织间的平衡需要持续地进行监督，以防止双方互相削弱对方。

b.信息膨胀与沟通渠道复杂化。矩阵式管理组织容易产生信息的梗阻与失真。因此这种组织结构需要管理组织对管理水平、组织机构的办事效率、项目沟通渠道的畅通等有较高要求，对组织的层次、职权和权限有明确划分。

基础设施建设项目各组织结构的优缺点对比见表2-2。

表2-2 基础设施建设项目各组织结构优缺点对比表

组织结构类型	优点	缺点
职能式管理组织	强大的技术支持，便于交流；清晰的职业生涯晋升路线；直线沟通、交流简单、责任和权限很清晰；有利于重复性工作为主的过程管理	组织横向之间的联系薄弱、部门间协调难度大；项目经理极少或缺少权利、权威；项目管理发展方向不明，缺少项目基准等
项目式管理组织	结构单一，权责分明，利于统一指挥；目标明确单一；沟通简捷、方便；决策快	管理成本过高；项目环境封闭，不利于沟通、技术共享等；员工缺乏事业上的连续性和保障等
矩阵式管理组织	项目经理负责制，有明确的项目目标；改善了项目经理对整体资源的控制；及时响应；获得职能组织更多支持	管理成本增加；双重领导；难以监测和控制；资源分配与项目优先的问题产生冲突；权利难以保持平衡

2）新型基础建设项目组织形式

（1）新型基础设施建设项目组织形式变化

①扁平化和团队化。相较于传统基础设施建设项目而言，新型基础设施建设项目涉及

多个机构、部门、主体和大量的外部项目利益主体。项目管理难度大、专业技术复杂程度高，需要以全新的新型项目管理组织作为组织保障。此外，新型基础设施建设项目能通过影响外部环境和内部协调成本等相关因素，对组织结构形式的变化产生深远的影响。

随着全球化和知识经济的发展，组织结构形式朝向更加灵活的方向发展，加快组织对外部环境变化的适应性。组织结构形式的一个重要变化趋势是组织中纵向的层级减少，横向整合的力量变得更加强大，呈现出扁平化和团队化的特征。

组织内部的分工可以提高效率，但会提高组织协调的成本。而信息技术则赋予了组织连接组织内外一切的能力和信息渗透能力，有助于降低组织内的协调成本和信息传递成本。因此，从新型基础设施建设项目自身特点和其所应用的数字技术两个不同角度来看，二者均可极大地降低管理层级，拓宽管理幅度，调整组织的形式，提高组织的灵活性、应力和张力。参与式管理成为常态，从而推动组织结构从集中式的集权层级组织逐渐向分布化、弹性化的网络型组织转变。

②模糊化。模糊化是新型基础设施建设项目组织结构形式的另一个重要的变化方向。由于组织主体内外的部门间沟通变得更加紧密和复杂，部门之间的边界存在着模糊化的特征。在传统的组织结构形式中，无论采取何种形式，组织内部不同部门之间的界限都是清晰的。每个人、每个部门都被明确定义了自己的职责所在。由于人们能够清楚地将责任区分开来，就形成了无人管理的空白地带，即责任界面。这样的安排常会限制创造力、浪费时间、降低效率并限制组织的发展速度。

随着信息网络技术的普及和推广，职能部门之间的界限越来越模糊，逐步超越部门、层级和地区的范围，甚至跨越国界。新型基础设施建设项目能够更好地运用信息技术，实现信息的高速传输及全生命周期传导。这就使得新型基础设施建设项目组织能够打破部门之间、层级之间、地区之间，甚至国家之间的壁垒，进行各种信息交流，共享信息资源。组织边界的模糊化并不意味着组织就不需要边界。组织不需要刚性的僵硬边界，而项目组织需要的是具有渗透性和弹性的边界，以柔性组织结构形式代替刚性组织形式，以可持续变化的组织形式取代原来相对固定的组织结构形式。

（2）网络型组织

在项目管理中获取信息的重要性怎么强调都不为过。随着工业经济向知识经济的转变，知识的创造与共享成为组织生存和发展的关键，这种转变催生了新型的组织结构——网络型组织。

网络型组织的雏形虽然可以追溯到矩阵式组织，但是，矩阵式管理组织仅仅是相较于项目式管理组织而言的一种相对灵活的组织内资源的组合形式，是一种临时性的任务组织。矩阵式管理组织的成员往往会受到双重约束：与矩阵组织中协作分工相关的业务性约束，即项目的约束；行政组织中规章制度的行政性约束，即职能部门的约束。因此，矩阵组织中的管理权限依旧是职位权限调节下的信息权限。它在一定程度上增加了项目组织的灵活性，却也存在着很多问题。

①网络型组织结构的基本概念。与基础设施建设项目管理组织中的职能式管理组织、项目式管理组织、矩阵式管理组织等线性组织结构相比，网络型组织结构提出了一种非线性的组织形式。从理论研究的角度来看，近年来，有关网络型组织的研究受到了广泛关注。目前关于网络型组织的较为普遍接受的定义是：网络型组织是由多个独立的个人、部门和项目为了共同的任务而组成的联合体，它的运行不靠传统的层级控制，而是在定义成员角色和各

自任务的基础上通过密集的多边联系、互利和交互式的合作来完成共同追求的目标。

网络的基本构成要素是众多的节点和节点之间的相互关系。因此，在网络型组织中，节点可以由个人、部门或是它们的混合组成，每个节点之间都以平等身份保持着互动式联系。如果某一项使命需要若干个节点的共同参与，那么它们之间的联系会有针对性地加强。

②网络型组织结构特征。网络型组织中网络的意义是多维的，既包括组织机构设置的多维，也包括设计—建设—运营过程中的多维。组织机构设置的多维在于进行组织设计时要综合考虑新型基础设施建设项目协同融合、领域扩大的特征等多方面因素。设计—建设—运营过程中的多维体现在设置的组织在实际运行过程中由于技术流程等导致组织的结构的灵活变动。

因此，项目中的多个利益主体不再相对独立，而是结成一个联盟。在这个联盟中，各个利益主体相互协作，交换信息和资源。在关键技术和难题上相互帮助，它们的地位是平等的。网络型的组织结构使各种资源的流动更加合理，通过强化网络的空间和时间控制，能够加快新型基础设施建设项目组织的整体运作，提高项目组织的效率和绩效。新型基础设施的建设需要利用新一代信息技术、绿色技术与交通运输、能源水利、市政、环保、公共卫生等传统基础设施进行深度融合，布局全新的信息化、智能化、绿色化的基础设施。而这样全新的体系正需要参与项目建设的各个利益主体摆脱以往的相互对抗格局，提前达成统一的合作目标，使项目资源在建设项目的前期得到优化的配置。

组织机构的设置根据其在网络中的位置分为核心控制点和普通点。核心控制点的设置主要是为了使管理的网络流程路径变短，使其机构有适当的集中，适当的规模经济也是机构设置的出发点之一。各种流程纵横交错，没有重复，不重合，流程短，而且信息充分，失真度小。内部管理高度规范化，有利于项目组织经营决策的协调和合作。更重要的是网络组织减少了中心和层级的数量，充分发挥网络内每个管理者的才能与优势，因而组织系统效率高。

③网络型组织的基本类型。

a.内部网络。内部网络是指在组织内部通过减少管理层级，打破部门间的界限，将组织转化为一个扁平化的，网络化的有机体。通过这种界限的模糊化，能够加快组织内部信息的流通，减少部门间的摩擦，有利于及时准确地识别出组织内各种需求。从而精确围绕新型基础设施建设项目的特定资源，组建由传统基建、软硬件支持等多方面专业人员组成的团队。流程型组织结构是内部网络的典型代表。

b.垂直网络。垂直网络是由位于特定行业价值链上不同环节的利益体组成的网络型组织，如建设单位、施工单位、原材料供应商、监理单位等。各类上下游单位之间不仅交换产品和资金，而且还交换和传递技术和信息等其他要素。垂直网络中不同利益体之间的联系纽带是通过实现项目最终价值的共同任务而实现的。垂直型网络的组织职能往往是由价值链中创造核心价值的利益相关体来履行的。网络内各个利益相关体紧密合作，实现及时交付和生产，从而显著提高效率并降低成本。

c.随机网络。结合新型基础设施建设项目的特点，随机网络最符合其结构特征。这意味着它具有很大的灵活性，适用于不断变化的环境；它可以积累和使用足够的资源和专业知识去执行由一般性组织无法完成的大型、复杂的任务。网络型组织最适合于高度复杂和不确定的环境。在这种环境下，组织必须具有多样化的能力和适应性：可以适用于各种规模的项目，并能够充分应对涉及组织间高度相互依赖性的复杂任务和问题。除此之外，也适合那种强调组织专业化和创新的组织目标以及那些具有国际业务的组织。

2.2.4　建设项目管理模式

由于建设项目相关法律法规和管理制度的实施,形成了一种以项目法人为主体的工程招标体系,以设计、施工承包商为主体的工程投标体系,以建设监理单位为主体的咨询、管理体系构成三元主体结构。三者之间以建设项目为中心,以经济为纽带,以合同为依据,相互协作、相互制约,构成了现阶段我国项目管理的模式。由于建设项目管理模式的不同,项目各相关方的组织关系形式会发生相应的变化。

1)基础设施建设项目建设管理模式

就基础设施建设项目而言,由于不同的建设管理模式会导致建设项目主体间组织关系的变化,以 BOT 模式为主。

(1)BOT 的基本概念

BOT(Build-Operate-Transfer)模式是指国内外投资人或财团作为项目发起人从某个国家的地方政府获得基础设施项目建设和运营的特许权,然后组建项目公司,负责项目的融资、设计、建造与运营。在特许期内以整个项目的现金流量来偿还筹资的本息并获取一定利润,在项目特许期结束后,由项目公司将整个项目无偿移交给当地政府。

BOT 融资模式的基本思路是:由政府或所属机构对项目的建设和经营提供一种特许权协议(Concession Agree ment)作为项目融资的基础。由本国公司或者外国公司作为项目的投资者和经营者安排融资,承担风险,开发建设项目,并在有限的时间内经营项目获取商业利润。最后,根据协议将该项目转让给相应的政府机构。有时,BOT 模式被称为暂时私有化(Temporary Privatization)过程。

BOT 模式通过社会外来资本引入基础设施建设,能够有效减少大型项目建设对政府财政的依赖。同时,该建设管理模式能拓宽资金筹集渠道,增强社会投资意愿,从而推进公共设施建设的发展。因此,BOT 模式的规范运行对中国市场经济的可持续发展至关重要,需要政府和项目公司等多个参与方共同努力。

(2)BOT 的其他两种基本模式

世界银行《1994 年世界发展报告》提出,BOT 模式至少有 3 种基本形式,即 BOT,BOO 和BOOT。

BOO(Build-Own-Operate),即建设—拥有—经营,承包商根据政府赋予的特许权,建设并经营某项产业项目,但是并不将此项基础产业项目移交给公共部门。

BOOT(Build-Own-Operate-Transfer),即建设—拥有—经营—转让,是私人合伙或某国际财团融资建设基础产业项目,项目建成后,在规定的期限内拥有所有权并进行经营,期满后将项目移交给政府。

(3)BOT 项目融资核心主体及其关系

政府和项目公司是 BOT 项目融资过程中贯穿始终的两大主体,也是核心主体,双方通过特许协议规定各自的权益。

①政府。政府在 BOT 项目融资中发挥着重要作用。BOT 项目由政府根据实际需要确定。只有政府授予的 BOT 项目特许经营权,项目公司才能承接项目。一方面,政府通过签订特许权协议将 BOT 项目授予项目公司。另一方面,政府也需要对 BOT 项目进行监管,并给予一定的政策支持。政府方既是合作伙伴,又是领导者和监管者,在 BOT 项目的运转过

程中扮演主要角色。项目特许协议到期后，政府将无偿收回 BOT 项目，并拥有 BOT 项目的全部所有权。

②BOT 项目公司。在 BOT 项目中，项目的核心是项目公司。项目公司是贯穿 BOT 项目全过程的主线，是与政府签订特许协议的另一方。享有政府转让的项目运营中的部分权利和有限期利益。除政府外，BOT 项目的其他参与方都围绕项目公司这一核心参与。

BOT 项目的主要参与方与主要参与内容见表 2-3。

表 2-3 BOT 模式主要参与方与主要参与内容

主要参与方	主要参与内容
政府	授权、支持、合作以及监管，特许权协议到期后无偿收回 BOT 项目
BOT 项目公司	BOT 项目全过程的主线，享有政府让渡的一部分有期限的对项目经营的权益
项目投资者、发起人	发起人联合项目投资者共同投资成立项目公司并成为项目公司股东
贷款人	为项目公司提供贷款资金并成为项目公司债权人
保险、担保机构	为项目公司提供风险担保
设计单位、承包商、监理单位	设计单位设计，承包商具体建设，监理商把控技术质量
供应商	对 BOT 项目建设要消耗大量的物资及材料提供支持的实体
运营公司	全资子公司担任运营公司，聘任一个运营公司，股东担任运营公司
项目产品服务的接收者	最终的受众群体，与 BOT 项目公司之间形成买卖契约关系

（4）BOT 模式的优势与不足

①优势。BOT 模式适用于规模庞大、工程量大、技术水平要求高的基础设施建设项目。这类项目的难度决定了单靠政府或者项目公司的实力，很难高效完成项目目标。BOT 模式存在的以下优势能够提高项目目标的完成效率：

a.缓解建设资金不足。通过采取民间资本筹措、建设、经营的方式，吸引各种资金参与项目建设中来，可以在一定程度上缓解基础设施建设高要求与建设资金不足的矛盾。

b.分散投资风险。从投资风险由建设方单独承担的模式，转换为由投资者、贷款者及关联方等相关利益相关方共同承担，其中投资者承担了大部分风险。

c.提高施工质量和效率。项目建设完毕投入使用后，项目公司按照特许经营协议在一定期限内对该项目进行经营管理，以实现投资回报。项目施工质量和效率的高低，直接关系到项目公司的盈利能力。因此，在工程建设过程中，项目公司会重视施工质量和效率，从而达到提高施工质量和效率的目的。

②不足。BOT 模式也存在一些缺陷。具体从项目的不同阶段来看，BOT 模式存在许多不足之处，具体见表 2-4。

表 2-4 BOT 模式在项目各建设阶段的不足之处

项目阶段	不足之处
可行性研究阶段	部分地方政府由于绩效评估过于重视 GDP，在项目数量上存在不良竞争的情况。这导致一些政府在项目可行性评估时急于求成，错误评估项目成本。在建设中途发现原编制的可行性报告准确性不足，可能会增加效益损失

项目阶段	不足之处
招投标阶段	BOT 模式在项目前期需要较高的成本,因此限制了更多的投标单位参与竞争。此外,项目特许期限确定可能出现失误,造成政府的效益损失。缺乏专业机构,只有少数投标人参与竞争
建设阶段	项目公司分担风险大,项目方案运行困难。在项目融资方面,由于筹措资金不规范,容易发生资金紧缺。建设机制不够灵活,降低了私人资本引进先进技术,建设高素质团队的主观能动性
运营阶段	政府在对重点建设领域的基础设施定价和收费标准会进行大力干预。而对项目过度的行政干涉容易导致产品或服务价格扭曲,降低投资方的利润和效率
移交阶段	项目公司对项目信息的了解比政府更加详细全面,其经营目标是项目公司的私人利益最大化。因此,私人企业在归还项目特许权和所有权的过程中,可能会采取对自己有利的行为,而损害政府的利益

因此,选择是否采用 BOT 项目管理模式,需要将 BOT 模式的优缺点和项目的实际情况结合起来综合考虑。

2) 新型基础设施建设项目管理模式

相对于传统基建项目积累的丰富经验和较为成熟的建设项目组织管理模式,新浪潮推动下的新型基础设施建设项目可供参考的案例和指标数据屈指可数。作为投资金额较大的新兴行业,为了新型基础设施建设项目在探索发展过程中少走弯路、节约投资成本、缩短项目工期、提高项目质量,亟需运用科学有效的方法加以管控。随着社会经济水平和项目管理技术的进步,建设项目的管理模式也在不断发展,出现了许多新型项目管理模式。其中,许多新型项目管理模式均适用于我国目前主导的新型基础设施建设项目建设。

(1)EPC 模式

①EPC 模式的基本概念。

EPC(Engineering-Procurement-Construction)模式是设计—采购—施工一体化的建设管理模式,又称为交钥匙模式,是国际上普遍采用、国内近年来迅速发展的一种建设管理模式。EPC 模式通过一体化的综合服务,对项目涉及的质量、安全、造价等方面全方位负责。EPC 模式普遍适用于大型工业投资项目,主要集中在石油、化工、冶金、电力工程等领域。采用这种管理模式的建设项目具有投资规模大、专业技术要求高、管理难度大的特点。

②新型基础设施建设项目下 EPC 的适用性。

在新型基础设施建设项目国家战略大背景下,客户市场对 EPC 总承包的需求将会更加旺盛,甚至会出现井喷。从管理模式的特点来说,EPC 模式强调整体性、大连接、有聚合、强管控,适用于以工艺过程为主要核心技术的基础设施建设领域。这与新型基础设施建设项目具有项目规模大、技术复杂的特点不谋而合。EPC 模式对新型基础设施建设项目的实施起着关键促进作用。现阶段 EPC 模式在传统基础设施项目建设中存在的带来诸多利好的同时也在项目管理中面临诸多问题,如在项目设计中存在不能较好把握项目设计准确度、引入使用新技术的技术人员经验不足等。鉴于此,EPC 模式下的项目管理可以从以下四个方面切入,使其更加适合新型基础设施建设项目的组织:

a.EPC模式能够对新型基础设施建设项目进行整体优化。新型基础设施建设项目是一项复杂的系统工程,需要从系统的角度对项目进行组织管理。在EPC模式下,EPC总承包商通过将设计、采购、施工结合在一份承包合同中,把设计、采购、施工等过程控制在一个主体下,进行系统的和整体的管理和控制。实现系统和整体的优化。相比而言,传统的承包模式只能获得局部优化的效果,局部优化不是最完善的优化,整体优化可以实现设计、采购、施工之间的深度交叉和内部协调,才是真正的优化。

b.EPC模式能够优化新型基础设施建设项目在设计阶段的管理。在设计阶段,通过组织相关专家对设计方案开展科学系统的评估分析,从而修改优化设计方案中存在的相关问题,控制好建设项目的成本与质量相互制约的现状。另外,在新型基础设施建设项目进行设计时,EPC总承包方能够主导各方协调,形成工程设计、材料设备采购、工程施工相互间的和谐关系,以此保障对各项资源的优化配置。

c.EPC模式能够减少新型基础设施建设项目在采购过程中的设备不符等问题。在工程采购阶段,EPC总承包方需要充分认识到,预先展开项目前期的筹划以及施工组织设计将对工程造价的控制起到至关重要的作用。一般来说,新型基础设施建设项目的设备对技术要求较高,属于智能化、数字化、科技化程度较高的基础设施领域。为此,相较于传统工程采购模式中的施工承包方,EPC承包方能够从大局出发,考虑信息基础设施建设项目所需设备与后续运营过程中的适配性,通过建立完善的材料设备采购方案,搭建配套的协调平台,并与相关的交易平台开展协议规划采购,进一步控制采购成本,从而创造更好的经济效益。

d.EPC模式能够加强新型基础设施建设项目在施工阶段的管理。本阶段是项目从图纸到现实的转化阶段,EPC承包方能够结合项目特点,通过建立完善的施工管理机制、制订相应的施工管理制度、采用先进的施工管理办法,全方位提升建设项目施工阶段管理水平。基于其"设计—采购—施工"一体化的管理模式,能够在项目建设的早期考虑到施工过程中会出现的问题,从而减少图纸的错误、设备不符合要求的情况。由此可以加强施工成本、施工质量以及施工进度控制。

③EPC模式下对承包商的要求。

首先,EPC模式要求承包商具备较强的风险承担能力。采取EPC模式的项目不确定性比较大,可变性强。因此,承包商承担着更大的风险,这也要求承包商能够进行准确的市场运营定位和成熟完善的运营风险防范手段以及顺畅的融资能力和渠道。

除此之外,EPC总承包商也需要具有为业主提供全过程优质服务和连续服务的意识和能力、对EPC工程技术的研究和开发能力以及对项目有效的运营管理和组织协调手段及严密的营运管理程序、简约的运营渠道、高速经营效率以及准确的运营成本等方面的能力。这就要求总承包人要能够培养相关的高级人才,并建立科学有效的组织机构和创建完善的运行制度以及合适的项目管理体系。

(2)投建营一体化模式

①投建营一体化模式的基本概念。

为了避免传统建设管理模式的弊端,解决项目建设过程中遇到的问题,从顶层设计入手已成为越来越多的建设单位的重要发展方向。投建营一体化模式通过打通从投资、融资、建设管理到运营的整条产业链,将业务形式从单一的服务转变为综合服务,实现对整个项目的产业链、全生命周期的控制。

②新型基础设施建设项目下投建营一体化模式的适用性。

建设管理模式正朝着投建营模式转变。在新的背景下，投建营一体化模式得到了大多数投资方的认可，并逐渐向几个方向发展，目的是实现业务形式的改头换面。建筑市场目前多样化的变化趋势，亟需建设管理模式的变革创新来满足。在投建营一体化模式下，项目公司集规划设计、项目建设、项目运维以及项目投资等多个内容于一体，不仅有利于建设项目的全面实施、单位之间的沟通与合作，还有助于实现项目建设的可持续发展。而且与PPP模式相配合，能够促进中国工程新型基础设施建设项目的发展。

投建营一体化模式与新型基础设施建设项目市场导向的融资模式一致。到目前为止，传统的基础设施投资主要由政府提供，存在一定的财政压力。新型基础设施建设必须以改革为导向，以市场为动力。投建营一体化模式要求以产业为主导，实现金融多元化、系统化的投资。通过解决业主的资金问题和基础设施项目建成后的普遍运维问题，掌控项目全寿命周期以及全产业链，实现新型基础设施在区域的充分、平衡发展。

该模式能通过一体化综合控制平台实现项目全寿命周期管理。通过投建营一体化模式，能在基础设施项目建设过程中，基于新型基础设施建设项目组织的系统性，利用信息化工具，形成一体化综合控制的信息平台。这使得项目能够整合内部和外部资源，覆盖从项目前期规划、勘测、设计，到中期施工、建设，再到后期运营、管理的全产业链，确保参与各方的有效协同，使项目在实施过程中能够更好地应对各种风险，促进新型基础设施建设项目建设的健康、可持续、高质量发展。

③投建营一体化模式面临的挑战。

a.观念上的挑战。对于工程承包商来说，实施投建营一体化的建设管理模式，要具有投资、建设和运营统一连贯性的视野，把项目看作具有全寿命周期的工程。承包商更要站在投资者和经营者的角度思考，不能够只是站在建设方的角度看重相对短期建设期的收益，而忽视整个项目的投资收益。而是应该站在投资者和经营者的角度，从长期发展考虑，在获取合理项目收益的同时，充分考虑整个项目的投资收益率以及运营期的运营收益、运营效率、运营安全。解放观念，改变项目决策和运营的思维方式，控制项目风险。

b.能力上的挑战。目前投营建一体化模式主要用于国际工程承包中，国际工程承包中许多投资—建设—运营一体化项目仍处于探索初期，在专业人才、知识结构、投资体系建设、融资能力、风险管控等领域的发展仍存在较大差距。一方面，项目公司需要加强专项领域的培训，提高相关从业人员的管理水平。另一方面，需要充分调动那些专攻税务、法律等专业的公司的资源，签订战略合作协议，尽快克服自身能力不足的问题。

（3）全过程工程咨询模式

①全过程工程咨询模式的基本概念。

全过程工程咨询是指为项目全寿命周期提供咨询管理服务，即从项目的前期决策规划、设计，直至项目建设完成，包含运营维护。作为一种行之有效的项目管理模式，全过程工程咨询离不开全过程工程咨询实施过程的设计，而全过程工程咨询的实施过程又归结为运行机制的设计。

②新型基础设施建设项目下全过程工程咨询模式的适用性。

新型基础设施建设项目规模大、技术复杂、项目经验不足，难以执行。传统的碎片化项目管理模式显然效率低下、控制力不足，容易出现漏洞。因此，有必要引入科学、专业的工程咨询服务模式和方法，即全过程工程咨询模式。全过程工程咨询不仅能使建设公司全面而系统地管理项目整个生命周期的各个阶段,提高服务和项目质量,而且能在共同的咨询管理目标之下实现项目效益的最大化,确保项目建设全过程可控以及后期运营阶段的可持续发展、高质量发展。

新型基础设施建设项目作为一类科技创新的新兴项目,更加依赖于技术开发与智能建造。在新型基础设施建设的整个过程中,全过程工程咨询模式要取得成效,必须结合项目特点,克服缺点,形成对建设项目更有利的团队。全过程工程咨询的有效实施离不开项目各阶段的高效运作,因此应深入研究项目各阶段特点,根据项目整个生命周期的实际情况进行规划并实施。根据新型基础设施建设项目特点进行运行机制的设计和管理内容上的灵活调整,确保项目管理模式能符合客户需要,是全过程工程咨询模式的必然要求。

全过程工程咨询模式既能解决项目建设过程中的技术问题,又能解决项目建设中的管理问题。该模式自由组合项目全生命周期各个阶段的服务,避免了传统项目管理模式下"各自为政""碎片化"的现象。通过前期合作、构建信息共享平台、信息高速流通、沟通透明等方法来识别、控制风险。因此,在管理层面,有必要提出一个多方协调的管理流程,并从项目全生命周期的角度设计相关内容,包括全过程咨询中的采购模式、运营模式、成本标准、实施路径和工作界面。

新型基础设施建设项目更加智能化、数字化、科技化,对项目运营期间的服务要求、相关的运行维护成本、信息的存储安全性能、运营设备所在的环境质量等都有更高的要求。因此,相比传统的基础设施建设项目,新型基础设施建设项目全过程工程咨询的核心必须以运营目标、投资控制为导向。

③全过程工程咨询模式的工作准则。

在传统建设管理模式下,所有的参与方都有各自不同的目标和利益。参与建设项目整个实施过程的各方共同完成项目,成为工程价值链中的重要环节。为了共同的利益和项目效益的最大化,参与全过程工程咨询的各方应遵循共同目标、平等合作、分散决策、利益共享和建立长期共识的原则。应建立各参与方的召集标准、成员准入标准、宏观适应性标准等,根据各项标准组建全过程工程咨询单位。

此外,还应制订风险分担、利益分配、知识产权保护、技术商业秘密保密规则以及信用评级标准的规则,保证全过程工程咨询单位的顺利运行。在签订协议的基础上,参与各方应商定与项目有关的经济合同条款和违约后的责任分配标准,开展项目的相关工作。

④全过程工程咨询模式的工作机制。

新型基础设施建设项目在全生命周期各阶段内信息量大、信息种类繁多、分布广泛。而全过程工程咨询模式下要求各参与方具有不同职能的工作内容、责任和权力。因此,在沟通方面,全过程工程咨询单位需要结合各成员参与方的关键信息需求,采用适当的沟通方式、手段、方法和计划,合理规划、确定沟通管理的相关机制。为确保全过程工程咨询单位在管理过程中沟通交流的顺利进行,应对参与各方的合作交流关系进行指导,强调沟通合作的支柱作用。

具体来说,可将新型基础设施建设项目的全生命周期划分为包括前期决策、勘察设计、实施和运营维护在内的4个阶段。而全过程工程咨询模式需要通过对各阶段咨询需求要点、咨询服务着力点进行分析,提炼出各阶段咨询要点的服务内容,全过程工程咨询单位根据已制订的工作准则、沟通机制进行项目咨询管控。

此外,全过程工程咨询模式必须充分调动各相关单位的积极性,实现统筹协调、合作共赢。从项目的立项决策分析出发,进一步参与设计规划到后期运营维护,对建设项目全生命周期的各个阶段作出更大贡献,最终实现统一的项目目标。在设计全过程工程咨询模式的工作机制时,不能只空想,必须落脚到实际。为了突出全过程工程咨询模式工作机制的优势,需要在项目早期构建工作机制时,优选具有高度创新意识、敢于突破自身业务水平、主动熟悉非经营范围内工作内容、具有较高合作意识的参与方。在传统组织形式的基础上加强各单位的参与感,改变过去相互竞争、对立的形势,要求各个参与方不仅需要负责自己的核心业务,还要站在对方的角度思考,为其他公司的合作制订可行路线。

新型基础设施建设项目加速了全过程咨询机构的变革与发展。在国民经济转型和现代化的进程中,工程咨询相关单位必将发挥更大、更重要的作用。因此,现有的管理模式应结合新型基础设施建设项目的建设特点,发展涵盖前期决策、勘察设计、实施和运营维护4个阶段的全方位管理内容,形成具有特色的新型基础设施建设项目全过程工程咨询服务模式。

(4)PPP模式

①PPP模式的基本概念。

PPP模式(Public-Private-Partnership),即政府与社会资本合作模式,是公共部门和私人部门围绕公共服务供给,通过招投标程序,以契约为主要法律依据而建立起来的一种风险共担、利益共享的长期合作关系。在实践过程中,PPP模式与中国城市基础设施特点相适应,其中,特别适用于具有长期稳定收益的城市基础设施项目建设。

PPP模式是一种基于公共和私营部门之间的伙伴关系的项目管理模式,以提供特定的服务或设施而设置。总的来说,对PPP模式的定义有广义和狭义之分。从广义上讲,它是为提供公共产品和服务而建立的各种公私合作关系;从狭义上讲,PPP可以理解为BOT、BOOT、TOT等一系列项目融资模式的总称。1984年,我国的第一个PPP项目——深圳沙角B电厂就是采用BOT模式实施的。由于基础设施需要巨大投资,PPP模式已成为众多发展中国家政府首选的项目建设管理模式。

广义PPP模式一般分为3类:

a.外包类:该类一般是由政府投资,私人部门承包整个项目中的一项或几项职能,私人部门承担的风险相对较小。

b.特许经营类:项目需要私人参与部分或全部投资,并通过一定的合作机制与公共部门分担项目风险、共享项目收益。项目的资产最终归公共部门保留。

c.私有化类:PPP需要私人部门负责项目的全部投资。在政府的监管下,通过向用户收费收回投资实现利润。相比而言,在这类PPP项目中,私人部门所承担的风险最大。

②新型基础设施建设项目下PPP模式的适用性。

新型基础设施建设项目采用PPP模式能够缓解政府资金投入压力。新型基础设施建设周期长,资金投入需求大,单纯依赖于政府财政收入难以为继,可持续性不足。此外,目前是新型基础设施发展的起步阶段,该类基础设施拉动经济的规模效应和乘数效应不如传统基建强大,这意味着政府部门对新型基础设施建设项目的资金投入会进一步被压缩。因此,对新型基础设施建设项目进行投资和融资的最有效方式是政府选择具有相应能力的市场参与者合作。激发社会资本的参与积极性是发展新型基础设施全方位系统布局的重要措施。

新型基础设施建设项目采用PPP模式补足政府技术上的短板。新型基础设施建设项目更加依赖数字化技术,这是其与传统基础设施项目最大的不同。而地方政府和政府平台公司在技术上缺乏核心竞争力。因此,只有少数与技术融合关联不够紧密的新型基础设施建设项目可以单独由地方政府或其平台公司投资实施。而更多的新型基础设施建设项目需要由具备技术能力的市场主体通过市场化模式自行商业化实施,或者与地方政府合作实施,这给 PPP 模式带来了新的内涵和应用空间。

新型基础设施建设项目采用 PPP 模式可提高新型基础设施建设项目的整体运行效率与质量。通过 PPP 模式进行建设项目的投融资,引进市场竞争的机制,能够有效改善政府部门对基础设施建设的垄断行为。市场能够合理配置资源,势必会提高新型基础设施建设项目的运作效率,提高建设项目的质量。

新型基础设施建设项目采用 PPP 模式有助于提升政府治理能力。新型基础设施建设项目往往涉及科技领域,通过对新型基础设施的合理布局,能够为提高当前政府治理能力现代化作出重要贡献,有利于实现共同治理和良好治理的美好愿景。同时,PPP 模式需要在较长时间内与社会资本合作,对政府治理体系的改善具有积极意义。因此,采用 PPP 模式建设新型基础设施建设项目,能同时推进国家治理体系和治理能力现代化加速发展。

③PPP 模式的各参与方。

PPP 模式涉及众多参与者,如政府公共部门、私营部门、项目公司、银行和金融机构、保险公司、用户,还包括各种工程承包商、分包商、供应商等。总的来说,可将参与方归纳为 3 大类:政府公共部门、私营部门和金融机构。

a.政府公共部门:各个政府部门,如财政、建设、环保、规划以及政府咨询机构等。

b.私营部门:参与公共基础设施项目建设融资的私营部门是一个泛指的概念,它可能是社会资本、私营企业、国有企业、外资企业等经济组织,也有可能是个人。

c.金融机构:PPP 项目参与者中与资金有关的都可以归到这一方,包括提供贷款的银行、保险公司、担保公司、国内外资本市场及其他金融机构。

④PPP 模式与 BOT 模式的异同。

PPP 模式和 BOT 模式都属于基础设施项目建设领域热门的融资模式。通过这两种模式,可以将政府负债转为企业负债,并通过债务重组等操作将近期负债转变成企业长期负债,化解政府偿还债务的压力,有利于减轻政府的财政负担和风险。

两种模式都是通过签订特许权协议使政府与社会资本发生契约关系的,由社会资本通过特许权协议来投融资、建设和运营维护项目。由于社会资本专业化水平高、管理经验丰富,因此社会资本的介入有利于提高项目的运作效率,项目投资超预算和项目工期延期的比例远远低于传统模式操作的项目。

社会资本的介入是以盈利为目的,两种模式都以项目运营的盈利来偿还债务并获得投资回报,一般都以项目本身的资产作为担保抵押,两者的投资回收期一般都较长。

PPP 模式与 BOT 模式的不同点,可以分别从项目管理架构、项目运作程序、项目资金流向、投资风险与责任、政府角色与效率、合作意识等 6 个层面进行分析,总结见表 2-5。

表 2-5　PPP 模式与 BOT 模式的区别

比较层面	PPP 模式	BOT 模式
项目管理架构	多元化的管理架构,由多方联合组成,包括政府、社会资本、经营者和监管机构,其中代表政府和公众利益行使监管权力的机构自始至终参与项目全过程	二元化的管理架构,即政府和社会资本。参与项目的政府和社会资本之间是垂直的等级关系,有时甚至是对立和控制式的政企关系,即政府授权社会资本独立建造和经营该项目

比较层面	PPP 模式	BOT 模式
项目运作程序	项目识别、项目准备、项目采购、项目执行、项目移交等环节	招投标、成立项目公司、项目融资、项目建设、项目运营管理、项目移交等环节
项目资金流向	资金在政府和社会资本之间双向流动	资金单向流动,即社会资本把政策处理等资金打包,由政府包干完成
投资风险与责任	政府和社会资本共同承担风险,并制订有效的风险分配方案,把风险分配给最有能力的参与方来承担	项目所有的融资责任都转嫁给社会资本,政府主权借债和还本付息的责任大为减少,避免了政府大量的项目风险
政府角色与效率	政府主要承担协调、服务、监督的职责,社会资本主要承担投资、建设、营运管理的职责	政府的主要工作是完成政策处理等前期工作,后期的工程质量、安全、经营等都打包给社会资本
合作意识	强调政府与社会资本之间的合作,构建一个可持续性的、长期的合作伙伴关系	政府与社会资本之间是等级关系和政企关系,各自工作相对割裂,容易产生某些利益冲突

2.3 新型基础设施建设项目组织协调

2.3.1 组织协调概述

1) 组织协调的概念

协调的本质就是一致性,在一个组织中,就表现为调整各部门及其成员间的目标和行动保持一致。一般来说,组织的领导者与管理者负责协调组织。不仅能通过确定目标方向,把组织成员联合起来,激励他们执行决策和实现目标;还能通过主动、合理地配置整个组织的相关要素,使组织发挥最佳的整体效益。显然,协调是一种交叉性与综合性相互交融的领导行为,其本质是确保组织系统的动态稳定,使组织系统内的各类要素、不同层级、各种关系都能相互合作和兼容。因此,协调有时也称为领导协调。

组织协调是指通过沟通与协作,解决项目实施过程中各地区、各部门、各组织管理层次之间存在的矛盾,以帮助实现项目的终极目标。毋庸置疑,组织协调对项目管理至关重要,是项目管理成功的重要影响因素。组织协调将相互冲突的各个方面集中,解决可能存在的界面问题,消除它们之间的矛盾和差异,平衡系统结构,促进项目的顺利实施和运作。

2) 组织协调的作用和意义

对于组织的运转而言,协调具有非常重要的作用和意义。具体地说,协调对组织有整合、序化、优化作用。所谓整合作用,就是通过调整各阶段的工作,减少或避免组织系统运行中可能出现的摩擦和内耗等现象,使系统的整体效率达到最大化。所谓序化作用,是使复杂的组织系统从混乱状态转化为有序状态。组织正常发挥作用的基本条件就是有序状态。优化作用是使组织系统在动态运行中不断优化组合,在深度和广度上不断发展。优化作用能使系统中的要素力、结构力、信息力和速度力等有效发挥出来。最后,协调性也是个人成长和创造价值的必要条件。只有通过相互协调和合作,组织才能最大限度地发挥组织中每个个体的作用,产生最佳的表现。

因此,组织协调作为项目管理的一种重要手段,在项目的整个生命周期里必须贯彻执行,需要贯彻项目实施过程的全生命周期,在消除项目障碍,解决冲突,成功实现项目目标等方面起到支柱作用,为项目的一致性、有序性、优化性作出重要贡献。

3) 组织协调的主要任务

建设项目组织协调的主要任务是解决和转化组织间的冲突。一般来说,冲突产生于组织中的各个利益相关体之间,表现在目标、认知、情感、期望和利益等其他方面。项目组织协调使项目管理者能够通过合作与沟通,在项目实施的不同阶段,在不同部门、不同层级、不同专业之间进行协调,使存在的复杂组织界面和矛盾得到确认和缓解。从而达到组织内部的密切合作、齐心协力,形成最大合力,保障组织系统高效、有序运行。

4) 协调的机制和范围

①协调机制。从理论上讲,组织成立后,通过设置部门职能划分,建立组织架构,明确权责能否保证组织的顺利运行。然而,在实践中,会出现不少矛盾与冲突。

首先,由于相关经验的缺乏,不可能存在覆盖全部管理工作,没有责任界面不清晰的部门设置。总有一些管理工作的权利与责任没有分配明晰。其次,职能确定和部门设计上的疏忽可能会导致各个职能部门的工作人员推诿某些工作,以致效率低下。再次,项目组织中可能存在一些约定俗成的行为方式,对各职能部门工作的开展产生一定负面影响。最后,由于社会环境瞬息万变,政策与市场等因素的动态变化可能会导致一些新工作的产生。由于在当初组织设计时没有考虑到这些新产生的工作,没有职能部门对它们负责,会出现一些相互推诿的现象。因此确定组织协调的机制势在必行。

所谓协调机制是指组织内部相互沟通、解决冲突和复杂问题的制度安排。组织协调机制不仅包括组织内部的直接交流,还包括跨区域交流、跨部门交流及跨层级交流。项目协调机制因项目技术经济特点、项目范围、项目目标与重点、组织设计原则、部门设置情况等的不同而不同。管理权变的思想就体现在没有一个普适性的项目协调机制。就新型基础设施建设项目而言,各级相关部门应该推动建立涵盖政府、企业、行业协会和专业机构的协同机制,加强部门协同、区域协调和跨界合作,共同推进新型基础设施建设。

②协调范围。一般来说,组织协调的范围大致分为3类。其中包括内部关系的协调、近外层关系的协调和远外层关系的协调。内部关系包括建设项目组织内各个层级,战略决策管理层、项目管理层、项目实施层之间的关系。近外层关系是指与本项目组织有直接和间接合同的关系,如供应商、技术团队、咨询团队等。远外层关系是指与本项目组织没有直接或间接合同,但受法律、法规和社会道德规范约束的关系,包括不同的政府机构之间的关系,如交通和通信。

2.3.2 新型基础设施项目跨区域协调

1) 新型基础设施建设项目跨区域特性

新型基础设施建设项目具有跨区域特性,通常会涉及两个或者更多的行政区域,对国民经济和区域经济等产生重大影响。区域是影响国家和城市发展的重要单元,新型基础设施项目跨区域建设需要各区域相互借鉴、因地制宜建立发展体系。新型基础设施的跨区域特性使其管理以及协调变得更加困难。新型基础设施建设项目的成功与否与项目组织息息相关,这与该类型项目作为涉及多个地方政府及相关区域间的利益均衡、协调发展和社会公平等问题的复杂系统工程分不开。与一般项目相比,投资规模大、建设周期长、资源消耗量高、涉及面广和协作难度大的特点使得新型基础设施建设项目在实施过程中面临许多矛盾与冲突,这给项目管理者带来非常大的压力。在新型基础设施项目的建设过程中,项目组织协调的顺利运作将直接影响项目目标的实现与否。

2) 新型基础设施跨区域协调的重要性

由于新型基础设施建设项目具有跨区域特征,建设该类项目将对各区域的综合发展产生重大影响,具体可从以下 3 个方面理解:首先,新型基础设施建设项目有利于打破行政区划的分割作用,在更大范围内优化资源要素的配置,从而积极探索区域合作新机制。其次,新型基础设施建设项目是能够推动各地区充分发挥各自的比较优势,带动新型基础设施建设所涉及的各地区的快速转型和创新发展,培育形成我国经济增长和转型升级新引擎,呼应我国新基建的发展浪潮。最后,推动重点领域的新发展,探索国家区域合作的新途径,促进区域间资源要素流动,形成区域充分、平衡发展的新格局。

2021 年 12 月 13 日,国家发展改革委发布《关于同意深圳市开展基础设施高质量发展试点的复函》(简称《复函》),同意深圳市组织开展基础设施高质量发展试点。《复函》中提到,"按照基础设施高质量发展方向,统筹存量和增量、传统和新型基础设施,推动跨界引领发展、跨区域一体发展、跨领域协调发展、跨前沿技术融合发展,全面提高基础设施供给能力、质量和效率,打造系统完备、高效实用、智能绿色、安全可靠的现代化基础设施体系,尽快形成可复制可推广经验,发挥先行示范作用"。

从区域发展角度来看,"跨区域一体发展"是《复函》中与其密切相关的重要内容。可以理解为 4 个字:跨城基建。这说明,新型基础设施建设项目,不是一区一域的事情,而是头部地区引领、相邻地区协同、相关地区联动的建设过程。实现新型基础设施建设项目的跨区域协调组织,能够以跨区域规划共绘、设施共建、服务共享、运营共管为导向,探索国家省市联动、市级协同的组织协调模式。并能够进一步增强新型基础设施建设项目的连接性、贯通性,构建外畅内联的综合立体新型基础设施网络;建立健全多区域联动的新型基础设施一体化的运维管理机制。

因此,新型基础设施建设项目在建设中必须高度重视跨区域协调问题。需要以需求为导向,加强区域间的协同作用,优化国家空间布局,并提高新型基础设施建设的整体效率。妥善处理组织内外部跨区域的各种关系,协调系统组成要素之间、系统与要素之间、系统与环境之间合作与相互促进的关系。从而确保新型基础设施项目组织系统高效、有序地运行。

3）新型基础设施建设项目跨区域协调实施路径

（1）强化顶层设计

推动我国新型基础设施建设项目相关法律法规的完善，打通各区域间管理制度的衔接链条。国家和地方层面需要联合发展和改革委员会、交通、能源、工信等相关部门系统谋划设计，共同制定战略规划和指导意见。从而协同推进交通、能源、水利、信息等跨区域的新型基础设施建设，推动形成布局合理、功能完善、衔接紧密、保障有力的现代化基础设施网络体系。

（2）重视跨区域布局

立足不同地区要素禀赋和产业特色差异，统筹协调新型基础设施建设项目在重点地区和重点产业领域的区域性布局，避免出现低效重复和恶性竞争等问题。强调突出新型基础设施建设项目在城市群、都市圈等经济体高质量发展中的战略意义，在考虑短期经济复苏和长期发展趋势的双重情况下，进一步超前规划和布局。

（3）实现两地管理协调

协调好新型基础设施在跨区域发展中的要素流动、产业技术转移、人才交流配置等问题，避免在跨区域两地管理的组织结构设置、管理团队利益分配等方面出现由于制度、观念、本地化管理等方面原因引起的障碍，从而导致水土不服。

2.3.3　新型基础设施项目跨部门协调

1）新型基础设施建设项目的政府管理部门

与传统基础设施相比，新型基础设施的发展必须引入更多的市场力量。然而，由于新型基础设施的建设与发展往往涉及多个领域、多种设施、多方主体，单纯依靠市场力量难以消除基础设施发展中的盲目性，容易形成供给过热、低水平重复建设。如果没有政策之手，很难规避新型基础设施建设过程中的风险。我国新型基础设施建设项目是由国家发展和改革委员会、工业和信息化部、科学技术部、财政部、住房和城乡建设部、交通运输部、水利部、中央网络安全和信息化委员会办公室等多个政府部门按职责组织管理。

2）新型基础设施建设项目跨部门协调机制

协调和组织分工相辅相成，横向的跨部门协调是克服由于组织内职能的过度分化而导致管理分散的重要机制。组织通过协调将组织内的不同部门聚集在一起并加以整合。新型基础设施建设项目具有高度的系统性和复杂性，因此需要跨部门处理。个别政府部门往往不具备占据完成跨部门任务所必需的全部资源的能力，必须借助协调行动从其他部门获得必要的技能、资源与信息支持。与部门内部事务处理及合作不同，跨部门合作的相关行政机关容易出现职能交叉、职责划分不清的情况，造成相关部门管理混乱，存在盲点，多头管理的情况时有发生。因此，政府间跨部门横向协调机制在新型基础设施建设项目的组织管理中发挥着重要作用。

有关部门亟须形成权责一致、分工合理的管理体制，进一步领导、规范新型基础设施建设的实施。为了处理政府内部复杂的组织间关系，政府内部已经发展出一系列的跨部门协调机制和制度安排，可分为4类：

第一种是议事协调机构。中央和地方政府通过领导小组、委员会、部际联席会议和工作组等解决跨部门的协调问题来确保公共事务的有效运转。这些议事协调机构在政府正式决策程序下成立,却有着传统科层组织所不具备的非常规性和临时性等特征。其中,领导小组和委员会等多由党政领导人挂帅,属于依托等级关系的纵向协调机制,而部际联席会议可以由牵头机构组织安排,成为一种重要的横向协调机制。

第二种是项目制。项目制是一种以"条"为主的纵向协调机制。通过自上而下的资源投放和考核管理,上级政府致力于使下级各部门服从其设定的政策或行动目标。

第三种是运动型治理机制。有别于政府内部的常规活动,运动型机制指向了政府为完成某一特定任务而采取的资源或注意力动员。无论项目制还是运动型机制都着力于实现跨条块和跨部门协调,但在它们的运行过程中,决策权力统一于国家或上级政府,从而实现国家权力的再生产和再扩充。

第四种是"大部制"。通过横向职能整合和机构重置,"大部制"改革旨在集中决策权和控制权,解决政府部门间职能交叉重叠和沟通不畅等问题。

3)新型基础设施建设项目跨部门协调实施路径

(1)健全跨部门协调制度

健全宏观管理部门和各行业主管部门共同参与的跨部门协调制度,需要加强统筹协调,由政府提供强有力的领导和支持,以确保在新型基础设施建设项目发展的同时适应经济与社会发展的双重需要,并且防止发展碎片化。这将加强不同部门间的技术融合、互联互通和智能交互,促进数字资源的开放共享和综合利用。

(2)加强跨部门信息合作

新型基础设施,尤其是信息化基础设施以及融合基础设施,天然具备数字化的特性,这种数字化的思维使其与传统基础设施建设不同。新型基础设施建设项目管理部门众多,由于政府部门之间职能权限分化,各部门之间没有形成较完备的信息互通机制,导致一定程度上的沟通效率低下,造成工作效率不佳等问题。加强部门间的合作可以促进关键任务的有效实施。其中,跨部门政府信息资源共享是加强跨部门信息化协调的重点方向。跨部门政府信息资源共享的障碍与影响因素可以从技术因素、信息属性、部门利益、组织结构、项目与业务管理、部门间关系、风险管理与外部环境8大类进行分析,其中组织结构层面的障碍因素包括专业架构、组织裁量权、组织的多样性与多重目标、程序上的优先权或共享程序不公平、官僚组织结构、组织文化与价值观。

加强新型基础设施建设项目的管理信息系统建设,推进过程管理信息化。新型基础设施建设项目管理的实践需要大量的横向沟通和信息交流,因而良好的信息沟通平台是新型基础设施建设项目管理科学化、高效化的关键。同时,建议设立特定部门,掌握所有信息,可以统一部署、开发和协调项目,既能减少项目跨部门协调的成本,也能对复杂情况做出具体决定,综合处理如前期预测不足或资源调配不合理等。鉴于新型基础设施建设项目建设过程中涉及的各种资料和信息需要严格保密,因此,重视信息化安全,加强对信息技术管理人员的培训,提升信息技术的使用效率就显得尤为重要。

(3)建立跨部门合作激励及监督机制

由于新型基础设施建设项目组织具有复杂性与系统性,政府部门需要跨部门进行协调,而开展协调工作较为困难。会牵涉各种复杂的相互关系和责任序列,因而跨部门合作失败或者矛盾丛生的情况出现的风险也更大。跨部门事务的合作需要涉及与各部门的共同利益、职能密切相关的问题,这些共同关注的重点才能有效地被纳入跨部门协调的范围。从这个角度来看,要想促进并发展跨部门合作行为,首先要将本部门的利益同整体目标统一起来,借由跨部门合作目标的实现带动并促进本部门目标的实现,这才会带来激励效应。同时,我国关于跨部门合作的各种规章制度与法律法规还很不健全,缺乏明确的相关法律法规政策约束和监督与追责机制,导致合作行为从合作启动到合作过程、合作步骤都缺乏连续性和规范性,合作成功或失败都没有纳入规范化的条文中也极大地影响了所涉及部门缺乏牵头或者参与的积极性。

从激励方面看,考核各部门在实现跨部门合作目标方面是否充分展示了自身的实力,是否充分履行了自己的职能,是否完成了跨部门合作中所涉及的工作任务,是奖惩部门及部门相关领导的重要标准和依据。通过以上3个方面的考量,能够进一步确保部门间合作发展的动力,推进跨部门合作的整体积极性。同时应将跨部门合作的工作经历及成就作为公务员晋升所考量的一项标准,将是否具备跨部门合作所要求的特殊协调技能作为考核公务员素质的一项专门标准,这样就保证了跨部门合作中部门工作人员的工作积极性。

从监督方面来看,根据跨部门合作目标,建立适合各部门间相关合作人员具体情况的监督和审查机制,并在合作开始前就开展相应的监督审查程序,避免出现跨部门合作并充分考量跨部门合作活动中各行为主体的具体情况,在合作开展之前就制订相应的监督审查程序,避免出现无疾而终,却又无人追责的情况。当然,为了将监督制度在跨部门合作中可能产生的非激励因素降到最低,该审查程序也应当根据实际情况不断变化。

2.3.4 新型基础设施项目跨层级协调

1)新型基础设施建设项目组织的层次

一般来说,项目组织可分为战略决策管理层、项目管理层、项目实施层3个层次,如图2-4所示。

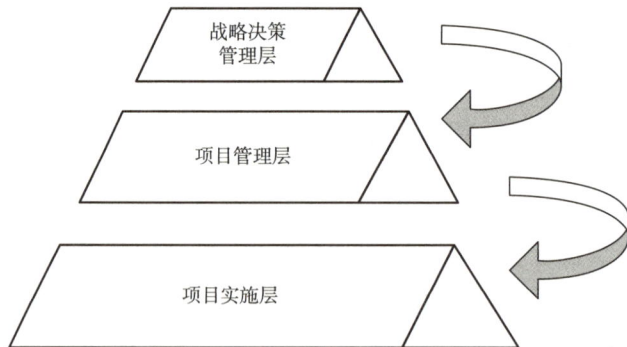

图2-4 项目层级示意图

(1)战略决策管理层

战略决策管理层是项目的发起者和投资人,包括对项目投资的财团、银团、政府、社会团体等。它们居于项目组织层次的最高层,对整个项目负责,最关心的是项目整体经济效益。战略决策管理层的作用可以分为两个层面:一是战略决策管理层的决策作用,二是战略决策管理层的项目协调作用。这两个层面的作用对项目管理层和实施层的工作实施均具有重大指导意义。

战略决策管理层的主要任务和责任有：

①制订新型基础设施建设项目的总体目标和任务,协调各方资源。

②拟订监督、考核方案,定期对项目实施情况进行督察和考核。

③制订实现目标的计划,通过对项目进行宏观控制保证项目目标的实现。

④设计项目的组织架构,决定项目的建设管理模式。

（2）项目管理层

项目管理层是由战略决策管理层选定的。项目管理层需要承担项目实施全过程的主要管理责任和任务,通过确立目标、选择不同的方案、制订计划,对项目进行组织、协调和控制,保证项目目标的实现,包括：

①按照战略决策管理层制订的目标,对项目实施过程进行全面控制。

②批准项目目标和设计,批准实施计划等。

③设置评价新基建的指标体系,统一组织部署评价行为。

④对项目的实施过程进行控制,保证项目目标的顺利完成。

⑤各子项目实施程序的确定等。

（3）项目实施层

项目实施层是建设项目在实施过程中的一线工作者、具体操作者。一般来说,包括承担项目工作任务的设计单位、施工单位、供应商和咨询单位等。

项目实施层的主要任务和责任有：

①参与或进行项目设计、计划和实施控制。

②按合同规定的工期、成本、质量管理完成项目。

③向投资方和项目管理者提供信息和报告。

④遵守项目管理规则等。

2) 新型基础设施建设项目跨层级协调实施路径

（1）设立顶层领导决策机构

目前,就战略决策管理层而言,虽然国家发展和改革委员会是新型基础设施建设项目名义上的主管部门,但实际上的宏观管理职能十分分散,很容易出现相关部门各自为政,或根据自身需要制订相应的新型基础设施建设项目建设政策以争夺有限的信息技术资源的现象,进而导致政策得不到有效落实,信息技术资源无法实现有效配置。因此,需要对政府机构中职能重叠的部门进行优化重组,必要时设立独立的综合管理办作为顶层领导决策机构,负责管理事务过程中层级间的协调和联系。此外,必须充分发挥政府的统筹领导与协调作用,在新型基础设施项目建设规划、投资布局等方面提供相应支持。

（2）逐步落实管理制度

项目管理层的主要任务是负责制订并逐步落实项目建设过程中的各个子目标。因此,项目管理层是落实新型基础设施建设的基本主体,对新基建的相关要求更了解。落实管理制度后,由项目管理层牵头可以保证项目计划的及时落实,并根据实施情况及时作出相应调整,使新型基础设施建设过程中所采取的各项行动更具有针对性和可操作性。最后,还要进一步优化新型基础设施建设项目的相关办法与标准,作为动态追踪和监管各类基础设施建设的评价基准。

（3）协调实施的界面问题

针对项目实施层内部职能界限模糊的问题,仍需坚持梳理新型基础设施建设项目实施过程中的重点管理工作内容,通过定期调研,消除实施层的相关主体的权责交叉,进而促进实施层内的相互协作。此外,通过实践过程中发现的问题进行深度剖析,并分析、总结相关经验教训,在实施层面开展相关规章的培训,逐步引导新型基础设施建设项目的一线人员理解并有效执行相关制度。

3

合同管理

3.1　概述

3.1.1　新型基础设施建设项目合同及合同管理

1）新型基础设施建设项目合同概述

根据《中华人民共和国民法典》第四百六十四条："合同是平等民事主体之间设立、变更、终止民事法律关系的协议。"传统的基础设施建设项目所涉及的合同可以大致归类于工程合同，如建设项目勘察合同、设计合同以及施工合同等。区别于传统基础设施，新型基础设施建设项目更具有技术特征，因此，技术合同也是新型基础设施建设项目合同体系中重要的组成部分。综上所述，新型基础设施建设项目主要涉及两类合同：工程合同以及技术合同。

对于工程合同，我们可以从广义和狭义两个角度进行理解。从广义的角度看，工程合同并不指向某一独立的合同，而是一个合同体系，包括建设活动中所涉及的所有合同，即勘察设计合同、施工合同、监理合同、贷款合同、工程担保合同、咨询合同、材料供应合同等。这些合同相互依存、约束，共同促使工程建设的顺利开展。从狭义的角度看，工程合同仅指施工合同，即业主与施工承包商就施工任务的完成签订的协议。

广义的工程合同定义包括以下 3 个要点：

（1）合同主体

合同主体，即直接参与具体工程建设任务，并订立相应合同的单位。比如，业主与施工单位可以订立施工合同，业主与勘察设计单位之间可订立勘察设计合同，而监理单位、材料供应商、设备租赁商、招投标代理机构等也可以作为某种工程合同的主体。

（2）工程合同的具体目的

一般来说，工程合同的目的都是在工期、质量、成本等约束条件下完成建设工作。不同的合同因为有不同的主体,这个目标也会逐渐细分。例如,施工单位的目标是实行质量、成本和工期综合控制,按图纸要求完成施工任务。监理单位的目的是协调业主与施工单位的关系,监督合同各方主体的履约行为。

(3)合同规定各方主体之间的权利和义务

施工合同中约定了业主与施工单位的权利义务,监理合同约定了业主与监理单位之间的权利和义务,这种权利和义务的关系必须尽可能公平公正。只有公平的合同才能顺利执行。

对于技术合同,《中华人民共和国民法典》第八百四十三条给出了定义:"技术合同是当事人就技术开发、转让、许可、咨询或者服务订立的确立相互之间权利和义务的合同。"根据技术合同的标的不同,技术合同分为技术开发合同、技术转让合同、技术许可合同、技术咨询和技术服务合同。

技术合同的特点包括以下3个要点:

(1)技术合同的当事人具有广泛性与特定性

《中华人民共和国民法典》合同编通则并未限制合同当事人资格,自然人、法人、非法人组织均无不可。但是技术合同当事人,通常至少一方是能够利用自己的技术力量从事技术开发、技术转让、技术许可、技术服务或咨询的组织或个人,否则合同将履行不能。

(2)技术合同的履行具有特殊性

技术合同履行因常涉及与技术有关的其他权利归属,如专利权、专利申请权、技术秘密权等,故技术合同既受债法之约束,又受知识产权制度之规范。

(3)技术合同的标的具有无形性

其权利人享有使用权、转让权的技术成果,该技术成果必须是利用科学技术知识、信息和经验作出的产品、工艺、材料及其改进等技术方案。如果该技术方案已公开,属于社会公知的技术,那么一般来说就不应作为技术开发、转让和许可合同的标的。

2)新型基础设施建设项目合同管理

工程合同与技术合同属于不同的合同类型,在许多方面存在巨大的差异。如两者涉及对象不同、范围不同。其中,工程合同一般是根据工程项目的建设情况签订的协议,而技术合同的标的与技术有密切关系,不同类型的技术合同有不同的技术内容。因此,这也决定了两类合同不同的管理方式。

就工程合同而言,工程合同管理是各级工商行政管理部门、建设行政管理部门、金融机构以及业主、承包商和监督人员依照法律、行政法规和规章采取法律、行政的手段,对建设工程合同关系进行组织、指导、协调及监督,保护施工合同当事人合法权益、处理施工合同纠纷、预防和惩治违法行为、保障施工合同的执行等一系列活动。工程合同管理包括各级工商行政管理部门、建设行政主管部门和金融机构对建设工程合同的管理,以及发包部门、监理部门、承包单位对建设工程合同的管理。这些控制可以分为两个层次:第一层次是国家和金融机构对建设项目合同的管理,即合同的外部管理;第二层次是建设工程合同的当事人和监理单位对建设工程合同的管理,即合同的内部管理。如图3-1所示,其中,外部管理侧重于宏观管理,内部管理则侧重于合同规划、签订和执行的具体管理。

所谓技术合同的管理是指技术合同管理机关对技术合同进行监督、检查、审核和登记,调解技术合同纠纷,确认技术合同无效,查处违法合同,建立合同管理制度等一系列活动的总称。目前我国的技术合同管理制度包括技术合同的认定登记制度、技术保密制度、技术市场管理制度、鉴证制度、公证制度以及合同管理机关对危害国家利益、社会公共利益的管理制度等。其中,技术保密制度、对利用合同危害国家利益、社会公共利益的违法行为监督管理制度是强制性的制度,其他制度起引导作用,引导技术合同行为符合市场经济的要求,促进市场经济的发展。

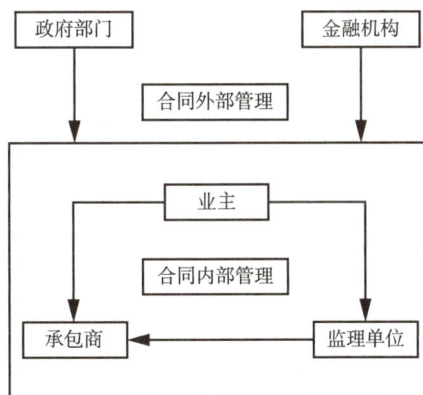

图 3-1　合同管理层次

3.1.2　新型基础设施建设项目合同管理作用与特点

1) 合同的作用

合同是确定各方权利与义务的关键所在,项目管理的成败在一定程度上取决于合同的签订与管理。合同为新型基础设施建设项目管理提供了管理对象,并成为新型基础设施建设项目全过程管理的前提和基础,在投资、工期等管理目标实现的过程中具有极其重要的作用。新型基础设施建设项目合同的作用主要体现在下述 4 个方面。

(1) 确定项目实施目标

对于新型基础设施建设项目中的 5G 基站建设、特高压、城际高速铁路和城市轨道交通、新能源汽车充电桩等建设项目来说,合同明确规定了项目规模等基本属性,同时明确了质量、安全、环境保护、工期、造价等要求。而对于大数据中心、人工智能、工业互联网等技术领域来说,技术合同规定了技术服务或技术开发采购的价格、时间、数量、标准等要求。

(2) 明确权利与义务关系

合同是依法确定双方责任权利的法律文件。通过签订新型基础设施建设项目合同,可以明确双方的权利与义务,不仅可以约束双方行为,还有利于降低冲突发生的概率。

(3) 保护合同当事人

依法成立的合同,受到法律的保护。无论是何种情况,如果一方的合法权利受到侵害,可以依据合同,依法追究对方的法律责任。因此,合同可以保护合同当事人双方的权利。

(4) 提供解决争议的依据

新型基础设施建设项目包含城际高铁、5G 基站以及工业互联网等多个领域,涉及多阶段、多专业、多利益主体,项目往往呈现周期长、技术复杂、环境多变的特点,在合同执行过程中,不可避免地会产生变更甚至出现经济纠纷,此时合同是解决这些问题的重要依据。

2) 合同管理的作用

新型基础设施建设项目合同管理极大地影响了项目的实施,其作用涉及多个方面,以下从对市场和建设单位两个角度阐释合同管理的作用。

(1) 对市场的作用

从宏观层面来说,新型基础设施建设项目合同管理的主要作用是能够促进项目法人责任制、招标投标制和标准化管理等制度的实行,约束新型基础设施建设项目市场交易活动中各主体之间的行为。

①保证新型基础设施建设事业的可持续发展。在市场经济条件下,主要依靠合同来规范当事人的交易行为,合同的内容将成为开展新型基础设施建设活动的主要依据。依法加强合同管理,可以保障新型基础设施市场的生产要素高效管理,发展和完善新型基础设施市场,促进新型基础设施的快速发展。

②规范建设程序和建设主体。对于5G基站、特高压、城际高速铁路和城市轨道交通、新能源汽车充电桩等工程项目来说,可以通过合同的形式对新型基础设施建设项目建设全过程的(预)可行性研究、勘察、设计、招标投标、施工建设、材料设备采购等经济活动加以确定,加强合同管理工作,可以规范其建设的程序和各参与单位的行为。

③提高新型基础设施建设项目的管理水平。新型基础设施建设项目的管理水平提高体现为工程质量、安全、环保、工期、投资等目标的实现情况,这些目标通过合同条款得以确定,并得到法律保障。严格按照合同的要求进行管理,可有效保障工程质量、安全、环保、工期、投资等目标的实现,因此,合同管理能够有效提升新型基础设施建设项目建设的管理水平。

(2) 对建设单位的作用

从微观层面来讲,加强合同管理可以保护甲乙双方的合法利益,同时还可以提高新型基础设施建设项目合同履约率和经济效益,助力国际市场的开拓。

①维护和保障业主的利益。合同是业主进行目标控制的重要法律依据,监督、控制、处理项目中的有关问题时都可以以合同为依据,合同的法律效力可以维护业主的合法权益。

②提高新型基础设施建设项目合同履约率。项目参与各方牢固树立合同法制的概念,加强新型基础设施建设项目合同管理,贯彻执行《中华人民共和国民法典》、相关合同行政法规和合同示范文本制度,严格按照法定程序签订项目合同,可以防止违法违规现象的出现,同时建立健全合同管理制度,可以提高新型基础设施建设项目合同履约率。

③助力国际市场的开拓。目前,国际市场正发生着广泛而深刻的变化,有着前所未有的机遇和挑战。如国际5G市场日益扩大,而我国在5G研发和应用中处于领先地位。要让中国5G技术走出去,占领国际市场,这就要求在合同管理上与国际接轨,而高效、规范和流程化的合同管理制度与体系将助力我国技术更好地"走出去",开拓国际市场。

3) 合同管理的特点

新型基础设施建设项目合同管理不仅涉及合同相关的法律知识以及传统基建工程所涉及的工程技术、工程经济和工程项目管理等方面的知识,还包括诸多现代信息技术相关知识,如5G基站建设所涉及的高级多址技术、超大密集组网技术等技术,工业互联网所涉及的区块链等技术。只有结合合同管理制度与相应的管理办法才能管理好新型基础设施建设项目合同,这主要是由新型基础设施建设项目合同管理的特点决定的。其中特点又可分为与传统基础设施建设项目的共性特点以及新型基础设施建设项目所特有的特性特点。

（1）共性特点

①合同管理的风险性。与传统基础设施建设项目一样，新型基础设施建设项目涉及面广，受外界环境如社会环境、自然条件等多种因素的影响大，这些风险因素会给项目实施和合同管理带来不同程度的影响，且很多因素难以预测、难以控制。

②合同管理的效益性。合同管理与经济效益直接挂钩，有效的合同管理可以在保障业主投资控制得当的基础上，保质保量地完成项目建设，同时承包商也可以从建设活动中获取合理利润。相反，合同管理不善可能会造成双方的损失。

③合同管理的动态性。新型基础设施建设项目往往合同工程价值量大，合同价格高。由于合同履行过程中常常受到内外因素的影响，合同往往变更频繁，因此合同管理必须按变化的情况保持动态调整。

（2）特性特点

①短期性。新型基础设施建设项目具有以数字技术为核心、以新兴领域为主体、以科技创新为动力、以虚拟产品为主要形态、以平台为主要载体等特点，因此具有价值折旧快、迭代更新迅速等特性。这在一定程度上也决定了新型基础设施建设项目有更高的更新速率。因此，在合同管理上周期比较短。

②协同性。新型基础设施建设项目产业链涉及范围广，如5G建设包括了天线、视频设备、材料、精密加工等硬件以及操作系统、云平台、数据库等软件；特高压涉及GIS、互感器、电抗器等数十个产业；产业之间具有极强的协同效应，如5G、工业互联网、人工智能、云计算、边缘计算以及数据中心之间也存在着强烈的相互需求，因此需要各个部门、各类专业人才共同进行合同管理。

③复杂性。新型基础设施建设项目合同管理是随着项目的进展而逐步展开的，新型基础设施建设项目范围广，项目参与单位和协作单位众多。各参与单位责任界限的划分、合同权利和义务的定义非常复杂，合同在时间和空间两个维度上的衔接和协调难度较大。

④不确定性。作为快速演进的前沿技术，数字技术具有高度的不确定性，包括技术、市场和组织三方面的不确定性。因此，这也在一定程度上决定了合同管理的不确定性。

3.1.3　新型基础设施建设项目工程合同管理策略

1）公共服务合同管理

公共服务合同外包，是指政府通过制度和机制创新，更多地利用营利及非营利组织来生产公共服务，以提高公共服务的供给效率、满足公民服务需求的一种方式。部分"新型基础设施"的项目运作，政府部门也可以通过"政府负担、定项委托、合同管理、评估兑现"的逻辑，将基础设施的建设与运营工作交由具备资质的市场力量来完成，并由政府向企业付费。在智慧城市相关的智慧路灯、智能安防等小规模系统的基础设施领域内，我国已经拥有了较为成熟的市场力量和技术产品，加之合同外包方式中的承包方多是通过竞争性遴选流程而确定，政府可以借助承包企业成熟优质的产品和技术，提升新型基础设施的建设效率和服务品质。此外，由于合同外包多应用于投资相对较小、技术难度相对较低的公共服务领域，所以更新迭代速度较快的"新型基础设施"项目适合以外包方式交由市场力量承担。政府可通过合同管理方法进行质量控制，并可定期评估这一阶段的供给成果，利于小规模新型基础设施的及时更新换代和路径修正。在公共工程采购、政府购买服务等合同外包领域,我国政府已经拥有了一定的实操经验和法律政策保障。在公共服务的数字化领域,地方政府也大多进行过电子政务外包和智慧市政设施采购的尝试。经验表明,有效的政务信息系统合同外包不仅可以提升供给效率,而且可以节约 15% 的财政资金。虽然通过合同外包的方式进行小规模的"新型基础设施"开发,政府部门需要支出的资金较少、成本也较为经济。但是城镇化进程的加速也扩大了智慧城市建设的需求,未来应用产业数字化类的基础设施所需投入的资金总量也必然庞大。合同外包需要政府支出财政资金,但是目前一些地方政府仍然背负着前一时期所遗留下来的巨大债务压力。尤其是新冠疫情发生以来,地方政府收入增速下滑,但支出压力却有增无减。因此,如何合理地扩大地方政府的建设资金来源,是利用合同外包形式进行"新型基础设施"的待解难题。

2) 通过信息化管理手段,推动合同管理智能化

随着科技的发展,信息化手段应用到工作中的各个方面,合同管理也是同样。新型基础设施建设项目涉及工程合同、技术合同两大体系,在管理上难度更大。因此应鼓励项目采购与信息化相关的软硬件设备,提高合同管理信息化水平,利用信息化管理平台进行招投标、合同评审和审批及工程计量等工作。通过信息化手段,减少合同管理的工作量,缩短整个合同管理流程所需要的时间,推动合同管理信息化发展,提高合同管理效率。

3) 规范合同内容

新型基础设施建设项目在领域、技术等多方面异于传统的基础设施建设项目。因此,在进行合同管理的过程中,需要持续完善建设工程的合同文本体系,发挥示范文本的作用。同时为了迎合不同的市场需求,应该根据市场的具体情况制订不同形式的合同示范文本,同时参考国外的经验。合同中的主体要得当,文字使用要严谨,提高示范文本的实用性和可操作性。

3.2 新型基础设施建设项目采购与招投标

3.2.1 采购的内涵与特点

1) 采购的内涵

采购的狭义解释就是购买,是买方支付相同价格以换取卖方货物的过程,涉及所有权的转移和商流。从广义的角度来说,采购指的是在产品流通过程中,企业和个人根据市场经济条件,对产品的渠道、质量、方式、价格、时间等进行预测和确定,是一个将货币资金转化为商品资金的交易过程。在广义的采购中可以直接购买商品,也可以通过商业租赁、借贷、交换等方式取得商品所有权。由此可见,采购是指企业为保证公司正常生产经营活动,在一定条件下从供应市场获取产品或服务的一项企业经营活动。日常经营活动中所说的采购是以购买方式为主的产品采购活动。在大公司中,采购不仅是采购员和采购部门的事情,也是集团或团队的事情,因为采购是集团整体供应链的重要组成部分。同时,采购也是物流管理的重要组成部分。

2）新型基础设施建设项目采购特点

（1）采购需求难以明确

与传统基建项目不同，新基建项目以创新技术为驱动，其产业发展需要伴随着不断的新产品和新技术，并且需要计算未来扩展升级的空间。因此，此类项目单靠采购人一方无法提出具体明确的采购需求。

（2）采购产品涉及领域新

新型基础设施建设项目需要在传统基础设施的基础上，不断进行升级和创新，新基建所涉及的新领域将成为基础设施建设的重点。因此，产品采购也集中在新兴领域。

（3）采购内容以虚拟产品为主要形态

传统基础设施包括规范、规则等其他制度形式，但以物质产品为主。物质产品是人类社会运行的基本条件，新型基础设施也必须以物质产品为基础。例如，数据中心需要建筑物、网络交换机、电力设备、服务器组、数据传输网络等。但数字基础设施是物质或非物质/虚拟的基础深层结构，这种结构将软件、内容、数据和设备连接起来，使分布式数据的处理、存储、传输和共享成为可能，并呈现出软硬、虚实结合的特点。在新型基础设施硬件架构上运行的各种软件和应用程序包含大量符合行业技术规范和标准的代码、算法和数据，更多体现为虚拟形式。因此，采购内容中涉及很多虚拟产品。

3.2.2 采购管理

1）采购方式

项目采购方式指的是市场上买卖双方进行交易的方式，或者是业主采购产品的方式。其含义是指组织项目建设的基本模式，也称为项目交付系统。它决定了组织项目建设的基本路径和总体框架，是项目成功的关键。新型基础设施建设项目采购主要采用竞争性磋商、集中采购、招标投标3种方式。

（1）竞争性磋商

《政府采购竞争性磋商采购方式管理暂行办法》指出：竞争性磋商采购方式，是指采购人、政府采购代理机构通过组建竞争性磋商小组（以下简称"磋商小组"）与符合条件的供应商就采购货物、工程和服务事宜进行磋商，供应商按照磋商文件的要求提交响应文件和报价，采购人从磋商小组评审后提出的候选供应商名单中确定成交供应商的采购方式。

符合以下条件的项目，可通过竞争性磋商采购。

①政府购买服务项目。

②技术复杂或性质特殊，无法确定详细规范或具体要求的。

③因艺术品采购、专利、专有技术或者服务的时间、数量等事先不能确定等原因不能事先计算出价格总额的。

④市场竞争不充分的科研项目、需要扶持的科技成果转化项目，以及按照招标投标法和实施条例必须招标的工程建设项目以外的工程建设项目。

同时，暂行办法定义了协商程序：

①达到公开招标数额标准的货物、服务采购项目，拟采用竞争性磋商采购方式的，采购人应当在采购活动开始前，报经主管预算单位同意后，依法向设区的市、自治州以上人民政

府财政部门申请批准。

②采购人、采购代理机构应当通过发布公告、从省级以上财政部门建立的供应商库中随机抽取或者采购人和评审专家分别书面推荐的方式邀请不少于3家符合相应资格条件的供应商参与竞争性磋商采购活动。采用公告方式邀请供应商的,采购人、采购代理机构应当在省级以上人民政府财政部门指定的政府采购信息发布媒体发布竞争性磋商公告。

③从磋商文件发出之日起至供应商提交首次响应文件截止之日止不得少于10日。

④供应商应当按照磋商文件的要求编制响应文件,并对其提交的响应文件的真实性、合法性承担法律责任。

⑤供应商应当在磋商文件要求的截止时间前,将响应文件密封送达指定地点。在截止时间后送达的响应文件为无效文件,采购人、采购代理机构或者磋商小组应当拒收。

⑥磋商小组由采购人代表和评审专家共3人以上单数组成,其中评审专家人数不得少于磋商小组成员总数的2/3。采购人代表不得以评审专家身份参加本部门或本单位采购项目的评审。采购代理机构人员不得参加本机构代理的采购项目的评审。

⑦经磋商确定最终采购需求和提交最后报价的供应商后,由磋商小组采用综合评分法对提交最后报价的供应商的响应文件和最后报价进行综合评分。

⑧磋商小组应当根据综合评分情况,按照评审得分由高到低顺序推荐3名以上成交候选供应商,并编写评审报告。符合《政府采购竞争性磋商采购方式管理暂行办法》第二十一条第三款情形的,可以推荐2家成交候选供应商。评审得分相同的,按照最后报价由低到高的顺序推荐。评审得分相同且最后报价相同的,按照技术指标优劣顺序推荐。

⑨采购人或者采购代理机构应当在成交供应商确定后2个工作日内,在省级以上财政部门指定的政府采购信息发布媒体上公告成交结果,同时向成交供应商发出成交通知书,并将磋商文件随成交结果同时公告。

⑩采购人与成交供应商应当在成交通知书发出之日起30日内,按照磋商文件确定的合同文本以及采购标的、规格型号、采购金额、采购数量、技术和服务要求等事项签订政府采购合同。

（2）集中采购

集中采购是指公司设立采购部门,集中采购各部门所需的物品。它具有以下优点和缺点。

优点:更容易降低成本,加强与供应商的关系,获得供应商各方面更好的支持与合作;采购决策管理相对集中,减少一些重复的管理工作,提高效率,易于采购的材料达成标准化;很少因内部竞争抬高供应商的价格。

缺点:采购业务流程过长,一定程度上降低了紧急性、区域性和小型的采购业务的效率;市场瞬息万变,对价格管控和供应商选择存在一定的延迟;采购业务与需求部门分离,规格和交货日期的详细变更未能得到及时处理。

集中采购适用的主体需符合如下情况之一:产品种类共性较多;公司各部门的地理位置比较集中;采购部门离需求部门虽然较远,但交通便利。

集中采购适用的客体主要有以下4种:数量大或总价高的物品;安全密度高、产权约束高的物品;市场资源不稳定且容易出现问题的物品;定期购买的物品。

（3）招投标

由于招投标方式在建设采购领域应用最为广泛,因此本书在3.2.3、3.2.4及3.2.5部分将进行详细介绍,此处不再赘述。

2)数字化采购

(1)数字化采购的含义

根据麦肯锡的说法,数字化采购意味着"通过对大数据的高级分析、流程自动化和新的协作模式,显著降低供应商和业务用户的成本,提高采购职能的效率,实现更快、更透明和可持续的采购"。简单来说,数字化采购不仅可以保证采购物品的供应,还可以使采购部门成为公司的价值创造中心。

(2)数字化采购的意义

①实现采购业务可视化。使用数字工具的高级数据分析功能可以自动生成采购结果,借助智能化和拥有自主学习能力的算法技术,企业可以实现数据清洗和分类自动化。如果增加数据源、实施类别管理并建立与KPI的联系,无疑将帮助集团在预算和财务报表中跟踪采购成本节省情况,从而实现采购可视化。

②构建价值型采购组织。数字工具可以集成各种采购组的功能,一个完整的数字化采购平台能够自动完成,如了解需求、分析市场、生成降低成本措施、衡量实施措施的有效性等各个步骤,可以协助品类管理生成综合品类策略和方案,从而帮助采购人员确定降低成本的最佳方案,实现价值最大化。

③管理采购支付流程的数字化采购系统。可以构建采购支付工作流程工具和自动化合规管理工具。如今,企业在这些领域都普遍使用单点解决方案,而在应用数字化采购系统后,将越来越多地集成为综合应用程序包,以解决供应商和买方在采购过程中的不合规问题。

④改进采购绩效管理。数字化采购的采购绩效管理分为外部采购绩效评估和内部采购组织绩效评估。供应商绩效评分系统提供对供应商绩效、差距以及成本、质量或交付的实时监控。借助这些数字化信息,采购经理可以尽早发现供应商出现的问题,快速采取行动并做出决策。该系统还可以提供相应的工具来帮助和激励供应商进行改进。采购组织绩效分数记录和衡量整个采购部门或单个采购类别的绩效。

3)采购发展趋势

(1)评审方法

5G、云计算、物联网、工业互联网等新型基础设施建设,在各地的重大项目投资计划中受到高度关注。

由于新型基础设施建设项目的采购需求难以明确,无法单独由采购方提出具体采购要求,因此需要在完全竞争的前提下,从供应商提供的方案中选择最优方案。此外,由于技术的复杂性,在此类项目的实施过程中设计方案或解决方案可能会进行调整。因此,现有的评审方法难以适应新基建采购项目的需要。《中华人民共和国政府采购法实施条例》[中华人民共和国国务院令(第658号)]第三十四条规定:"政府采购招标评标方法分为最低评标价法和综合评分法。"综合评分法是指投标文件满足投标文件所有实质性要求,并且按照评价要素量化指标评价得分最高的供应商为中标候选人的评标方法。采用综合评分法时,评审标准的评分设置应与评审要素的量化指标相对应。

根据上述规定,采用综合评分法时,评价因素必须有量化指标,得分必须与评价因素的量化指标相对应。也就是说，评审分数也需要量化。近年来，在"两个量化"要求下，政府采购监督管理部门多次因采购人和采购代理机构编制的采购文件违规，责令采购商取消投标或终止采购，重新进行政府采购活动。

最低投标价法主要适用于技术、服务等标准统一的商品和服务项目，在难以确定采购需求的新基建采购项目中不常用。

因此，在政府采购的竞争性谈判和竞争性谈判项目中，对于技术复杂或性质特殊、无法确定详细规格或具体要求的项目，采购人的确需要评审专家对提供的设计方案或解决方案进行非定量评估比较和横向比对审查以选择最佳选项。现有的评估方法很难做到这一点。

目前，相关部门意识到项目无法明确需求、要求供应商提供解决方案和设计方案的项目的特殊性，提出采购方式以非招标为主，采购流程注重多阶段谈判。为了适应此类项目的特殊需要，评估方法也需与时俱进。"方案评估比较评审法"就是一种全新的评审方法。下面基于政府采购现有评审方法和实务操作经验，以该评审方法在新型基础设施采购项目中的适用为例，作初步探讨。

"方案评估比较评审法"中采购商对政府采购项目无法提供具体、明确的采购要求，需要供应商根据采购商的初步需求和采购目标提出设计方案或解决方案。评估专家基于供应商提出的方案根据预先制订的评审方案进行评审比较，根据评审结果对方案的优劣提出意见或排序，推荐候选人。这种审查方法有 5 个特点。

第一，仅适用于采购人因客观原因无法明确采购需求的非招标采购项目。

第二，主要依靠评估专家（谈判组、咨询组）运用专业知识和技能进行评估，主要对供应商提供的解决方案进行评估比较，并出具评审意见。

第三，可以通过非定量指标进行评估。

第四，评审专家（谈判小组）可以对招标文件进行横向比较评审，选择优劣，进行排序。

第五，评审专家的生成不是从现有评审专家库中随机抽取的。采购商可提前了解相关专家后进行推荐或设立一个与新型基础设施、数字智能政府、新经济、新业态相关的子专家数据库供采购方进行随机抽取。由于该类专项项目采用"非量化指标评价"和"标书横向比较评价"，因此评审专家的主观评价决定了候选人的排序，对评审专家的专业品质、道德、职业素质要求也相对较高。

"方案评估比较评审法"可以通过以下 3 种方法进行候选人的推荐。一是仅根据方案评审的优劣推荐候选人。供应商无须报价或提交业务文件。也就是说，不审查价格和商业因素（供应商团队的数量、质量、绩效、公司声誉等）。二是考虑商业因素。供应商必须在提交设计方案或解决方案的同时提交业务文件。将供应商团队数量、质量、绩效和企业声誉等业务因素进行评审量化，并转换一定比例来推荐成交候选人。比如方案评审排序第一的占比 90%，第二位占比 85%，第三位占比 75%，商业因素评审占 10%。三是考虑价格和商业因素。供应商提交设计方案或解决方案，提交业务文件，同时对设计方案或解决方案及其实施进行报价。对报价和商业因素进行定量评分，将其转换为一定比率推荐成交候选人。比如方案评审排序第一的占比 80%，第二位是 75%，第三位是 70%，价格是 5%，商业因素是 15%。

这种评分方法推荐成交候选人的规则是基于方案评估比较评审排序，按照预先制订的占比分值进行评分。方案评估比较评审没有量化指标，量化指标仅针对商务因素评审部分，因此，即使有价格评分和商业因素的定量评分，也与现有的综合评分方法有着本质的区别。

（2）战略职能

新型基础设施项目在采购方面要更具战略性,公司操作系统的资源输入角色需要采购能"独当一面"。在当前形势下,采购从"辅助支撑"到"战略角色"的转变任重而道远,必须依次经历4个步骤。

第一阶段,被动执行,仅接受研发、规划、生产等部门的指令去采购物品,这是不少企业的采购现状。

第二阶段,被迫主动,在成本部门和物资需求部门的驱使下,被迫制定采购战略、管理供应商。只关注眼下的事,基本不关注未来的发展。这是多数企业的采购现状。

第三阶段,主动支撑,兼顾内外部环境,主动制定长远规划和采购战略,积极支持供应链战略和企业整体战略的实施。如今,很少有公司制定了采购战略,但鉴于采购对公司竞争优势的重要性,大多数公司必须提前制定采购战略。

常见的采购策略通常包括下述内容。

①外部环境分析:分析未来国内外政策法规、技术、社会、环境等方面可能会对供应市场的影响并提出应对策略。

②标杆企业分析与创新启示。

③内部环境分析:理解公司总体战略、组织与商业模式发展对采购职能的前瞻性要求,理解公司产品在技术、质量、成本、服务等方面对采购的前瞻性要求,并提出对策。

④供应商与物料分析:结合不同类别的供应商与物料品类特征,提出差异化采购策略。

⑤采购专业能力建设路径图及重点课题规划。

⑥采购组织发展规划与采购人才规划。

⑦采购关键技术指标分析与目标规划。

⑧采购职能未来发展愿景、使命与核心能力阐述。

第四阶段,定义战略,即依靠采购供应链驱动企业的战略发展。很多知名企业根据驱动因素来确认自身的战略定位,如沃尔玛致力于节省成本以及物流配送系统与供应链管理,是为了能获得更为迅速的业务量增长。

从第一阶段到第四阶段,其关键内核就是"主动"。采购需要从被动执行转向主动作为,同时还需要站在公司战略高度考虑长远问题,采购各级人员不仅会执行指令,更要"调动一切资源"去支持公司战略目标的实现。

3.2.3 招投标的内涵与特点

1) 招投标的内涵

招投标制是国内外在建设工程、商品贸易、政府采购等领域广泛采用的一种特殊采购方式,其"公平、公开、竞争、择优"的原则将有助于提高工程和货物的质量,缩短工期,同时有效提高投资效益,节省政府采购资金。这对完善市场竞争机制发挥着重要作用。

2) 招投标的作用

（1）引入公平竞争机制

实行招投标是为了实现国有资金和建设资金使用的公平、公正和社会效益的最大化;同时也在很大程度上有利于防止内部和外部的腐败行为。

（2）为合同管理打下基础

招投标是合同管理的前期工作,规范的招投标程序、科学的评标办法以及标准合同文本的采用,可以为合同签订和履约阶段的实施控制与高效管理奠定坚实基础。

（3）规范市场

招投标能够将市场的交易环境公开透明化,有效限制权力的滥用行为,有效避免和克服新型基础设施领域的行贿受贿行为,也有助于政府和相关主管部门对新型基础设施相关交易进行监督,有效约束和规范新型基础设施市场。

3）招投标的特点

招投标制度为新型基础设施建设项目引入竞争机制,对优化市场资源配置、提高社会效益和经济效益有重要作用。新型基础设施建设项目招投标具有以下特点。

（1）程序规范

招投标活动必须遵循严密、规范的法律法规程序。《中华人民共和国招标投标法》（以下简称《招标投标法》)、《中华人民共和国招标投标法实施条例》、《铁路工程建设项目招标投标管理办法》等法律法规和规范性文件,对新型基础设施建设项目招投标活动每一个环节的时间、程序以及内容都有严格的规定,不能随意改动。

（2）透明度高

招标人按规定在公众媒体上发布招标公告,事先通过招标公告和发布招标文件,公布招标要求和条件,在投标截止日公开开标,中标结果按规定公示并书面通知所有投标人。将招标活动置于公开的社会监督之下,可有效防止交易中的不正当行为。

（3）公平、客观

招标公告发布之后,任何有能力、有资格的投标人均可平等地参加投标,按照《招标投标法》规定,招标人不得有歧视任何一个投标人的行为,评标委员会将依据招标公告中预先设定的评标办法进行评标。整个招投标活动是公平、客观的规范性交易行为。

（4）多主体监管性

招投标既要接受审批部门以及各交易平台的监督,也要接受行业监管。

3.2.4　招投标管理

1）招标管理

（1）招标范围

①必须进行招标的项目范围。《招标投标法》第三条规定:"依法必须进行招标的工程建设项目的具体范围和规模标准,由国务院发展改革部门会同国务院有关部门制订,报国务院批准后公布施行。"《必须招标的工程项目规定》（中华人民共和国国家发展和改革委员会令第16号）第二至第五条对必须进行招标的工程项目范围进行了规定:

"第二条:全部或者部分使用国有资金投资或者国家融资的项目包括:（一)使用预算资金200万元人民币以上,并且该资金占投资额10%以上的项目;（二)使用国有企业事业单位资金,并且该资金占控股或者主导地位的项目。

第三条:使用国际组织或者外国政府贷款、援助资金的项目包括:（一)使用世界银行、亚洲开发银行等国际组织贷款、援助资金的项目;（二)使用外国政府及其机构贷款、援助资金的项目。

第四条:不属于本规定第二条、第三条规定情形的大型基础设施、公用事业等关系社会公共利益、公众安全的项目,必须招标的具体范围由国务院发展改革部门会同国务院有关部门按照确有必要、严格限定的原则制订,报国务院批准。

第五条:本规定第二条至第四条规定范围内的项目,其勘察、设计、施工、监理以及与工程建设有关的重要设备、材料等的采购达到下列标准之一的,必须招标:(一)施工单项合同估算价在 400 万元人民币以上;(二)重要设备、材料等货物的采购,单项合同估算价在 200 万元人民币以上;(三)勘察、设计、监理等服务的采购,单项合同估算价在 100 万元人民币以上。同一项目中可以合并进行的勘察、设计、施工、监理以及与工程建设有关的重要设备、材料等的采购,合同估算价合计达到前款规定标准的,必须招标。"

②可以不进行招标的项目范围。依据《招标投标法》第六十六条和 2003 年 3 月 8 日国家发改委、建设部等七部委令第 30 号发布的《工程建设项目施工招标投标办法》第十二条的规定,需要审批的工程建设项目,有下列情形之一的,由审批部门批准,可以不进行施工招标:

a.涉及国家安全、国家秘密或者抢险救灾而不适宜招标的。

b.属于利用扶贫资金实行以工代赈需要使用农民工的。

c.施工主要技术采用特定的专利或者专有技术的。

d.施工企业自建自用的工程,且该施工企业资质等级符合工程要求的。

e.在建工程追加的附属小型工程或者主体加层工程,原中标人具备承包能力的。

f.法律、行政法规规定的其他情形。

不需要审批但依法必须招标的工程建设项目,有上述规定情形之一的,可以不进行施工招标。

(2)招标组织形式

①自行招标。《招标投标法》规定,工程项目建设单位作为招标人"具有编制招标文件和组织评标能力的,可以自行办理招标事宜"。自行招标应具备的条件包括:

a.招标单位是法人或依法成立的其他组织。

b.有与招标工程相适应的经济、技术、管理和法律咨询人员。

c.有组织编制招标文件的能力。

d.有审查投标单位资质的能力。

e.有组织开标、评标、定标的能力。

招标单位自行组织招标,必须符合上述条件,并设立专门的招标机构,经招投标行政管理机构审查合格后发给招标组织资格证书。

②招标代理。当招标单位不具备自行招标条件时,根据《招标投标法》的规定,招标人有权自行选择招标代理机构,委托其办理招标事宜。

a.工程招标代理机构及其特征。工程招标代理机构是受委托人的委托,为其办理工程勘察、设计、施工、监理等事项以及采购工程建设有关的重要设备和材料的社会组织。其中,委托人通常指的是项目的业主或经营者,即建设单位或承包商。

项目招标代理机构负责提供代理服务,属于社会中介机构,其选择必须是自愿的。工程招标代理机构在法律上属于委托代理,其行为必须在受委托的代理机构的权限范围内,否则就是无权代理。因此,签订代理协议,明确代理的权力范围和代理人的权利义务,是代理行为得以履行的前提和依据。

综上所述,招标代理机构具有以下特点:一是招标代理机构必须具有独立表达意向的职能,以投标人或投标人的名义进行招标或投标;二是该行为必须在委托授权范围内;三是工程招标代理行为的法律后果必须由委托人(建设单位或承包人)承担。

b.工程招标代理机构的权利和义务。工程招标代理机构的权利:组织或参加招标活动,要求招标人为代理工作提供支持;根据招标文件的要求对投标人的资格进行审查;必要的情况下对已发出的招标文件澄清或修改;拒绝投标截止日期后递交的投标文件;代替招标人主持开标;按规定收取招标代理费用;招标人或者投标人授予的其他权利。

项目招标机构的义务:遵守国家方针、政策、法律和法规,保护投标人的合法权益;完成招标代理的工作,如编制招标文件,并对其技术方案、数据和分析、计算、建议和决定的科学性、正确性进行说明和负责;保密义务;接受招标投标管理机构和招标行业协会的监督管理。依法履行其他约定的义务。

(3)招标应具备的条件

按照我国招标投标相关法律规定,建设项目要实施招标投标活动,则应当满足以下条件:

①建设项目已正式列入国家、部门或地方年度固定资产投资计划或经有关部门批准。

②概算已经被批准,资格已落实。

③建设用地的征用工作已经完成,障碍物全部拆除清理,现场"三通一平"已完成或已经落实,施工单位可以施工。

④有能够满足施工需要的施工图纸和技术资料。

⑤主要建筑材料(包括特殊材料)和设备已经落实,能够保证连续施工。

⑥已经项目所在地规划部门批准,并有当地建设主管部门的批准文件,建设工程项目具备以上条件后,即可向相关部门申请招标。

(4)招标工作程序

工程招标流程如图 3-2 所示。

①招标准备阶段。招标准备阶段包括:

a.履行项目审批手续。对于依法必须进行的招标项目,要按照国家有关规定,需要履行项目审批手续的应履行审批手续,取得批准。这是招标项目合法招标的前提,审批工作应在招标前完成。

b.办理工程报建备案。取得建设项目立项批准文件以后,招标人应该按照《工程建设项目报建管理办法》规定具备的条件向建设行政主管部门办理报建备案。报建时应查验立项批准文件、固定资产投资许可证、工程建设规划许可证和资金证明文件。报建备案后,具备招标条件才可开始工程项目建设的招标准备工作。

c.选定招标形式。招标人应按《招标投标法》和有关招投标法律、法规、规章的规定确定招标方式。

d.办理招标申请。按现行有关工程建设的法规规定,招标人应向建设和行政主管部门办理招标备案或申请手续,取得批准后方可招标。招标申请一般要求说明招标项目范围、招标项目准备情况、招标单位的招标能力、对投标人的资质要求、拟采用的招标方式等内容。

②编制招标文件。对于整个招标过程来说,招标文件是一份十分重要的法律文件。招标文件对完整的招标流程进行了规定,还提出了各项具体的技术标准和交易文件,规定了拟订合同的主要内容。招标文件是投标人投标的依据,也是合同签订的基础。《招标投标法》规定,招标人应根据招标项目的特点和需要编制招标文件。

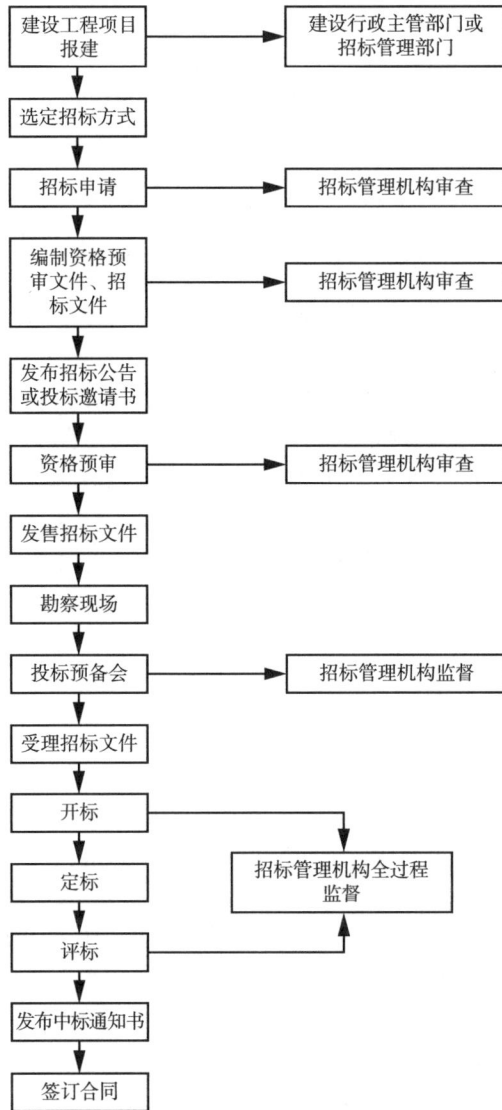

图 3-2　招标流程

③招标实施阶段。招标实施阶段是从发布招标公告(或投标邀请书)开始至接受投标截止日止,这段时间的程序如下:

a.发布招标公告或投标邀请书。

b.资格预审。

c.发售招标文件。

d.现场勘察。

e.投标预备会。

④开标定标阶段。开标定标阶段是指从开标到签订招标项目合同为止的这段时间。这个阶段包括开标、评标和定标。

a.开标。开标是指招标人将所有投标人的投标文件启封揭晓。开标工作应该在招标通告中规定的时间、地点公开进行,并邀请投标人或其委托的代表参加。

b.评标。评标指的是按照招标文件规定的评标原则、标准和方法,对各投标人的投标文件进行评价、比较和分析,设有标底的,应当参照标底,从中评选并推荐合格的中标候选人的过程。

c.定标。所谓定标,就是招标人根据评标委员会的评标报告,在推荐的中标候选人(1~3名)中最后核定中标人的过程。招标人也可以授权评标委员会直接确定中标人。

d.发出中标通知书。中标人确定后,招标人将于15日内向工程所在地的县级以上地方人民政府建设行政主管部门提交施工招标情况的书面报告。建设行政主管部门自收到书面报告之日起5日内,未通知招标人在招标活动中有违法行为的,招标人将向中标人发出中标通知书,同时将中标结果通知所有未中标的投标人。

e.签订工程合同。自中标通知书发出之日起30日内,招标人与中标人按照合同文件和中标人的投标文件订立书面施工合同,招标人与中标人不得再行订立背离合同实质性内容的其他协议。招标人如不按上述规定与中标人订立合同,或者招标人和投标人订立背离合同实质性内容的协议则应改正,并对当事人处以罚款。中标通知书对招标人和中标人具有法律约束力,中标通知书发出后,招标人改变中标结果或中标人放弃中标的,应当承担法律责任。中标人如不按前述规定与招标人订立合同,则招标人将废除授标,投标担保不予退还。给招标人造成的损失如超过投标担保数,中标人应对超过部分予以赔偿,同时依法承担相应的法律责任。

2)投标管理

(1)投标人应具备的条件

《招标投标法》第二十六条规定:"投标人应当具备承担招标项目的能力;国家有关规定对投标人资格条件或者招标文件对投标人资格条件有规定的,投标人应当具备规定的资格条件。"因此投标人通常应满足以下3个要求:符合招标文件要求的人力、物力和财力;投标文件要求的资格证书及相应的工作经历和业绩证明;法律法规规定的其他条件。

(2)投标工作程序

对于承包企业来说,工程投标是一个复杂的系统过程,其中任意一个环节出现失误,都将影响到投标的竞争力。投标工作流程如下:

①投标的前期工作。投标的前期工作包括获取投标信息与前期投标决策,即从众多招标信息中确定选取哪个(些)作为投标对象。

②申请投标和递交资格预审书。向招标单位申请投标,可以直接报送,也可以采用信函、电报、电传或传真。申请投标和争取获得投标资格的关键是通过资格审查,因此申请投标的承包企业除向招标单位索取和递交资格预审书外,还可以通过其他辅助方式,如发送宣传本企业的印刷品,邀请业主参观本企业承建的工程等,使招标单位对本企业的实力及情况有更多的了解。

③接受投标邀请和购买招标文件。申请者接到招标单位的投标邀请书或资格预审通知书时,就表明其已具备并获得了参加该项目投标的资格。如果申请者决定参加投标,就应按招标单位规定的日期和地点,凭该邀请书或通知书及有关证件购买招标文件。

④研究招标文件。招标文件是投标人进行投标和报价的重要依据,也是承包商做出是否投标决策和获取成功的依据,因此应组织设计、施工、估价等人员对招标文件认真研究。研究重点应放在投标人须知、合同条件或条款、设计图纸、工程范围、工程量清单、技术规范和特殊要求等方面。通过研究,全面权衡利弊得失,才能做出正确的决策。在取得招标文件

到投标截止日期的有限时间内,如发现疑问应及时向招标单位质询或核实。同时,还应组织人力抓紧编制施工组织计划,估算工程成本并初步确定标价。

⑤调查研究和问题质询。在研究招标文件的基础上做出投标决策后,应尽快通过调查研究和对问题的质询与澄清等方式,获取投标所需的有关数据和信息,解决在招标文件中存在的问题并进行投标准备。

⑥编制施工计划。编制投标文件的核心工作是计算标价,而标价计算又与施工方案及施工组织计划密切相关,所以在计算标价前必须编制好施工计划。

⑦估价和确定投标价。包括定额分析、单价计算、确定利润及其他费率、计算工程成本及确定标价等。

⑧编制投标文件。编制投标文件简称编标。投标文件应按招标文件规定的要求进行编制,一般不能带有任何附加条件,否则可能导致被否定和作废。

⑨投标文件的投递。投标文件备齐并由本单位及负责人签印后,分类装订成册封入密封袋中,在规定的期限内投送到指定的地点,逾期作废。但也不宜过早,以便在发生新情况时可做更改。投标文件送达并被确认合格后,投标人应从收件处领取回执作为凭证。投标文件发出后,在规定的截止日期前或开标前,投标人仍可修改标书的某些事项。

⑩参加开标会议、澄清问题。所有投标人代表应该根据招标文件规定的时间和地点参加开标会议,对开标记录(书面记录各投标文件中的报价、工程、质量等重要指标)予以签字确认。在评标过程中,还可能应评标委员会要求,对投标文件中的含义不清,同一内容表述不一致等问题进行解释和澄清,但这种解释和澄清不允许改变投标文件的实质性内容。

⑪接收中标通知和签订合同。如果中标,投标人将会接收到招标人发出的中标通知书,并依据中标通知书和招标文件、投标文件的实质性内容签订工程承包合同。

3.3　合同订立阶段的合同管理

3.3.1　合同类型

新型基础设施建设将重心放在了7大领域,其中,5G基站建设、城际高速铁路和城市轨道交通、特高压、新能源汽车充电桩、大数据中心的建设的项目合同属于特殊的工程项目合同。根据不同的分类标准,工程合同按照签约对象内容可分为工程勘察合同、设计合同、施工合同、监理合同、物资采购合同等;按照合同签约各方承包关系,可分为总承包合同和分包合同;按照承包范围,总承包合同又可以分为工程总承包合同和施工总承包合同;按计价方式不同可分为总价合同、单价合同、成本加酬金合同及目标合同等,而人工智能、工业互联网项目合同主要包括技术开发合同和技术服务合同等。

无论是勘察设计合同、施工合同还是物资采购合同以及监理合同,都是重要的合同。而施工合同标的金额大,对工程项目的实施影响重大,是最重要的一类合同,下面以施工合同为例,对合同的类型进行系统分析。

1)总价合同

总价合同是根据合同规定的工程施工内容和有关条件,业主付给承包商的款额是一个规定金额,即明确的总价。总价合同也称为总价包干合同,根据施工招标要求和条件明确总价。总价合同又分为固定总价合同和变动总价合同两种。

(1)固定总价合同

固定总价合同以一次性包死的总价格委托,价格不因环境的变化和工程量增减而变化,因此在这类合同中承包商承担了全部的工作量和价格风险。

固定总价合同适用于:工程施工体量小、工期短、在施工过程中环境和工程条件稳定;工程设计文件完整,有明确的工程任务和范围;工程结构和技术较为简单、风险程度低;投标期限相对宽裕的项目。采用固定总价合同,承包方要在投标时对合同执行中存在的工程量增加、物价上涨、地质条件较差等其他一切不利因素造成的风险有全面、充分的估计,并将由其引起的费用增加包含在投标总价之中。

对于新型基础设施建设项目而言,设计标准高、技术复杂、质量要求高。特别是城际高速铁路与城市轨道交通以及特高压项目,工程呈线性分布、途经地形地貌差异巨大的地区、地质条件复杂,并且受到沿线地方及其他部门的影响。因此,工程设计、施工过程中存在大量不确定性因素,这决定了建设单位在选择施工单位、签订工程承包合同阶段要合理确定投资总额,难度较大。固定总价合同风险较大,在此类项目中应用有一定的局限性,因此较少采用。

(2)变动总价合同

变动总价合同是在招标设计文件以及相关规定的基础上,承发包双方就合同标的协商一个相应的总价,同时在合同中约定可调整条款。若合同的总价最终涨幅或降幅在合同中约定的风险范围内,则不调整合同总价,若超出约定风险范围之外,则费用按照相应的条款进行调整。变动总价合同与固定总价合同最大的差别在于它将合同实施过程中的风险进行了部分分摊。

2)单价合同

单价承包是国内外较为通行的一种工程建设承包方式。单价合同是承包人在投标时,按招标文件就分部分项工程所列出的工程量表,确定各分部分项工程费用的合同类型。单价合同适用范围比较宽,因为它能够将风险更合理地分摊,并且能鼓励承包商通过提高效率等手段节约成本、增加利润。

签订这类合同的关键在于双方对单价和工程量计量方法的确认。

(1)固定单价合同

固定单价合同是常见的合同形式,特别是在设计或其他建设条件(如地质条件)还不太完备但计算条件明确、以后又需要增加工程内容或工程量时,可以按单价适当追加合同内容。在每月(或每阶段)工程结算时根据实际完成工程量结算,待工程全部完成时以竣工图工程量最终结算工程总价款。

(2)可调单价合同

合同单价可调应在工程招标文件中作出明确规定。根据合同约定的条款,如在工程实施过程中物价发生较大变化等,合同单价可作调整。有的工程在招标或签约时,因某些不确定性因素而在合同中暂定某些分部分项工程单价,在工程结算时再根据实际情况和合同约定进行调整,确定实际结算单价。

在单价合同中,业主承担工程量变化风险,承包商承担工程价格变化风险,符合风险分配的"最具有控制力原则",是一种风险分担更为合理的合同形式。对于新型基础设施中的城际高速铁路与城市轨道交通项目来说,采用单价合同是未来的发展趋势之一,因为国际通用的国际咨询工程师联合会(Federation Internationale Deslngenieurs Conseils, FIDIC)"红皮书"采用单价合同形式。这种合同形式越来越多地在工程项目中得到应用,所以在城际高速铁路与城市轨道交通建设中也可以采用单价合同,以实现更合理的风险分担。但是,探索使用单价合同意味着业主所准备的合同文件需要满足招标要求,要探索研究城际高速铁路与城市轨道交通项目清单计价体系如何完善,城际高速铁路与城市轨道交通项目综合单价的构成及分析,而且要保证工程量清单中每项工作内容比较清晰明确,这些条件目前尚不完全具备,因此,目前单价合同在城际高速铁路与城市轨道交通项目中应用较少。

3.3.2　合同的谈判与签订

1)合同签订程序

合同的订立要采取邀约和承诺方式。根据《招标投标法》对招标、投标的规定,招标、投标、中标的过程实质就是邀约,承诺的一种具体方式。招标人通过媒体发布招标公告,或向符合条件的投标人发出招标文件,为要约邀请;投标人根据招标文件的内容在约定的期限内向招标人提交投标文件,为要约;招标人通过评标确定中标人,发出中标通知书,为承诺;招标人和中标人按照中标通知书、招标文件和中标人的投标文件等订立书面合同时,合同成立并生效。

2)合同的谈判

采用招投标方式的合同签订过程具有严格规范的流程。在招投标过程结束确定了中标人后,不可以针对合同文件及解释顺序、双方的权利与义务、工期延误、计量与支付以及解决合同争议的方式等关键条款进行谈判。

合同文本采用招标文件中规定的合同示范文本,谈判过程确定落实中标人参与人员,除此之外招标人和投标人不得再行订立背离合同实质性内容的其他协议。

3)合同文本的确定与合同签订

(1)合同风险评估

在签订合同之前,承包人应对合同的合法性、完整性,合同双方的责任、权益以及合同风险进行评审、认定和评价。

(2)合同文件内容

合同文件的构成包括:合同协议书;工程量及价格;合同条件,包括合同一般条件和合同特殊条件;投标文件;合同技术条件(含图纸);中标通知书;双方代表共同签署的合同补遗;招标文件;其他双方认为应该作为合同组成部分的文件,如投标阶段业主要求投标人澄清问题的函件和承包人所做的文字答复,双方往来函件等。

对所有招投标即谈判前后各方发出的文件、文字说明,解释性资料进行清理。对凡是与上述合同构成内容有矛盾的文件,应宣布作废。可以在双方签署的《合同补遗》中,对此做出排除性质的声明。

（3）关于合同协议的补遗

在合同谈判阶段双方谈判的结果一般是以《合同补遗》的形式，有时也可以以《合同谈判纪要》的形式，形成书面文件。

（4）签订合同

双方在合同谈判结束后，应按上述内容和形式形成一个完整的合同文本草案，经双方代表认可后形成正式文件。双方核对无误后，由双方代表草签，至此合同的谈判阶段即告结束。此时，承包人应及时准备和递交履约保函，准备正式签署施工承包合同。

3.4 合同履行阶段的合同管理

3.4.1 合同分析与交底

1）合同分析

合同分析是从合同执行的角度去分析、补充和解释合同的具体内容和要求，将合同目标和合同规定落实到合同实施的具体问题和具体时间上，用以指导具体工作，使工程按照合同要求实施，为合同执行和控制确定依据。合同分析是项目实施阶段合同管理的起点，贯穿于合同实施的过程中。按项目合同分析的性质、对象和内容，可分为合同总体分析、合同详细分析、特殊问题的合同拓展分析。

（1）合同总体分析

合同总体分析是通过合同协议书和合同条件分析，将合同条款和规定落实到合同实施具体问题和具体工程活动上，用以指导具体工作，使工程按合同实施。分析内容包括合同类型、合同双方主要权利与义务以及工程变更规定等内容。

（2）合同详细分析

为了使新型基础设施建设项目有计划、有秩序地按照合同实施，必须将合同管理目标、要求和合同双方的责权利关系分解到具体的工程活动和项目管理中去，即合同详细分析。合同详细分析的对象是合同协议书、合同条件、相关规范、设计图纸、工作量表等。合同详细分析并不是针对某一特定合同，而是包括与平级的各个合同之间的协调。

（3）特殊问题的合同拓展分析

在新型基础设施建设项目合同签订、实施、变更以及纠纷处理中，有时会遇到一些特殊问题，需要进行合同法律拓展分析。这些问题已经超过合同的范围以及合同条款本身。例如，对干扰事件的处理，如果合同并未规定，或已构成民事侵权行为，那么相关问题就必须按照合同所适用的法律加以解决，进行合同拓展分析。

2）合同交底

合同分析后应向各层次管理者进行合同交底，即由合同管理人员在对合同主要内容进行分析、解释和说明的基础上，通过组织项目管理人员和架子队等具体实施人员学习合同条文和合同分析结果，熟悉合同的主要内容、规定、管理程序等，了解各方的合同责任和工作范围，各种违约行为的法律后果等，避免违约行为。合同交底是合同执行的起点，是合同管理的重要环节。

（1）合同交底的作用

合同交底的作用包括：架起合同管理不同阶段及不同部门之间的桥梁；预防和消除合同"边缘领域"；保障合同顺利实施，减少不必要的变更和纠纷。

（2）合同交底内容

①中标单位公司合同管理人员向项目负责人及项目合同管理人员进行合同交底，全面陈述合同背景、合同工作范围、合同目标、合同执行要点及特殊情况处理、承包范围、工程特点和难点分析以及合同风险因素分析。同时解答项目负责人及项目合同管理人员提出的问题，最后形成书面合同交底记录。

②项目经理或由其委派的合同管理人员向项目部职能部门负责人进行合同交底，陈述合同基本情况、合同执行计划、各职能部门的执行要点、合同风险防范措施等，如总工期、节点工期、进度要求、实施组织、质量标准、质量目标、安全目标、变更设计、预付款、进度款、质量保证金拨付、竣工验收等；并解答各职能部门提出的问题，最后形成书面交底记录。

③各职能部门负责人向其所属执行人员进行合同交底，陈述合同基本情况、本部门的合同责任及执行要点、合同风险防范措施等，并回答所属人员提出的问题，最后形成书面交底记录。

各部门将交底情况反馈给项目合同管理人员，由其对合同执行计划、合同管理程序、合同管理措施及风险防范措施进行进一步修改完善，最后形成合同管理文件，下发各执行人员指导其活动。

3.4.2 合同实施控制

合同履行情况是企业生产经营水平的综合反映。确保合同的顺利履行需要所有相关部门和相关环节的密切合作，还需要将运输、营销和财务等多个部门协调统筹起来，构建经济责任制，明确分工，各司其职，各负其责，形成以履约合同为中心的整体行为，做到履约完整。订立合同过程中的管理通常包括以下内容和程序：

（1）合同登记、分解和落实合同任务

合同组织的合同管理机构应当建立台账管理和合同管理报告制度。

（2）检查监督，为公司全面完成合同任务奠定基础

对公司合同履行情况进行检查和监督是合同履行管理的重要组成部分。相关领导和合同经理了解任务执行情况，确认运输计划、客货营销、资金、人员的落实情况，督促其保质保量完成合同规定的任务，协商企业内部关系和解决履行中遇到的问题。

（3）随时掌握对方情势的变化，防止自身债权的落空

要采取有效的方法收集对方当事人的情况。发现并有确切证据证明对方经营状况严重恶化的；转移财产、抽逃资金，以逃避债务的；严重丧失商业信誉；有其他丧失或可能丧失履行债务能力的，有上述情形之一的，企业可以使用不安抗辩权，同时应及时通知对方。在对方提供适当担保时，才恢复履行，还可以根据情况使用同时履行抗辩权和后履行抗辩权。

（4）按约定交接货物和结算

交接货物，就是交付和接收合同的标的物。如由供方送货或托运，供方要安排好运输工具，要按合同规定的期限和其他要求交付货物，既不能延误，也不能提前。产品包装，要按技术要求，保证包装质量。如合同约定货物由需方自提，则需在规定期限内提货。结算是指双方在交接货物后，按合同规定的价款、结算方式、结算期限办理货币支付。努力做好结算的

合同管理工作,是保证合同履行,维护自身合法权益不可缺少的环节。

(5)归档

合同履行完毕或合同的权利义务终止后,相关专业部门按档案管理部门规定的分类形式格式标准整理合同档案,并按档案管理要求的时间及方式移交本档案部门归档。

合同档案一般包括:

①背景材料。

②当事人主体资格及资信等证明文件。

③合同审查意见书。

④合同正本(含附件)。

⑤授权委托书正本。

⑥履行,争议解决情况的说明。

⑦合同变更、解除的相关文件。

⑧合同双方的往来电函和协商记录。

⑨其他与合同有关的文件。

(6)及时采取保全措施,保证债权实现

《中华人民共和国民法典》规定了保全措施,遇到债权有被危及而符合代位权、撤销权的情况,应及时行使该权利,依法维护企业合法权益。

4

投融资管理

4.1 概述

4.1.1 新型基础设施项目投融资管理理念

未来5~10年,以5G、云计算、人工智能、工业互联网等领域为核心的新型基础设施将面临新的发展机遇,成为我国促投资、稳增长的重要支撑,将有力推动经济社会发展在质量、效率以及动力方面的变革。

新型基础设施项目投资方案的实现,需要多元的支持和有效的融资。然而,新型基础设施项目的新特点决定了其投融资模式与传统基础设施融资模式之间会存在很大的区别。传统基础设施的投资大多以政府购买、财政支出为主体,以银行信贷为辅助渠道。因此,新型基础设施项目融资必须从单一的政府财政投资转向多元化的融资模式,从以政府资金为主转向以社会资本为主。目前,以政府投资引导、金融机构支持和社会资本为主体的投融资模式已成为新型基础设施项目融资的基本模式。

4.1.2 新型基础设施项目投融资重点投资领域

1)能够产生较多溢出效应、为应用层提供更多基础性支持的领域

新型基础设施的核心生产要素是数据和信息,通过促进信息、数据的积累和转化创造价值。在这个过程中,新型基础设施的"基本作用"可以概括为两个方面:第一个是连接功能,即连接不同时间和空间的信息和数据;第二个是计算功能,即使用算法和计算能力来处理和学习现有的信息和数据。从行业来看,5G网络以其快速的传输速度和较低的延迟,为数据的实时采集、传输提供了巨大的空间,能够催生万物互联;工业互联网将工业自动化设备与企业信息管理系统联动起来,通过大数据采集和云分析,实现厂内数字化管理和厂外企业联动;区块链技术通过去中心化的方式将数据区块以顺序相连的方式形成链式数据结构,达到数据加密与传输的目的;人工智能的核心是开发基本算法和提高运算能力,在此基础上可以对数据资源进行大规模识别训练和学习建模,为不同领域的应用技术提供了基础;云计算的核心是提供计算和处理海量数据的运算能力,同时将其分解为无数个小程序,以达到及时、快速地满足不同用户的需求的目的。

总的来说,上述行业是实现数据连接和计算最重要的基础平台,可以为车联网和智能城市等应用提供数据、算法、网络连接等基础服务支持。这些行业具有很强的公共产品属性,应该被视为新型基础设施的重要组成部分。

2)具备较为清晰的盈利模式、能够较好地形成商业闭环的领域

从行业来看,在5G领域,2019年是中国5G商业化的第一年,中国移动、中国联通、中国电信三大运营商全面启动5G预商用,5G累计资本支出超过300亿元。从2020年开始,国家进入了5G大规模商用阶段,5G投资将全面加快。据市场预测,"十四五"期间5G投资将达到1.2万亿~2.5万亿元。在人工智能领域,中国的人工智能技术已经进入商业化阶段,随着开源算法、开放平台的应用,人工智能的使用门槛逐渐降低,可以解决的问题将更加细化,这些都推动了各种人工智能技术在地面真实工业应用场景中的应用,智能机器人、智能无人机、语音识别等工业应用发展势头迅猛。在云计算领域,当前的云计算技术已经普遍应用于互联网服务,被应用在医疗、金融、教育等诸多领域,为用户提供数据和服务。在工业互联网领域,作为5G商业化的主战场,目前已经形成了专业服务、功能订阅等成熟的商业模式。目前,区块链技术被广泛应用于金融行业,通过中心化和实现点对点的连接,能够降低交易成本并快速完成交易支付,使其在国际汇兑、信用证和股权登记等领域具有巨大的应用价值。

3)技术稳定性较强、成熟度较高的领域

从行业来看,在5G领域,我国目前是5G技术的全球领导者。根据IPlytics发布的5G专利报告,截至2019年4月,我国拥有全球36%的5G标准基本专利,居世界首位。投资部署5G领域将有助于我们在新一代信息技术领域占据领先地位。在人工智能领域,Gartner发布的2019年人工智能技术成熟度曲线图显示,随着语音识别和GPU加速器等技术已经进入实质性的生产高峰,该领域的新理念不断涌现。在云计算领域,跨平台管理、云迁移、Docker和OpenStack等技术已经或即将进入大规模部署阶段。在工业互联网领域,近年来在政策和市场的双重推动下,产业发展进入快车道,相关技术日趋成熟,从移动互联网应用渗透到垂直行业应用,技术上进入可操作阶段。在区块链领域,近年来企业加强了在区块链领域的布局,区块链专利申请量呈爆炸式增长,2018年中国区块链专利达到1001项,居世界首位,增长率为16%。

综上所述,5G、云计算、人工智能、工业互联网、区块链等5个领域能够提供行业所需的数据、算法、算力等核心要件,并具备相对较高的技术成熟度以及行之有效的商业模式,能够成为新型基础设施投资启动与突破的重点领域。

4.1.3　新型基础设施项目投融资特征

1)技术更新迭代快,需要以市场为主体进行投融资

在推进人、机、物的数字化、网络化和智能化的过程中,新型基础设施需要人工智能、5G、

区块链和其他新技术的支持。技术不断创新，标准不断升级，新的内容和形式不断衍生，呈现出不断快速迭代升级的趋势，由此带来了较大的不确定性。从投融资的角度来看，需要不断引入增量资金，以在技术发展的不同阶段提供支持。因此，现有的投融资方式，如以财政支持和传统的银行贷款为主导的投融资方式，将不适合作为主要的资金来源。目前需要更多以社会资本为主导的投资，适应市场的快速变化。同时，如果出现无法控制的相关风险，投资者将面临更大的风险。

2）生产要素具有软件与硬件不同形态，投融资模式更为复杂

以"铁公基"为主体的传统基础设施，其生产要素主要是有形的硬件。相比之下，新型基础设施的生产要素既包括硬件，如集成电路、5G基站、数据中心等，也包括无形软件，如操作系统、网络平台等。软硬件之间的完美连接代表了其创新能力和发展水平。从投融资角度来看，物理属性的差异将直接影响到投资主体、投资工具、投资周期等。可以说，新型基础设施的投融资模式将更加复杂。

3）细分行业具备深度融合、共同发展的特征，需综合运用各类投融资工具

新型基础设施集感知、传输、存储、计算、处理于一体，更加具有协同性、融合性。通过现代通信网络将物理世界与数字空间融合集成、相互映射、全面创新，能够为工业、农业、交通、能源、医疗等垂直行业赋予更多、更大的发展动能，产生明显的催化、倍增和叠加效应。从投融资角度来看，新型基础设施建设相关技术具备交叉运用、相互赋能、深度融合等特性，这决定了需要针对不同技术形态的融资需求综合运用各类投融资工具。

4.2 新型基础设施项目投融资工具与模式

4.2.1 新型基础设施项目投融资工具

我国现阶段新型基础设施建设的需求潜力巨大，一方面体现在传统基础设施网络信息化的升级，另一方面体现在新型基础设施建设的规模化发展，这两者都需要足够的投融资支持。因此，应充分完善投融资机制，成为加快新型基础设施建设的资金保障。一是从单一的政府财政投资向多元化的融资渠道拓展。传统的基础设施建设投资大多以政府采购和财政支出为主体，以银行信贷为辅助渠道，融资结构单一，政府负债严重，长期资本供给薄弱。要解决这一困境，必须向多元化融资方式转变，如资本市场直接融资、私人投资、混合融资工具、基础设施建设基金筹资、公私合作模式、融资租赁模式等。多元化融资方式已成为吸纳基础设施建设资金的有效途径。二是疏通投资渠道，刺激民间投资行为。我国基础设施建设投资仍以政府为主，渠道狭窄，缺乏顺畅性，导致基础设施建设缓慢，短期化行为严重。因此，政府需要发挥领导者和监管者的双重作用，以刺激私人对基础设施建设的投资。由于大多数基础设施建设存在周期较长、难度较大、资金回收慢、收益率低等缺点，政府应当提供减免税收、增加补助等政策支持，吸引更多的投资主体，充分集聚民间的资本，进而加快新型基础设施的建设步伐。

新型基础设施项目的投融资工具应为具有系统性作用的权益型工具，同时适当匹配基

于市场的债务工具。充分利用政策性金融工具,通过各种工具的综合运用和协调,形成健康、可持续的投融资生态系统。

1)权益型工具发挥系统性作用

传统基础设施的投融资工具主要是政府和银行债务性工具,这种投融资结构不仅会给地方政府带来更大的财政压力和潜在风险,还会给建设单位带来更大的债务负担。新型基础设施项目在形式上是"软硬兼备",在投资过程中具有较高的不确定性,当产研结合时更有可能转化为巨大的生产效益。这一特点与权益型工具相匹配,如风险投资基金、私募股权基金、政府产业基金、IPO、股票增发、可转债、权益型 REITs 等。

主要新型基础设施项目投融资权益型工具见表4-1。

表4-1　新型基础设施项目投融资权益型工具列表

工具	内涵	特征	适用范围
风险投资基金（VC）	投资于初创企业的股权投资基金	投资标的处于发展初期,未来有着较大增长潜力,投资风险和潜在收益都较大	以技术为主要形态的人工智能、工业互联网、云计算等产业的初创企业
私募股权基金（PE）	投资于有一定经营基础的未上市企业的股权投资基金	投资标的有一定的经营成果或现金流,基金有着通过企业上市或横向并购实现退出的规划	发展中期、有一定经营成果的人工智能、工业互联网、物联网、数据中心、云计算等新型基础设施项目企业
政府产业基金	由政府出资设立、定向扶持部分产业的投资基金	以扶持产业发展为主要目的,期望收益可低于市场化的投资基金	前期投资较大、回报周期较长、但具有重要的系统性战略意义的产业,如5G、工业互联网、云计算等
上市发行股票（IPO）	通过企业公开上市发行股票进行募资	企业有着较为成熟的经营模式和盈利基础,在各项财务指标上已初具规模	新型基础设施项目各细分行业中已具有一定规模、名列行业前列的龙头企业
股票增发	上市企业通过增发股票进行募资	上市企业通过股票增发扩大生产经营规模或收购其他企业及资产,实现企业的进一步发展	由于技术迭代、产业并购等需要再次大规模融资的已上市新型基础设施项目企业
可转换债券	企业发行的附有未来转股权利的债券	在前期企业仅支付低成本的债务利息,在后期可根据市场情况通过债转股缓解其还本压力	未来行业变化较为复杂、希望对融资方式留有空间的新型基础设施项目企业
权益型 REITs	将不动产证券化后真实出售的投资信托基金	盘活存量不动产,实现资产上市,以存量带动增量发展	具有较多不动产形态的资产的新型基础设施项目企业,如5G铁塔公司、数据中心企业、新型基础设施项目产业园等

2）适当匹配市场化债务型工具

与权益型工具相比，债务型工具成本更低，不会导致权益和控制权的分散。因此，应充分利用债务型工具的优势，并根据行业特点和发展阶段，与市场化的债务型工具进行适当匹配。在产业发展的早期，当技术尚未成熟时，可以用房地产或其他硬件设施作为抵押，向银行或信托公司申请抵押贷款；在产业发展的中期阶段，当技术被应用于能够产生稳定现金流的产品时，可以考虑发行资产支持证券（ABS）、资产支持票据（ABN）、融资型类 REITs 等的发行；当产业相对成熟且企业具有一定信用资质时，可以发行短期融资券、中期票据、非公开定向债务融资工具（PPN）、企业债券、公司债券等。

主要的债务型工具见表4-2。

表 4-2　新型基础设施项目投融资债务型工具列表

工具	内涵	特征	适用范围
商业银行贷款	以企业信用或资产抵押的方式从商业银行获取的贷款	对企业信用要求较高或需要有较高经济价值的抵押资产，但成本相对较低	具有较高经济价值实物资产的新型基础设施项目企业，实物资产包括厂房、机器设备、办公楼等；或具有较好的企业信用资质
信托贷款	由信托机构募集和定向发放的贷款	贷款条款相对灵活，可根据企业需求进行设计，放款速度较快，但贷款成本较高	当商业银行贷款的各项条款或放款时间无法达到企业要求，可考虑使用信托贷款
短期融资券	企业在银行间债券市场发行和交易并约定在一年期限内还本付息的债券	短期融资券主要依靠企业信用，期限较短，常用于补充流动资金，成本较低	对具有良好企业信用资质的新型基础设施项目企业，如国有企业或大型民企，资金用于补充短期流动资金
中期票据	企业在银行间债券市场按照计划分期发行的、约定在一定期限还本付息的债券	中期票据与短期融资券类似，主要依靠企业信用，但期限在一年以上，可分期发行，作为企业中长期资金使用	对具有良好企业信用资质的新型基础设施项目企业，如国有企业或大型民企，资金用于中长期规划使用
非公开定向债务融资工具（PPN）	企业在银行间市场的特定机构投资人之间发行并流通的债务融资工具	向特定投资者定向募集，债券条款相对灵活	已与投资人达成了融资协议，对资金有着特定化需求的新型基础设施项目企业
企业债券	由中央政府所属机构或国有企业等发行的约定未来还本付息的债券	发行主体为中央政府所属机构或国有企业，债券期限较长，融资成本较低	中央政府所属机构或国有企业性质的新型基础设施项目企业
公司债券	由股份制公司发行的约定未来还本付息的债券	发行主体资质要求较高，债券期限较长	具有一定规模、企业信用资质较高的新型基础设施项目企业

续表

工具	内涵	特征	适用范围
资产支持证券(ABS)/资产自持票据(ABN)	还款来源主要为入池资产未来现金流的有价证券	需要有能产生稳定现金的底层资产,需要依赖一定的主体信用	具有能产生稳定现金流的资产的新建企业
融资型类REITs	带有回购条款、以融资为主要目的的不动产投资信托基金	底层资产为不动产,需同时依赖不动产未来的现金流和主体信用	具有能产生稳定现金流的不动产的新型基础设施项目企业

3) 充分运用政策性金融工具

长期以来,以政策性银行贷款和特别债券为代表的政策性金融工具在我国经济发展过程中发挥了重要作用。在新型基础设施项目的投融资体系中,应考虑继续充分利用政策性金融工具,帮助新型基础设施项目的发展。

政策性金融工具见表4-3。

表4-3　新型基础设施项目投融资政策性金融工具列表

工具	内涵	特征	适用范围
政策性银行贷款	由政策性银行发放的、用于支持特定产业发展的低息贷款	用于政策支持的特定产业发展,贷款成本较低,期限较长,规模较大	新型基础设施项目中投资规模较大、投资周期较长、有着系统性战略意义的产业,如5G、人工智能、工业互联网等
专项债券	地方政府为了筹建特定的具体工程而发行的债券	资金主要用于符合中央重大决策部署、具有较大示范带动效应的重大项目,资金成本较低	新型基础设施项目中各细分领域的核心项目

就政策性银行贷款而言,其性质介于政府财政拨款和商业银行贷款之间。与政府财政拨款相比,政策性银行贷款需要偿还本金和利息,但与同类商业银行相比,其利率较低,期限较长,规模更大,因此对新型基础设施项目的前期融资非常重要。《中国制造2025》(国发28号)提出,要积极发挥政策性金融、开发性金融和商业金融的优势,加大对现代信息技术、高端装备、新材料等重点领域的支持力度。支持中国进出口银行在业务范围内加大对制造业走出去的服务力度,鼓励国家开发银行增加对制造业企业的贷款投放,引导金融机构创新符合制造业企业特点的产品和业务。在新型基础设施项目的投融资过程中,需要特别注意顶层设计,要避免政策性银行贷款成为放宽货币政策的变相闸口。同时应该做到"自上而下"地制订政策性银行贷款支持的重点领域,根据项目融资需求和未来效益测算决定发放政策性贷款的具体条件,同时也可以通过大数据技术助力实现精准扶持,以较低成本实现高效益。

在专项债券方面,根据财政部发布的数据,2019年地方政府债券发行总额为4.36万亿元,其中专项债发行总额为2.15万亿元,占比近50%。在传统基建投融资中,专项债起到了促投资、稳增长、补短板的重要作用。相较于传统基建的专项债,新型基础设施项目的专项债应更注意所投资项目的技术成熟度和战略意义。专项债券的支持要点可分为两类:一类是对于涉及人工智能、工业互联网、物联网等需要系统性、大规模建设的底层技术,专项债券针对核心项目和重点领域进行扶持;另一类是对于涉及 5G 基站、数据中心、轨道交通等重点发展的技术应用层面的建设项目,优先选取龙头企业和技术成熟的项目进行扶持。

4.2.2 新型基础设施项目投融资模式

与传统基础设施相比,技术要素是新型基础设施项目产业中最重要的生产要素之一,该产业的整个项目生命周期都围绕着技术的发展而推进。在前期开发阶段,由于技术研发刚刚起步,还没有效益产出,不确定性大,因此投资风险较高;在技术应用阶段,实现了产研结合,硬件设备、产品具有一定的产业效益和一定的价值,融资基础首次得到改善,投资风险显著降低;在技术迭代阶段,由于技术迭代通常会产生一定程度的竞争和淘汰,虽然此时融资基础有所增加,但投资风险却较之有更高的提升,同时,技术迭代往往伴随着新一轮较大的投资,资金缺口同时增大;在成熟系统阶段,此时技术与产业已达到深度融合,效益稳步提升,此时融资基础获得了第二次大幅提升,投资风险也较第二次大幅降低,产业具有公开融资的条件与机会;在价值退出阶段,产业形态相对固定,效益也逐步稳定。该阶段融资基础仍然很高,投资风险相对较低,此时就需要运用金融工具,使新型基础设施项目能够实现投资链的最后一个环节,完成价值退出和产业投资循环。

新型基础设施项目产业项目的投融资生命周期如图 4-1 所示。

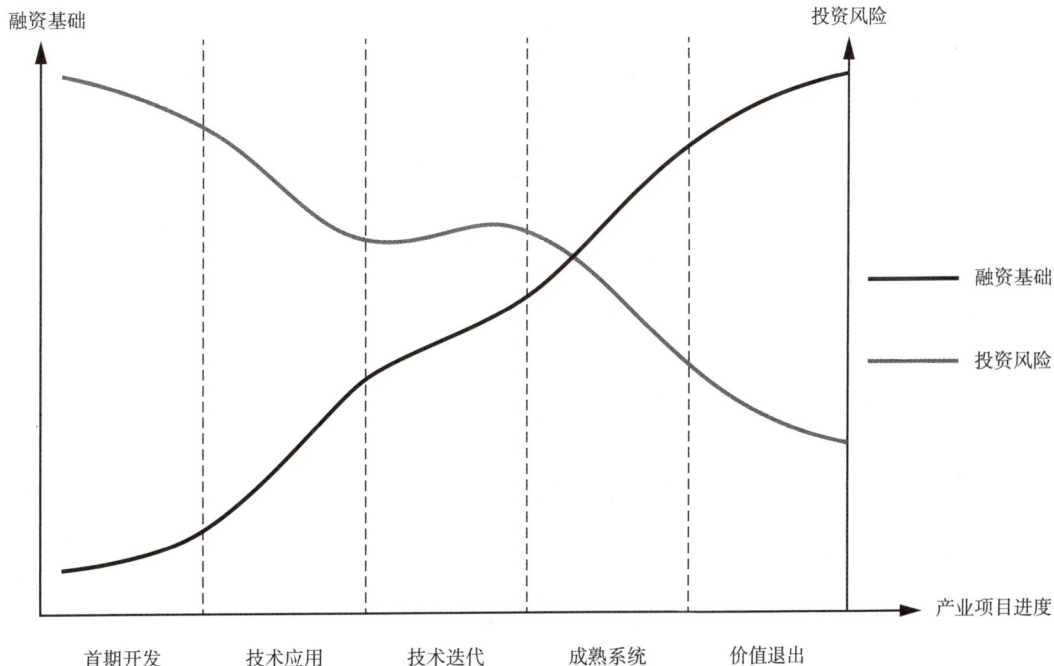

图 4-1 新基建产业项目投融资生命周期图

新型基础设施项目行业以技术为核心,硬件和软件系统构成了该行业的核心资产,而不动产部分也拥有较大的投融资基础和价值。由于硬件和软件系统的核心在于其无形技术,而不动产是以实物资产的形式存在,两者在其生命周期的每个阶段将因资产形态不同,而运用不同的投融资工具和采用不同的投融资模式,这里分别进行阐述。

1) 新型基础设施项目产业软硬件系统投融资模式

新型基础设施项目产业的软硬件系统主要指产业技术系统,具有较长开发周期、持续迭代投资、应用交叉互联等特点,往往是以知识产权及动产设备的形态存在。其产业项目周期投融资模式如图4-2所示。

- 自有资金
- 政府财政资金
- 私募股权基金
- 国家产业基金
- 政策性银行贷款
- 专项债

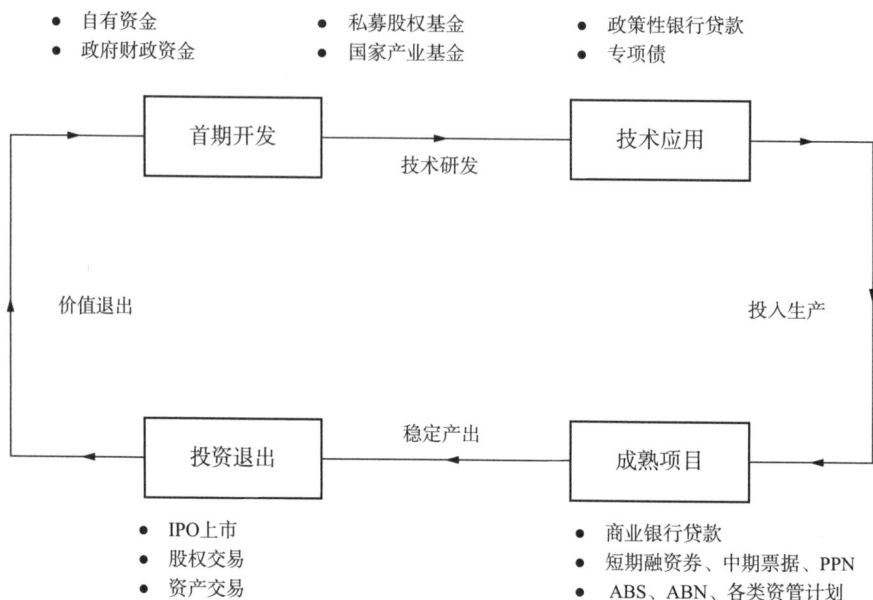

- IPO上市
- 股权交易
- 资产交易
- 商业银行贷款
- 短期融资券、中期票据、PPN
- ABS、ABN、各类资管计划

图4-2 新基建产业软硬件系统投融资模式图

新型基础设施项目产业软硬件投融资通常可分为4个阶段:前期开发、技术应用、成熟项目、投资退出,分别对应着技术研发阶段、投入生产阶段、稳定产出阶段、价值退出阶段,各个阶段由于其产业诉求、风险收益特征等不同,重点匹配不同的投融资工具。

(1)前期开发阶段

前期开发阶段涉及初始硬件投资和技术开发等。在产业的初始阶段,需要对硬件设施进行投资,如人工智能领域的计算机、芯片和服务器,或5G基站的建设部件等。这通常对应于企业或项目的初创期,融资基础薄弱,投资风险高,权益型资本投资可能是现阶段的主要重点。在技术研发方面,企业除使用自有资金外,由于新型基础设施项目产业属于技术密集型产业,因此初期投入大,研发周期长,还需要国家产业基金等支持企业创新创业、技术开发,同时还可以配套相应的政府财政补贴。例如,在国务院发布的《物联网新型基础设施建设三年行动计划(2021—2023年)》的通知(工信部联科〔2021〕130号)中提到,要"加大财税金融支持。发挥财政资金的引领推动作用,鼓励地方政府设立物联网专项基金,引导金融机构参与物联网新型基础设施建设。落实研发费用加计扣除等税收优惠政策,推动企业加大研发投入。促进社会资本与中小企业对接,推动解决物联网融资问题"。此外,当技术研发有一定成果后,还可以引入天使投资、风险投资等私募股权基金,以股权融资的方式引入资金,利用股权投资带动前期孵化。

(2)技术应用阶段

当技术与生产相结合时,如人工智能系统此时可应用于语音识别、人脸识别、智能投资咨询等场景,5G基站技术应用于特定基站的建设。由于此时技术体系相对成熟,应用场景相对清晰,未来技术实现收益的不确定性降低,政策性银行贷款和专项债券等将更容易介入,并能够做到降低产业融资成本,推动新型基础设施建设项目创造社会价值,支持系统性重大核心项目的落地。

（3）成熟项目阶段

当新型基础设施项目的产业项目进入成熟运营阶段时,它们往往具有稳定的收益,此时项目能够产生更稳定的现金流,并得到具体项目实体的支持,融资基础得到大幅增强,债权工具可以广泛使用。此时,资产证券化(ABS、ABN等)可用于实现未来现金流变现融资,也可通过PPN、短期融资券、中期票据、商业银行贷款等方式获得大量债性资金,以实现可持续和稳定的项目运营。与此同时,也能够根据产业的需求,采用引入保险资管计划、券商资管计划等方式来引入债务性或权益性资金。

（4）投资退出阶段

为了实现新型基础设施项目投融资体系的循环和可持续发展,需要考虑前期投资的退出渠道。在这一阶段,产业和企业相对成熟,或许已经具备公开市场融资的条件,因此可以在此时进行IPO股权融资,为初始资金开辟退出渠道。由于新型基础设施项目行业的交叉互联性,一套成熟的软硬件系统具有更广泛的适用性,因此也有可能通过股权交易和资产交易的方式与新型基础设施项目行业内的其他企业进行协商和谈判,以实现初始投资的退出。

2）新型基础设施项目产业不动产部分投融资模式

新型基础设施项目产业不动产部分指生产厂房、办公楼、基站设施、产业园等不动产,不动产自身即有着较强的投融资基础,可通过盘活新型基础设施项目产业的不动产,实现资产与资金的高效流转,打通产业链闭环,构建产业全生态的投融资体系。不动产部分投融资模式如图4-3所示。

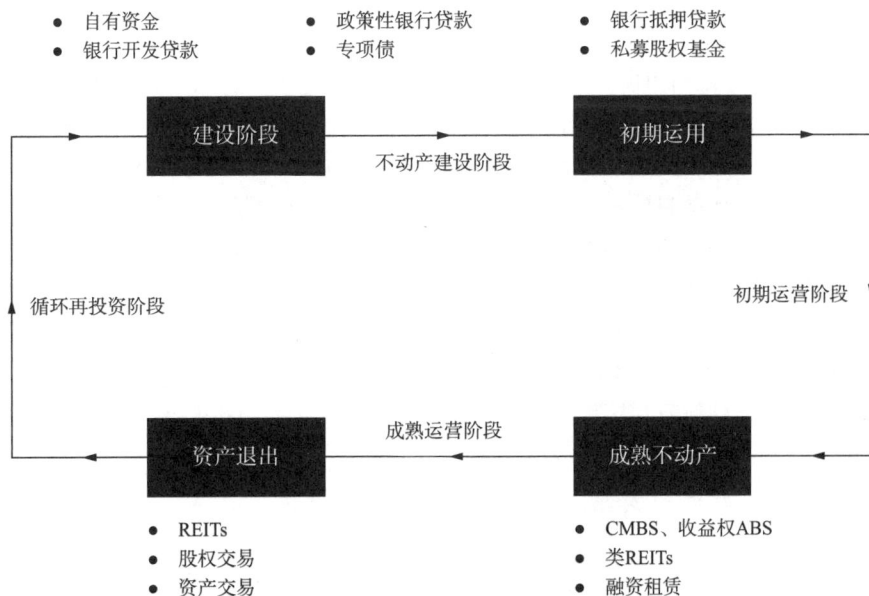

图4-3 新基建产业不动产部分投融资模式

新型基础设施项目产业不动产投融资周期可分为 4 个阶段：建设阶段、初期运营、成熟不动产、资产退出，分别对应不动产建设阶段、初期运营阶段、成熟不动产阶段、循环再投资阶段。虽然部分投融资工具在不同阶段可同时适用，但根据不同阶段的特征，其适用的投融资工具也各有侧重。

（1）建设阶段，政策性资金助力产业建设

该阶段主要包括前期规划、获取土地和开工建设等，可通过自有资金和银行开发贷款等方式取得资金。此外，由于新型基础设施项目的战略重要性，以及建筑不动产的未来比软硬件系统的未来更不具备不确定性，且完工后得到了实体支持，风险更小，不动产政策性银行贷款和专项债可以在该阶段介入，帮助新型基础设施项目建设不动产。

（2）初期运营阶段，综合运用股债工具

不动产建设完成后，即可进行初期运营。由于目前已经拥有一个资产实体，因此可以向银行申请抵押贷款，以降低融资成本。与此同时，可以引入私募股权基金，如不动产孵化基金、不动产夹层基金等权益型工具，以减轻产业债务的压力，并合理调整债务结构。

（3）成熟不动产阶段，广泛运用标准化金融工具

此时，不动产等资产已经具有稳定的经营效益，能够产生稳定的现金流或预期的未来收益，从而加强了融资基础。在该阶段，除了通过信托贷款和委托债权等非标准工具进行融资外，标准化金融工具还可以被广泛用于融资，以降低融资成本。其中，资产证券化工具是一种重要的融资工具，如商业房地产抵押贷款支持证券（CMBS），可以获得低成本的债权融资；收益权（ABS）通过将未来收益折现以实现融资；发行 REITs 实现存量资产盘活，依靠资产自身具备的价值来推动阶段融资。此外，融资租赁和售后回租也是满足融资和使用双重需求的一种方式。

（4）循环再投资阶段，REITs 实现投融资生态闭环

这一阶段是新型基础设施项目不动产部分投融资周期的最后一个部分，也是极其关键的一部分，倘若缺少这一部分，就无法做到打通整个产业链，实现资金和资产的有效、高效流转循环。在这一点上，新型基础设施项目的不动产可以通过股权交易或资产交易的方式出售，不动产也可以通过发行 REITs，盘活存量不动产，将其证券化，从而使原始产权人既可以实现资金退出流转，又可以保留部分份额，以继续实现对资产的控制。至此，实现了新型基础设施项目不动产部分的产业周期闭环，并建立了一个循环和可持续的投融资生态系统，回收的资金将继续支持新项目的开发，促进新型基础设施项目产业的螺旋式上升发展。

就金融工具而言，重点在于根据新型基础设施项目各个阶段的特征匹配合适的工具，契合新型基础设施项目的体系化运作。同时，以上新型基础设施项目投融资模式及工具仅是在产业宏观层面进行分析概述，不同新型基础设施项目细分领域的商业模式、发展路径、市场化程度均有所不同，因此在实际运用中要以实际情况为基础，以风险与收益特征为重点，以市场驱动为导向，以循环可持续为目标，构建全方位、多层次、闭环化的投融资生态体系。

4.3 新型基础设施项目投融资控制

4.3.1 控制原理

投资控制是新型基础设施项目投资管理的重要内容,是实现新型基础设施项目投资管理目标的重要手段。新型基础设施项目投资控制基本原理主要包括系统原理、反馈原理、效率原理、动态原理等。

1)系统原理

新型基础设施项目的投资控制,首先,要确定合理的投资目标,制订合理的投融资计划等,形成项目规划体系;其次,项目会涉及各种相关主体、各类不同人员,必须建立组织体系,形成完整的项目投资管理组织体系。所有这些都需要应用系统原理。

2)反馈原理

反馈原理指的是,在新型基础设施项目的投资过程中,每个环节、要素或变量之间都形成了一个反馈回路,该回路是前后相连、首尾相顾、因果相关的。其中任何一个环节或要素的变化,都会引起其他环节或要素的变化,最终使该环节或要素发生进一步的变化,从而形成反馈回路和反馈控制运动,这就是投资控制的反馈原理。因此,在新型基础设施项目投资过程中,要注意把握各环节或要素的关系,抓住关键环节或要素,提高投资效益。

3)效率原理

效率原理是指通过加强新型基础设施项目的投资控制工作,提高投资控制效率,以尽可能少的人力、财力和物力实现新型基础设施项目的投资管理目标,并取得较好的投资和社会效益。

4)动态原理

新型基础设施项目的投资控制本质上是一种不断变化的动态控制,在项目实施过程中监测实际投资与计划投资之间的差异,找出偏差的原因并加以纠正,并采取措施对原计划进行某些调整,以使两者获得新的共同点。因此,新型基础设施项目投资控制是一个不断发现差异、纠正偏差、调整计划的动态控制过程。

4.3.2 投融资结构变化

与传统基础设施相比,新型基础设施项目包含的数字基础设施和不动产基础设施所占比例略有不同,政府投资和社会投资的比例也存在差异,如图4-4所示,这直接导致新型基础设施项目的所有权结构、项目收益模式、利益相关者在合同结构和融资结构等方面发生变化,将对新型基础设施项目的投资结构产生新的影响,并带来新的挑战。

新型基础设施

数字化比重

智慧城市 智慧农业 智能电网 智慧社区 智慧安全	智慧工厂 车联网 智慧金融 智能媒体 智慧医疗

政府投资比重　　　　　　　　　　　　　　　　　　　社会投资比重

城市道路 铁路 市政工程 学校 园区开发	轨道交通 土地与建设开发 电力能源 供水与污水处理 医院

传统工程建设比重

传统基础设施

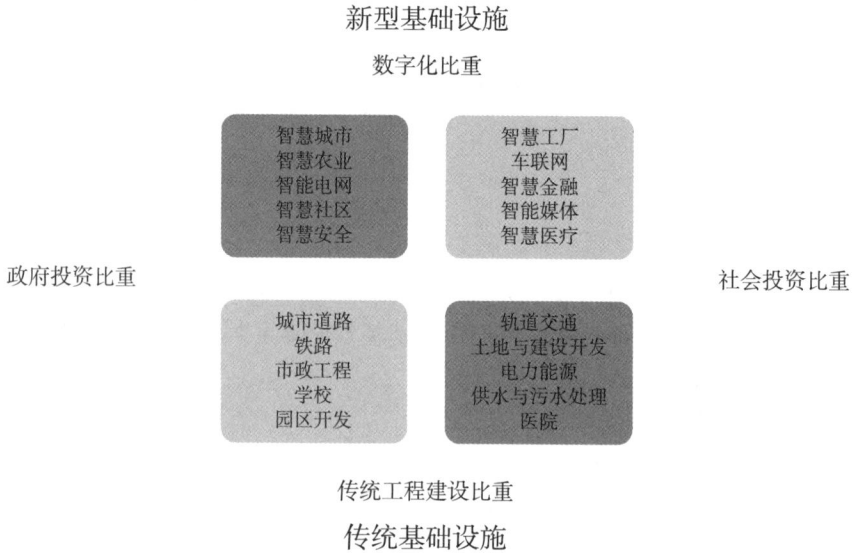

图4-4　传统基建与新基建不同业态的投资属性

1) 项目所有权结构的变化

大多数传统基础设施项目都是政府投资的项目,政府是投资者并拥有所有权。近年来,随着政府和社会合作(Public-Private-Partnership,PPP)模式的发展,基础设施的所有权主体出现了多元化的变化趋势。政府能够控制项目公司,对基础设施提供服务的类型、对象和价格,以及资产中的重大权益,并对合同期结束后基础设施在移交时的性能和状态等做出明确要求。

与传统基础设施相比,除了和传统基础设施类似的固定资产外,新型基础设施项目的投资资产还包括较高比例的无形资产,如知识产权、专利权和数字资产等。这些资产与传统基础设施特许经营权的所有权和估值均有所不同,同时对投资结构的需求也存在差异。此外,非物理基础设施中永久性设备的投资比例相对较高,而非物理基础设施的所有权与传统基础设施相比,其投资模式更丰富,进而影响新型基础设施项目的投融资结构。

2) 项目收益模式的变化

投资项目的收益模式决定了项目的融资能力。传统基础设施投资的收益模式主要包括政府购买服务、可用性支付、影子价格收费和最终用户付费等。作为投资主体,政府需要吸引企业和私营部门投资者的参与,以此减轻政府投资的压力。同时,由于缺乏典型的收益模式,政府还需要通过不同的收益模式(如PPP模式的可用性付费)向企业和其他市场投资主体提供收益。

与传统基础设施相比,新型基础设施项目的投资主体更加多样化和市场化。在相应的收益模式方面,除了政府购买服务和可用性付费等传统方法外,还包括即时付款、周期性订阅和广告收入等多元化方式。与此同时,随着收益方式中政府参与度的不断减少和社会资本参与度的逐步增加,新型基础设施项目投资回报的不确定性也在增加。无论收益模式如何变化,重要的是将投资成本与一段时间内产生的收益相匹配,以增强新型基础设施项目的融资能力。

3) 合同结构的变化

与传统基础设施相比,新型基础设施项目的项目发起人和投资者来自不同的行业,在投资过程中承担着不同的角色和分工,因此使利益相关者的合同关系更加复杂。其中,轻资产所有者可能承担融资、提供技术、设备和运营服务等职能,需要不同的合同关系来明确其在融资、建设和运营过程中的责任和义务。特别是,由于资产属性和价值的影响,拥有专利权或数字资产的投资者在项目融资方面的协议也将与传统基础设施非常不同。

4) 融资结构的变化

与传统基础设施相比,新型基础设施项目具有不同的资产属性和更加多样化的融资结构,需要在传统债务融资和股权融资的基础上进行创新。针对项目的固定资产、数字资产、IT 设备资产、新技术专利权、特许经营权等方面应单独考虑,以构建更复杂的融资结构。同时,需要考虑该项目对经济发展、旅游文化、社会和可持续发展方面(如智能城市、智能农业、智能社区等)的影响,并且需要协调投资者和政府之间的关系,以最大限度地提高该项目的融资能力。除此之外,还应进一步考虑卖方融资(设备供应商融资)、基于消费的融资、基于服务的融资、特许经营权融资、收益共享等不同的融资方式。

4.3.3 风险因素分析

基础设施投资是一个长期过程,其基本原则是保持投资风险和收益之间的匹配程度。随着投资属性的变化和整个项目生命周期中不确定性的增加,投资将面对各个方面的考验。对于新型基础设施项目来说,数字技术和大数据分析方法的使用,将带来新的风险并产生新的收益,从而调整新型基础设施项目的风险和收益结构。总体而言,考虑到外部监管和颠覆因素等的内外作用,投资者需要在合理退出机制的支持下,谨慎地规避风险和维护收益。

新型基础设施项目在开发投资过程中所面临的风险因素可以归纳为 5 大类,即内在催化因素、外在颠覆因素、多方协同因素、阻碍因素和监管因素。

(1)内在催化因素

内在催化因素主要包括:由于技术变革带来的内在催化因素,如厂房建设与建筑物的模块化;数字化技术对流程和运营带来的影响,如项目全生命周期成本的计划与规划;创新型合同方式以及增强型风险共担机制;标准化的投资管理框架;“精益”工程管理与运营管理的应用;更加审慎的项目绩效管理(时间/成本/质量);由于技术变化对组织、人员和文化产生的影响,如迫切需要的人力资源、人才结构的调整和优化,以及持续培训与跨界知识管理等。

(2)外在颠覆因素

外在颠覆因素主要包括:由于技术变革带来的颠覆因素,如新材料、智能建造设备、智能监测设备在投资全生命周期的应用;数字化技术给流程和管理带来的革命,如应用数字工具、智能模型与大数据优化流程和管理,创新的分包商与供应商管理模式等;商业战略方面带来的影响,如创新型颠覆式的商业盈利模式;广泛的信息共享带来的社会影响等。

(3)多方协同因素

多方协同因素主要包括:在技术方面,技术变革推动的工程技术数字化转型,如 3D 打印等在多方协同的情况下,广泛地应用在投资建设过程中;在商业战略方面,需要更多地考虑可持续的、基于生命周期优化的投资组合,以及整合投资目标形成聚集规模效应;在组织、人员和文化影响方面,需要引进跨组织、跨文化、跨行业的激励机制;在行业协作方面,跨专业的技术标准和流程需要得到多方认同,以实现更多的数据交换与最佳实践的共享,最终形成以价值为导向的跨行业协作。

(4)阻碍因素

新型基础设施项目技术更新迭代快的特征,增加了跨领域技术整合与融通的难度。从投融资角度来看,技术型轻资产公司的担保能力有限、新型基础设施项目高强度的初始投资与长周期收益的时间错配、投资者对投资收益率要求不同等因素,都将成为投融资的阻碍因素。此外,资本市场对新型基础设施项目投资的准备尚未充分,加之反全球化趋势对境外市场的严重冲击,也将成为投资新型基础设施项目领域的潜在阻碍因素。

(5)监管因素

新技术带来的变革需要投资各相关方及公共部门建立更有效的互动机制,主要包括:在监管政策方面,需要更趋一致的技术规范与标准,以及简化的许可与审批流程;在市场政策方面,需要将对国际投资者的开放程度作为重要的制度变量;在财政政策方面,科技研发与应用的激励和补贴仍然是公共部门和政府需要考虑的因素。同时,还需建立更为严格的反腐败程序,增加招标透明度,推广和倡导基于全生命周期成本的招标采购程序,并积极管理跨年度的投资规划与预算。

4.3.4　风险应对策略及税务安排

1)投融资相关方对策

从本质上讲,新型基础设施项目的投资和开发过程体现为不同投资者之间风险和收益的转移。在投资交易过程中,从传统的合作伙伴关系到特许经营关系,再到股权合作,进而到完全自主投资,本质上是项目发起人或初始投资者与合作投资方(包括战略投资者和财务投资者)之间的风险转移过程。在项目采购交易过程中,无论是传统的政府采购模式还是PPP模式,本质上都是不同投资实体(如投资者、建筑商、服务提供商和供应商)之间的风险再分配过程。

下面从新型基础设施项目投资主体角度分别给出相关对策建议。

(1)基于投资人的对策

近年来,随着新一代信息技术的逐步普及,传统的投资交易方式和合作模式得到了迅速发展。投资者的投资方式、合同方式以及收益模式都可能发生变化。为了减少不确定性,可以考虑采用下述策略。

首先,结合大数据分析,使用"敏捷方法"对投资项目进行价值分析。投资者可以依靠项目发起者与所有权地位,将投资项目的开发商、设计师和建设商聚集在一起,通过改革传统的价值工程方法和使用新型跨学科数据分析方法(如数字信息系统等),做出最佳决策,提高资本回报率。

其次,应积极评估颠覆因素对新型基础设施项目投资的影响,并应用大数据和人工智能等新技术,最大限度地模拟未来的投资过程,以此将更好的实景模拟应用于投资评估过程。

最后,将重点放在基于技术创新的新资产类别上。新技术的应用将使新型基础设施项目投资产生新的资产类别,其对市场更具吸引力,包括数据中心、工业互联网、物联网等。通过充分了解这些新资产类别的成本特征,并维持项目投资风险和收益处于对称范围,投资者将获得更好的投资机会,并有利于获得投资先行者优势。

(2)基于建设商与服务提供者的对策

随着新型基础设施项目投资的推进,各类建设商和服务商在享受市场需求机遇的同时,也面临着行业内一些颠覆性因素和固有矛盾带来的挑战。为了应对这些挑战,可以采取下述策略。

首先,抓住新一代信息技术带来的变化和机遇,将大数据等分析技术应用到材料设备采购、项目建设运营等各个生产环节,提高生产效率。

其次,考虑传统基础设施项目和新型基础设施项目的优缺点,制订中长期投资路线图,平衡优化传统和新型投资业务的投资组合,促进产业融合发展。

最后,综合利用新一代信息技术,分析制订项目计划,将数字信息系统纳入相关管理体系,不断提高业务资源管理能力和项目执行能力。

2) 项目税务安排

近年来,我国出台了一系列财税政策,支持面向技术创新的企业发展与投资。投资者可以这一政策为基础,从项目运作、融资、投资和退出的角度考虑如何优化税收安排,同时考虑资本市场中常见的投资交易模式,注意需要额外关注的风险点。

(1)项目运营

①企业所得税优惠税率和减免税优惠。中国企业所得税标准税率是25%,符合国家战略或高科技类的企业有机会适用诸多低税率和减免税优惠,如高新技术企业适用15%的税率、符合条件的集成电路生产企业可以享受两免减半政策等。

需要注意的是,这些优惠往往附带诸多前置条件,如特定类收入占总收入比例、研发费核算口径和比例、企业所持有的核心资产情况、技术人员比例等,某些条件还需要每年进行复核,年度若无法满足要求则很可能无法享受相应的优惠。企业需要结合自身的业务,评估该等优惠的适用性及可持续性,并加强日常的监督管理以降低合规性风险。

②政府财政补贴的企业所得税和增值税处理。各级政府部门提供了大量的财政资金资助支持科技创新。按目前的企业所得税政策,该类补贴在收到的当期一般即产生所得税纳税义务,只有符合特定条件的财政补贴可以按不征税处理,但需要注意的是不征税财政性补贴所形成的成本费用也无法在企业所得税税前列支。而根据增值税的最新规定,财政补贴收入与企业销售货物、劳务、服务、无形资产、不动产的收入或者数量直接挂钩,应按规定计算缴纳增值税。其他情形的财政补贴收入,不属于增值税应税收入,不征收增值税。因此,企业需要准确判断每笔补贴收入的性质及相关的企业所得税和增值税处理,建立内部台账,核算每笔财政补贴的收支情况以正确申报所得税和增值税。

③研发投入阶段的企业所得税扣除。新型基础设施项目的建设需要持续不断的技术研发。为鼓励技术研发活动,中国现行财税政策提供了研发费用加计扣除政策,即在开发新技术、新产品、新工艺方面发生的实际研发费用基础上,再加成一定比例,作为计算企业所得税应纳税所得额时的扣除金额。不过,企业需要注意税务机关对研发费用的归集口径、加计扣除的支持性文档有相应的规定和要求,若后续管理中无法提供,可能会面临补缴税款并加征滞纳金。

④企业所得税亏损结转。对于投入周期较长的新型基础设施项目而言,企业可能在初始很长一段时期内处于亏损状态。即使相关财税政策给予了优惠的税前扣除政策,若未来

盈利无法用于弥补以前年度亏损,那么这些税收优惠实际上就并未起到扶持的效果。根据企业所得税法,一般企业的亏损可以向后结转五年,而高新技术企业或科技型中小企业的亏损结转可以延长至十年。因此,企业在考虑税务安排时,可以审视自身情况来判定是否可能符合高新技术企业或科技型中小企业的要求以享受更长的亏损结转时间。

⑤软件相关收入的增值税定性。新型基础设施项目的建设多涉及软件的构建升级。现行软件收入相关增值税政策较为复杂,基于不同性质的软件收入,增值税处理也有所不同。比如,销售自行开发生产的软件产品超过 3% 实际税负部分实行即征即退政策,而提供软件技术服务则属于技术服务范畴,适用 6% 的税率。实际操作中,界定销售软件产品与提供软件技术服务存在一定的模糊地带,各地税务机关可能会有不同的认定。

⑥关联交易与转让定价。高科技领域企业发展过程中可能在不同地点设立多个运营实体,用来实现多地团队研发协作、本地化市场开发等职能。这些实体间可能会形成复杂的关联交易。考虑到各国所得税税率差、国内不同资质企业间和地区间的税率差异,若不及时进行梳理,容易引起境内外税务机关对关联交易定价合理性的质疑,甚至引发纳税调整。另一方面,有计划的关联交易管理往往可以促使资产和风险在不同企业的合理分布并连带产生税务优化的效果。

(2)项目融资

①上市融资。目前,高科技企业通过上市融资常见有红筹和内资两种架构。具体架构如图 4-5 所示。

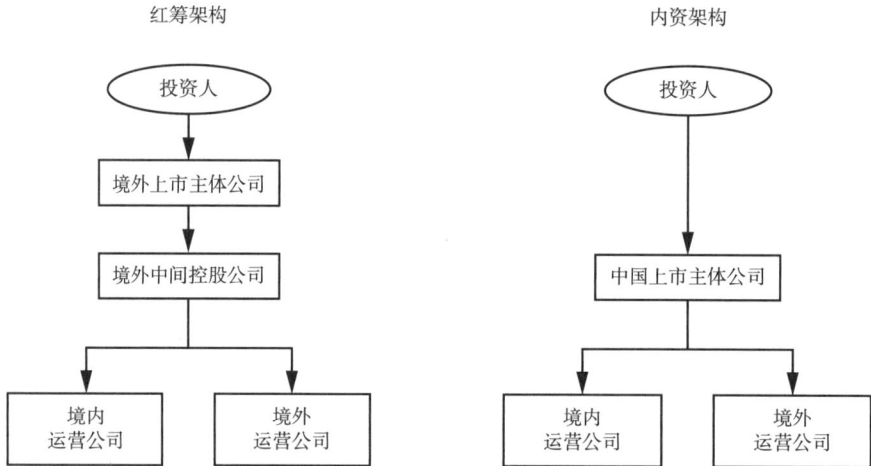

图 4-5　高科技企业上市融资架构

在红筹架构下,投资者和创始人通常通过各自的境外特殊目的公司持有上市融资的主体,然后通过境外控股公司全资持有境内外运营公司的股权。当运营公司将股息逐层向上分派时,需要考虑股息预提所得税影响。以内地公司—中国运营公司架构为例,中国公司的税后股利分配需要为香港控股公司征收 10% 税率的代扣代缴预提所得税,在符合某些条件(例如控股百分比、境外控股公司的商业实质等)的情况下,根据内地—香港避免双重征税安排,可将该税率降低到 5%。因此,从降低整体税收负担的角度来看,企业应注意运营公司所在国的股息预提所得税规定、税率优惠的可能性以及需要满足的条件等。

在内资架构下,除特殊情况外,中国居民企业之间的股息分配是属于免税收入的;然而,越来越多的高科技企业响应"走出去"战略,在中国境外设立营销、销售甚至研发中心,如果这些境外实体的利润未来分配给中国母公司时,应考虑中国母公司对应的实际税负,如境外所得税负担水平、是否应就来自境外的股息收入缴纳中国企业所得税,境外所得税抵免的充分性和文件要求等。对于"走出去"的投资而言,控股层级和架构的适当规划均有助于优化整体税收负担。

为了满足企业未来上市的要求,在上市前,企业可能会通过股权收购、资产收购、增资、资产剥离等方式进行并购重组。通过积极合理的税收安排,可以降低并购重组的税收成本。

②债务融资。除上市融资外,企业还可以选择债务性融资方式(如金融机构贷款、关联方资金拆借、债券发行等)。从企业所得税的角度来看,债务性融资工具产生的利息费用可以税前扣除。然而,从增值税的角度来看,贷款利息不可扣除进项税,将增加企业的额外成本。

需要注意的是,随着金融工具的创新和发展,实践中越来越多的新融资方式具有权益和债券的混合属性。此类混合投资业务包括股权信托投资、优先股、可转换债券、永续债券等。企业需要根据相关税收法规文件确定其正确的税务处理方式。

为了降低集团内部资金的借贷成本,满足灵活配置资金的需要,集团关联方之间的资金借贷(如资金池、无息借贷等)也是一种常见的融资做法。然而,关联企业之间的借款需要特别注意用于企业所得税的税前利息扣除。从增值税的角度来看,集团内部资金借款的增值税处理取决于各种因素,如借款的利率、是否是统一的借款和还款、是否属于集团企业等。集团需要根据实际情况做出判断。

(3)项目投资与退出

①通过有限合伙制基金投资项目。投资者通过股权私募基金或风险投资基金来投资新型基础设施项目是很常见的。这些基金通常以有限合伙企业的形式存在。根据有关税收法规规定,合伙企业的生产经营所得和其他所得实行"先分割后征税"的原则,合伙企业的合伙人是自然人的,应当缴纳个人所得税;合伙人为法人或者其他组织的,应当缴纳企业所得税。因此,通过合伙制基金获得的收入的具体税务处理取决于投资者的性质和获得的收入类型。

然而,中国合伙制税收政策中仍有许多技术问题尚未明确,这也给合伙制基金带来了潜在的税收风险。例如,合伙人是否能够穿透分别适用个人所得税法和企业所得税法下的各种税收优惠政策,以及多层嵌套合伙基金的企业所得税和个人所得税处理等。投资者应关注这些尚未明确的技术问题,并衡量相关税收成本及其对投资回报的影响。

②政府和社会合作模式(PPP)。近年来,PPP模式在加强基础设施短缺和动员民间投资方面发挥了不可替代的作用。据信,PPP模式在未来的新型基础设施项目中也会被更多地使用。目前,尚且没有统一的税收法律法规或文件明确规定PPP运营模式可能涉及的税务影响。相关规定分散在多个税种的多个文件中,且一些环节的税收处理不明确。例如,在建设—运营—移交(BOT)模式下,运营商投资建设建筑物、设施和设备,并在期末由运营商无偿移交给政府。在移交退出阶段,增值税和企业所得税是否应像视同销售一样缴纳的问题还存在不确定性。

另外,在PPP合作模式下,投资者经常会用非货币资产投资到项目公司。从税务角度来看,这种资产转移行为,在企业所得税、增值税和其他税种方面,通常被视为应税业务。然而,在企业所得税、增值税、土地增值税、契税等方面都有一些特殊政策,符合条件的情况下可以递延缴税或不征税。投资者在出资时应关注相关的税务风险。

4.4 REITs 市场

4.4.1 基础设施 REITs 市场发展

1) 内涵特征

不动产证券化是指在资本市场上将流动性较低、现金流稳定的不动产资产转换为标准化证券资产的过程。REITs 是一种投资基金,通过发行收益凭证将投资者的资金集中起来,交给专业投资机构进行不动产投资的经营管理,并及时将投资收益分配给投资者。在全球金融体系中,REITs 市场是不动产金融的重要支柱。纵观世界主要国家多年来的发展实践,REITs 主要有下述特点。

就募集方式而言,REITs 主要是公开募集和上市交易,同时保留了私募 REITs 的发展空间。标准意义上的 REITs 是公开募集的,在公开市场上交易,具有较高的流动性。

就投资范围而言,REITs 的主要投资对象是现金流稳定的不动产类基础资产,主要收入来源是以不动产产生的长期、稳定的现金流为主,其中一小部分可用于开发。

就收益来源而言,REITs 的收入必须至少从其投资的不动产项目的租金或增值中获得一定比例的收入(在美国该比例为 75%或以上)。

就收益分配而言,REITs 投资经营产生的收益实行强制分红政策,即 REITs 当年所获得的可分配利润应高比例分配给投资人,例如美国要求比例为 90%以上。

就杠杆率要求而言,为了保护 REITs 持有人的股息权利并降低运营风险,一些国家为 REITs 设定了杠杆率上限,以限制其债务融资行为。

就税收政策而言,REITs 制度是税收驱动的,当投资范围和分红政策等符合条件时,REITs 层面的所得税可以免除,REITs 投资者也可以获得一定的税收优惠。

2) 国内基础设施 REITs 市场

基础设施 REITs 打破了以往投融资模式的瓶颈,利用金融手段打破实体经济与资本市场的界限,实现基建项目在资本市场的投融资。2020 年 4 月 30 日,国家发改委、中国证监会联合发布有关基础设施 REITs 试点工作的通知,后联合沪深交易所对基础设施 REITs 发布项目申报工作通知、发售业务和审核业务指引(试行)以及投资者管理细则方面的征求意见稿,推动我国实现基础设施 REITs 的常态化发展。2021 年 1 月 29 日,沪深交易所正式公布了基础设施 REITs 相关的《配套规则》。该项规则的出台,使得基础设施 REITs 试点工作得到平稳有效的推进,同时也为审核和网下发售业务在试点工作中的顺利开展提供了有力保障。同年 6 月 21 日,首批 9 只基础设施 REITs 正式挂牌上市。6 月 29 日,国家发展改革委印发《关于进一步做好基础设施领域不动产投资信托基金(REITs)试点工作的通知》(发改投资〔2021〕958 号)(以下简称"958 号文"),对项目申报等相关内容进行了明确规定,加速推动基础设施 REITs 的长期健康发展。

经过前期不断的探索和发展,我国基础设施 REITs 逐步走上正轨。解析基础设施 REITs 的交易结构,作为深入研究基础设施 REITs 的起点,是完善相关内容的关键。在基础设施

REITs 的交易结构中,如图 4-6 所示,有两点值得关注,一是基础设施原始权益人和公共投资者须共同认购基金份额,要求原始权益人认购配额不得低于发售数量的 20%,其中发售总量 20% 以内的持有期自上市之日起不少于 60 个月,超过部分不少于 36 个月,持有期间不允许质押;二是基础设施 REITs 的最终收益是以分红的形式发放给投资者,且不得低于年度可供分配金额的 90%。

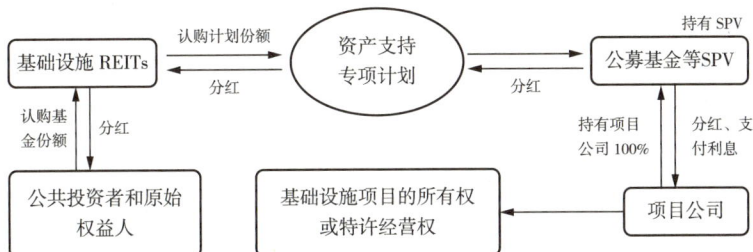

图 4-6　基础设施 REITs 的交易结构

4.4.2　传统基础设施建设 REITs 市场的拓展

1) 重要作用

发行传统基础设施 REITs,进一步创新投融资机制,可有效盘活资产存量,促进企业和政府杠杆率的降低,提高资源配置效率,降低政府和企业的财务风险,完善市场价格引导机制,形成循环、可持续的投融资生态体系。从政府、企业和投资者等不同主体的角度来看,在当前经济环境下推出基础设施 REITs,能够满足各方的需求,对我国现阶段的发展具有重要意义。

(1) 政府

① 有助于降低政府杠杆率,解决地方政府存量债务问题。根据国际清算银行(BIS)的计算,截至 2022 年 6 月,我国政府杠杆率为 75%,在 BIS 公布的所有国家和地区中处于中上水平。然而,与欧洲和美国等通过债务发行社会福利的国家不同,我国的大部分债务投资于基础设施建设领域,创造了固定资产,这些资产变现后可以用来偿还相应的债务。因此,通过基础设施 REITs 包装和出售固定资产,可以有效盘活固定资产,降低地方政府债务率,逐步解决地方政府债务问题。

② 有助于汇集小微资本,减轻政府基础设施支出的压力。与城投债和 PPP 等模式相比,基础设施 REITs 是一种更方便个人投资者参与的模式。个人投资者可以在首次发行时认购份额,也可以在发行后通过证券市场购买份额,证券市场对买卖份额的投资金额限制较小,更有利于集中闲置的社会资本,为基础设施建设融资提供充足的渠道和资金来源。

(2) 企业

① 盘活企业存量资产,优化资产负债表。传统的基础设施建设行业承接的项目规模大、资金占用大,企业主要通过提高杠杆率为项目融资,成本高、风险大。通过基础设施 REITs 模式,企业可以在项目建成运营至获得稳定的现金流后,打包出售优质资产,从而实现资金提前回笼,缩短投资周期,提高项目的内部收益率。同时,由于基础设施 REITs 具有股权属性,有助于减轻企业债务方面的压力,降低杠杆率,优化资产负债表。

② 推进企业内部治理结构改革,壮大国有企业。基础设施 REITs 发行后,基础设施项目从单一股东转变为多股东,从自主经营转变为受托经营。此外,基础设施 REITs 需要公开募

集并上市交易,因此作为项目原始股东的国有企业需要受到其他股东和资本市场的监督。增加的约束将有助于迫使企业加大改革力度,加快改善内部治理结构,加强经营管理,改变基础设施投资的理念和逻辑,提高竞争力。

③实现资金闭环,探索可持续投融资生态体系的建设。在传统的基础设施投融资过程中,社会资本普遍面临着"无法吸引"和"无法退出"的问题,传统融资工具往往难以形成持续的资金链闭环,缺乏合适的退出渠道。基础设施REITs为基础设施投资企业提供了一个标准化的进入和退出渠道,将畅通基础设施建设领域投资资金的进入和退出渠道,充分完善投资资金的退出渠道,建立可持续的投融资生态体系。

(3)投资者和中介

基础设施REITs不同于股票、债券、房地产、黄金和大宗商品等主要资产类别,主要投资于低杠杆、运营良好的优质资产,为居民和基金、保险、银行等机构提供了新的资产配置渠道。从供给方面来看,它丰富了投资者的投资选择。通过基础设施REITs参与存量项目,无须承担项目建设前期工作,降低了参与难度;此外,基础设施REITs以公募方式形式公开发行,是流动性高、收益相对稳定的标准化产品,有利于吸引保险、社保、财富管理等各类基金的参与。

目前,国际上发行的REITs,具有高分红率、高长期回报率等特征,以美国为例,2021年富时权益型REITs的20年、40年复合回报率分别为11.21%、12.02%,也高于同期美股其他主要指数,且其收入和分配结构稳定,业绩的可预测性很高,是一种具有中高风险收益比的投资产品。同时,类似于股票与债券市场,基础设施REITs推出后可逐渐形成评级、咨询、资产管理等方面的服务市场,相关中介机构将从中受益。

2)广阔市场

我国的传统基础设施建设起步较早,一方面拥有丰富的建设和运营经验,另一方面拥有巨大的资产存量。传统基础设施覆盖范围广泛,包括铁路运输业、道路运输业、水上运输业、航空运输业、管道运输业、多式联运和运输代理业、装卸搬运业、邮政业、电信广播电视和卫星传输服务业、互联网和相关服务业、水利管理业、生态保护和环境治理业、公共设施管理业等。2003—2017年的15年间,我国传统基础设施建设累计投资107.60万亿元,百万亿级的投资产生了规模庞大的基础设施资产存量。

传统基础设施的资产特征与REITs高度兼容,二者可以实现深度融合,产生巨大的社会效益。传统基础设施资产通常是具有较大经济价值的实体资产,运营期限长,能够产生稳定的现金流,收益来源更加多样化,收益风险较小。而REITs的基础资产需要一定的内在价值、一定的未来收益稳定性以及资产收益的波动性较小。因此,传统基础设施与REITs具有较好的匹配度。收费公路、轨道交通、航运港口和污水处理厂可作为REITs的基础资产。

"958号文"中举例提出,基础设施范围包括仓储物流、收费公路等交通设施,水电气热等市政工程,城镇污水垃圾处理、固废危废处理等污染治理项目等传统基础设施,信息网络等新型基础设施,以及国家战略性新兴产业集群、高科技产业园区、特色产业园区等其他基础设施。

北京大学光华管理学院REITs研究中心分析估计,我国标准公募REITs产品的潜在规模应为4万亿~12万亿元,可撬动12万亿~36万亿元资金,其中中国基础设施REITs市场的未来规模将达到2.1万亿元,基础设施REITs有巨大潜力成为一个万亿级的市场。基础设施 REITs 盘活的万亿级别的资金可以进一步推动新增投资,促进国民经济的有效增长。

3)运作体系

（1）项目基本条件

概括而言,REITs 项下的基础资产应权属明确、清晰,不存在法律纠纷和其他违规情形,不存在对外抵押、质押等他项权利,可以产生独立、持续、稳定、可预测的现金流,且可特定化。目前《REITs 指引(征求意稿)》第七条对基础设施项目提出了 5 点要求:

①基础设施项目原所有人享有完全所有权或特许经营权,不存在经济或法律纠纷和他项权利设定。

②基础设施项目原所有人企业信用稳健、内部控制健全,最近 3 年无重大违法违规行为。

③基础设施项目经营 3 年以上,已产生持续、稳定的现金流,投资回报良好,并具有持续经营能力、较好增长潜力。

④现金流来源具备较高分散度,且主要由市场化运营产生,不依赖第三方补贴等非经常性收入。

⑤中国证监会规定的其他要求。

结合其他条款理解,还应当满足以下条件:

①基础设施项目应当符合安全生产、环境保护的要求,并符合城市规划要求。

②基础设施项目应当购买足额保险。

③REITs 发行前要对基础设施项目进行 3 年一期专项审计。

《REITs 指引(征求意见稿)》征求社会意见正式颁布后,将成为我国基础设施 REITs 的"基本法",成为基础设施 REITs 项目需要具备的基本条件。

（2）产业架构说明

我国的基础设施 REITs 拟采用"公募基金+ABS"的架构以实现我国的标准化 REITs,即公募 REITs 的落地,如图 4-7 所示。

①公募基金作为 REITs 的产品载体,由公募基金管理人根据《中华人民共和国证券投资基金法》和 REITs 的相关规定设立,投资于"资产支持专项计划"的部分或全部证券份额。

②资产支持专项计划(ABS)是指证券公司或基金管理公司的子公司根据中国证券监督管理委员会的《资产证券化管理暂行条例》和上海/深圳证券交易所的《资产证券化业务指引》等法律法规设立的证券化产品。资产支持专项计划通常在内部有一个结构化的优先级/次级安排,并直接投资于私募股权投资基金的所有基金份额。

③私募基金作为底层资产所在项目公司的直接股东,由私募基金管理人根据《私募投资基金监督管理暂行办法》和《私募投资基金备案须知》设立,并在基金业协会进行基金备案登记。私募基金通常以"股权+债务"的形式持有项目公司股权。

（3）具体实施步骤

在当前基础设施 REITs 试点阶段,项目总体实施步骤包括以下环节:

①试点资格申请。根据《REITs 试点通知》要求,拟参与试点项目企业需向基础资产所在地省级发改委提交试点申请,省级发改委出具专项意见后,报请国家发展改革委将符合条件的项目推荐至中国证监会,最终由中国证监会、沪深证券交易所依法依规,并遵循市场化原则,独立履行注册、审查程序,自主决策。

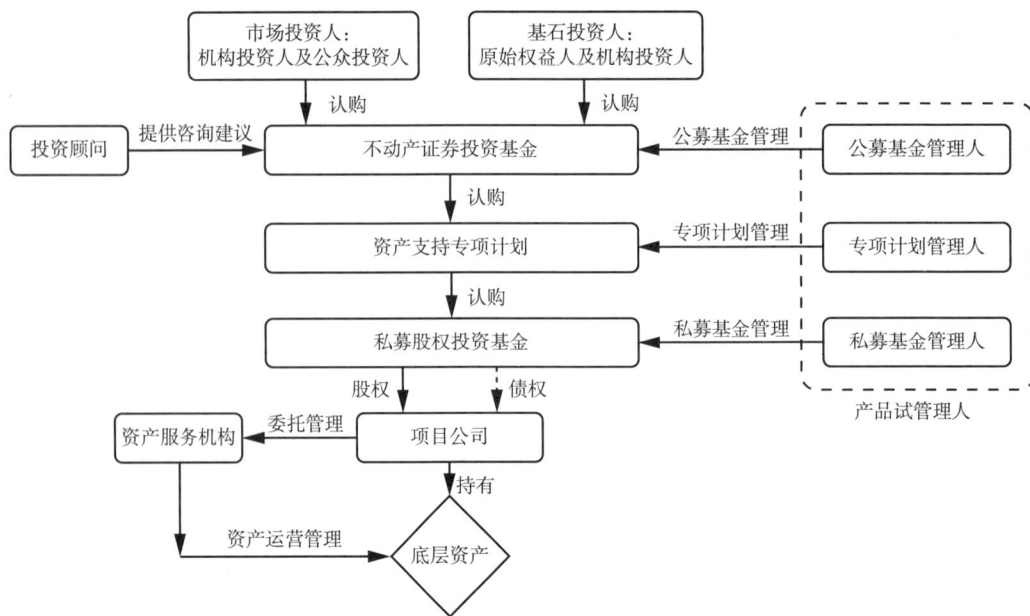

图 4-7 基础设施公墓 REITs 架构

②ABS 无异议函及基础资产架构搭建。基于我国基础设施 REITs"公募基金+ABS"的产品架构,在获取试点项目资格的同时,应着手开展 ABS(即资产支持专项计划)无异议函申请工作,以及相关的基础资产架构搭建工作,包括将底层资产装入特定项目公司、由完成协会备案的私募基金收购项目公司股权、获取资产支持专项计划无异议函并做好相应发行准备。

③公募基金注册。根据我国现有公募基金相关规定,基础设施 REITs 所对应的公募基金产品材料应由中国证监会指定部门受理并完成审核后,最终以中国证监会名义做出批准注册决定。在完成公募基金产品注册后,方可正式启动路演发行工作。

④路演询价发行。与传统公募基金的发行方式不同,基础设施 REITs 作为"资产上市平台",在发行模式上采用了类似股票 IPO 的询价发行方式。根据资产估值及杠杆配置确定基金发售数量,借助网下询价方式确定具体的发行价格或发行区间,进而实施公开市场资金募集操作。募集完成后,公募基金以募集资金支付资产支持专项计划层面相应优先级与次级投资人持有的专项计划份额收购款,实现基础设施 REITs 产品完整结构的搭建。

⑤挂牌上市。基础设施 REITs 的核心特征之一是实现了底层不动产长期持有经营与投资人可灵活交易退出的统一。因此,公募基金在募集完成、具备上市条件的情形下,需由基金管理人向交易所提出申请、经审核通过后正式挂牌上市。此后,投资人可于二级市场进行自由交易。

⑥资产持续注入。"可扩募"是基础设施 REITs 作为资产上市平台,区别于其他融资工具的核心特质。在 REITs 产品发行后持续注入优质资产,将有效促进资产上市平台的长期健康成长,充分兼顾"投资人长期稳定的投资收益"与"发行人持续通畅的资产上市平台"需求。

4.4.3　新型基础设施项目 REITs 市场的探索

1）新型基础设施 REITs 的传承发展

在底层资产、业务模式和产品的核心概念方面,新型基础设施 REITs 与传统基础设施 REITs 始终保持着"一脉相承"的关系。

在底层资产方面,新型基础设施资产在所有权类型和扩展范围方面与传统基础设施密切相关。一方面,不动产产权和特许经营权等权属类型在新型基础设施和传统基础设施领域都发挥着重要作用;另一方面,数据中心等新型基础设施资产类型是传统基础设施的进一步扩展。

在业务模式方面,新型基础设施资产的基本业务逻辑与传统基础设施领域的基本业务逻辑相同。无论是高速公路收取通行费、数据中心收取租金还是工业互联网收取系统使用和维护费,正如俗话所说"万变不离其宗",基础业务模式的一致性是新型基础设施 REITs 和传统基础设施 REITs 维持传承的一个重要因素。

此外,作为 REITs 领域的新成员,新型基础设施 REITs 将收益来源稳定、需要统一经营管理、流动性差的底层基础资产转化为投资门槛较低、市场流动性较高的证券产品,这一核心产品概念在本质上没有改变,使得新型基础设施 REITs 能够充分利用其在基础设施 REITs 领域的经验。这为新型基础设施 REITs 充分借鉴和利用基础设施 REITs 领域的积累提供了重要支持。

新型基础设施中有许多具有不动产属性的资产,如 5G 行业的铁塔、数据中心和轨道交通,以及新型基础设施企业的办公楼、产业园区和仓储厂房等。对于这些资产,可以使用 REITs 这一创新金融工具,将现金流回报稳定但流动性较低的重资产纳入资本市场进行公开融资和交易,这将有助于填补新型基础设施投资链的最后一环,并有助于形成循环可持续的投融资生态体系。

REITs 实现新型基础设施投融资闭环原理如图 4-8 所示。

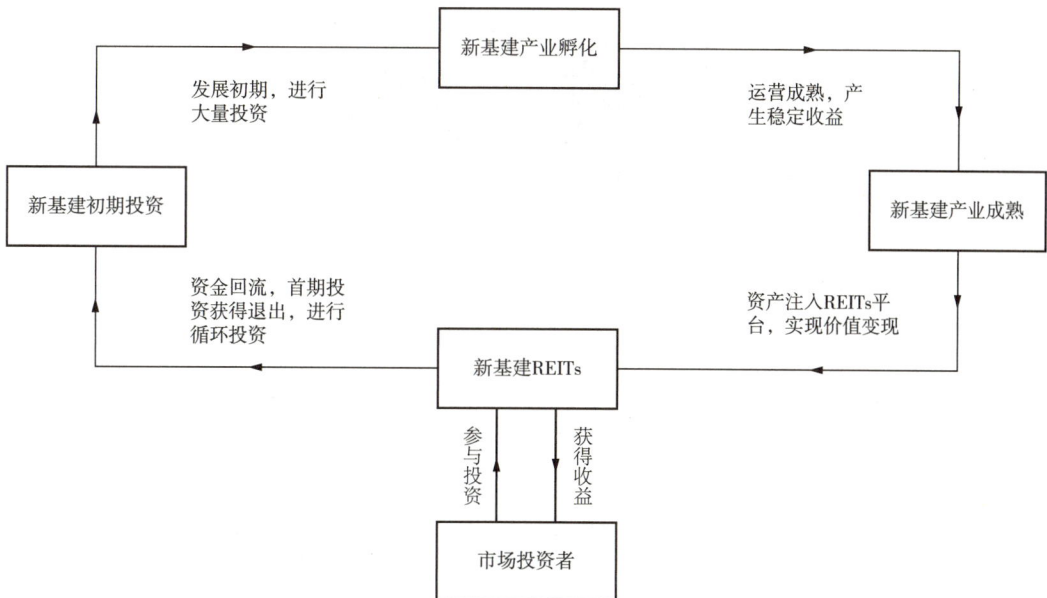

图 4-8　REITs 助力新型基础设施实现投融资闭环

在新型基础设施产业的早期阶段进行初始投资和建设,在产业孵化成熟且资产能够产生稳定的现金流后,通过发行 REITs 实现资产价值变现,同时回收资金。一方面,收回的投资可以实现初始投资资金的退出;另一方面,还可以用于其他新型基础设施项目,从而实现产业发展的有效循环。同时,REITs 可以公开筹集资金,吸引广泛的市场投资者参与投资,既有利于发挥市场的主导作用,又能够分散投资风险。

2) 新型基础设施 REITs 的创新特性

底层资产的特征是构建整个产品的基础,指导和决定几乎所有重要方面,如交易结构、机制设计、现金流模型、运营管理安排和投资收益构成等。因此,设计和实施新型基础设施 REITs 的起点在于深入分析新型基础设施资产的特点,并从 REITs 产品的角度梳理新型基础设施资产与传统基础设施和一般不动产的区别。新型基础设施 REITs 的高度创新属性植根于底层资产的"技术属性"与一般不动产属性的深度融合。

①从资产价值来看,新型基础设施资产多是传统不动产与智能设施设备的有机组合。在一般商业房地产或传统基础设施行业,资产价值主要来源于房屋/建筑相应物理空间对外运营所获得的持续收入,通常包括物业租金和高速路通行费等方面。然而,在新型基础设施领域,资产价值不仅反映在简单的物理空间层面,而且体现在各类具有技术和智能属性的设施设备与传统不动产的有机组合中,它们共同构成了新型基础设施资产的价值来源。如图4-9所示,以 IDC 资产为例,从投资构成数据可以看出,"土建与配套"所占比例明显低于传统不动产领域。

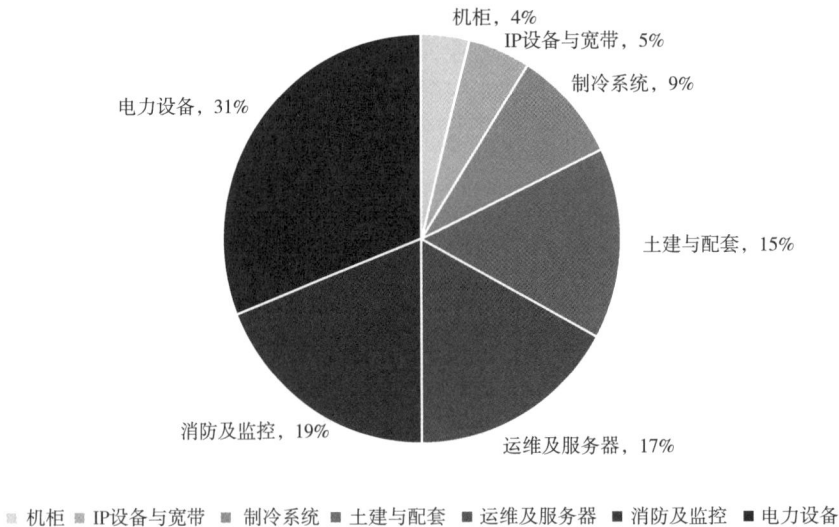

机柜, 4%
IP设备与宽带, 5%
制冷系统, 9%
电力设备, 31%
土建与配套, 15%
运维及服务器, 17%
消防及监控, 19%

▪ 机柜 ▪ IP设备与宽带 ▪ 制冷系统 ▪ 土建与配套 ▪ 运维及服务器 ▪ 消防及监控 ▪ 电力设备

图 4-9 IDC 建设成本构成:机电设备占比高

②从资产载体形态来看,新型基础设施资产正在从传统的有形不动产向无形资产延展。随着智能技术属性的植入,传统概念中基础设施为履行其功能所必须依赖的有形实体载体,正在逐渐转变为无形资产,"基础设施"的范围正在逐步扩大。对 5G 基站和数据中心等新型基础设施资产,有形不动产已经转变为智能技术发挥基础设施功能的物理媒介和手段,主要价值来自这些资产背后的核心技术。工业互联网在这方面的体现更为彻底,代码行构成了此类资产的具体体现。

③从资产组合构成来看,新型基础设施资产正在从传统的大体量集中式分布向分散化网状分布转变。

若将传统基础设施看成整个社会经济运行的"大动脉",那么新型基础设施资产将以类似"毛细血管"的组织方式来促进社会经济运行达到更高层次、更精细化水平。高速公路通过巨额固定资产投资促进其所覆盖地理区域的交通发展,而对于支持经济社会网络化、智能化转型的 5G 基站等关键新型基础设施,单一的网点建设对资产的整体功能影响不大,高度分散的网状分布体系是实现新型基础设施资产"互联互通"核心价值的途径。

④从资产维护更新方式来看,新型基础设施资产面临持续技术迭代的经营常态。在传统的不动产领域,资产通常采用"日常维护+定期检修"的模式进行维护和更新。总体而言,由于传统不动产资产的技术能力水平相对有限,且由于其在该地区的排他性地位,技术更新对其经营状况的影响具有更明显的长周期性。与传统不动产领域相比,新型基础设施资产由于技术更新、标准提升,呈现出持续快速迭代升级的趋势,而这也将构成此类资产面临的经营常态,且所涉及的技术更新也具有更强的全局性和系统性。

3)新型基础设施 REITs 的落地构想

目前国内类 REITs 市场已有较好的发展,公募基础设施 REITs 推出在即,对于未来新型基础设施 REITs 的落地,应主要围绕以下 2 个方面做好准备。

①推进步骤

第一,对于新型基础设施产业主体,如 5G 相关企业、数据中心企业、轨道交通企业、人工智能企业等,可根据各自产业特征及资产特点制订相应的 REITs 资本平台发展战略,做好前期的顶层设计与规划,持续进行资产储备。

第二,产业主体对新型基础设施 REITs 可能涉及的重要问题要提前筹划。对有关资产权属、税收筹划、行业监管、国资审批、投资人匹配等各方面事项,企业可提前与主管部门进行沟通,明确发行新型基础设施 REITs 的相关实施要求,对一些可能存在的障碍可以提前争取有关部门的支持。

第三,对新型基础设施 REITs,社会资本可提前建立专门的投资部门设计有针对性的投资产品,储备专项投资资金,从投资端筹划新型基础设施 REITs 体系的资金供给,提前把握产业投资机遇。

②政策引导

政府在新型基础设施投融资中起着重要的引导作用,建立健全完善的市场化投融资机制,给予新型基础设施 REITs 一定的政策支持,是保障新型基础设施 REITs 发挥其战略使命和作用的重要基础。

第一,就 REITs 产品涉及的税费问题而言,当前我国税制结构与 REITs 产品的架构与理念存在一定脱节。现行税制将 REITs 中的重组视同一般意义上的不动产销售处理,导致企业在重组环节需负担契税、增值税、所得税以及印花税等大量税费成本。从新型基础设施产业角度而言,适当、合理的税收支持政策能够有效推动我国新型基础设施 REITs 市场的快速发展,也在设立和运营环节持续形成我国财政收入新的来源,不断优化我国财政收入结构。建议在资产重组阶段及存续运营阶段,基于新型基础设施 REITs 的产品特性予以合理的税收支持政策。

第二,从新型基础设施 REITs 发行的角度来看,可加快新型基础设施公募 REITs 的规则制定,推进新型基础设施公募 REITs 的试点发行。同时,政府可出台相关支持政策,鼓励企业优选新型基础设施领域"存量资产"参与公募 REITs 试点,树立"存量"带动"增量"的示范效应。此外,REITs 作为具有稳定期间现金流和有效分散投资组合风险的金融产品,政府还可引导国家产业基金、社保基金、保险资金等长线资金投资于新型基础设施 REITs,一方面为新型基础设施 REITs 提供稳定的资金供给,另一方面也有利于丰富此类资金的投资标的,形成更加完善、多元的投资组合。

4.5　PPP 市场

4.5.1　基础设施 PPP 市场发展

1）内涵特征

PPP 模式在国内也称为政府和社会资本合作模式,可以被视为公共部门和私营部门之间为提供基础设施和公共服务而进行的持久而复杂的合作。政府通过授权公司投资建设和运营项目,并在公共和私营部门之间分担风险和利益,实现基础设施发展的目标。对于投资金额巨大、建设和运营复杂的大型基础设施项目,PPP 模式可以有效帮助政府节约财政资源,提高基础设施供应的效率和质量。我国在能源、交通、市政设施等传统领域进行了 PPP 项目实践,积累了一定的项目开发经验,在与"新型基础设施项目"有一定关联的电力能源及城市轨道交通类项目中,也拥有较为典型且成功的案例。2014 年以来,以智慧城市、信息网络建设等为代表的科技领域基础设施也开始以公私合作的方式进行建设。

2）基础设施 PPP 模式融资现状

自 2004 年北京城市轨道建设首次尝试 PPP 模式融资以来,以政府—社会资本合作为特征的 PPP 项目融资模式已成为中国基础设施投资领域的主流。PPP 是政府与社会资本之间相互支持、互补的长期合作机制。政府对收益稳定的基础设施项目推行 PPP 模式,主要推动社会资本占资本和债务融资的大部分,政府协助社会资本获得合理的利润回报,少量资金来自财政资金和政府债券的融资模式。根据财政部 PPP 中心公布的信息整理,截至 2022 年 11 月底在库项目总数 14 081 个、投资额 21.1 万亿元,其中交通基础设施投资占比超过 30%,是总投资最高的项目。从 PPP 项目融资结构来看,2017 年共有 944 家企业参与 PPP 项目签约,社会资本整体参与率不断提高。其中国有独资企业 300 家,国有控股企业 249 家,私营独资企业 175 家,私营企业 153 家,中国香港、中国澳门、中国台湾企业 25 家,外商投资企业 15 家;民营企业占 34.7%,在社会资本来源中居首位。此外,为了配合城市化进程,稳定当地经济发展,中国在交通基础设施建设方面进行了大量投资。2015 年,国家发改委启动 57 个城市轨道交通项目后,交通基础设施进入投资高峰期。在交通基础设施建设方面,在建线路里程和城市轨道交通投资额逐年增加,2018 年投资额增至 6 630 亿元,2019 年投资额也呈上升趋势,到"十三五"末,投资规模达到 1.7 万亿~2 万亿元。PPP 项目总数将超过 100 个,如图 4-10 所示。巨大的资金需求和预期回报使城市轨道交通成为社会资本的首选投资,融资来源比例发生了显著变化。2016 年的数据显示,中国政府为在建城市轨道交通项目提供了总计 2 010 亿元人民币的专项建设资金,其中政府资金推动的社会资本投资约为社会资本投资的 3 倍。国家发改委和交通运输部也计划有序扩大资本投资放大率,通过资本合作促进交通基础设施的可持续发展。

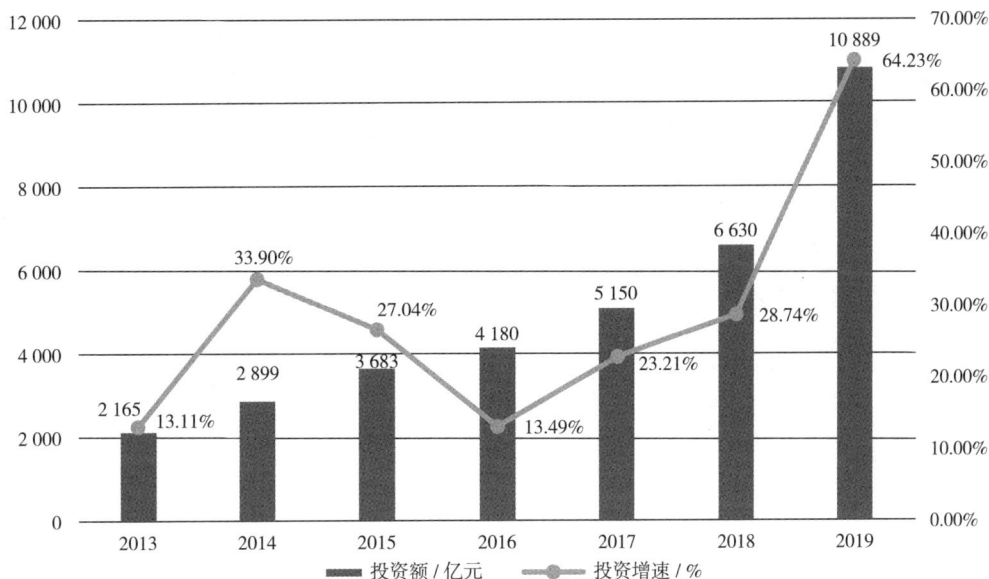

图 4-10　2013—2019 年全国城市轨道交通投资额与投资增速

3) 基础设施 PPP 融资存在的主要问题

虽然 PPP 模式被越来越多地引入基础设施投资建设领域,社会资本的参与规模日益扩大,但基础设施 PPP 正面临资本合作效率降低、政府债务风险增加、社会资本投资动力不足等现实困境。

(1) 普遍存在的融资运作不规范问题降低了资本合作效率

PPP 模式具有解决公共服务供给滞后和扩大社会资本投资渠道的双重优势,这往往导致它被简单地视为一种融资工具,甚至导致 PPP 模式是"万能模式"的认知偏差。为了引入社会资本投资,甚至对不符合 PPP 条件的项目进行过度包装,或者较少考虑如何利用社会资本的市场导向功能,提高项目运营后的可持续盈利能力。此外,一些社会资本投资者认为,PPP 项目由政府提供资金支持,因而产生投资动机偏移,很少考虑如何通过项目运营实现社会资本增值这一核心问题。在市场机制不健全、法律法规不完善的背景下,这些违规行为不可避免地会导致冒进的 PPP 融资,进而降低资本合作的效率。

(2) 单一的融资结构增加了金融风险和政府债务风险

目前,大多数 PPP 项目主要以债务性融资为主,权益性融资较少,资金比例不平衡,融资资金中有很大一部分嵌套在银行贷款中,增加了金融风险。为了以较低的成本获得银行贷款,地方政府往往会给予各种支持,从而形成一定的隐性负债,使银行的金融风险与政府承担的风险交织在一起。在这种情况下,如果基础设施项目建设资金短缺或项目运营过程中出现亏损等困难,投资者可能会从事违背 PPP 模式宗旨的投机行为,即社会资本将财务压力和风险转嫁给政府,使 PPP 项目在实施过程中不得不回归政府偿还债务的影子融资模式,这加剧了政府的财政负担和债务风险。

（3）忽视项目运营绩效管理导致社会资本投资动力不足

PPP 项目分为建设和运营两个阶段，而目前的 PPP 项目评估主要集中在项目的建设阶段，忽视了项目运营阶段的绩效评估和管理。因此，一些社会资本并不关心项目的可持续运营和盈利能力，而只关心如何获得更多的财政补贴，或急于通过退出项目运营来实现其资本，导致社会资本缺乏长期参与项目建设和运营的动力，这反过来又导致公共产品和服务供应效率的相应降低。

目前，我国的 PPP 项目正在从数量增长型转向质量改进型发展。根据相关规划，PPP 模式将成为我国未来基础设施建设最重要的解决方案。而其中成败的关键在于能否通过 PPP 模式吸引有效的社会资本，挖掘社会资本的市场导向功能，解决基础设施项目资金来源不足、经营效益不理想的瓶颈问题。因此，探索如何激发社会资本参与基础设施 PPP 投资的热情、提高政府与社会资本的合作效率成为 PPP 融资领域的关键问题。

4.5.2 新型基础设施项目 PPP 市场

1）内涵特征

新型基础设施项目是传统基础设施的延伸和扩展，有利于平衡稳定增长、调整结构、促进创新、保障民生等多项经济社会发展目标。新型基础设施项目主要集中在技术方面，其中许多属于战略性新兴产业，本质上来看是信息数字化的基础设施，这是与过去的传统基础设施投资的根本区别。与传统基础设施等公共产品的供给不同，新型基础设施项目侧重于更具市场化特征的数字基础设施，需要社会资本的深度和广泛参与、需要良好的合作共享机制和高水平的运营能力，这与 PPP 模式的合作和运营特点非常吻合。近年来，我国丰富的 PPP 实践恰恰为新型基础设施建设项目提供了经验和工具。因此，一方面，PPP 可以有效地促进新型基础设施建设项目更好更快的发展；另一方面，新型基础设施建设项目领域也为 PPP 提供了广阔的发展机遇。PPP 与新型基础设施建设项目将相互融合，互促发展，为今后我国新旧动能转换、实现经济高质量发展打下基础。

2）核心意义

在新型基础设施项目领域实施 PPP 模式的核心意义是引入社会资本，发挥社会资本的专业优势，提高公共服务效率和质量，降低公共服务成本，引入竞争机制，打破原有公共服务行业的垄断，提高整个公共服务行业的服务效率和质量。PPP 模式具有融资功能，但融资只是 PPP 附带的功能。PPP 不仅是一种融资机制，也是一种长期合作机制和管理机制。因此，PPP 模式本质上是一种提高公共服务效率的机制——"让专业人士做专业的事情"。

同时，建立高效、流动的 PPP 市场机制，将新型基础设施项目领域的分割市场转变为统一市场，促进轨道交通、污水处理、城市供水等公用事业行业在发达地区已经积累的先进技术和管理经验复制和移植向欠发达地区。有利于打造中国本土具有国际影响力的公共事业行业世界级跨国企业。

3）PPP 模式内容

（1）PPP 项目财政风险控制

PPP 项目虽然没有减轻财政支出责任，但可以撬动社会资本参与公共服务供给，缓解短期内政府财政资金压力,加快经济社会建设。

未来新型基础设施项目运营期间,政府财政是否有能力对新型基础设施项目进行财政运营补贴,成为制约当期地方政府 PPP 项目投资建设规模的最重要因素。因此,我国 PPP 项目首先必须进行"财政承受能力论证"。《政府和社会资本合作项目财政承受能力论证指引》(财金〔2015〕21 号)第二十五条规定:"每一年度全部 PPP 项目需要从预算中安排的支出责任,占一般公共预算支出比例应当不超过 10%。省级财政部门可根据本地实际情况,因地制宜确定具体比例,并报财政部备案,同时对外公布。"可以说,财政承受能力论证是 PPP 项目财政风险控制的核心指标。

(2)项目公司股东结构

PPP 项目公司资产集中度高、业务单一、经营风险相对较大,一旦新型基础设施运营业务失败,则无法通过其他业务的盈利进行"以丰补歉"。同时,PPP 项目周期较长,我国《财政部关于推进政府和社会资本合作规范发展的实施意见》(财金〔2019〕10 号)规定"合作期限原则上在 10 年以上"。PPP 项目周期长,经营风险相对较大,造成 PPP 项目融资难。因此,"可融资性"成为我国 PPP 项目考核的重要指标之一。

(3)特许经营协议

2015 年最高人民法院颁布的《关于适用〈中华人民共和国行政诉讼法〉若干问题的解释》明确了"政府特许经营协议"属于行政协议,是行政诉讼的受案范围,不适用仲裁程序。为了避免双方出现争议分歧而不能适用仲裁程序的情况,目前越来越多的社会资本与政府就 PPP 项目合作签订 PPP 项目合同,后文统称"PPP 项目合同协议"。

(4)建设期与运营期

PPP 项目在我国大陆从项目建成并投入运营时开始计算特许经营期,而其他国家,以及我国台湾和香港地区的 PPP 项目的特许期通常包括"建设期+运营期",即覆盖 PPP 项目的全生命周期。特许期涵盖了"建设期+运营期"的整个生命周期的设计,目的是让社会资本(项目公司)承担施工延误的风险,以激励社会资本(项目公司)尽快完成建设,尽早开始运营,向公众提供公共服务。社会资本(项目公司)在运营期内主要赚取收入、回收投资,运营期的长短直接决定了社会资本(项目公司)的投资回报水平。因此,在"特许经营期=建设期+运营期"机制的设计下,社会资本(项目公司)承担因施工延误而遭受损失的风险,同时也分享加快施工、缩短工期的好处,这是 PPP 项目交易结构的核心机制——"风险分担与收益共享"机制的典型设计。项目公司在满足项目质量要求的同时,尽快完成施工,尽快开始运营并提供公共服务,符合公共利益,可以实现"双赢"。

然而,我国国情的不同,导致 PPP 项目的特许经营期的设计也不同。我国大陆的工程建设相对较快,项目延误的主要原因通常不在于建筑方或施工方的工程建设,而是项目征地拆迁和政府项目审批的延误。这些因素属于法律和政策风险,既不受社会资本的控制,也不是社会资本善于管理的风险,因此这些风险不应由社会资本承担。项目征地拆迁、项目审批是政府的责任,能否及时完成是政府比较擅长管理的风险,应该由政府承担这类风险。因此,中国大陆 PPP 项目特许经营期的设定通常只包括运营期,而不包括建设期,并不涵盖 PPP 项目的整个生命周期。

PPP 模式的一个重要特征是政府和社会资本之间的合作,双方发挥各自的优势,相互补充。同样,风险分担机制也遵循"优势互补、取长补短"的原则,即风险应由控制力最强、控制成本最低的一方、最合适的一方承担。一般认为,一种典型的风险分担机制是由政府承担法律、政策风险和最低需求量风险,这两类风险是政府比较擅长管理的风险;社会资本主要承担投资、建设、运营、技术和融资风险。

(5)项目移交环节

通常 PPP 项目如 BOT 项目都涉及"移交(T)"环节,必须遵循两个核心要求——"无偿""完好"。PPP 模式的重要特征之一是由社会资本负责全过程集成管理,由政府负责结果导向管理。PPP 项目合同对社会资本建设质量的重要约束条款就是,项目移交时 PPP 项目资产应当达到性能状态的规定。性能测试也是 PPP 项目移交阶段的重要环节。如果性能测试表明 PPP 项目资产未达到合同约定的性能状态标准,则不可以办理 PPP 项目移交。社会资本应当负责维修或者承担支付违约金等其他违约责任。"无偿"移交是指在项目移交阶段政府不再向社会资本(项目公司)支付补价或其他对价。

4)面临的问题

适合 PPP 模式进行开发的新型基础设施项目类型非常有限,技术要求太高或设施更新太快的项目均不适合采用 PPP 模式。

一方面,PPP 模式与其他基础设施供给方式之间最重要的区别在于长久的利益共享和风险分担。公私双方常常会就一个项目的建设和运营签订长达 25 年以上的合作协议,这就对与项目运作相关的技术提出了一定的要求,需要其具备较高的成熟度,且其设施能为该地区提供长期稳定公共服务能力。根据财政部 PPP 中心的数据,2014 年至 2020 年初,全国共启动了 344 个与新型基础设施项目相关的 PPP 项目,其中智慧城市和信息网络建设等领域的项目所占比例最大。然而,这些项目大多是"雪亮工程"或"天眼"安保系统、智能集成化路灯、政府信息平台等,普遍存在设施规模过小、所需技术更新过快等问题。财政部《关于规范政府和社会资本合作(PPP)综合信息平台项目库管理的通知》(简称"92 号文")发布后,由于 PPP 模式不适用、准备工作不足等原因,有 159 个项目被清理退出,占项目总数的47.61%。

另一方面,尽管我国有近 40 年的 PPP 实践,但地方政府仍然缺乏对项目运营的正确理解和实践经验。长期以来,地方政府习惯于将 PPP 仅仅视为一种融资模式,而"新官不理旧账"的政绩思维导致地方官员以牺牲长期运营为代价而专注于项目建设。由于地方政府急于确保项目快速落地,以及缺乏对该行业未来的周密规划,大量 PPP 项目也中途夭折。PPP 模式是否适用于技术要求更复杂、市场波动更频繁的新型基础设施项目,需要政府部门进行仔细评估和长期考虑。

5

风险管理

5.1 概述

5.1.1 风险

1）风险的概念

不同机构和学者对风险有不同的定义。例如，国际标准化组织将"风险"定义为：不确定性对事物的影响。其中包含3层含义："影响"指实际与期望之间的正向和（或）负向偏差，"影响"可以创造或引发机会和威胁；"事物"可以是不同层次（如项目、战略、组织、产品）的不同方面（政治、经济、质量、安全、环境）；风险通常被描述为风险源、潜在事件和后果、事件发生的可能性，或者它们的组合（ISO,2018）。中国新型基础设施建设总公司（2016）对风险的定义为：工程建设中潜在的不利事件的概率及后果的组合。参考此定义，本书将新型基础设施建设涉及风险定义为，在新型基础设施建设项目的全生命周期过程中，潜在的不利事件的概率及后果的组合。

2）风险的度量

传统的风险度量更多使用期望值来度量风险，即风险期望值（$£$）＝风险结果（D）×发生概率（F）。但在现实中，风险特征是多维的，远不是一个概率所能涵盖的。有学者提出风险的多维功效函数评价方法，在风险度量时增加了风险事件的可预测性、风险事件的可控性（概率和损失）、风险损失的可转移性、风险损失的可分担性等要素。

3）风险的分类

根据不同分类标准，风险有不同类型。如铁路项目风险按风险产生的后果可分为人员伤亡风险、稳定风险、环境影响风险、经济损失风险、工期延误风险和功能缺陷风险等。

在传统工程项目中,按不同的分类标准有不同的风险类型,常见风险分类见表5-1。对于新型基础设施建设工程而言,风险的分类和识别与传统基础设施都有较大的差别,主要体现在由于信息数字技术的融入而导致的网络安全风险,以及法律、投融资等方面新风险的发生。基于以上分析,结合新型基础设施信息、融合、创新三大类别的不同特点,本书主要将新型基础设施风险分为共性风险和详细风险。共性风险指多种新型基础设施建设类别或方向都可能涉及并发生的潜在风险,包括网络安全风险、技术创新风险、投融资风险、政府风险、法律风险等;详细风险指单一新型基础设施建设类别或方向可能发生的潜在风险,包括5G网络安全风险、基站工程建设风险、工业互联网的管理系统安全风险等。

表 5-1 传统工程项目常见风险分类

分类标准	风险类型
风险来源	自然风险、人为风险
风险涉及范围	基本风险、特定风险
风险管理层次关系	总体风险、具体风险
风险是否可预测	已知风险、可预测风险、不可预测风险
风险的承担主体	业主风险、承包商风险、供应商风险、担保方风险
项目阶段	可行性研究风险、初步设计风险、招投标风险、施工风险
管理要素	投资风险、工期风险、质量风险、安全风险、环境风险

4) 风险的特点

(1) 不确定性

风险事件的发生及其后果都具有不确定性。表现在:风险事件是否发生,何时发生,发生之后会造成什么样的后果等均是不确定的。

(2) 相对性

风险总是相对于事件的主体而言的。同样的不确定事件对不同的主体有不同的影响。人们对于风险事件都有一定的承受能力,但是这种能力因活动、人、时间而异。

(3) 可变性

任何事物总是会发展变化的。风险事件也不例外,当引起风险的因素发生变化时,必然会导致风险的变化。风险的可变性表现在:风险性质的变化;风险后果的变化;出现了新的风险或风险因素已经消除。

(4) 多样性

在一个项目中有许多种类的风险存在。例如,政治风险、经济风险、法律风险、自然风险、合同风险、合作者风险等,这些风险之间有复杂的内在联系。

(5) 全局性

例如,反常的气候条件造成工程的停滞,会影响整个后期计划,影响后期所有参加者的工作,它不仅会造成工期的延长,而且会造成费用的增加和对工程质量的危害。即使是局部的风险,随着项目的发展,其影响也会逐渐扩大。

5.1.2 风险管理

1）风险管理的概念

风险是客观存在的,在新型基础设施建设的全生命周期过程中,都面临着内部或外部的风险,它会影响最终目标的实现,因此参建各方必须进行风险管理。

不同的机构和学者对风险管理有不同的定义。国际标准化组织对风险管理的定义为:指导和控制一个组织应对风险的有机结合的管理活动(ISO,2018)。中国铁路总公司(2016)对风险管理的定义为:参与工程建设的各方通过风险计划、风险评估、风险控制和风险后期评估,以求减少风险影响的管理行为。

新型基础设施建设从技术的研发创新到项目的落地建成整个生命周期,涉及的风险类型相较于传统基建工程更多,涉及的管理系统及利益相关方更复杂,因此需要更加全面的风险管理。基于此,引入了企业全面风险管理的概念。所谓全面风险管理,是指企业围绕总体经营目标,通过在企业管理的各个环节和经营过程中执行风险管理的基本流程,培育良好的风险管理文化,建立健全的全面风险管理体系,包括风险管理策略、风险管理措施、风险管理的组织职能体系、风险管理信息系统和内部控制系统,从而为实现风险管理的总体目标提供合理保证的过程和方法。由此为新型基础设施工程建设的风险管理提供借鉴,并与工程风险管理的内容加以融合。

2）风险管理的过程

结合全面风险管理与工程风险管理,新型基础设施建设项目风险管理过程包括风险管理计划(简称风险计划)、风险评估、风险控制、风险后期评估。其中风险评估包括风险辨识、风险估计、风险评价,风险控制包括风险处理和风险监测。新型基础设施建设项目风险管理流程如图5-1所示。

3）风险管理的方法与工具

风险管理方法与工具有定性分析法、半定量分析法、定量分析法、综合分析法4类。

（1）定性分析法

定性分析法主要包括专家评议法、专家调查法(包括头脑风暴法、德尔菲法)、失效模式法和后果分析法等。

（2）半定量分析法

半定量分析法主要包括事故树法、事件树法、影响图法、原因—结果分析法、风险评价矩阵法等。

（3）定量分析法

定量分析法主要包括模糊综合评判法、层次分析法、蒙特卡罗模拟法、等风险图法、控制区间记忆模型、神经网络方法、主成分分析法等。

（4）综合分析法

综合分析法主要包括专家信心指数法、模糊层次综合评估法、模糊事故树分析法、事故树与模糊综合评判组合分析法等。

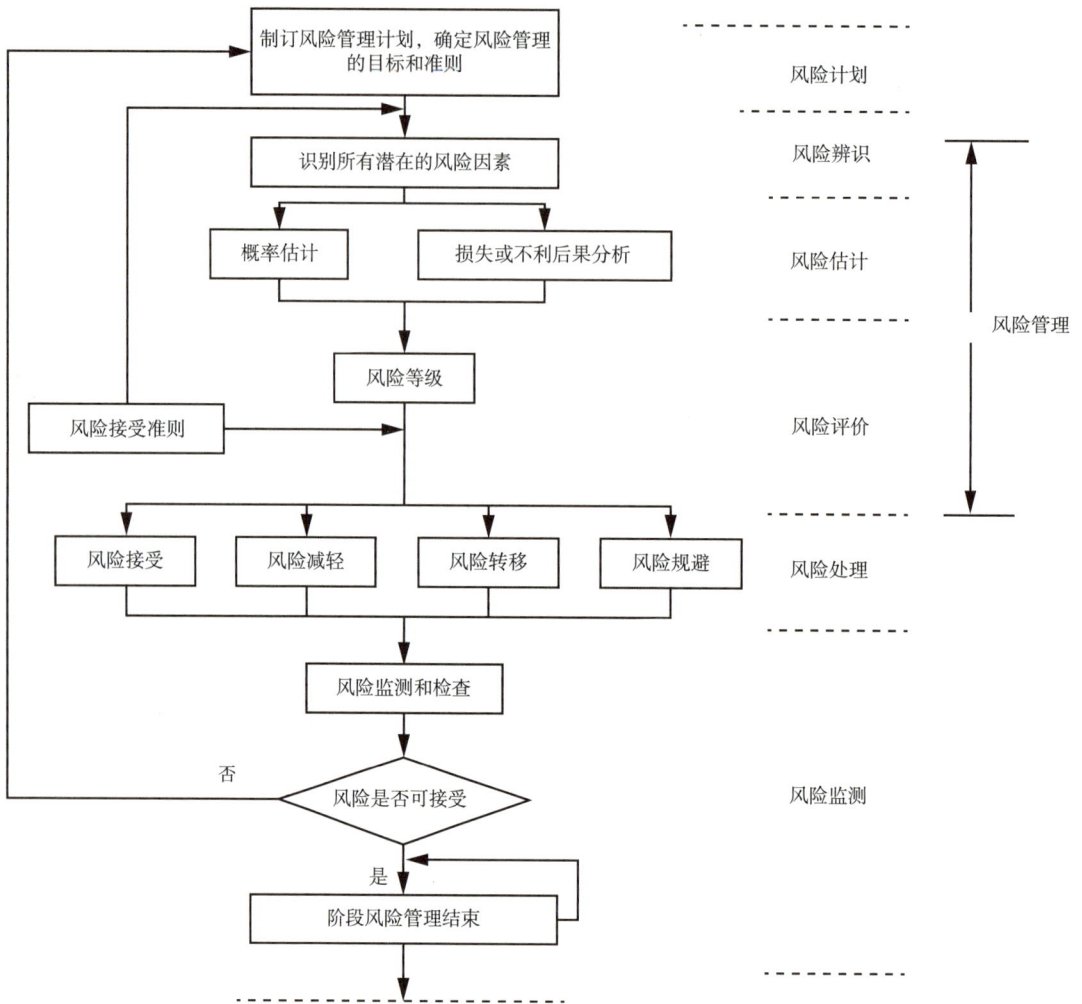

图 5-1　新型基础设施建设项目风险管理流程

5.2　新型基础设施建设的特征和风险

新型基础设施建设既是关系当前"六稳"和"六保"的重要政策抓手,又是着眼于未来智慧社会建设的重要战略。而在推动新型基础设施建设过程中,不仅需要吸取传统基础设施建设中的经验与教训,更要依据新型基础设施建设的特征和存在的新型风险,并加以融合,制定和实施有效的国家战略和政策。

5.2.1　新型基础设施建设的特征

1) 不确定性高

新型基础设施建设的不确定性高。作为快速演进的前沿技术,数字技术具有高度的不确定性,包括技术的不确定性、市场的不确定性、组织的不确定性。基础设施具有非竞争性或部分竞争性的特点,存在着正外部性和供给不足的问题,因此,政府在传统基础设施的规划建设中往往发挥着主导性的作用。相对于在市场中直接参与技术创新、市场竞争并面对用户的企业,政府对技术和市场的不确定性更不敏感,因此,做出关于新型基础设施技术路线选择和建设规模的正确决策更加困难。一旦决策失误,不但会面临巨额的投资损失,而且会丧失在前沿数字技术领域的发展先机,并因新型基础设施建设滞后而影响经济社会的转型升级。

2) 竞争性强

新型基础设施建设的竞争性强。虽然公共产品理论是基础设施建设的理论基石,但并不意味着基础设施必然要由政府来提供。在传统基础设施建设中,政府的参与程度较高,或者由政府进行投资,或者由公共部门直接运营,即使是通信、道路等商业化运营基础设施的准入,也受到政府的严格管制。而新型基础设施中数字平台的形成在很大程度上是市场竞争的结果。企业可以利用技术突破带来的商业模式变革机遇建立平台,并实现平台规模的迅速扩大。由于网络效应的存在,在同一细分市场中通常最终只能剩下数量很少的平台企业,甚至是一两家平台企业,这些平台企业成为许多第三方供应商甚至个人创业者开展经营活动的支撑条件。例如,电商平台能够给网店提供网店模板、数据存储和分析、金融支持等服务,大幅度降低了开店成本,提高了开店的便利性。在较为成熟的细分数字经济领域,虽然由于"赢家通吃"现象,最终导致市场上剩下的平台数量不多,但平台之间的竞争异常激烈,同时,入驻同一平台的供应商也需要为争夺稀缺的流量进行激烈的竞争。

3) 价值折旧快

新型基础设施建设的价值折旧快。与传统基础设施以机械、建筑、设施等物质产品为主要硬件不同,新型基础设施的主要物质载体是电子信息产品,以及其中蕴含的大量算法、软件和服务。相较于机械、建筑和设施,电子信息产品与软件、互联网服务的技术进步更快、折旧周期更短。《中华人民共和国企业所得税法实施条例》对固定资产折旧最低年限的规定是:房屋、建筑物为20年,飞机、火车、轮船、机器、机械和其他生产设备为10年,电子设备为3年。根据《财政部国家税务总局关于企业所得税若干优惠政策的通知》,软件的折旧或摊销年限最短为2年。尽管超前的基础设施建设对经济社会的发展至关重要,但新型基础设施如果不能适时发挥作用,产生直接经济效益或间接社会效益,就可能造成巨大的资源浪费。

5.2.2　新型基础设施建设共性风险

1) 风险属性与风险因素识别

(1) 风险属性

风险属性包括风险因素、风险事故和风险损失,即由于潜在的风险因素导致发生风险事故,从而导致承险体发生损失。风险属性关系如图5-2所示。

风险因素是不能事先加以控制的因素。影响损失产生的可能性和程度的风险因素有两类:有形风险因素和无形风险因素。有形风险因素是指导致损失发生的物质方面的因素。无形风险因素包括道德风险因素和行为风险因素两种。道德风险因素是指人们以不诚实、

工程风险

风险因素 ·····················➤ 风险事故 ·····················➤ 风险损失

与预期结果的差异与不利性

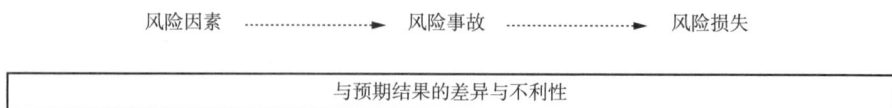

图 5-2　风险属性关系

不良企图或欺诈行为故意促使风险事故发生,或扩大已发生的风险事故所造成的损失的因素。行为风险因素是指由于人们行为上的粗心大意和漠不关心,易于引发风险事故发生的机会和扩大损失程度的因素。

风险事故是指造成生命、财产损害的偶发事件,是造成损害的直接原因。例如火灾、爆炸、疾病、死亡等都是风险事故。风险事故意味着风险可能性转化成了现实。

风险损失是指由于一个或多个风险事故的发生,在某一特定条件和特定项目内外产生的多种后果表现形式的综合。不同类型事故其后果损失形式也不相同,主要包括人员伤亡、经济损失、工期延误、环境破坏和社会影响等方面。

承险体是指承担风险影响和损害的对象,也是各种致险因子的作用对象,包括工程结构自身、工程设备与人员、社会群体、自然环境、邻近结构物等方面,各类承险体构成了新型基础设施建设项目承险体系统。

(2)风险因素识别

风险因素识别是确定一个项目的风险范围,即有哪些风险存在,将这些风险因素逐一列出,以作为全面风险管理的对象。全面风险管理强调事先分析与评价,迫使人们想在前面,预测到未来并为此做准备,把风险干扰减至最小。在不同的阶段,由于目标设计、工程设计和项目计划,以及环境调查的深度不同,人们对风险的认识程度也不相同,要经历一个由浅入深逐步细化的过程。但不管在哪个阶段,首先都是将对项目的实施过程和目标系统(总目标、子目标及可执行目标)有影响的各种风险因素罗列出来,做项目风险目录表,再采用系统方法进行分析。

风险因素分析是基于人们对项目系统风险的基本认识上的,通常首先罗列对整个工程建设有影响的风险,然后再注意对自己项目范围有重大影响的风险。罗列风险因素通常要从多角度、多方面进行,形成对项目系统风险多方位的透视。风险因素分析可以采用结构化分析方法,即由总体到细节、由宏观到微观,层层分解。

2)共性风险识别

在风险的分类中对新型基础设施建设风险已有相关叙述,包括共性风险和详细风险。结合全面风险管理与工程风险管理的内涵及全面风险管理的过程,根据风险因素的定义,本书决定从新型基础设施建设所涉及的区别于传统基建项目的不同方面进行共性风险的识别。

(1)新型基础设施建设依托新技术

新型基础设施建设迭代发展需要源源不断的技术支撑与升级,新技术面临开发周期、成本、市场推广等困难,同时也面临投资风险较大的问题,因此需从投融资风险方面进行分析。

(2)新型基础设施建设塑造新体系

全新的数字化技术体系在核心关键技术创新与应用方面面临巨大挑战,如何基于传统基础设施进行数字化改造,夯实基础技术、丰富应用场景任务艰巨,因此需从技术创新风险方面进行分析。

(3)新应用催生新安全

新型基础设施建设领域会撬动整个行业,给生活、企业生产和社会协作方式带来巨大变化,相关业务安全风险、应用场景安全风险和关键技术安全风险将逐渐浮出水面,因此需从网络安全风险等方面进行分析。

同时,大量的资金及企业进入新型基础设施建设领域,易引发盲目扩建、恶性竞争、标准混乱、产能过剩等风险,因此需从政府风险、法律风险等方面进行分析。

基于以上分析,本书将从网络安全风险、投融资风险等6个方面对新型基础设施建设的共性风险进行识别并予以如下详细叙述。

(1)网络安全风险

新型基础设施建设既带来了新的发展机遇,也给网络空间安全带来了全新的挑战。新冠疫情的磨砺,让加快发展数字化成为社会共识,以5G、数据中心等为代表的新型基础设施建设,也成为经济复苏的新路径。数字技术在疫情期间的普及运用,让更多人认识到数字化的重要性。

新型基础设施建设所拓展的创新发展空间,并不是简单的基础设施建设,而是数字基建与不同产业化应用协调推进的过程中,助推创新和拓展新消费、新制造、新服务。

在这个过程中,数字技术的广泛应用、大量业务迁移到数字基础设施,带来的安全风险挑战早已超出传统网络安全攻防的维度。在新的交互场景下,网络攻击不仅会影响虚拟空间的正常运行,还会逆向为不同的线下生产、生活场景带来诸多安全挑战。

(2)投融资风险

基础设施投融资是一个长期过程,基本原则是保持投资风险与收益相匹配。随着投资属性的变化,项目全生命周期的不确定性增加,投资面临多方面考验。当前投融资体制是根据"铁公基",即传统基建建立起来的。但新型基础设施建设与传统基础设施建设所要求的投融资体制相区别。对于新型基础设施建设项目而言,数字化技术及大数据分析方法的使用,将带来新的风险并产生新的收益,从而需调整新型基础设施建设项目的风险与收益结构。

总体来看,新型基础设施建设项目在投融资过程中所面临的投资风险因素可以归纳为5个方面:

①内在催化风险——如数字化技术所导致的人力培养成本与财务管理方式的变动。

②外在颠覆风险——如技术变革所造成的新的分包商与供应商管理模式。

③多方协同风险——如大数据共享所带来的更多跨行业的协作与技术实践。

④阻碍风险——如新型基础设施建设项目技术更新迭代速度的加快,使得对投资收益率有不同要求的投资者对项目收益的预期更加保守。

⑤监管风险——如在项目的招投标与新技术研发的资金投入方面,政府需建立更严格、透明的监管审核制度。

因此,在各因素的内外作用下,投资者需谨慎规避风险,维护收益,并辅以合理的退出机制。

(3)技术创新风险

新型基础设施建设主要囊括云计算、5G、特高压、人工智能、大数据等七大领域。随着新型基础设施建设规范的推进和5G、大数据、工业互联网等新型基础设施建设核心内容的有序推展,相应的技术和模型也随之发生变化,对新技术的要求也越来越高。目前,我国正处于从跟踪模仿向创新驱动迈进的关键阶段,部分核心技术仍受制于人。我国在未来网络与通信领域的制造工艺、标准制定、产业生态等方面,与国际先进水平仍然存在一定差距,自主创新能力有待加强,需加强关键核心技术攻关。以互联网为例,尽管过去几十年互联网取得了巨大发展,然而随着与实体经济融合,"尽力而为"的传统网络架构难以支撑工业互联网、车联网、4K/8K、AR/VR等对差异性服务保障、确定性带宽/时延的需求。面对严峻挑战,需进一步加大关键核心技术攻关、测试和验证。

(4)政府风险

发展新型基础设施建设,面临技术、资金、体制、模式等方面的困难和挑战。国家大力宣传推行新型基础设施建设,各地政府、企业响应推行。值得关注的是,如果对新型基础设施建设认知不足,或将导致建设成效得不到充分发挥,政府项目审批出现失误,导致新型基础设施建设项目名不副实,甚至造成烂尾项目或是存有隐患项目的出现。新型基础设施建设的要素、功能、成本结构、质量控制、运维要求等与传统基建有很大不同,甚至存在根本性差别,各地政府在审批建设新型基础设施建设重大项目时也应厘清技术创新思路、施工流程、建设用途,既要防止打着新型基础设施建设的名义做传统基建,也要防止用传统基建的套路去做新型基础设施建设。

目前,具备条件的地区和企业加快推进新型基础设施建设的热情很高,但相关资料显示,真正与新型基础设施建设相关的项目并不多,占基建总投资的比重也不高。各地政府应加快研究制定专门的新型基础设施建设指导意见和行动计划,研究建立新型基础设施建设绩效考评体系,包括覆盖面、渗透率、质量、用户体验、普遍服务落实程度等多维度考察,及时了解建设成效及其社会经济效应。此外,新型基础设施建设不能只看到5G网络、物联网、车联网等这些相对有形的基础设施,一些服务于公众的重要平台、应用系统可能是更重要的新型基础设施建设。

新型基础设施建设应在国家统一规划、指导的基础上,合规、合理、科学、完善地布局,充分发挥"国家主力+市场活力",建立新机制、明确新主体,进行周密规划和科学评估,进一步完善制度与服务。各地政府要遵循市场规律和产业规律,统一规划,按需实施,合理建设,防止扎堆式发展,避免不必要的无效投资和烂尾工程;立足当地禀赋、产业分布,考虑市场需求和本地发展实际,合理统筹、合理评估,避免盲目发展;营造市场化发展环境,提升监管水平,促进和维护公平竞争,以市场需求为导向,企业自主决策,由市场推动产业发展。

(5)法律风险

新型基础设施建设涉及多方,且区别于传统基建中的铁路、公路、机场、桥梁,新型基础设施建设主要包括5G基站建设、特高压、城际高速铁路和城市轨道交通、新能源汽车充电桩、大数据中心、人工智能、工业互联网七大领域。简单而言,除了特高压、城际高速铁路和城市轨道交通、新能源汽车充电桩之外,其他的四个领域完全是以数据为核心。即便特高压、城际高速铁路和城市轨道交通、新能源汽车充电桩,其业务也必不可免地需要数据作为支撑。因此,新型基础设施建设的实质就是数字经济、数字化建设。因此,项目建设过程中潜在的法律风险更甚于传统基建。

以人工智能为例。作为新型基础设施建设的重要领域之一,人工智能技术受到了业界广泛关注与讨论。机器学习是人工智能的核心。机器学习是模拟人类的学习行为的一种特定算法,这种算法从现有的训练数据(包括图形、视频、音频、文字等各类信息)中挖掘出有规律的内容,并建立自己的逻辑、重新组织已有的知识结构并不断改善自身的性能,进而实现"人工智能",如自动语音识别、人脸识别等。如何合规地获取和使用训练数据是人工智能行业普遍关心的问题。

通常而言,获取 AI 数据主要有以下方式:第一,自行采集,如通过网站、App、智能家居设备等渠道收集数据;第二,从第三方数据供应商采购;第三,通过网络爬虫等技术手段抓取现有数据。前两种方式 AI 数据来源相对确定,主要问题在于如何获得数据所有者及涉及的其他权利人的授权。而技术抓取的数据,数量庞大且来源广泛,除了上述授权问题之外,应更加关注数据本身以及抓取行为的风险。总体而言,AI 数据的法律风险包括:侵害民事权益的风险,主要涉及自然人的人身权,通过《民法典》调整;侵害知识产权的风险,主要涉及著作权,通过《著作权法》调整;侵害商业权益、竞争秩序的风险,主要通过《反不正当竞争法》调整。此外,如果相关行为达到了严重危害社会程度,触犯《刑法》,还会面临刑事风险。

再如特高压和新能源建设项目。目前,我国西部地区的风能、太阳能资源相对丰富,基于环境保护的要求,较为适宜开展风电、光伏等可再生能源项目。然而,我国用电需求多集中于中东部,供给和需求存在不平衡,若无法有效解决电力远距离输送问题,将加剧西部地区的限电现象。因此,大力发展特高压电网建设,将有助于减少电力运输损耗,极大缓解我国东西部能源供给和消耗的不平衡,并促进可再生能源的发展。国家发展改革委、国家能源局及国家电网相继出台《"十四五"现代能源体系规划》《2023 年新能源重点规划》《2023 年改革重点》等文件与报告,其中对特高压项目规划超出市场预期。不过,在发展特高压和新能源项目的同时,也需要关注此类项目的特殊性,及时梳理项目开发、建设、运营等方面的法律风险,避免项目遭受阻碍或损失。

特高压和新能源项目建设期的争议多集中于项目用地领域,需要引起投资人和参建方的重点关注。如对新能源中的光伏复合项目而言,其光伏阵列用地(包括方阵场内道路)涉及集体所有的农用地、未利用地的,可以采用承包、租赁方式取得。若采用直接发包的,应按照《农村土地承包法》第五十二条第一款的规定履行民主决策程序,事先经本集体经济组织成员的村民会议三分之二以上成员或者三分之二以上村民代表的同意,并报乡(镇)人民政府批准。若采用租赁方式的,应注意租赁最长时限为《民法典》规定的二十年,且不超过土地承包经营权剩余期限,超过二十年或剩余承包期限的部分存在无效风险。再如特高压和新能源项目用地涉及特殊区域时,除了规定通过出让、划拨方式取得建设用地,或承包租赁农用地、未利用地外,还需额外履行审批手续,否则可能构成违法用地,存在承担民事、行政,甚至刑事责任的风险。

5.3　详细风险分析示例

上节对新型基础设施建设的共性风险进行了识别和阐述,本节将以与传统基建具有较大共性的 5G 基础设施建设,及自身极具新型基础设施建设特性的工业互联网建设为例,进行详细风险的识别与分析。

5.3.1　5G

5G 详细风险既包括由新的数字技术突破而出现的区别于传统基建的网络安全风险,也包括与传统基建较为相似的工程建设风险,具体分析如下。

1) 网络安全风险

5G 和 4G 相比,在架构上作出了非常大的变革,如业务驱动的敏捷、轻量级资源管理等。在 5G 环境中,引入了非常多的新型基础设施,能够支撑业务的快速变化、迁移,实现轻量级的资源变化。5G 用到大量的新资源管理技术,由于较多地提供对外服务,暴露面增加,带来的风险也会增加。同时,5G 的边缘系统、边缘平台会有很多第三方应用,比如说工业互联网的应用、远程医疗应用、车联网的应用。边缘环境中如何去保证这些应用的安全,这给传统安全带来很大的挑战。

5G 相较于 4G、3G 和 2G,速度更快,但同时存在着越来越多的安全威胁。5G 网络和云数据中心的虚拟化模糊了网络的物理边界,大量采用开源软件,AI 领域对第三方开源基础库过度依赖,加大了引入安全漏洞的风险,企业的漏洞管理问题也随着业务范围的扩展越发困难。随着新型基础设施建设的发展,5G 网络将面临的漏洞只会越来越多。

(1) 网络架构安全风险

5G 网络架构通过软件定义网络(SDN)和网络功能虚拟化(NFV)技术,解耦了设备的控制面和数据面,实现控制和转发的进一步分离;进一步引入网络切片(Slice)覆盖各大场景差异化性能需求,在此基础上构建面向服务的网络架构(SBA)。这些新技术的使用也带来了新的安全风险。

5G 面向服务的网络架构使得传统网络安全由安全可靠的物理环境和物理隔离提供安全保障的策略彻底失效。一方面由于计算、存储及网络资源虚拟化,模糊了传统网络边界,会引入虚拟机安全及虚拟机间的通信安全、虚拟化软件安全、数据安全等问题;另一方面,硬件集中化部署会导致漏洞更容易被攻击者发现、病毒更容易迅速传播。控制平面和数据平台的分层解耦、用户业务的开放性和多厂商设备集成也会给 5G 核心网云化平台的安全可信带来前所未有的挑战。同时,5G 网络这种服务化架构对安全运维人员提出了更高要求。

(2) 业务场景安全风险

5G 网络是一个面对大量行业应用场景的网络,需要针对 eM BB、mM TC 和 uR LC 三种应用场景提供不同需求的网络切片。5G 网络切片通过统一基础设施承载,为用户提供不同业务的数据传输,同时也提供差异化安全服务。由于不同的网络切片共享网络基础设施但承载不同的 5G 业务,这就要求网络切片具有安全隔离能力,另外,如果网络切片的认证和鉴权能力不足,则可能造成敏感信息和个人隐私数据泄漏。

(3) 海量终端安全风险

5G 网络不仅用于人与人的通信,还用于人与物、物与物的通信;5G 网络不仅是一个主要面向消费者的网络,而是有着大量行业应用场景的网络,这些场景下主要包括工业控制、自动驾驶、智慧城市、远程办公、视频电话会议等应用需求,为此,5G 网络需要支持多样化的接入终端,多种异构接入类型和接入技术。接入终端包括平板电脑、移动电话、各类物联网设备以及工业设备等。这些海量接入终端类型复杂多样、安全能力差异巨大、接入技术迥异、地理分散、各种应用需求复杂。因此,海量异构终端可能被利用成为新攻击源或者成为攻击对象,给 5G 网络带来安全风险。

例如,在百万级低功耗物联网设备场景下,一旦这些终端被攻击者利用,形成规模化的僵尸网络,会被黑客控制对关键基础设施等发起分布式拒绝服务攻击;另外,由于物联网设备种类众多和应用场景多元化,目前还缺乏统一的身份标识和认证管理,需要统一的端到端身份认证和访问控制机制,提供不同等级的安全访问服务。

(4)边缘攻击安全风险

边缘计算技术(MEC)是 5G 网络的核心技术之一,是采用分布式技术,在 5G 网络边缘、靠近用户的位置上提供计算能力,把服务的计算和决策能力下沉到边缘,而不是集中到云端,在提供超低时延的同时也能够降低高带宽业务的数据流对核心网的压力,提升用户体验。

边缘计算使计算和决策下沉到网络边缘,在带来便利的同时也带来了安全风险和挑战。由于性能、成本、部署灵活性要求等多种因素制约,MEC 节点的安全能力不够完善,可抵御的攻击种类和抵御单个攻击的强度不够,容易被攻击,将导致包括接入终端、终端应用等都暴露在复杂多变、管理控制能力缺失的环境里,使边缘节点更容易遭到非授权访问、敏感数据泄露、恶意数据伪造等威胁,被攻击后可能会造成物理设备毁坏、服务中断、用户隐私和数据泄露等严重后果;同时当 MEC 服务由第三方提供时,也面临着认证与鉴权等安全问题。

2) 基站建设风险——以南京铁塔 5G 建设项目为例

【案例背景】

南京作为首批国家试点 5G 规模组网的城市,2019 年初已完成首批 5G 试验基站建设,在江北新区、河西新城等处形成了试点片区连续覆盖,并启动了行业试点应用。南京作为首批 5G 规模组网试点城市,从 2019 年初已开始进行 5G 建设试点,随着试验技术的成熟及华为等 5G 设备供货商开始批量供货,南京的 5G 建设从年中开始建设规模上量。2019 年 6 月 6 日中国工业和信息化部向中国电信、中国移动、中国联通、中国广电发放 5G 牌照,南京正式开启 5G 网络全面覆盖的建设工作。根据南京市政府发文,结合南京电信、南京移动、南京联通的 5G 建设规划,南京铁塔公司整合现网基站资源进行统筹建设,到 2019 年底计划建设近 6 000 个 5G 基站供三家运营商企业使用,2020 年二阶段建设目标为近 5 000 个。根据合约要求,项目工期为 2019 年 1 月 31 日至 2021 年 1 月 31 日,在此期间,需要完成由承接到交付验收的所有相关工作,如果这一项目延期则会对企业绩效产生影响,并会减少企业收入且对企业后续发展产生负面影响。

最终,南京 5G 通信基站建设完成后需要达到如下效果:

①减少视觉污染——避免通信天线随意安装,在安装过程中必须充分考虑城市环境,满足城市景观的要求。

②减少建设成本,避免出现重复建设问题——现阶段,铁塔公司负责统一建设基站,而同一基站可能同时存在三家运营商的设备,有利于解决公共资源,对运营商降低成本也具有积极意义。

③有利于提升行业管理便捷度——根据新的管理要求和规范,通信部门需要充分考虑城市发展、空间利用以及居民生活等因素,对基站位置进行统一规划,提升共建共享效率。通过这种方式,有效减少居民的投诉量,和通信行业的发展趋势相匹配。

④提升通信基础设施的可持续发展水平——通信技术已经成为现代生活必不可少的一部分,通过提升站址资源的利用效率,有利于提升通信行业的整体发展水平。

基于此案例,对 5G 基站建设的详细风险识别如下:

(1)订单承接阶段风险

南京铁塔 5G 建设项目采取订单驱动模式,即运营商根据自身的网络建设要求,将订单提交给铁塔公司,由铁塔公司负责项目建设,在此次基站建设项目中,需求方共三家,分别是南京移动、南京电信、南京联通三家运营商。订单承接阶段,即三家运营商将其需求建设的 5G 基站订单提交铁塔公司,南京铁塔公司进行订单筛查,将一家或多家的建设需求明确到具体的目标站点进行系统上的订单承接。该阶段包括规划目标确认风险和订单推送迟滞风险。

运营商 5G 规划目标确认是指本期 5G 建设是在现有基站的基础上进行新增建设,由运营商规划建设目标,由铁塔公司进行配套设施建设,由于是三家运营商各自进行 5G 规划目标,规划部署存在节奏不统一的情况,如针对某一目标站点,移动首先提出建设需求,铁塔公司建设完成后,电信再提出建设需求,造成多次协调进场增加协调建设难度。此类是规划目标确认风险。

订单推送是指三家运营商需将其建设目标通过线上订单的形式推送给铁塔公司,由铁塔公司根据订单进行项目立项建设施工。由于订单推送是运营商各自通过线上系统进行推送,存在订单推送迟滞、订单整合错误等不确定因素,如发生会造成铁塔公司无法按时交付建设任务。此类是订单推送迟滞风险。

(2)方案设计阶段风险

5G 基站的设计规划是基站建设的前提,运营商在现网站上进行选址建设,选择的合理性在一定程度上决定了通讯网络的覆盖效果。由于 5G 设备特性,较 4G 设备相比物理体积大、质量重、功耗高,在基站建设方案的设计过程中,应该采取因地制宜的原则,进行科学布局,合理的统筹规划才能满足建设要求。该阶段包括方案论证不充分风险、选址布局不合理风险、规划方案批复时间过长风险和审图时间过长风险。

5G 基站的方案设计需参考信号覆盖需求、现场物理条件、投资收益、美化隐蔽需求等因素,同时要符合安全性、便利性以及经济性等方面的要求。如果确定了规划建设方案,则需要统筹且有序地推动整体项目建设,并考虑基站高度、外形美化、接电管道等因素。本项目的目标站点数量庞大、工期短,设计人员有限,要求在短时间输出大量设计方案,往往无法对每个站点方案都能做到精细化。如市区某楼顶一个目标基站,设计方案是新增基础方柱,而现场有多个空方柱可直接安装,或某一落地塔基站,设计方案是新增塔上抱杆,而现场可通过加固原有抱杆上下安装天线等,此类是方案论证不充分;市区楼顶基站,设计方案是新增楼顶方柱,而距离该楼很近的位置就有高度相符的落地塔可直接安装天线,此类是选址布局不合理。这些风险会造成增加建设时间、增大建设难度、增加建设成本等问题。

同时设计阶段不仅是设计单位一家的事情,还涉及规划、审图等。设计人员出具单点的建设方案后,需提交设计单位负责人进行审图,确认方案符合安全规范要求具有可行性,后需运营商企业规划人员进行方案批复,确认方案满足信号覆盖需求及安装设备类型,可能存在如规划方案批复时间过长、审图时间过长等风险。这些风险如发生,会对项目的工期产生较大影响。

(3)选址协调阶段风险

5G 基站在方案设计完成后,由于需要在现有站点上进行扩容建设,需要针对目标站点所在的业主方进行物业协调沟通,以让业主同意铁塔公司及运营商企业进行基站施工安装。

基站按照建设位置区分,有落地站和楼面站两种。根据铁塔公司与运营商企业施工界面区分,铁塔公司负责基站塔体施工、动力配套施工,运营商企业负责传输布放、无线设备安装。因涉及在原有基站上新增一套完整的基站系统,针对每个站点的选址协调均存在难以协调无法进行施工的可能。该阶段存在协调时间过长风险、协调成本过高风险、基站业主方不认可设计方案风险及基站业主方不同意施工风险等。

南京铁塔公司的5G项目管理团队在明确目标建设站点并完成单点的方案设计后,由物业协调团队落实单点的选址协调工作,单个基站的基站设施产权属于铁塔公司,但基站所在的场地或楼宇的产权绝大部分非铁塔公司或运营商企业所有。基站所在地的产权方或实际管理方,统称业主方,南京铁塔公司在前期建设基站的过程中与业主方多次签订场地租赁协议,给业主方支付一定的场地租金以保证基站所在场地的正常使用,在具体的协调工作中存在多个不稳定因素易导致协调进度无法满足建设进度要求。

在单点协调中有可能存在业主方对于场地内的施工需层层上报审批,有较长时间的审批或协调流程,会导致无法在限定时间内完成该基站的5G建设,此类属协调时间过长。因在原站上增加一套完整的基站设备,有新增占用业主方场地的可能,业主方有可能提出提高场地租金或支付一定的一次性费用,若费用超出市场预期或公司制订的标准,则属于协调成本过高。业主方有可能对设计方案提出异议,不同意增加过多设备或担心楼顶承重或防水问题等,要求以其他方案进行建设,此类是业主方不认可设计方案。部分业主方认为原站设备过多或周边居民有大量辐射投诉纠纷等因素,完全不同意增加任何设备,此类属业主方不同意施工。

(4)现场施工阶段风险

施工建设是项目建设的重要环节,5G基站建设项目施工包括土建施工、配套施工和外电施工3个方面,施工周期长,施工环节多。该阶段风险因素集中在4个方面,分别是安全作业、自然条件、施工质量以及时间进度。

通信基站施工具有一定的安全风险,在项目建设过程中涉及较多的特种作业,例如高空作业、带电作业等;而且施工过程中可能使用到重型机械,如果违反相关规范,极有可能导致比较严重的安全事故。同时,在项目施工环节,还存在部分不规范的操作,如暴力拆卸设备和包装等,破坏外观工艺造成设备损坏,或带电作业未采取绝缘保护等,则可能产生安全责任事故,此类属于施工安全风险。南京铁塔5G基站建设项目周期跨度长,南京地区梅雨季节长降雨较多、夏季高温炎热、冬季气候湿冷,在某些气候条件或地理环境下无法进行施工建设或产生多次进场施工,此类属于自然环境风险。

对于铁塔公司来说,更关注的是社会效益,施工质量是项目的第一"生命线",施工质量不仅影响项目的验收交付,同时对后期运行和保养维护也会产生不利影响,作为资产运营型企业,基站资产是企业发展的基础,所以,基站各质量标准必须满足规定,如混凝土基础开挖的深度、接地工艺、钢材的标号等,若未按照规范要求施工,会明显影响到基站设施的使用寿命,也可能在后期产生安全隐患。此类属于施工质量风险。该项目的工期要求两年完成交付近10 495个5G基站项目,按照已有经验,施工阶段对项目进度产生影响的原因一般是设计调整、原料供应、施工单位配合度和系统推进,如施工单位施工力量不足,导致正常一天的工作量需要几天才能完工,或物资到货不及时,不仅会影响单一项目进度,还会影响整体的时间进度,该类风险即为项目进度风险。

（5）验收交付阶段风险

在项目建设完成后，项目开始进入收尾环节，具体操作例如工程项目系统流转、项目验收交付等步骤。现场完工的项目一方面要完成线上项目管理系统的流转闭环，另一方面要通过现场验收交付至运营商企业开通启用，与运营商签订单点的交付单，完成系统订单闭环起租。该阶段包括验收交付风险和系统流转风险。

单个项目验收交付工作由项目经理组织该项目的施工单位、监理单位、维护单位联合运营商人员现场进行验收交付，一方面是该项目从通信发展部移交至运行维护部管理，后期进行日常维护工作；另一方面是从铁塔公司交付至运营商企业，正式确认基站开通启用。5G基站建设项目的验收交付工作影响到5G网络的开通，也影响到铁塔公司的收入利益，如某个5G基站项目由于相关单位配合问题未完成验收，则该项目无法开通，订单也无法闭环，或运营商未进行验收交付就提前完成开通启用，则会造成订单未交付起租，铁塔公司减少收入等情况，此类是验收交付风险。

铁塔公司针对项目管理采用线上工程项目管理系统，通过系统流转审批，完成每个项目的从立项、设计、开工、验收等一系列管理流程，实现统一的平台化管理，同时做到公司总部、省公司、地市公司的三级管理穿透，通过使用线上系统，缩短了管理链条，达到信息透明、信息共用、经验共享的目的，促进各级单位的管理提升，为分析工程管理提供了大数据样本。由于系统仍需要人员操作审批，同时可能存在某一环节的系统问题，会导致项目无法及时流转闭环，如某一项目开工步骤无法确认或线上验收出现问题，这将使该项目在系统上始终无法闭环。此类是系统流转风险。

5.3.2　工业互联网

由于工业互联网主要涉及新型网络数字技术，其风险主要与网络安全及管理系统安全有关。因此以下详细风险的识别主要包括网络标识安全风险与管理系统安全风险。

1）网络标识安全风险

以化工行业为例，行业智能工厂建设持续升温，而且不少企业也充分发挥5G等新型基础设施建设的规模效应和带动作用，以"5G+工业互联网"推动行业实现高质量发展。对此，公安部第三研究所检测中心工控网络安全测评实验室主任邹春明曾提醒，"国家明确要求推动新型基础设施建设，其中轨道交通、工业互联网均涉及工业控制系统。"根据绿盟科技发布的《2019年网络安全观察报告》，漏洞披露数量仍呈上升趋势。在新型基础设施建设的重点领域——工业互联网的漏洞在持续增加，而且速度越来越快。工控设备漏洞及脆弱性主要体现在工控设备固件、工控协议、上位机软件、硬件、配置管理等方面，其中存在的安全漏洞类型、产生原因、应对措施形态各异，还需要从物理安全、边界防护、审计监控、主机防护、安全管理等方面对工控安全漏洞进行纵深防御。

（1）架构风险分析

标识解析体系从架构上而言，是一个树形分层型架构，从逻辑上而言是一个分布式信息系统。如图5-3所示，工业互联网标识解析体系架构主要包括客户端、解析服务器、镜像服务器、代理服务器、缓存服务器，该架构的安全性在事务的每一步都依赖于这些部件的安全性，当体系架构的某一层节点出现问题时，就会对整个架构的安全性产生一定程度的威胁。

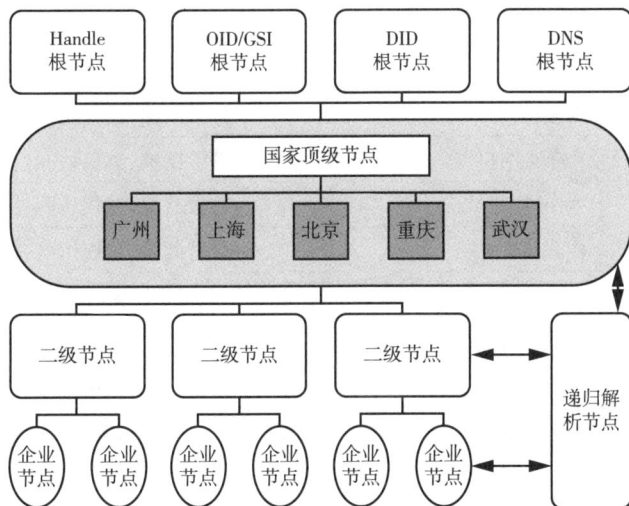

图 5-3　工业互联网标识解析体系架构

工业互联网标识解析体系架构面临的风险很多,如节点可用性风险、节点间协同性风险、关键节点关联性风险等。

①节点可用性风险是指解析体系架构的每一层中每个节点在可用性方面面临的风险,如果节点受到攻击,那么该节点的可用性会受到威胁,造成节点功能失效或者不可达。具体而言,节点的可用性风险主要为 DDoS 攻击。

②节点间协同性风险是指对于解析体系的分布式特点,如果在解析过程中,节点协同性出现问题,就会造成数据同步或者复制内容过程出现延迟现象,导致数据不一致或者数据完整性出现问题;节点间协同风险主要包括代理服务延迟、镜像服务器延迟等。

③关键节点关联性风险是指标识解析体系架构中某些关键节点出现问题,将会导致影响其他节点的功能,最终削弱了稳定性或者健壮性。关键节点关联性风险主要表现为缓存击穿、缓存穿透、反射/放大攻击 3 种形式。

(2)身份安全风险分析

身份安全是工业互联网标识解析的门户,用户使用系统首先要进行身份认证,身份的重要性不言而喻。本书从人、机、物的角度讨论标识解析系统中各种角色的身份以及其对应的风险点。不同的角色拥有不同的级别和不同种类的权限,标识解析系统中各种风险点都可造成权限或信任受到侵害。针对人、机、物 3 种身份,每种身份对应的主要风险点见表 5-2。

①身份欺骗:在工业互联网标识解析系统中也可以称为标识欺骗,因为标识解析系统所有的身份都是以标识来表示。本书将从人、机、物的角度来对身份欺骗进行分析。

②越权访问:主要是指能访问超过用户本身权限的资源。例如,标识管理员应该只有管理标识的功能没有普通用户的功能,如果标识管理员出现了普通用户的功能,就是越权访问。

③权限紊乱:使用标识解析服务的设备和人员众多,最小时间和资源范围授权有效但授权繁杂,攻击者可以通过注入、渗透等方式绕过权限管理,从而进入系统。

④设备漏洞:主要是指标识解析系统中的服务器、客户端或者终端可能存在安全漏洞或使用含已知漏洞的组件,导致攻击者通过已知漏洞绕过设定的访问控制策略,远程控制、入侵或篡改设备以及设备标识数据。

表 5-2 身份类别及对应风险点

身份类别	具体身份	风险点
人	标识数据管理员	身份欺骗、越权访问、权限紊乱
	普通用户	身份欺骗、越权访问、权限紊乱
	标识管理员	身份欺骗、越权访问、权限紊乱
	第三方监管员	身份欺骗、越权访问、权限紊乱
机	国际根节点	身份欺骗、设备漏洞
	国家顶级节点	身份欺骗、设备漏洞
	二级节点	身份欺骗、设备漏洞
	企业节点	身份欺骗、设备漏洞
	递归解析节点	身份欺骗、设备漏洞
	工业互联网客户端	身份欺骗、设备漏洞
物	工业互联网终端	身份欺骗、身份标识与产品关联出错、设备漏洞

（3）数据风险分析

工业互联网标识解析涉及标识注册数据、标识解析数据和日志数据共 3 类数据进行数据安全风险分析。在网络安全中，数据安全的能力包括数据的完整性、机密性和可用性 3 个维度。根据《信息安全技术数据安全能力成熟度模型》（GB/T 37988—2019），标识解析数据安全涉及数据采集、数据传输、数据存储、数据使用、数据交换和数据销毁等环节。基于以上数据安全维度，标识解析数据安全风险主要包括数据窃取、数据篡改、隐私数据泄露和数据丢失 4 类。

①数据窃取：工业互联网标识解析数据窃取风险主要是破坏数据的机密性，数据被非授权用户获得，使得标识注册数据、标识解析数据或日志数据外泄，数据窃取风险可能发生在数据采集、数据传输、数据交换和数据存储环节。

②数据篡改：工业互联网设备在接入工业互联网络时，攻击者有机会通过物理方式或者远程接入互联的设备，对设备中存储的标识注册数据、解析数据和日志数据进行读取、篡改、伪造等操作。

③隐私数据泄露：在标识数据使用过程中，在没有有效的安全防护措施的情况下，很容易导致工业企业关键设备数据、产品数据、管理数据、客户数据等隐私数据的泄露，从而为企业、个人带来重大损失，甚至可能会给国家带来不可估量的损失。

④数据丢失：在标识数据使用过程中，如果在没有安全的保护措施和合理的备份情况下，不法分子通过对缓存或代理服务器进行攻击获取了权限后恶意删除数据，服务器遇到自然灾害造成数据丢失，操作人员误删数据，导致工业企业关键设备数据、关键产品数据、用户数据等重要数据丢失并无法恢复，对工业企业造成巨大的损失。

（4）运营风险分析

运营风险管理起到对二级节点运营风险进行识别、衡量、监督、控制和报告的作用。随着标识生态的形成，参与者角色不断丰富，规模不断扩大。用户体量和系统规模的持续壮大，给标识解析体系的运营带来新的挑战。来自内部与外部的风险，都将影响整个工业互联网标识解析体系的安全可控运营，运营风险主要为人员管理风险、分支机构管理风险分析和流程管理风险。

①人员管理风险:标识解析体系的运营具有高可靠性和高安全性的要求,所有有权使用或控制那些可能影响标识分配、标识解析、业务管理、数据管理等操作的员工、第三方服务人员等(统称"人员")都会影响系统的正常运营,统称为可信角色。人员管理风险主要包括角色鉴别风险、关键岗位角色管理风险、人员操作风险、人员控制风险。

②分支机构管理风险分析:主要指在标识解析体系众多环节上提供相应标识服务的实体/机构的生命周期管理风险。分支机构管理风险主要包括分支机构的授权风险、分支机构的运行风险、分支机构的服务终止风险。

③流程管理风险:系统的运营是由一系列业务流程所组成的集合,缺乏必要的业务流程管理,会导致运营人员在执行工作时,只是依据经验执行,具有较大的随意性,给系统运营带来风险,主要为二级节点申请流程管理风险。

2) 管理系统安全风险

(1)工业互联网安全管理机构不明确

未设立相关工业互联网安全职能机构或负责人,对工业互联网安全相关工作落实不到位;未安排专职人员负责工业生产系统信息安全工作;缺乏对工业互联网安全工作的统一规划管理等。

(2)工业互联网安全防护意识不强

工业生产系统的管理者和操作人员工业互联网安全防护意识不强;缺乏工业互联网安全专业化系统培训,导致工作人员长期缺乏信息安全主动性,且难以对企业工业生产系统中存在的潜在风险进行排查和整改等。

(3)工业互联网安全服务不规范

工业互联网安全服务机构参差不齐,部分服务机构未从事过工业互联网安全相关服务;工业企业与服务机构信息不对称,缺乏有效途径对工业互联网安全服务机构进行全面了解等。

(4)工业互联网安全应急响应机制不完善

部分工业企业虽拥有生产连续性的应对措施,但未建立工业互联网安全应急响应机制,普遍缺少有针对性的专项预案;建立的应急预案不完善,难以应对日益复杂的信息安全威胁;缺少专业应急救援队伍,未组织开展对应急预案的定期演练和修订工作。

5.4 新型基础设施建设风险管理体系

5.4.1 风险管理组织机构

风险管理组织机构是风险管理体系的运行主体。建立和明确风险管理组织机构,是风险管理体系的重要内容,也是明确风险管理工作机制的前提。传统基建项目风险管理组织以建设单位为主导,施工、设计、监理等参建单位为主体,形成协同行动的联合整体,明确分工、互相协作、严格考核。对于新型基础设施建设项目,由于其实体设施建设流程相似,也可借鉴此风险管理组织架构,按"一个整体,三个层次"的思路来进行组织设计:一个整体指新型基础设施建设项目要形成一个完整风险管理团队,三个层次指风险管理组织机构由风险管理公司层、项目管理小组层和实施层构成。公司层面是各参建单位联合设立的安全风险管理委员会,项目管理小组层面由项目管理小组为核心的咨询单位与安全管理、合同管理等相关部门组成。实施层面是勘察设计单位、施工单位和监理单位等。

5.4.2 风险管理体系运行保障

1)基本保障条件

(1)目标制订

风险管理目标制订是新型基础设施建设项目风险管理的出发点和落脚点,是实施项目风险管理的基本前提。依据目标管理中 SMART(具体、可度量、可实现、相关、有时限)原则,新型基础设施建设项目风险管理方针、风险管理目标的制订应始终围绕在明确的截止期限内确保目标实现开展工作,一定要明确具体,不可模棱两可。在全面考虑新型基础设施建设项目风险战略基础上,确定项目风险度量标准,明确重点风险因素,合理配置资源,使风险控制与风险管理目标相适应,将风险控制在可承受的范围内。

(2)组织保障

除了建立适宜的风险管理组织机构外,还需建立健全风险识别、确认、防范、控制以及评估、考核等制度,形成科学严密、规范有效的风险管理制度,保障新型基础设施建设项目风险管理有效进行。

①内控岗位授权制度。明确授权,任何组织和个人不得超越授权擅自作出不利于风险控制的决定;建立内控报告制度、内控批准制度、内控责任制度。

②内控审计检查制度。加强资金审计对风险管理的检查监督,发挥内审风险防线作用。

③重大风险预警制度。对重大风险进行持续不断的监测,及时发布预警信息,制订应急预案,并根据情况变化调整控制措施;大力加强企业法律风险防范机制建设,完善企业重大法律纠纷案件的备案管理制度。

④重要岗位权力制衡制度。明确规定不相容职责的分离,明确上级部门或人员对该岗位应采取的监督措施和应负的监督责任;将该岗位作为内部审计重点。

⑤沟通和协商制度。保证信息在项目各参与方之间有效交流,消除各方分歧,求同存异,充分发挥项目参与各方的积极性,分享各方风险管理的经验,保证参建各方对风险管理计划的认可和支持。

⑥风险管理例会制度。建设单位定期召开安全质量例会,召集参建单位各主要负责人就项目建设施工各阶段出现的质量安全风险问题、风险监控结果、现场施工管理情况等进行汇报和讨论,根据各单位开展风险管理工作的具体情况进行表彰和惩罚,制订相应的风险应对控制措施等,确保项目的顺利施工。

⑦风险管理责任追究制度。完善风险管理考核评价机制,把项目风险管理执行情况与绩效薪酬挂钩,把风险控制指标纳入建设单位经营绩效评价范围,加大对项目主要管理者考核力度,建立风险管理责任追究制度。

此外,在风险管理文化上,应加强教育培训和宣传,普及风险管理知识,树立全员风险意识,增强全员控制项目风险的内在动力,提高员工对项目风险管理和内部控制管理工作的认同度。利用激励和舆论作用,使员工建立正确风险价值观,提高内部控制与员工的价值关联度,把内部风险控制与员工的自身利益和发展密切联系起来。

(3)资源保障

人力资源、物资资源、资金资源和信息资源是新型基础设施建设项目风险管理执行和落实的重要支持和保障。人是项目风险管理的主体,人力资源是风险管理最重要的资源,人员安全性的改善和提高成为系统安全提高的关键;准确、有效的信息资源,能促进各参建单位及其内部各职能部门、项目团队之间的沟通和协同,为风险管理的科学决策、动态控制奠定基础;高效配置、充足到位的物资和资金资源,是确保工程建设需求、技术研发需求和风险管理工作顺利落实的必要条件。

①抓好各参建单位风险管理团队建设,明确项目风险管理中各参建单位的权责,提高项目风险管理团队人员的综合素质;建立完善的人员配备制度和严格的人才选拔机制;建立健全的风险管理考核奖惩和激励机制;完善人力资源吸引机制和人才培养机制,强化项目管理和作业人员教育培训,重视员工风险价值观和职业道德培养;大力创建学习型组织,充分调动人的积极性,发挥人的主导作用,促进项目风险管理相关部门和人员之间的协同工作,增强人员综合能力。

②运用物流管理理论,加强材料物资供应链协同管理,周密组织材料物资的计划配置、合理使用和科学管理,保证材料物资供应质量。通过技术和经济比较分析,优化选择机械设备配置方式,加强机械设备维修与养护的动态管理,提升机械设备操作人员技术水平,推动新型基础设施建设项目建设的机械化、专业化和自动化发展。依托信息化平台建立新型基础设施建设重要物资跟踪系统,完善材料物资管理模块和功能,提高物资跟踪管理的效率。建立物资价格追踪机制及物资供应应急机制,保证物资供应货源的充足性。

③在风险分析基础上编制项目风险管理预算,包括预防风险所需的应急资源和应对风险发生的费用,建设单位加强内部财务管理,重视对建设资金的动态监控管理以及对建设资金的审计监督,严格监督各施工单位的风险管理资金使用情况,确保项目风险管理资金得到有效投入和使用。

④构建集成化、网络化、智能化的风险管理信息系统,确保项目信息资源高效循环利用,优化整个信息流程,提高信息对称度和实时性,为全过程提供及时、准确、有效的信息和沟通,实现新型基础设施建设项目各参建单位及其内部各职能部门、项目团队之间的信息共享和协同工作,对项目质量、职业健康安全、环境保护、工期和投资等实施动态管理和控制。

(4)过程控制

新型基础设施建设项目的风险管理过程包括风险计划、风险辨识、风险估计、风险评价、风险处理、风险监测、风险后期评估。流程管理是以持续提高组织效率、效果为目的,以规范化程序为手段进行的系统化管理。新型基础设施建设项目风险管理要与流程管理结合,体现权、责、利统一,针对风险管理工作流程的实施,抓住风险管理过程各阶段工作控制重点和关键环节,定主体、定责任、定时间、定数量、定性质,并对未能顺利完成工作限期督办纠正。

根据"控制论"观点,在现代管理活动中,进行控制工作的最佳目的是防止问题的发生。这就要求管理人员的思想应当向前看,把系统建立在前馈而不是简单的信息反馈的基础上,在偏离情况出现前,就能预测到并能及时采取措施加以防止。新型基础设施建设项目风险管理应由传统的"刺激—反应"式的被动风险管理模式向"关口前移,主动预防,超前管理"的事前风险管理转变。事前风险管理主要指对共性的、主要的风险诱因进行监测、诊断、预先主动控制的一种制度和方法,其目的在于预防和矫正项目风险诱发因素的发生和发展,从根本上防止项目风险事故的形成与爆发。

（5）方法选择

在风险管理一节中简单介绍了风险评价的常用方法。各方法的适用性有所不同,在新型基础设施建设项目风险管理过程中,应根据每个项目自身特征、建设环境和项目实际需求,合理选择科学适用的风险管理方法,保障项目管理目标的顺利实现。

2）信息化管理

信息化管理是项目风险管理工具和方法的综合集成和运用,目的是实现对新型基础设施建设项目风险管理全过程的智能化管理。通过做好先导性的信息资源规划、开发并应用涵盖风险管理各环节、具备可靠性、完整性、及时性的风险管理信息系统,以提升信息沟通的及时性、准确性与有效性。

新型基础设施建设项目风险管理信息系统的开发和应用是新型基础设施建设工程项目风险管理实现现代化、科学化和智能化的基本途径和保证,有利于提供跨组织、跨流程的信息集成和共享平台,促进各参建单位及其内部各职能部门、项目团队间的信息共享和协同工作。应根据项目风险管理需要,在充分考虑时效性、适用性、延续性、前瞻性和开放性原则的前提下,明确相应的总体结构、网络架构和业务流程。

把风险管理信息系统与新技术研发、工程设计、现场操作、数据交换、信息管理需求紧密结合,进行风险管理信息系统开发和功能设计,结合数据—信息—知识—智慧(data-information-knowledge-wisdom,DIKW)模型、BIM 模型、互联网(Internet)和物联网(Internet of things,IoT)等先进技术,构建风险管理数据库、模型库和方法库,研究开发计算机动态可视化技术,建立新型基础设施建设项目生命周期全过程中的数据分析与监控系统,实现风险管理过程的动态管理,以发展至系统集成化、智能化及可视化,为新型基础设施的成功建设贡献力量。

6

安全管理

"新基建"涉及大量新技术和新场景,在给网络安全带来全新的挑战的同时,也给网络安全产业带来了一个崭新的发展契机,传统的网络安全也将面临深刻变革,走向"新安全"时代。本章将围绕新基建安全管理相关理论与实践进行阐述。

"新安全",一方面指围绕诸多新技术领域所带来的新场景新业务,会催生更多更丰富的安全需求,推动网络安全技术创新,给产业发展注入新的活力。另一方面,网络安全本身也受益于新技术的发展,云计算、大数据、人工智能、区块链、量子通信等技术已经广泛应用于网络安全领域,与传统网络安全技术融合应用,使得网络安全更加高效和智能,使我国网络安全保障能力和水平迈向新的高度。

"新基建"不仅是各行各业的信息网络基建和数字基建,也是网络安全和各行各业全面融合应用的"新安全"基建。安全业界应充分做好准备,提升自身关键技术能力,加强产业生态协同,加快专业人才培养,尽早对"新基建"进行布局。为此,要加快完善相关法规和标准,为"新基建"的网络安全建设夯实根基、明确规范;要加强对"新基建"各领域的研究,为网络安全体系的建设提供一定的参考;更要将安全意识融入"新基建"的各行各业,做到安全和发展同步,切实保障我国信息化发展和数字化转型的顺利推进。

6.1 概述

6.1.1 安全管理内涵

1) 安全内涵

安全表述的是一个复杂的物质系统的状态或动态过程,这种过程或状态的目标是使人和物不会受到伤害或损失。

在新型基础设施涉及的行业以及领域中,如通信、交通、能源等,在我国国家安全和经济社会发展中都占据着非常重要的位置,所以新型基础设施安全保护是至关重要的。"新基建"中的网络安全将成为重中之重。安全可靠、安全进行自主可控、安全技术保障、安全可信和安全生产风险企业管理势必构成"新基建"的发展研究策略和方针。

"新基建"如果要有效发挥作用,那么必然离不开网络安全的支持。在"新基建"浪潮中,网络信息安全变得更加模糊复杂,面临的安全形势是非常严峻的。随着"新基建"的发展,全面实施各类规范性文件《中华人民共和国网络安全法》等相关法律法规,确保"新基建"核心技术、产品和服务的网络安全要求,形成我国安全完全独立可控的"新基建"安全体系,为经济和社会的持续发展提供保障。

2) 安全管理内涵

安全管理的目标是控制和减少事故,尽量避免因事故造成人身、财产、环境或者其他在组织活动过程中的损失。安全管理是组织和使用人力、物力、财力等各种物质资源,实现安全生产的过程。为了保证生产顺利进行,避免伤亡事故发生,安全管理通过计划、组织、指挥、协调和控制管理职能,控制自然、机械、材料等不安全因素和人的不安全行为,确保工人的安全和健康。

安全管理既针对人也针对物,它既强调对生产工艺过程、设备设施、工具和环境进行标准化、规范化管理,也强调对过程中人员的行为进行科学管理。它既强调科学性,在反映客观规律的管理理论和方法的指导下,有一套科学的分析和解决问题的方法论;也具有艺术性,这是因为我们所处的环境和要处理的很多问题是复杂多变的,所有问题不会像科学那样精确一致,存在标准的答案,所以在管理实践中,安全管理人员需要发挥积极性、主动性和创造性,因地制宜、因材施教,才能实施有效安全管理。

6.1.2 安全管理面临的挑战

影响新基建项目安全管理面临的挑战很多,可以归纳为"新基建"产业链及供应链安全、"新基建"融合安全和"新基建"智能及智慧安全。

1) "新基建"产业链安全

只有保障好"新基建"产业链和供应链的安全,才能确保"新基建"在国民经济和社会发展中顺利发挥重要作用。建构"新基建"的安全产业链企业以及通过加强"新基建"供应链信息安全风险管理是当前经济发展"新基建"极为重要的步骤。我国新型基础设施的核心技术必须要能够自主可控。

新型基础设施建设所涉及的专业精细、范围广泛,这将会引起产业链及供应链的高复杂度,保证其安全,特别是产业链上的核心科技的安全是重中之重。因此,新型基础设施产业链和供应链,特别是核心产业及其供应链,需要掌握在我们自己手中,以减少对外界的依赖,增强我们自己的创新和发展。

中华人民共和国密码法》《中华人民共和国网络安全法》等网络安全相关法律法规的颁布,特别是《网络安全审查措施》的出台,为我国在国家安全、国民经济和民生等重大领域的安全发展奠定了法律基础。"新基建"的相关建设和运营必须在充分满足这些法律法规要求的情况下进行,以确保"新基建"及相关领域的安全有效运行。

2）"新基建"融合安全

"新基建"涉及多领域范畴的融合、协同建设和交叉发展，这大大增加了其安全的复杂性，协同融合安全将会是"新基建"面临的安全新形势。"新基建"内容中的融合技术基础教育设施显示了融合特性，其涉及新技术融合、多领域不断融合、多行业信息融合等的发展经济建设，在融合企业发展的过程中，安全管理问题将如影随形。例如，智能交通基础设施和智能能源基础设施所涉及的各种新信息技术、工业互联网和物联网的综合发展，将形成相互交叉、相互促进、相互影响的发展趋势。

融合基础设施的建设是一个系统工程，协同集成促进发展将产生不同部分之间的相互安全影响。对比而言，传统的基础设施相对独立，形成了自己的发展安全生态。综合基础设施的建设和发展将打破现有分离的安全平衡，安全将呈现"影响全身"的形式，安全和风险的影响将更广、更深。因此，如何避免、减少和降低一体化基础设施建设的安全风险和影响是建设的关键。

同时对传统的三同步，即"同步发展规划、同步建设、同步使用"，融合技术基础教育设施建设提出了一个更高的要求，增加了社会实践教学难度。在"新基建"浪潮下，协同一体化安全问题显得尤为重要，应引起高度重视。

3）"新基建"智慧安全

"新基建"意味着万物互联的智能世界，5G 是智能通信、云计算是智能计算、IoT 提供智能互联、AI 提供丰富智慧。同时，安全问题也呼之欲出。安全问题在"新基建"潮流下将凸显其重要性。随着人工智能等技术的发展和进步，"新基建"的发展必然面临智能安全的威胁。比如人工智能、智能交通、智能电网乃至智慧城市，都将面临新形势下智能安防的挑战。

目前对智能的基本要求是尽可能降低人为的参与度，并按照人们预想的程序、流程不间断地执行并完成特定工作。在智能信息的世界中，正确性、可持续性、可复现性等是非常重要的特性，它们被破坏即是智能安全被破坏。"新基建"的安全比传统安全面临着更多的威胁。因此，如何确保"新基建"的智能安全将成为未来安全领域的焦点。为确保"新基建"智能或智慧的安全，采取智能信息安全环境保护管理措施将是一个关键，智能监测发现、智能应急与恢复等将是应对智能网络安全教育出现一些问题时的有效防护措施。

运用传统安全技术及措施来应对智能安全问题的威胁将力不从心。在"新基建"带来的智能时代，必将大力发展安全智能防护技术，迎接智能安全的挑战。

6.1.3 "新基建"安全管理目标

"新基建"的建设将为我国的高质量发展提供新的动力，但是在"新基建"的布局过程中，务必要高度重视网络安全问题，从一开始就要做到信息化与网络安全协调发展，从而达到"一体两翼、驱动双轮"的目标。

网络安全的根源是内生的安全问题。网络空间存在多种形式的安全问题，但其基本原因非常简单和明确。各种信息系统或控制装置的软硬件产品存在各种设计缺陷。在一些别有用心的黑客看来，这些设计缺陷是攻击信息系统的强大武器。现如今，人类尚无法彻底避免设计缺陷导致的漏洞问题；由于全球化格局是基于相对优势分工，信息技术产业链不可能由一国掌控，因此漏洞后门问题不可避免；目前的技术手段尚不能彻底地排查漏洞后门；网络攻击的门槛越来越低，"黑客"数量不断增多。于是，进入了当下一个全球性的网络发展空间的安全管理困局。

不可能彻底消除内生安全问题。在全球化趋势下，开放、协作的创新链和产业链正成为现代社会生产活动的基本模式，以一国之力做到技术链、供应链甚至整个产业链的彻底自主可控与安全可信是不可能的。同时，由于软件和硬件的设计缺陷而引起的脆弱性问题没有有效的解决办法，解决这一问题有悖于人类认知和科学技术发展的客观规律。这意味着，从理论上、技术上、经济上都不可能彻底消除网络空间的内生安全问题，"无毒无菌"是安全领域不可能实现的乌托邦愿景。

需用新思路破解内生安全问题。传统的网络安全思维模式和技术路线很少能跳出惯性思维，挖漏洞、打补丁、封门补漏、查毒杀在引入安全功能的同时会导入新的安全隐患。在这种情况下，网络空间内生安全技术出现，在不依赖攻击者先验知识和行为特征的情况下，有效感知、抑制和控制传统的确定性和不确定性干扰威胁，使传统的基于软硬件漏洞或后门攻击理论和方法完全无效，为"新基建"自主可控提供了前所未有的安全解决方案。

6.2　数据安全

6.2.1　数据的储存

1) 访问主体安全

访问数据资源的主体主要包含用户、设备、应用，如何保证访问数据资源的主体安全是非常重要的环节，被存储的数据资源是相对静止的，如果是绝对物理隔离的存储形态，是不会存在使用的安全问题的，当然硬件故障除外。大多数应用场景都和用户、设备、应用存在直接或间接关系，存储数据就有被攻击的风险隐患，进而造成敏感数据泄露。

充分结合用户、设备、应用等访问主体的综合特性，加强对存储数据授权用户的身份验证和授权策略管控，多维度健全用户访问控制管理，加强对用户设备的安全状态评估，动态识别用户设备的安全级别，健全应用对存储数据的访问要求，规范应用接口安全策略。应对要访问存储数据的每项主体因素加强验证授权审核，根据访问主体的安全性动态调整访问控制策略，避免因访问主体的不安全因素影响存储数据的安全性，紧贴零信任动态持续验证的安全理念。

2) 安全审计

在存储数据被访问后，需要对访问的异常行为和过程留存记录，对存储介质的数据访问应有全面的日志记录，方便事后跟踪。本部分内容主要是从数据库安全审计进行分析，包括数据库访问行为审计及存储环节的日志审计。

通过分析数据库访问过程中的流量信息，数据库审计能够实时记录网络上的数据库活动，对数据库操作进行细粒度审计的合规性管理。对数据库遭受的风险行为进行预警，阻断攻击。利用大数据技术实现对审计数据的存储分析，挖掘数据价值成为重要发展方向，审计系统应该更加自动化、智能化地满足合规运营、风险事件监测和风险趋势分析等需求，高效指导用户对存储数据的安全使用。

3）运维管控

多数存储数据的访问都会有运维管控相关平台的接入，如何管控好访问流程以及运维审批流程是非常关键的。最多的访问场景就是远程访问，主要是服务器和数据库两种。

（1）服务器

服务器的访问主要目的是针对业务系统的环境部署和日志信息的查询，首先访问服务器需要通过堡垒机或单点登录等安全运维管控平台进行统一管理，严格落实专岗专人运维管理操作权限，避免开放过高的用户权限和访问范围。

（2）数据库

数据库是数据存储安全防护的最后底线，在数据库安全管控方面主要有数据库访问权限和执行 sql 语句权限两方面。在数据库访问授权方面，可以同时通过进行整合审批工作流程，为内部运维人员、第三方物流外包管理人员、业务技术人员等多角色发展提供精细化统一的审批平台，能够实现提供对操作人、操作对象、操作活动内容、操作系统时间、审批人等细粒度的申请条件确认，使审批过程清晰、透明。应该能够申请操作 sql 语句的智能分析以及申请操作风险评估和异常行为评估，为批准者提供决策依据，最大限度地降低操作失败的概率，而后在数据库上执行操作。

4）数据备份容灾

任何数据存储都存在单点故障风险，可能是由于设备故障、损坏等不确定性因素，重要数据仅作了单点存储，一旦存储环境出现问题，将造成数据丢失等不可挽回的重大经济损失，灾备方案是必不可少的应急方案，采用多点、分布式、多链路、异地跨机房等方案实现数据的备份和及时恢复将非常重要。

为了提高信息系统的高可用性和灾难可恢复性，需要备份和恢复。保证数据安全的首要条件是保证存储数据可用性。建立自动数据备份与恢复的技术工具，建立备份规则策略，以保证数据备份工作能够自动执行。建立备份和归档数据安全的技术手段，包括但不限于备份和归档数据的存取控制，压缩或加密管理，完整性和可用性管理，确保有效利用备份和归档数据，安全存取存储空间。

5）数据销毁

服务器或者办公终端等数据存储环境会因为容量、性能、可靠性等原因，面临升级换代或淘汰。但通常这种淘汰下来的设备有很大可能性被重复使用或者流入市场被不法分子非法得到，绝大多数设备存储着被人们忽略的重要数据和信息。如果在数据销毁环节做得不到位，将存在重要数据被泄露的风险。

最理想的办法是能够以一种成本低且快速销毁所存储数据的技术手段，确保硬盘存储数据可以安全销毁，同时又无法被恶意恢复。在支持数据安全销毁功能的硬盘上，数据均支持经过符合行业或国家认可的加密算法加密存储。通过技术手段对存储数据的加密密钥进行销毁，当数据的加密密钥被销毁，硬盘上存放的密文数据将无法恢复。

6.2.2　数据储存的硬件安全

硬件设施是信息网络通信中信息网络运行的基础和关键所在,常用的硬件设施有计算机、存储设备、网络终端、通信器材等。存在安全问题的硬件设施,会影响信息通讯网络的安全运行。硬件设施问题多数都是在外力影响下导致的设备损坏,从而影响信息网络通信保障工作。同时,硬件设备在运行过程中会发生故障,对网络通信保障工作也会造成影响,并且在设备处于故障状态时,还会增加数据泄露的风险,损害通信网络运行和相关业务系统的正常运行,出现信息数据的泄露丢失。在信息通信网络建设中,需要以各种硬件设施的运行条件和运行要求为基础,建立相应的运行维护机制,营造良好的设备设施运行环境,保障连续稳定地运行硬件设施。

1）温控安全

温度过高将会导致元器件和集成电路产生的热量堆积,加快半导体材料的老化,使得元器件和集成电路内部引起暂时的或永久的微观变化。实际上,当环境温度超过 26 ℃,内存中数据开始可能丢失。包括逻辑运算的结果、算术运算的结果,甚至磁盘上的数据都可能会出现错误。电脑芯片和许多部件对温度十分敏感,无通风冷却条件的同时如果环境温度太高,会使元器件内部温度太高而发生老化。高温还会引起软碟的物理变化,造成软碟的损坏。产生故障及造成衰老的主要原因便是部件的温度过高。

2）电力安全

电力安全关系国计民生,是国家安全的重要保障。电力系统是国家关键基础设施中十分重要。在电力持续稳定供应的基础上,新型基础设施才能安全可靠地运行。电力安全与许多领域密切相关,如政治安全、经济安全、网络安全、社会安全等,一旦大面积停电,就可能造成连锁反应,进而造成重大经济财产损失。

6.2.3　数据储存的软件安全

信息通信安全管理中的重点和关键中包括数据存储安全。为确保信息数据存储的安全性,过去人们对数据保护往往采用多种方法,如专用硬盘存储、信息加密、用户身份验证等。但在大数据时代,云盘和网盘提供了新的存储途径,云盘或网盘都是建立在大数据技术、云技术的基础之上。与以往的存储器比,存储空间大并且反应速度快,应用也更加方便。用户可以随时从云盘或网盘中找出需要的数据。云盘属于网络硬盘,相关管理维护方法不够完善。用户本身不能完全控制,网络安全风险系数比较高。在大数据时代,越来越多的业务管理系统可以选择在云端进行相关业务工作开展和信息数据储存,所以云盘中储存了大量的信息数据。部分不法分子或为牟取私利,或别有用心,就会通过木马病毒或者刻意入侵用户数据库等方法来盗取破坏用户数据。这种行为严重威胁了信息通信网络的运行安全,损害了用户的隐私和数据安全,甚至会导致失泄密问题的发生。

6.3 网络安全

6.3.1 网络使用终端安全

安全性可以通过"分布式技术"来提升。"分布式技术"是软件领域的基础概念,这个概念的核心是突出系统性,一组计算机对外表现的是一个统一的整体。这组计算机有一个共享的状态,可以并发操作,单个节点的失败不会影响整个系统的正常运行,从而提高了系统的安全性,其技术上的关注点是同类硬件资源的使用效率和软件应用的动态可伸缩性。

1) 发展现状

随着芯片、物联网传感器、人机交互、无线通信技术、人工智能技术的发展,智能设备开始逐渐打破智能手机终端独大的局面,呈现出多样化的发展趋势。越来越多的电子设备具备了类似手机一样的智能化能力,如智能音箱、智能手表、智慧大屏、智能座舱、智能机器人、无人机等新的智能终端形态都具备了强大的计算处理能力、快速的互联网连接能力以及便捷的人工智能能力。

分布式智能终端 OS 的分布式技术不仅融合了传统的分布式技术理念,更有其独特之处。终端分布式技术是一组终端硬件设备连接并协同工作,给使用者一个统一的"超级虚拟终端"的体验,技术上的关注点是不同硬件资源间的联动融合以及软件服务的跨设备迁移。下一代智能操作系统通过构建一个跨设备的"分布式"操作系统,让用户就好像是在使用一部"超级虚拟终端(OneSuper Device)",在使用体验上实现多设备有机融合,系统性地解决多终端环境下使用者体验不佳和开发者效率低下的问题。

2) 技术架构

"超级虚拟终端"的软件全栈分布式软件架构如图 6-1 所示,技术架构从上到下主要包括以下关键组成部分:

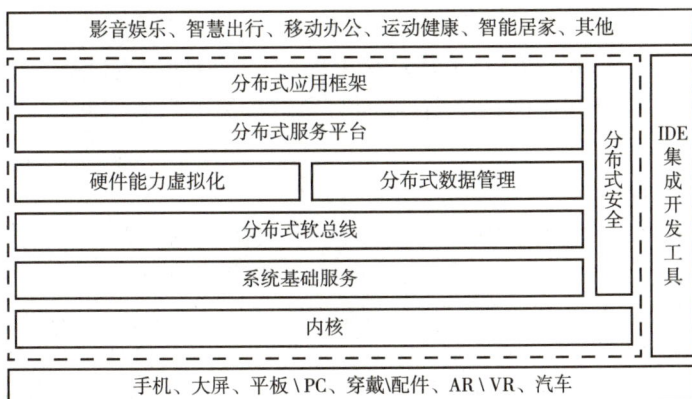

图 6-1 分布式软件架构图

（1）分布式应用框架

提供应用的跨设备运行环境。用户程序框架和应用执行框架支持应用跨设备运行。同时，在 UX 开发上为开发者提供全场景、跨设备的开发框架，支持一次开发多端适配。

（2）分布式服务平台

提供多设备间开放服务的注册、发现、调度、编排、权限管控等能力。应用可以通过分布式服务框架，使用多个设备上的服务完成分布式功能。

（3）分布式数据管理

提供跨设备的数据管理和文件管理能力。系统通过分布式数据管理能力将散落在不同设备上的数据自动同步，数据的管理与同步均在端侧完成，保证隐私不泄露。

（4）硬件能力虚拟化

打破硬件边界提供跨设备的硬件虚拟化，硬件互助等能力，在手机上能够跨设备访问周边的设备的能力，比如手机可调用智能电视的摄像头。

6.3.2 网络信息传输安全

1）信息传输的硬件安全

信息网络运行的基础和关键所在是信息网络通信中的硬件设施，常用硬件设施有计算机、网络终端、存储设备、通信设备等。如果硬件设施出现安全问题，信息通信网的安全运行必然会受到影响。大部分硬件设施问题都是在外力影响下所导致的设备损坏，从而影响信息网络通信保障工作。同时，运行过程中硬件设备也会发生故障，也会对网络通信保障工作的开展造成影响，并且在设备处于故障状态时，还容易使数据泄露的风险增加，严重损害通信网络运行和相关业务系统的正常运行，出现信息数据的泄露丢失。因此，在信息通信网的建设中，需要综合考虑各项硬件设施的运行条件和运行要求，并在此基础上建立相应的运行维护机制，为硬件设施的持续稳定运行创造良好的设备设施运行环境。

2）信息传输的软件安全

在传统信息系统中，数据安全主要关注数据的加密存储和传输、安全审计和容灾备份；而在云中，除了要关注上述内容外，还有更多关注，云计算的特点决定了要实现集中式的数据存储，必须确保不同用户数据的安全隔离；云端的服务器可能会"宕机"，在这种情况下，如何高效地进行数据安全迁移很关键；云计算采用租赁方式向用户提供资源，这意味着一个用户使用过的存储区域会被其他用户使用，因而必须解决好数据残留问题。云环境下数据安全存储面临下述挑战。

（1）数据的加密存储

在传统的信息系统中，一般采用加密方式来确保存储数据的安全性和隐私性。在云中，似乎也可以这样做，但实现起来却不那么容易。在基础设施即服务云模式中，由于授权给用户使用的虚拟资源可以被用户完全控制，数据加密既非常有必要也容易做到（无论是在公有云或者私有云中）。但在平台即服务云模式或者软件即服务云模式中，如果数据被加密，操作就变得困难。在云中，任何需要被云应用或程序处理的数据都是不能被加密的，因为对加密数据，很多操作像检索、运算等都难以进行甚至无法进行。数据的云存储面临这样的安全悖论：加密，数据无法处理；不加密，数据的安全性和隐私性得不到保证。

（2）数据隔离

多租户技术是云用到的关键技术。在基于多租户技术系统架构中，多个租户或用户的数据会存放在同一个存储介质上甚至同一数据表里。尽管云服务提供商会使用一些数据隔离技术（如数据标签和访问控制相结合）来防止对混合存储数据的非授权访问，但非授权访问通过程序漏洞仍然是可以实现的，比如 Google Doc 在 2009 年 3 月就发生过不同用户之间文档的非授权交互访问。一些云服务提供商通过邀请第三方或使用第三方安全工具软件来对应用程序进行审核验证，但由于平台上的数据不仅仅针对一个单独的组织，这使得审核标准无法统一。

（3）数据迁移

当云中的服务器（这里的服务器是指提供 SaaS 和 PaaS 的物理机，对于 IaaS 而言，服务器或者是通过物理机，或者是一个虚拟机）"宕机"时，为了能够确保企业正在不断进行的服务能继续发展进行，需要将中国正在研究工作的进程迁移到学习其他网络服务器上。本质上是迁移与这个过程相关的数据，而迁移的数据除了内存和寄存器中的动态数据（或进程快照）外，还包括磁盘上的静态数据迁移，必须高速进行，才能让用户几乎感觉不到"宕机"的发生；要使过程在新机器上恢复运转，就必须保证数据的完整性；此外，如果进程正在对机密数据进行处理，也必须保证迁移过程中这些数据不会被泄露。

（4）数据残留

数据残留是指数据删除后的残余形式（逻辑上已经删除，物理上仍然存在）。数据残留可能会在无意中泄露敏感信息，因此不应该释放到不受控制的环境中，即使删除了数据的存储介质。如扔到垃圾堆或者交给其他第三方。在云应用中，数据残留有可能导致一个用户的数据被无意透露给未授权的一方，不管是什么云都有可能。如果一个未授权数据泄露发生，用户可以要求第三方或者使用第三方安全工具软件来对云服务提供商的平台和应用程序进行验证。迄今为止，没有哪个云服务提供商解决了数据残留问题。

（5）数据安全审计

当数据以外包方式存储在云中时，用户会关注两个问题：外包存储的数据确实已存储到云中并归数据所有者所有；除所有者和授权用户外的任何人不能更新数据。这两个问题的解决都离不开安全审计。在数据存放到本地或企业可信域中时安全审计较易实现，而一旦将数据以外包方式存储到云中时，安全审计就变成了难题。显然，用户不可能将数据都下载下来后再进行审计，因为这会导致巨大的通信代价，更可行的思路是：只需取回很少数据，通过某种知识证明协议或概率分析手段，就能以高置信概率判断云端数据是否完整或为用户所有。

6.3.3 新基建应用技术安全

1）区块链技术

当前，在数字金融、物联网、智能制造、供应链管理、数字资产交易等多个领域均有区块链技术的身影。区块链技术在"新基建"发展的当下，还面临哪些安全隐患，应该如何安全可靠地应用和发展区块链技术，是需要思考的问题。

（1）区块链基础架构及算法的潜在风险

尽管我国新型的区块链架构、共识管理机制问题层出不穷，但仍然存在难以进行突破发展区块链扩展性、安全性、去中心的"不可能三角"瓶颈。此外，区块链共识机制受到"代币"

的激励,往往会导致金融行为的非理性和难以控制,而如何在没有"代币"的情况下,保持区块链稳定可信地为各种应用需求服务,仍需深入研究。

大多数现有区块链系统都采用了国际通用的标准口令算法。但在电子政务、数字金融等领域,尤其要把握好自主可控这一关。在区块链应用部署方面,仍难以直接将现有的各种信息系统与区块链进行结合,广泛部署的信息系统将被区块链取代,这将带来很大的消耗,区块链与现有信息系统如何结合还有待进一步探讨。

(2)链上数据不可篡改带来的问题

不可篡改的区块链数据为公众对区块链的信任提供了有效提高保障,然而在大规模企业实际发展应用中,用户误操作、系统出现故障、漏洞攻击等情况一旦发生,区块链是否存在需要社会支持数据可以修改仍然具有一定争议。此外,不法分子利用区块链永久记录的特性在区块中记录违法信息进行传播,也给公众舆论监督造成了难题。

(3)用户隐私与政府监管之间的矛盾

为了保护用户的身份,区块链应用系统必须对隐私提供强化保护;但出于社会安全和对违法犯罪的有效打击,区块链应用系统的运行也必须受到严格监管。区块链系统目前在技术上的监管策略之所以未能顺利执行,主要原因在于无法解决两者之间的冲突。即在保护隐私的前提下无法实现对区块链系统的有效监管,从而使得欺诈、非法集资、洗钱、毒品走私等违法犯罪行为极易在区块链平台滋生。因此,提出隐私信息保护与高效进行监管的密码学研究方法,突破监管环境友好的隐私交易管理技术,解决区块链交易隐私保护与监管冲突主要问题,确保链上行为的可监管是保障区块链技术在应用发展过程中通过合法合规的重要作用途径。

(4)数据孤岛成为大规模应用的瓶颈

在个体层面上,打通信息在各个独立主体之间的流动,是区块链得以大力发展的初衷之一。然而,在实际应用中,如何发挥各主体数据共享的能动性,将数据共享到以什么方式驱动各主体之间,还有待思考。

在区块链层面上,现有区块链项目在应用场景和设计初衷上存在差异,所提供的服务和所使用的底层技术也各有侧重,由此形成区块链多元化生态。区块链现阶段还只是价值和数据孤岛,各个区块链之间互不相通,信息和价值在链条间的交流仍存在障碍。这与中国区块链技术企业本身的开放性形成了一个鲜明对比。不同区块链系统在区块链应用中之所以会彼此孤立,主要是因为各自的区块链数据结构、共识机制、通信协议、密码学算法等各方面存在差异,而各系统又都是独立的、垂直的、封闭的技术系统,所以很难直接与其他区块链系统互联互通。区块链的孤岛效应随着区块链应用越来越多的部署和发展,正在成为大规模应用的主要瓶颈。

(5)区块链相关标准及法律的滞后

目前,国内关于区块链安全的相关标准还处于起步阶段,全国信息安全标准化技术委员会开展了相关的调研工作,一些行业标准组织、团体组织也开展了一些工作,但区块链安全标准体系还没有形成比较完整的体系。

2)人工智能

(1)算法引发的安全风险

人工智能不同于其他的产品和系统,其具备自主性、自适应等特点,客观上承担了人类的一部分判断和决策功能,而这一功能需要通过人工智能算法来实现。算法的安全性和可靠性直接影响了人工智能系统的安全。首先,从编程的角度来看,任何算法无法确保完全安全、可靠、可控、可信。任何的算法偏差都可能导致结果的不同,甚至失之毫厘差之千里。其次,人工智能算法本身可能存在漏洞,存在被利用和被攻击的风险。可以针对人工智能的模型特点进行信息伪装,从而误导人工智能做出错误判断。另外,人工智能还存在"算法黑箱"这一固有缺陷,作用机制难以为操作和部署此类机器的人员完全理解,结果也更加难以预测。

(2)数据引发的安全风险

目前的人工智能多采用深度学习的方法。与人类不同,这种人工智能没有可用的基础知识,它们所有的知识都来自接触的数据——无论是训练数据还是通过与环境进行的试错交互得来的数据。人工智能系统根据数据学习如何思考和行动,因此用于训练模型的数据类型决定了其行为方式。不同的数据集会使人工智能产生不同的训练结果。这种数据依赖会带来严重的风险隐患。错误或者有偏差的数据可能会训练出错误或者带有偏差/偏见的人工智能,就像不少科学家以"吃垃圾、吐垃圾"这句话形容"数据和人工智能的关系"。人工智能基于数据训练产生的智能与人类的智能并不相同,人类和机器在开展任务时的方法是不同的。目前,深度学习算法只是反映数据的统计特征或数据间的关联关系,而未真正获取数据的本质特征或数据间的因果关系。例如,接受过特定对象图像训练的计算机视觉算法能够在新的图像中识别此类对象,并对其分类,但是并没有理解该对象的含义或概念,其可能犯下人类不可能犯下的错误,将某个物体归类为完全不同,或者完全不相关的物体。对抗性样本攻击就是利用人工智能的这一缺陷,精心制作输入数据使人工智能系统产生错误的判断和推理。

(3)人工智能应用带来的安全风险

人工智能作为新技术,在应用过程中会给不同的领域造成影响和冲击,产生安全风险,包括政治安全、军事安全、经济与就业安全、隐私与数据安全、伦理与道德安全等方面的风险。这一方面是在其特点决定其在使用过程中对不同的应用领域产生的改变,另一方面是其技术扩散和滥用的风险。

3)物联网

无论是最新提出面向服务的物联网架构,还是将应用层进一步划分的4或5层物联网架构,其本质均可分为3个逻辑层次。其从下至上依次为:感知层、传输层和应用层。

(1)感知层安全问题与研究现状

感知层主要负责数据收集,所以其安全措施也是围绕如何保证收集数据的完整性、机密性、可鉴别性来展开。为了实现这个目标,感知层的主要安全任务除了保障物联网感知层设备的物理安全和系统安全,还需为传输层安全通信提供基础保障。

(2)传输层安全问题与研究现状

传输层主要负责安全高效地传递感知层收集到的信息。因此传输层主要是各种网络设施,既包括小型传感器网络也包括因特网、移动通信网络和一些专业网络(如国家电力网、广播网)等。传感器网络是物联网的基础网络,传感器设备收集的数据首先要通过传感器网络才能向上传递给其他网络。同时,传感器网络与传统计算机网络有着许多不同,因此传感器网络的安全问题也成为近些年物联网安全研究的热点之一。首先,由于传感器网络节点资源有限,特别是电池供电的传感器设备,很容易对其直接进行拒接服务攻击,造成节点电量耗尽。另外,传感器节点分布广泛数目众多,管理人员无法确保每个节点的物理安全。敌手可直接捕获传感器节点进行更加深入的物理分析,从而获取节点通信密钥等。特别一旦传感网关节点被敌手控制,会使整个传感器网络安全性全部丢失。现有许多研究人员通过对密码学算法与协议进行的轻量化处理来抵御传感器网络攻击。但这些轻量级算法与协议大多缺乏对设备电量和网络带宽消耗的测试,适用性有待提高。虽然现阶段对传输层通信网络的攻击仍然以传统网络攻击(如重放、中间人、假冒攻击)等为主。但仅抵御这些传统网络攻击是不够的,随着物联网的发展,传输层中的网络通信协议会不断增多。当数据从一个网络传递到另外一个网络时会涉及身份认证、密钥协商、数据机密性与完整性保护等诸多问题。因此面临的安全威胁将更加突出,需要研究人员更多关注。

(3)应用层安全问题与研究现状

对于应用服务程序,其与用户联系最为紧密,所以其最重要的安全任务是在提供服务的同时保护用户隐私信息。通过分析程序源码发现50%以上的三星智能家居平台上的应用都具有不必要的权能,可导致用户敏感数据泄露或智能家居设备被恶意控制。现有研究人员为保护程序中的敏感操作和隐私数据设计了多种访问控制模型,但其适用性和安全性均有待进一步提高。

6.4 安全服务

6.4.1 系统安全服务

如果说全球互联网现象有一个共同的主题,那就是互联网上的通信比以往任何时候都有更强的加密性。保守估计,互联网上超过50%的流量是加密的。工业4.0开启了一个互联互通、智能制造、响应式供应网络和定制产品与服务的时代。借助智能、自动化技术,工业4.0旨在结合数字世界与物理操作,推动智能工厂和先进制造业的发展。但与此同时,由于企业运营具有互联互通的特性,企业数字化转型的步伐加快,网络攻击的影响比任何时候都更加广泛。CSIS(美国国际战略研究中心)报告显示,每年发生的网络安全事件,带来的经济损失高达4 000亿美元。著名咨询公司德勤从数字供应网络、智能工厂和联网设备3个方面探讨了数字化供应链全生命周期可能面临的网络安全风险。

近年来,在病毒、漏洞数量激增,网络攻击越来越严重,网络犯罪越来越猖獗的网络安全形势下,针对工业控制管理系统、关键技术信息进行基础教育设施的网络攻击愈加频繁,工业经济信息数据安全防护已成为守护国家安全的重要组成部分。2017至2022年,我国工业互联网产业规模增幅近30%。而仅截至2017年,全球范围内暴露在互联网上的工控系统超过9万个,在工业制造、能源、市政等重要领域得到广泛应用。我国可识别的联网工控系统和装备数量近3 000台,海外近40个国家对我国工控系统展开网络检测和攻击,总数高达6万余台(次)。

6.4.2　交易安全服务

1）交易危险

工业电子商务安全包括交易安全和环境安全。交易安全包括交易账户安全、资金安全和结算安全；环境安全包括数据安全、网络安全、设备安全和控制安全。工业电子商务安全的保障机制必须是有机的、多层次的，不仅需要计算机网络安全的保证，还需要商务交易安全上的保障，更需要管理上的进步，强调企业从技术支持和管理两方面协调实现。

安全服务现存主要问题为以下3点。

一是篡改交易信息。交易信息包括客户订单信息、客户个人信息、订单确认信息等，这些信息具有一定的机密性，在工业电子商务交易活动和信息传递过程中存在对这些交易信息进行篡改、截获与恶意破坏的可能性。

二是盗取支付信息。电子支付信息包括客户的银行账户、密码、个人银行识别码以及其他信息。上面这些信息具有绝对机密性，企业与工业电子商务平台必须防止非法者盗用信息。

三是系统风险的存在。不法分子利用工业电子商务系统存在的漏洞进入系统，篡改系统内数据、撤销用户订单信息、生成虚假资料及其他活动。

2）应对策略

推动企业建立工业发展电子商务网络信息安全认证、检测和风险评估服务体系。引导工业电子商务企业按照国家有关网络安全和工业信息安全标准，对工业互联网和工业信息访问、安全漏洞检测、安全应急处置等关键环节进行规范。明确数据主权归属，防止信息泄露，清晰界定权利义务边界，尊重用户的信息隐私和数据主权，综合利用数据分析，加强性能监测和故障监测，及时发现和排除故障，同步规划建立工业电子商务网络安全防护体系、数据资源安全管理体系、网络安全应急处置和灾难备份体系，提升企业信息安全管理水平，提供安全可靠、值得信赖的工业电子商务服务，促进企业信息安全管理水平的提升，促进工业电子商务

6.4.3　通信安全服务

在大数据时代，为了更好地促进信息通信的可持续健康发展，必须以大数据技术为基础，不间断监控业务系统的运行状态，积极进行信息通信网络的升级和优化，提高信息通信网络安全防护水平，不能一建了之，一劳永逸，重建设轻运维。大数据技术能够实现海量数据的快速处理，非常适用于信息通信网络，能够为信息通信网络建立良好的储存环境，但是在大数据技术和信息通信网络进行融合时，需要先做好对大数据技术的开发研究，对于相关网络安全防护设施和运维制度，应同步规划，同步建设，同步运行，建立起基于大数据的安全风险防范体系，以此为基础从多方位多角度来监督监测信息通信网络的运行状态，跟踪识别和定位处理系统运行中的故障异常，自动对故障进行识别、警告和信息发送，为信息通信网络的安全稳定运行提供更好的环境。

1）优化网络管理制度

网络管理制度的建设是为了更好地保证业务系统在信息通信中的安全稳定运行,尤其在大数据时代,用户数量大,无时无刻不在产生大量数据,只有做好网络管理才可以保障信息通信安全。作为信息通信的主管部门应该加强与各相关业务部门的交流,结合各业务系统的特点和通信要求来构建相应的管理制度,为信息通信和网络安全管理提供有效的指导和保障。而相关业务部门也应该积极研究相关安全管理技术和体系,积极配合信息通信部门,运用各种技术和保护措施来创造良好的信息通信环境。此外,还应该加强对黑客、木马病毒等方面的防范,积极打击相关违法违规行为。

2）完善防范机制

对于信息通信网络安全,黑客的威胁是非常大的。在网络信息安全教育管理中应加强对黑客行为的防范,积极进行研发并应用研究相关预防控制技术,减小黑客的攻击风险。黑客技术特点多样,专业化程度高。因此,防范黑客攻击,必须从实际出发,构建多元化的防控技术和防范机制体系,一方面要重视新信息数据源的研究和建设,不断提高自身的技术水平。另一方面,要更加重视新技术、新设备的研发和应用,通过团队力量和专业知识,开发更多的防护手段,减少网络漏洞,提高网络系统的安全性。作为一名终端用户,需要做好安装应用安全防护系统,定期系统更新,以减少系统漏洞,来确保信息通信中的网络安全。

3）加强硬件设备维护管理

硬件设备是信息通信的基础,因此必须加强日常维护管理,建立完善的维护管理体系和管理制度。在制订相关管理体系和制度时,首先需要全面考虑硬件设备设施的运行要求和运行特点,并结合设备技术说明,切实保证维护管理体系和制度的合理科学。其次还需要加强人员管理和相关技术骨干的培养,确保所制订的维护管理制度能够全面落实应用到信息通信和网络日常管理工作之中,做好对系统设备的检修维护,并能及时识别排除设备故障,确保信息通信工作的万无一失。与此同时,还需要加强对关键设备设施和线路路由的巡检巡修,以及备用设备和备用线路的日常参数检测和维护保养。

4）及时排查和修补网络系统漏洞

在信息通信网络安全问题中,大多数都是由系统漏洞所导致的,所以做好系统漏洞的防范极其重要。日常工作中首先应该全面分析各种漏洞事例,明确原因,然后建立相应的数据库和安全管理模型,指导安全防护工作的开展。其次,还需要拓展安全防护范围,除了对相关计算机、通信设备等进行扫描外,还需要严格控制各种外部设备、对外部文件等开展安全检测,以避免病毒或者木马软件进入系统之中。除此以外,还应该借助大数据技术自身的优势,建立相应的事故分析预警系统,通过大数据技术结合相应事故模型来评估预测信息通信网络在运行中的漏洞风险,并制订出相应的防范措施和技术方案,切实保障网络系统运行的稳定及安全。

5）做好信息加密

保证通信安全的最有效手段是信息加密。在大数据背景下,应根据技术特点建立相应的信息通信网络加密体系,应用好各种加密技术。首先,做好端点数据加密,需要分别从发送和接收端进行信息加密保护。确保信息在传输过程中的准确无误。其次,做好节点数据加密。在信息和通信数据的传输中,数据将通过路由器、交换机和其他设备进行传输,这些设备是传输节点。数据通过节点时是存在丢失泄露风险可能的。在协议中增加检查措施,如检查数据长度、降低错误率、防止篡改等。最后一步是链路加密,特别是无线链路。在实际进行通信技术保障中,无线网络通信系统应用研究非常广泛,覆盖面积极广,在此发展过程中人们主要通过电磁波进行传输,因此链路传输风险极高,数据容易被泄露,所以企业需要不断优化帧的长度、格式和加密算法,以此来提高链路安全性。

6.5　设施安全

新基建项目安全管理必须始终坚持"安全第一、预防为主,综合治理"的方针。

安全第一,就是要把安全放在生产过程中的首要位置,切实保障职工的生命安全和身体健康。坚持安全第一,以人为本,珍爱人的生命,各项工作都必须坚定不移地服从安全生产要求。要坚决杜绝违章违纪作业,以及不顾安全、盲目赶工期等现象。这是为了维护人类生命的尊严。对于构建安全社会、促进社会和谐、实现安全发展具有重要意义。

预防为主,就是要把安全生产工作关口前移,超前防范,建立起事前教育、预测、预报、预警、防范、全员参与、全过程、全方位防范安全事故的递进式、立体式的事故隐患防范体系。预防为主体现了通过建设安全文化,完善安全法制,提高安全科技水平,落实安全责任,加大安全投入,筑牢安全防线的现代安全管理思想。建立健全一个有关国家法律政策法规和规章管理制度,如《安全进行生产法》,安全技术生产经营许可制度,"三同时"制度,隐患排查、治理和报告制度等,依靠法治社会力量可以促进学生安全事故防范;大力实施"科技兴安"战略,把安全生产生活状况根本好转建立在依靠科技不断进步和提高劳动者素质教育基础上;强化网络安全生产责任制和问责制,创新安全生产监管体制,严厉打击安全生产研究领域腐败行为;健全和完善中央、地方和企业文化共同学习投入市场机制,提升自己安全生产投入水平,增强理论基础服务设施的安全保障能力。

综合治理是针对安全生产工作的长期性、艰巨性、复杂性提出的。必须自觉遵循安全生产规律,紧紧抓住安全生产工作中的主要矛盾和关键环节,综合运用经济、法律和行政手段,技防多管齐下,发挥政府、社会、职工、舆论的监督作用,使安全生产领域存在的问题得到有效解决。

安全生产方针"安全第一、预防为主、综合治理"是有机的整体。三者不可偏废。

1)施工安全管理关键环节

(1)危险源的识别与扩充

新基建项目的危险源指可能引起新基建施工安全事故,导致工作人员人身伤害、健康损害的根源、状态、行为或其组合。危险源是新基建施工事故链的起端。新基建施工项目是一个巨大的系统,施工战线长、技术难度大、新工艺新技术新材料多、施工标准高、参与工种多、施工机械设备多、投入资金大,环境条件差,各种因素相互交织,从而导致新基建施工危险源繁多。这些危险源具有与一般危险因素相同或相近的一些特征,如客观存在性、变异性、隐蔽性、可辨可控性、非确定性,潜在性、空间性和多变性等。

各参建单位应依据国家安全风险管理的相关规定,加强危险源辨识与控制管理。建设单位编制风险评估实施细则,按规定进行安全风险工点的分析评估,提出风险等级建议,并据此确定高风险工点,制订安全风险控制措施。施工单位应编制风险管理实施细则,针对高风险工点编制专项施工组织方案,施工中落实安全包保和带班作业等制度,同时应制订风险监测方案,并严格实行风险监测,根据监测情况进行安全风险动态评估,补充或修订完善安全风险控制措施。监理单位应对风险监测方案、专项施工方案、施工作业指导书、作业标准和专业架子队组成及培训教育的实施情况进行检查,实施全过程监理。在全面贯彻安全风险管理理念基础上,对危险源的辨识与控制管理,各参建单位应着重做到以下3点。

①施工单位应依据国家有关规定,对危险性或有毒有害作业环境场所、设施、设备和施工工序等开展危险源辨识管理,依据危险存在的位置、属性、状态、可能造成的损失或伤害等因素,对危险源进行危险性评价,有针对性地制订安全技术预防措施,建立重大危险源管理档案,并分类管理。

②对一般危险源,施工单位应建立危险源监控管理制度,落实专人负责管理,并经常性对安全防护措施进行检查维护,确保其工作正常,安全有效。

③对重大危险源应履行申报手续,报建设、监理单位备案。对影响范围较大的,应同时报地方安监部门备案。

(2)突发灾难与应急救援

遵循"预防为主、常备不懈"的方针,按照"统一指挥、分级负责、快速反应"的原则,建设单位应根据新基建项目情况,针对施工安全风险因素,建立由各参建单位参与的应急救援组织,配备必要的应急救援器材和设备,对施工现场易发生事故的部位和环节进行监控,制订安全事故综合应急救援预案,综合应急救援预案应包括建设单位的应急组织机构及其职责、预案体系及响应程序、事故预防及应急保障,应急培训及预案演练等主要内容。

施工单位应根据工程设计单位的安全风险评估结果及高风险控制措施,施工安全评估及检测情况,外部作业环境及内部救援物资设备、人员的储备,以及综合应急救援预案等情况,按类型逐工点制订突发事件专项应急预案并按规定开展学习培训及预案演练(如各施工及管理办公室、应急值班室等),应急响应制度,应急物资设备情况及调配使用规定,地方公安,消防和医疗等相关机构或部门的联系方式,高风险工点应急抢险救援交通图等。施工期间,各施工单位应结合施工过程中危险源的监测情况和内外部作业环境的变化情况对各专项应急预案进行修改和完善,修改完善结果经监理审核后报建设单位备案。

设计单位要配合施工单位做好专项应急预案的制订;监理单位应做好施工单位专项应急预案的审核管理。

2)施工安全管理要素

新基建是新时期围绕互联网、物联网等开展的一项基础建设活动,整体表现出较高的施工难度,对施工材料、施工技术都提出较高的要求,需要采用更为完善的建设施工体系,才能有效确保其最终的施工质量。

(1)人员安全管理与配置

施工人员的素质对新基建工程的施工管理有直接影响。如果施工人员的综合素质得不到保障,会对施工质量的控制产生严重影响。因此,项目施工人员需要具有丰富的项目运作经验,并能结合专业技术和专业人员的指导进行有效的科学操作。由此可见,保障施工人员综合素养对我国新基建工程的质量有直接的影响。保障施工人员安全管理的基本对象是人,是以人为本体来展开的。人既是安全管理的主体——管理者,同时又是安全管理的客体——被管理者。每一个人处在一定的管理层次上,既管理下属人或物,又被上级管理,上下衔接形成一条以人为本体的管理链。因此,离开人,就无所谓安全管理。在安全管理中,以调动人的积极性,发挥人的创造性为根本,这就是管理的人本原理。在安全生产的全部工作和工作的全过程中,要充分调动生产经营单位全员的积极性,全员参与、全员保证生产经营单位的安全生产。

人的管理主要包括项目部管理人员和各合作单位施工人员的管理。项目部各管理人员要加强自身组织纪律性,时刻将安全问题放在首位,努力做到安全管理、文明施工;加强施工作业人员安全管理要求规范操作流程与操作方法,严格检查安全防护用品使用情况,发现安全隐患及时上报。施工现场人的因素管理要做到提升整体素质及能力,减少因技术或业务能力不足产生的安全问题;培养人的安全意识,从自身做起,避免安全事故发生;营造浓郁的安全文化氛围,使安全问题深入人心。

(2)材料安全管理

新基建建设过程中材料安全管理是项目安全管理的重要环节,施工现场材料的管理对安全管理水平提升有很大影响。在基建工程建设的过程中不断出现了许多不合格的钢材,严重影响了基建建设的质量管理以及工作进度。钢铁是基础设施建设的基础材料,基础设施建设对钢铁的总体质量要求较低,与房屋建筑对钢铁质量的要求也存在一定的差距。为了控制生产成本,一些施工企业直接采购一些不合格的低成本钢材,钢材的韧性和钢筋的强度不能满足工程建设的实质性要求。此举严重影响基础设施项目的质量和施工进度,最终导致土木工程技术难以发挥相应作用,整个工程质量呈下降趋势。

(3)设备安全管理

加强"新基建"建设中机械设备的安全管理,严格规范操作流程,注重设备的保养与维护,避免因人为操作或设备停运影响工程进度、质量与安全,更好地保障新基建施工安全。建立规范的设备管理制度,严格执行机械设备使用中的技术规定,建立机械设备技术档案,杜绝重特大机械设备事故的发生,确保工程生产机械设备安全、优质、高效服务。

选型要正确,调配要合理。不同的机械因其本身的性能、结构等特点,对使用的技术要求也不尽相同。严格按规定进行合理使用机械,就能得到充分发挥机械工作效率,从而减少机械磨损,延长使用寿命,降低使用时间成本。对于项目间的机械调配,要提前了解各施工项目的进度、机械设备的需求和退场信息,安排好机械设备调用过程中的二次维护工作,解决使用和维护的矛盾。

(4)环境安全管理

施工现场环境安全管理是整个新基建施工过程安全管理的重点。施工现场环境管理包括所有的外部环境,例如人文环境、自然环境等。施工现场环境对施工的影响至关重要,编制应对自然环境与人文环境变化的方案,并有效执行,是保证正常施工的有效措施,也有利于减少安全事故发生。建立健全各项施工现场环境安全管理制度,将环境安全管理系统化、科学化、规范化,做到责权分明,管理有序,提高安全管理水平和效率。施工现场应采取有效措施,防止大气(粉尘、废气)、固体废弃物、废水、噪声及其危害。

第 **3** 篇

新型基础设施项目建设管理实践

7

数据中心

7.1 数据中心概述

进入21世纪以来,我国加快了国民经济与社会信息化建设的步伐,将其作为提升政府执政能力、改善民生、推动社会与经济发展的重要手段。数据中心作为信息化的重要基础建设,是信息处理的枢纽和信息交流的总汇。

近年来,我国为推动数据中心合理布局、优化供需、绿色集约和互联互通,启动了"东数西算"工程,即让西部的算力资源更充分地支撑东部数据的运算,更好为数字化发展赋能。"东数西算"工程的实施,一是有利于提升国家整体算力水平,通过全国一体化的数据中心布局建设,扩大算力设施规模,提高算力使用效率,实现全国算力规模化集约化发展。二是有利于促进绿色发展,加大数据中心在西部布局,将大幅提升绿色能源使用比例,就近消纳西部绿色能源,同时通过技术创新、以大换小、低碳发展等措施,持续优化数据中心能源使用效率。三是有利于扩大有效投资,数据中心产业链条长、投资规模大、带动效应强。通过算力枢纽和数据中心集群建设,将有力带动产业上下游投资。四是有利于推动区域协调发展,通过算力设施由东向西布局,将带动相关产业有效转移,促进东西部数据流通、价值传递,延展东部发展空间,推进西部大开发形成新格局。

古人称:"十围之木持千钧之屋,五寸之键制之门。"数据中心可谓信息系统关键的核心设施。当前,信息系统正向着数据和计算能力高度集中的模式发展;信息系统逐步成为企业、事业和机关核心业务的支撑,数据中心的作用和地位日益突出。数据中心提供了计算所必需的处理智能和信息存储功能,已经成为与交通、能源同等重要的经济基础设施。

7.1.1 数据中心意义

数据中心通常是指可实现数字信息的集中计算处理、传输交换以及存储管理的物理空间,可理解成数据集中存储和运作的"图书馆";其核心设备为服务器及网络交换设备,其关键运营辅助设备有供电、制冷、消防、监控等系统。数据中心产业链包括:第一,上游提供土地、设备、软件等,主要有信息技术(Internet Technology,IT)设备商、电力设备商、软件商、网络许可商、土地、机架供应商等;第二,中游提供互联网数据中心(Internet Data Center,IDC)集成、运维、云计算等服务,包括三大运营商、第三方 IDC 厂商、云服务厂商等;第三,下游主要是用户,主要有互联网企业、金融机构、制造及软件企业、政府机构等。

1)数字产业发展迅速,成为我国经济和就业的重要支柱

数字经济是以数字化的知识和信息为关键生产要素,以数字技术创新为核心驱动力,以现代信息网络为重要载体,通过数字技术与实体经济的深度融合,不断地提高传统产业数字化、智能化水平,加速重构经济发展与政府治理模式的新型经济形态。在新一轮科技革命和产业变革浪潮之下,以互联网、大数据、人工智能和实体经济深度融合为特征的数字经济重要性日益突出,受到政府高度重视。2016 年 10 月,中共中央政治局会议上,习近平总书记强调"加快数字经济对经济发展的推动"。2017 年 10 月,党的十九大报告强调,"发展数字经济,助推实体经济与传统产业数字化转型成为信息通信业肩上的新使命与面临的新机遇"。2018 年 11 月,习近平总书记在第五届世界互联网大会致贺信中再次强调"为世界经济发展增添新动能,迫切需要加快数字经济发展"。2020 年,我国将数据中心列入新型基础设施。

根据国家统计局数据,我国国内生产总值(Gross Domestic Product,GDP)规模从 2002 年的 12.17 万亿元增长到 2021 年的 114.37 万亿元,累计增长 839.77%,复合增速 112.51%。中国信通院披露,我国数字经济规模从 2002 年的 1.22 万亿元增长到 2021 年的 45.5 万亿元,累计增长 3 629.51%,复合增速 20.98%;数字经济增速远高于 GDP 增速,对应数字经济占GDP 比重从 2002 年的 10.04% 提升到 2021 年的 39.8%。此外,国家统计局披露,2018 年我国就业总人数 7.76 亿,同比下滑 0.07%;中国信通院披露,2018 年我国数字经济产业就业总人数 1.91 亿,同比增长 11.38%;数字经济产业就业人数增速远超总就业人数增速,对应就业人数占比从 2007 年的 5.86% 提升到 2018 年的 24.62%。

2)数据成为数字经济时代的新型生产要素,5G、云计算催生数据爆发式增长

数字经济规模和 GDP 走势图如图 7-1 所示。数据是发展数字经济的关键生产要素,我国数字经济的飞速发展离不开海量的数据支撑。生产要素的形态随着经济发展不断变迁,土地、劳动力是农业时代的重要生产要素,资本是工业时代的重要生产要素,还催生出技术、管理等更多的生产要素;随着信息化、智能化的发展,以大数据为代表的信息资源向生产要素的形态演进。数据对其他要素效率有倍增作用,对生产力发展有广泛影响。2019 年十九届四中全会首次将数据与劳动力、技术、资本等一起作为要素。2020 年 4 月 9 日,党中央、国务院发布的《关于构建更加完善的要素市场化配置体制机制的意见》提出,"推进政府数据开放共享,提升社会数据资源价值,加强数据资源整合和安全保护,研究根据数据性质完善产权性质,制定数据隐私保护制度和安全审查制度"。IDC 统计,2018 年全球和中国数据规模分别为 33 泽字节(Zettabyte,ZB)、7.6 ZB,其中中国占比 23.0%;预计到 2025 年全球和中国数据规模分别为 175 ZB、48.6 ZB,对应全球和中国复合增速分别为 26.91%、30.35%。

5G、云计算、人工智能、互联网、线上娱乐等是我国数据爆发的核心驱动力。以互联网为例,工信部统计,我国固定宽带用户从 2011 年的 1.6 亿户提高到 2021 年的 5.36 亿户,11 年增长超 3 倍,年复合增速达 11.62%,其中 2021 年光纤用户达 5.06 亿户,渗透率超过 90%;我

国移动电话用户从 2011 年的 9.9 亿户增加到 2021 年的 16.43 亿户,11 年增长近 2 倍,年复合增速达 4.7%,其中 2021 年 4G 用户达 10.09 亿户,渗透率超过 65%,如图 7-2 所示。互联网基础设施的完善和内容的丰富是上网人数剧增的主要推动因素,反过来,上网人数的剧增又对互联网基础设施和内容提出了更高的要求。双重因素驱动下,我国互联网数据规模不断攀升,尤其是移动互联网。工信部披露,2021 年我国移动互联网接入流量消费达 2 216 亿 GB(十亿字节),同比增长 33.9%,其中,手机上网流量达到 2 125 亿 GB,同比增长 35.5%,流量占比 95.9%。

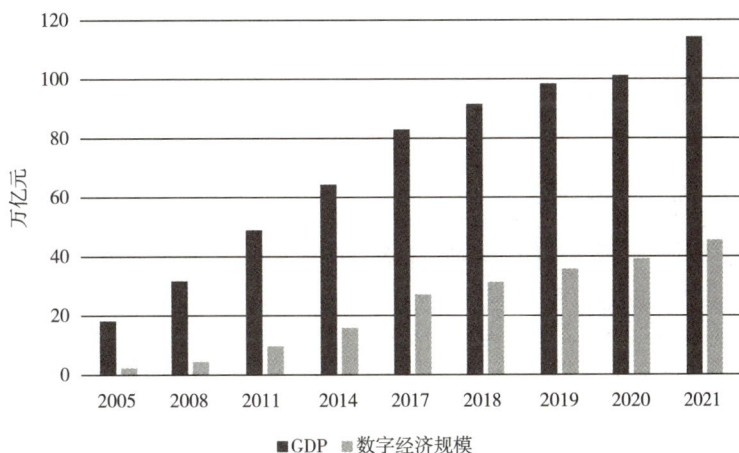

图 7-1 数字经济规模和 GDP 走势图

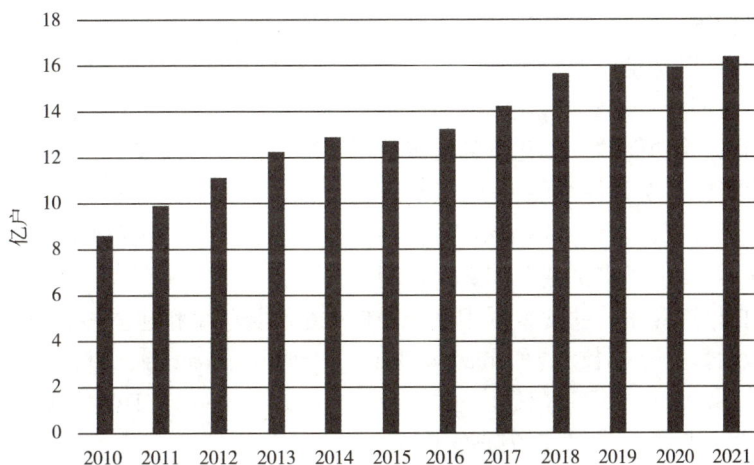

图 7-2 我国移动电话用户走势图

7.1.2 数据中心定义

目前,国内外对数据中心并没有明确、统一的定义。从数据中心的发展史可以看出,在不同的时期数据中心有不同的形态和内涵,数据中心的概念在发展中日益丰富。

1)TIA942 标准关于数据中心的定义

ANSI/TLA-942-2005K Telecommunications Infrastructure Standard for Data Centers(数据中

心的通信基础设施标准)是国际上第一部较为全面的以数据中心为对象的技术规范标准,由美国国家标准学会(A merican National Standards Institute,ANSI)和美国通信工业协会(Telecommunications Industry Association,TIA)于2005年4月12日共同发布。它对数据中心下的定义为:数据中心(Data Center)的主要功能是容纳一个计算机房和它的支持区域的一个建筑物或一个建筑物的部分。

在该定义中,计算机机房(Computer Room)指的是一个主要功能为容纳数据处理设备的建筑空间。支持区域指的是专门用来支持数据中心设备的计算机房以外的空间,这些空间可以包括操作中心、员工办公室、安全房间、电力房间、机械房间、储存间设备间和装载区域。

通过TIA942给出的定义可知,该类定义的数据中心主要指建筑物及建筑物内的设施及设备。

2)国内业界对数据中心的定义

目前,我国还没有一部以数据中心为对象的技术规范标准。国内业界对数据中心的定义也是众说纷纭,常见的定义有下述几种。

①数据中心通常是指在一个物理空间内(可以是一幢建筑物或者建筑物的一部分)实现对数据信息的集中处理、存储、传输、交换、管理,一般含有计算机设备、服务器设备、网络设备、通信设备、存储设备等关键设备。

②数据中心是指一种拥有完善的设备(包括高速互联网接入带宽、高性能局域网络、安全可靠的机房环境等)、专业化的管理、完善的应用级服务的服务平台。在这个平台的基础上,为企业或机构等用户提供网络基础平台服务、应用服务以及各种增值服务。

③数据中心是以特定业务资源中的各类数据为核心,依托数据库管理、业务运行基础平台和网络系统,按照统一的标准,建立具有信息管理、数据综合分析、数据分类查询、综合统计分析及信息服务等功能的一体化业务资源数据管理体系。它既是特定业务信息系统的中枢,又是特定业务信息交换体系的主体,还是更大的特定业务信息交换体系的节点。它为本级信息系统提供管理及运行平台;为本级信息服务系统的信息提取提供数据源支持;为远程信息系统按权限调用信息提供共享和交换机制。

④数据中心仅指应用层面的数据中心,具体包括数据仓库和建立在数据仓库之上的决策分析应用,包括数据仓库技术(Extraction、Transfor mation、Loading,ETL)、操作型数据存储区(Operational Data Store,ODS)数据库、数据仓库(Data Warehouse,DW)、商务智能应用和元数据管理等。综上所述,国内数据中心的定义主要分为以下3种:

a.物理地域范围。仅指建筑物及建筑物内的设施及设备。

b.数据和应用范围。仅指数据中心本身的ODS、数据仓库及建立在其上的决策分析应用。

c.以上两者的集合。指建筑物及其内部的设施及设备、建立在该建筑物内的各类应用,以及为保证设备、设施以及应用系统正常运行的计算机机房。

为了便于区分和描述,我们将采用第一种定义的数据中心称为物理数据中心;将第二种定义的数据中心称为逻辑数据中心;将第三种定义的数据中心称为广义数据中心。物理数据中心和逻辑数据中心概称为狭义数据中心。本书其后所提及的"数据中心"一词若无专门指定,即特指广义数据中心,目前该定义已成为行业内的共识。

3) 广义数据中心的概念

进入 21 世纪以来,随着信息技术的进步、各行业数据大集中发展趋势的强化,以及数据中心地位的提高,广义数据中心的概念应运而生。广义数据中心认为数据中心是因为数据大集中而形成的集成 IT 应用环境,它是各种 IT 应用服务的提供中心,是数据计算、网络、存储的中心。数据中心实现了安全策略的统一部署,实现了 IT 基础设施、业务应用和数据的统一运行维护管理。4 个含义广义数据中心是企业(机构)的业务系统与数据资源进行集中、集成、共享、分析的场地、工具、流程等的有机组合。其核心内容包括业务系统、数据 ETL、ODS 数据库、数据仓库、数据集市、商务智能等,也包括物理的运行环境(中心机房)和运行维护管理服务。具体来说包含以下 4 个方面的含义:

①数据中心提供所有应用系统(包括集中的业务应用系统、数据交换平台、应用集成平台)的运营环境。

②数据中心是容纳用以支持应用系统运行的基础设施(包括机房、服务器、网络、存储设备)的物理场所。

③数据中心包括数据中心本身的 ODS、数据仓库及建立在其上的决策分析应用。

④数据中心有一套成熟的运行、维护体系支持其日常运行,保证应用系统高效、准确、不间断地运行。

7.1.3　建设项目全生命周期

数据中心是信息系统运行和数据处理的中枢神经。建设一个现代化的、符合有关标准和规范的数据中心,是计算机系统安全、可靠、稳定运行的基础保障,也是信息化建设中最关键的一环。数据中心是基础设施、信息系统、运维支撑等共同构成的完整体系。数据中心建设一般分为 4 个阶段:规划设计阶段、建设改造阶段、运营维护阶段和持续改进阶段。

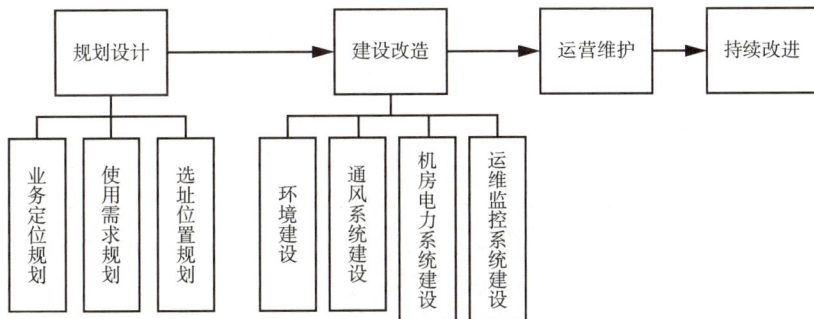

图 7-3　数据中心建设阶段示意图

1) 规划设计阶段

数据中心至少要使用和运行数十年,因此,在进行数据中心规划和设计时,需要长远考虑,既要满足当前实际需求,体现当前先进的技术应用,又要具备灵活性,能够适应未来增长和变化的需要。在规划设计阶段需要确定一系列详细的数据中心规划及设计方案,其中,数据中心的业务定位规划和使用需求规划是所有规划设计的基础。只有数据中心的业务定位确定后,才能够根据技术和设备应用发展的趋势,进一步规划信息系统部署的规模,进而确定数据中心的资源、布局和技术等方面的规划。比较重要的规划及设计包括下述7点内容。

①业务定位规划以机构自身的业务战略、投资战略及信息系统架构为策略确定数据中心的战略定位、用途、建设目标及业务模式。

②使用需求规划通过调研和访谈方式,对数据中心的容量规模、遵循标准、使用年限以及运行管理模式等内容,形成详细的需求规划。

③选址位置规划从自然地理条件、国家经济布局和当地设施保障条件等角度考虑,选择能够保障数据中心安全、稳定运行的建设地点。

④环境布局规划根据数据中心使用需求,对所在建筑物的建设提出要求及建议,并设计确定建筑物的平面布局和分期启用规划。

⑤建设投资规划综合考虑投资与回报,以及银行的资金能力等因素,确定数据中心建设工程投资概算。

⑥电力及制冷规划在确定整体IT架构的基础上,制订电力系统和制冷系统的规划设计方案,设计时应考虑IT设备的发展,如高密、耐热、节能、水冷、易腐蚀等,以及IT系统发展,如虚拟化、随需供应等,以满足近期及中期可扩充性需求。

⑦项目实施规划以工程项目的管理方法,确定数据中心建设的整体进度及关键点、施工的工作界面及职责分工、项目验收标准及方法,以及控制项目风险的评估方法。

2) 建设改造阶段

数据中心建设是一个涉及多学科技术的、复杂的系统工程,建设过程必须合理规划、周密部署、有效控制,涵盖建筑结构、装饰装修、空气调节、给水排水、电气技术和消防安全等多个领域。建设工程主要包括:

①数据中心建筑物建造:对数据中心所在建筑物进行建筑设计和工程施工。

②数据中心环境建设:对数据中心环境进行区域建设和装饰装修,根据使用管理和运行安全的需要,将数据中心分割出不同层次、不同用途的区域。

③机房电力系统建设:建设安装不间断电源、柴油发电机、供配电系统、机房照明、防雷接地等系统。

④空调及通风系统建设:建设安装各类专业空调设备、新排风系统等。

⑤消防报警系统建设:建设安装由触发装置、火灾报警装置、喷淋装置以及具有其他辅助装置组成的消防报警和灭火系统。

⑥安保系统建设:调试安装视频监控、门禁系统、红外入侵报警、110联网报警等系统。

⑦网络及通信系统建设:实施由铜缆、光缆组成的综合布线工程,并建设安装室内语音通信系统等。

⑧运维监控系统建设:建设安装对基础设施环境进行状态监控的监控系统,以及用于运维管理使用的集中监控中心系统。

本书主要讨论数据中心基础设施的建设管理,主要包括确保机房环境满足计算机相关设备正常运行要求的各类设施,包括机房电力系统(供配电系统、UPS系统、发电机系统)、空调系统(精密空调系统、新风系统)、安防系统(防雷接地系统、消防系统、视频监控系统、门禁系统)和综合布线系统等。

3）运营维护阶段

数据中心运维管理的服务质量和服务效率，直接影响着所承载的各类信息系统的运行效果。为了满足不间断运行的服务要求和适应模块化的应用模式，数据中心基础设施的运维管理发生了很大改变，管理模式已经不再是静态地维持资源供给和状态巡检，而是正在逐渐向动态模式转变。基础设施资源的控制、预留和调度，要根据服务需求实施动态分配，并应用科学的管理手段，增加运维管理工作的灵活性和管理效率。

（1）在流程标准方面

应选择成熟的标准规范和最佳实践方法，建立数据中心运维管理的基本要求和管理流程，以不断提升运行服务质量和降低运行成本为目标，构建数据中心运维管理的保障体系和管理框架。

（2）在管理手段方面

数据中心需要通过引入技术工具来解决成本加大、运作复杂、实时性高等问题，自动化的运维方式是数据中心基础设施运维管理的发展方向，自动化运维管理实现了运维资源有效利用，有效提高了服务水平。

（3）在人员配置方面

要求运维人员不仅具有基础设施设备维护的专业技能，还需要具备基本的使用计算机系统的能力，从而可以借助自动化系统更安全、有效地开展工作，适应现代化管理手段发展的需要。

4）持续改进阶段

数据中心建设不是一劳永逸的项目，而是一个不断演进的过程。在数据中心投产运行的过程中，需要有效应对服务需求的变化，不断预测资源容量需求，持续提升运行服务质量。通过对数据中心运行管理长期的经验进行评估和总结，形成对数据中心建设的改进需求，再反馈到规划设计阶段进行持续改进，以达到降低运营成本，延长数据中心使用寿命和周期的效果。

7.1.4　数据中心的现状及挑战

当前我国各业数据中心正面临着成本、速度、整合、管理、安全、资源共享及动态调配等一系列挑战。

1）中国各行业数据中心现状

（1）数据中心升级换代，建设大规模集中式数据中心

21世纪前后，我国各大行业根据自身业务的需求陆续着手建设自身的业务网络，其中以银行、保险、邮政、税务等行业为典型代表。它们或者将数据上报到省级中心，或者建立大型的区域数据中心甚至国家数据中心，被人们称为数据大集中。其典型特点是：基础网络已经基本到位，基本的业务已经在基础网络上承载运行。与此同时，为了适应竞争的需要，企业还要对原有业务基础网络进行进一步的优化和改造，将其升级换代，使之更加适应业务的发展和管理的优化。在数据大集中后，建设重点是"多业务整合"，即通过新的技术来整合分散的业务系统，再造业务流程，使之更加符合客户的个性化需求，力求实现完全意义上的集

中计算与基础设施共享、信息共享,建立基于"面向服务计算模式"的企业级数据中心。

目前,我国各业的业务和数据从分散部署走向大集中,数据中心的数据量急剧膨胀,数据中心的重要性受到空前的重视,应用优化、网络安全、应用安全设备大规模部署,融合了应用安全、应用优化能力的应用智能数据中心越来越受到各业用户的欢迎。

(2)国内数据中心逐步重视标准化、模块化建设

数据中心是一个融合了多系统的复杂系统,国内数据中心逐步重视标准化、模块化建设。采用结构化、层次化、模块化的规划设计方法,实现数据中心的功能分区设计,标准化数据中心架构,实现数据中心高可靠、高性能、易管理、易扩展的目标。各业客户未来的业务发展充满了不确定性,因此,要准确预测支撑业务的 IT 基础设施需求也非常困难。而且对于广大中小企业来说,建设数据中心的初期一次性投资也是非常沉重的负担。在这样的前提下,要想设计出能适应未来需求的数据中心,就要将企业用户的需求尽量细化,并据此进行模块化设计。而这种模块化设计和分步建设也可以最大限度地减少中小企业的初期一次性投资。

(3)数据中心正处在从基础架构简化向资源共享发展

2008 年《计算机世界》报社对全国数据中心建设情况的调查表明,27%的数据中心已经采用了安全技术,另外多达 25%的数据中心已经采用或者部分采用了资源整合管理技术,还有 15%的企业采用了虚拟化技术,20%的数据中心采用了自动化管理技术。这些数据表明,国内企业在数据中心的新技术应用方面比较均衡。总体来看,可以得出这样的结论:数据中心正处在从基础架构简化向资源共享发展的阶段。

(4)数据中心"绿色工程"正在起步

相当多的数据中心并未将能源管理技术纳入数据中心管理中,没有将能源管理视为重大挑战,但实际上,这是一个迫在眉睫的问题。提升能源效率,减少碳排放,促进绿色工程发展,将成为数据中心接下来的重点发展目标。国际上比较通行的数据中心电力使用效率的衡量指标为 PUE(Power Usage Effectiveness,电源使用效率)值。PUE 值是指数据中心消耗的所有能源与 IT 负载消耗的能源之比。PUE 值越接近于 1,表示一个数据中心的绿色化程度越高。专家预计,在经过概念普及之后,随着可实施、可衡量的技术及工具越来越多,未来两年企业数据中心将掀起实施"绿色工程"的高潮,而诸如能源管理这样的技术和工具将愈加受到企业的青睐。

2)数据中心面临的挑战

中国的各业数据中心,特别是企业数据中心,在发展中也遇到了前所未有的挑战。

(1)来自业务部门应用的压力日益增加

对于目前大多数的数据中心来说,尚未真正进入 IT 资源快速、灵活、动态调配的阶段,来自业务部门的压力与日俱增。业务部门的需求不断增加和变化,对数据中心的服务能力要求越来越高,但数据中心在快速响应时又感觉很艰难综合来看,数据中心在应对来自业务部门的挑战方面面临相当大的压力,这与目前数据中心在架构上总体落后、灵活性差、资源动态调配能力低等情况是息息相关的。

(2)资源共享状况需改善,利用率需提高

大部分企业(机构)认为数据中心资源利用率一般,甚至严重闲置,共享程度低。造成这种状况的根本原因是目前许多常规的数据中心构建在孤立的信息技术之上,系统之间无法

相互通信,而且由于无法共享资源,致使服务器与存储性能得不到充分利用。总体来看,数据中心的资源利用率还需要进一步改善和提升。

(3)管理灵活性差,需优化架构

在数据中心的管理方面,虽然有相当数量的企业采用了一些先进的管理工具或者平台工具,但是管理问题依然突出。大部分企业认为数据中心灵活性不足、架构有缺陷、效率低。不过,也有部分企业的数据中心已进入新一代数据中心状态,它们具备了新一代数据中心的衡量标准之一,即实现资源动态合理调配,管理非常灵活。这表明部分领先的企业在数据中心的部署、规划方面具有相当超前的眼光。

(4)数据中心缺乏改造规划

在改造或升级数据中心的过程中,很多企业面临着多重困难,包括成本太高、担心业务连续性出问题等。此外,有部分数据中心对于改造没有清晰的计划,这说明企业急需解决数据中心资源利用率低下、自动化功能低下、主动调配功能低下的问题,需要通过整体基础架构以及服务架构更新换代来彻底解决问题,但是由于没有良好的规划和对业务连续性的担心,缺乏清晰的脉络和规划,因此企业不敢贸然行动。

(5)碳排放量高,需提升能源效率

随着数据中心的建设普及、电子信息系统机房 IT 设备高密度的集成化,解决设备散热及机房散热量日渐趋高的现象开始受到各界强烈关注。而相关研究显示,IT/电信相关的碳排放已经成为最大的温室气体排放源之一,由此一年产生的碳排放量为 8.6 亿吨,且该领域的排放势头还在随着全球对计算、数据存储和通信技术需求的增长快速上升。即使人们大力提高设备、机房结构等装置和数据中心的能效,全球 IT 相关碳排放也将迅速上升。PUE值已经成为国际上比较通行的数据中心电力使用效率的衡量指标。当前,国外先进的数据中心机房 PUE 值通常小于 2,而我国的大多数数据中心的 PUE 值为 2~3,因此,数据中心能源效率的提升将是当前面临的主要挑战之一。

7.2 数据中心的体系架构

7.2.1 整体框架

数据中心整体上呈 3 层架构布局,如图 7-5 所示;3 个基本层分别是能源设施、数据基座及开放平台。数据基于上述架构的全生命周期流动处理、与行业深度融合,从而发挥出其真正价值,助力实现产业数字化。

能源设施作为基础底层架构,主要作用为促进绿色、极简、弹性、智能和可持续发展。云和人工智能(Artificial Intelligence,AI)促进计算密度提升,同时也带来能耗与碳排放增加,对能源设施提出了更高要求,向架构极简、绿色节能、弹性升级、智能运维、安全可靠等方向发展。

数据基座,主要为端到端数据效能全面提升提供支持。区别于传统的软硬件设备和数据平台,数据基座包括数据存储、新计算、数据传输、数据保护及数据管理等几个部分,具有更强的计算能力、更可靠的存储保护能力、更低的每比特成本、更快的网络传输能力及更高效的数据库管理能力。

开放平台是数据中心对外服务的操作层。开放平台包括数据汇聚、数据治理、数据分析、数据服务和资源服务,是上层数据应用所依赖的核心基础设施是产业需求与底层核心计算能力之间的纽带。

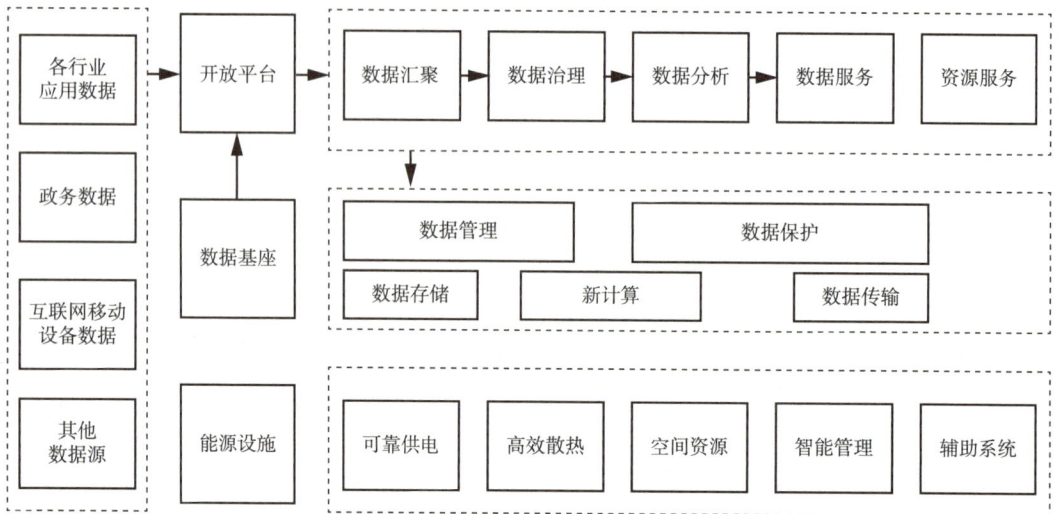

图7-4 数据中心整体框架
(资料来源:新基建数字时代的新结构性力量)

7.2.2 能源设施

能源设施架构应以极简为原则,采用工厂预制模式、减少现场工程、缩短建设周期。减少供电、散热系统变换次数,以及设备小型化、高密化,减少能源设施占地,提升数据中心空间利用率。主要包含以下几项功能。

(1)绿色节能

采用高效供电、散热设备,充分利用自然冷源和 AI 等技术实现系统级高效率,减少电力消耗。因地制宜鼓励采用风冷冷却方案,减少水资源消耗。通过预制装配式建筑模式,减少建筑垃圾、工业粉尘、噪声等污染。采用锂电等新型储能系统,减少重金属污染。

(2)弹性升级

能源设施的架构设计匹配 2~3 代 IT 设备的部署,支持机柜功率密度弹性升级,全生命周期价值最大化。模块化架构分期部署、支持按模块、房间、楼层在线扩容,节约投资。

(3)智能运维

通过数字化、物联网等手段实现信息化,再通过 AI 等技术实现能源设施智能化演进,在全局可视、无人值守、能效优化和资源利用等方面,加速推动能源设施自动化进程,最终实现"自动驾驶"。

(4)安全稳定

通过预测性维护等自动化、智能化手段,识别潜在风险、及时发现故障、主动维护或提前响应,减少业务中断和服务影响。通过网络安全风险监测、韧性设计、隐私保护、分布式存储计算等,打造安全稳定的数据。

7.2.3　数据基座

新计算引入了异构计算的概念,从单一算力到多样性算力,支持存算分离,匹配多样性数据,让计算更高效,为数据中心提供强壮的心脏。同时,为了应对人工智能、深度学习、图片编解码和视频渲染等深度应用需求,新计算采用人工智能芯片,以满足在训练和推理过程中对计算性能、能耗、吞吐和延迟等方面的更高要求。主要包含以下4项功能。

(1)数据存储

从单一类型存储走向多样性融合存储,以统一存储、融合存储等方式降低技术门槛,解决了过去存储效率低、管理复杂的问题。在高速存储技术方面,闪存技术的进步将助力固态硬盘突破容量限制,推动成本持续降低,在低成本大容量存储方面,融合、混合存储技术将成为趋势。

(2)数据保护

通过数据加密、容灾、备份、双活等技术,构建全方位的安全保护体系,保障数据端到端的安全可靠。由于数据中心承载的业务和流量高速增长,对数据中心内部网络管理和性能也提出了更高要求,而无损网络、光模块、高速骨干网络等技术可以更好地帮助数据中心实现内部快速、高效的数据传输。无损网络通过流量控制、拥塞控制、负载均衡等技术创新,具有无丢包、低时延的特点,而406、1006甚至4006光模块技术日趋稳定,正在被逐渐广泛应用,结合国家5G移动网络与固定骨干网络新型基础设施的建设,将为数据中心提供超高速、大带宽、稳定可靠的数据传输能力。

(4)数据管理

数据管理是伴随着20世纪80年代数据随机存储技术和数据库技术的使用而诞生的,主要指依赖于数据库系统的软件支撑,对计算机系统中的数据进行方便的存储和访问。未来随着机器学习、区块链等新技术与数据管理需求结合,数据管理平台将持续向开源、兼容、工具化方向发展,数据管理类软件的地位也将越来越重要。

7.2.4　开放平台

开放平台是数据中心对外服务的统一接口,是各类数据资产可管可控、可挖掘、可治理的使能中枢。主要包含以下6项功能。

(1)数据汇聚

支持从各类数据源,基于规范化的接口协议和数据格式读取多源数据,对采集的数据进行清洗、转换,为后续处理和分析提供统一的数据视图。

(2)数据治理

建立一套有助于数据资源顺畅流动、数据价值合理分配、数据安全稳固保障、数据供给持续合规的规范体系,是保障数据中心顺畅运转的重要前提。数据资产管理平台可实现数据溯源分析和下游影响分析,维护统一的数据。

(3)资源目录

数据质量管理跟踪并定期报告,确保数据在整个生命周期内都具有高质量,进而提升数据分析结果可信度;数据标准管理按行业制订数据分级分类标准,并将各环节的数据管理要求落到数据资产管理平台中。数据治理将从人工流程走向自动化、智能化。过去,数据治理需要依赖于众多数据专家理解数据、理解业务,构建数据安全和数据质量体系,基于 AI 的数据治理平台通过算法理解数据和业务,对不同的数据自动采取相应的分类安全和质量保障体系,降低对人工的依赖,提升治理效能。

(4)数据分析

依赖于大数据软件系统,从单一处理向多源数据智能协同、融合处理等方向发展,能够提供实时/批量计算、数据可视化分析,具有多引擎支撑、权限管理、实时数仓、数据处理监控等功能。

(5)数据服务

数据服务是数据基座与各类业务应用对接的"窗口"。在规划设计层面,结合行业特性和监管要求对数据中心进行中长期的规划和短期分阶段建设的咨询服务;在应用服务层面,通过与商业智能(Business Intelligence,BI)、人工智能(AI)等工具协同,提供灵活的数据查询、交互式数据报表、多维度用户画像和精准信息推荐等数字化服务。数据服务形式以应用程序接口(Application Programming Interface,API)为主,通过合规安全的形式提供数据内部共享和外部数据流通流程,提供数据大屏,展现数据价值。

(6)资源服务

数据中心是容纳计算存储等资源的集中之地,通过云计算、大数据、软件定义等一系列技术的组合,数据中心内的资源可构成统一的资源池,实现物理资源与逻辑资源的解耦,逻辑资源通过协同和调度,可以实现跨域的计算能力共享,提升整体资源利用率。

随着 5G 时代到来,工业互联网及视频直播领域的广泛应用,数据中心部署方式将多元化,有算力、存储集中部署,也有满足低时延业务场景诉求的边缘节点。构建先进的算力共享及数据分析引擎,可实现跨数据源、跨数据中心、跨执行引擎的数据联合分析和即时查询的需求;算力共享可优化集群资源使用,解决业务资源使用瓶颈;执行引擎最优选择可提升数据使用效率,解决业务数据孤岛,最大化数据的使用价值。

7.3 数据中心的规划设计

7.3.1 数据中心规划理念及流程

1)数据中心规划的基本理念

所有的建设方都希望建好的数据中心具有前瞻性、性价比高、灵活扩展等功能,在数据中心建设、运行、扩展的整个生命周期内切实支持业务的弹性发展,提供全面的数据以供决策。但实际情况并非如此。随着各行各业业务的快速发展和管理精细化程度的不断加深,企业和机构信息化步伐不断加快,信息系统日益复杂,IT 设备数量和容量不断扩张,这就需要建设一个相对庞大的数据中心,以充分满足使用需求。但随之而来的,便是不菲的建设成本投入、可观的运营成本、过大的空间面积占用以及巨大的能源消耗等众多问题。如何在数据中心建设过程中,通过规范化、标准化的规划流程,同时充分借助最新的技术,对上述问题进行权衡比较并达到一个相对科学、合理的平衡,就成为数据中心规划中的一项重要任务。

数据中心建设和运营实践证明,数据中心规划是非常复杂的,很难做到尽善尽美。数据中心规划工作面临的一个重大的挑战,在于边界限制因素越来越多,很难保证这些限制因素在很长时间内都保持很好的平衡与匹配。在诸多边界条件中,数据中心最重要的 3 个制约条件是供电、制冷和面积。这 3 个关键的因素对数据中心容量规划的影响既相互独立,又相互渗透、互为表里。理想情况下,在供电、制冷满负荷时,没有富余的空间使用面积,并且这时候的供电、制冷都能充分满足 IT 设备使用需要。但实际情况并不是这样。更为重要的是,规划设计是基于当时技术情况进行设计的,但是由于 IT 设备和供电、制冷等机电设备更新换代周期的不一致,在 IT 设备技术日新月异的今天,设备越来越小(也就是功率密度越来越大)、供电和制冷要求越来越高,很可能很快就打破规划设计时的平衡,造成供电、制冷满负荷运行时,空间使用面积大量富余的情况出现。这样,就更加大了规划设计的难度。

为了有效减少上述问题,尽量降低上述问题带来的不利影响,在数据中心规划设计时,必须遵循以下设计理念。

(1)全生命周期设计理念

一般来说,数据中心建筑的使用寿命通常为 50~60 年(有的设计年限为 100 年),数据中心机房或机房模块的使用周期为 10~15 年,数据中心基础设施(机电设备、专业设备)的使用年限为 15~20 年,IT 设备升级换代的时间为 4~5 年。因此,在进行数据中心规划时,做好时间周期的错配,确定分阶段建设、升级的关键点,以及基础设施的配合升级计划。例如,一个数据中心机房如果要求初期投产时即能满足未来 10 年左右的发展需求,则初始投资就会太高,但也要避免因规划不足而导致投产后短期内就需要升级,甚至停机改造。数据中心的生命周期主要是由房屋建筑物和主要设备本身的折旧年限、设备及新技术发展、客户需求和经济性等综合因素所决定的,具体可参考财务制度中固定资产的折旧年限有关规定,并结合数据中心业务的运维特点而定。设备的技术发展及新产品的可行性、经济性和它对整个业务系统的支持力度对关键基础设施生命周期也有一定影响。数据中心在业务运营阶段应具备基本的可用性、可靠性,能够为业务运营提供连续性的运营支撑,因此在数据中心全生命周期的各环节应统筹规划,实际工作中存在的不足主要表现在以下 7 个方面。

①数据中心各系统布局缺乏全局规划,功能定位不清晰。

②地域资源不具备可持续发展的基础条件。

③数据中心受建筑条件的限制,如经办公用房改造的数据中心,建筑的层高、结构荷载、柱距等因素不利于数据中心的长远规划。

④数据中心的能效较差,未考虑新技术、新产品的应用,在线扩容比较困难,项目运行成本高。

⑤用电设备的功率密度不断增大和配置不均衡会影响数据中心的基本运行,无法进行在线改造和扩容。

⑥设备采购与设计指标存在一定的差异,未从系统协调性考虑某项技术及产品在数据中心的应用,进而影响数据中心的整体运行。

⑦日常运维缺乏精细化养护和管理,系统稳定性、可靠性较差。进行数据中心规划,必须从数据中心的整个生命周期着手,生命周期内的各个阶段是一个有机的整体,任何阶段或环节出现问题都会给数据中心运营带来不良影响。

(2)模块化设计理念

模块化设计为数据中心规划和建设的重要理念之一。数据中心运营投产规模应与业务发展相匹配,数据中心建设者应遵循模块化设计理念,根据业务发展需求,进行分期建设投产,在提高资金使用效率的同时,最大化地降低数据中心运行成本。近年来,国内外纯机房装机规模超过 1 万 m^2 的大型数据中心建设进入了高速成长期。据中华人民共和国工业和信息化部 2014 年 7 月的调研报告,在 2011—2013 年,我国新建了 65 个大型机房。为提高其效率,大型数据中心的建设应遵循"整体规划、统筹设计、分期建设"原则,数据中心各系统的分期建设建议如下:

①建筑主体按设计一次性建设完成。

②装饰装修按投入的数据中心面积分期实施。

③供配电系统高压配电按终期负载配置,低压配电与装修同步分期建设。

④发电机系统并机系统按终期负载配置,设备按分期负载分步投入。

⑤UPS 及蓄电池按分期负载分步投产。

⑥制冷系统管路管道按设计方案一次性建设,设备按负荷分期投产。

⑦防雷及接地系统按设计方案一次性建设完成。

⑧弱电系统按投入的数据中心面积分期建设。

⑨消防系统按设计方案一次性建设完成。

⑩综合布线系统按投入的数据中心面积分期建设。

(3)整体性设计理念

在进行数据中心规划设计时,应遵循整体性设计理念。整体性规划设计体现在两个方面:一是对单个数据中心进行规划设计时,应进行全程设计,在进行数据中心设计和建造的同时,同步设计运维模式和管理流程,数据中心运维管理流程设计不当也可能会出现很多问题;二是对本单位所有数据中心从一个整体进行考虑,也就是说,在各个物理数据中心之上,建设一个逻辑数据中心,在逻辑数据中心基础上,考虑计算架构、存储架构、网络架构和物理设施架构之间的关系,并从一个整体来考虑各物理数据中心或各物理数据中心内机房模块的等级和冗余度设计等,从而有效降低整体建设成本和运营成本。

(4)绿色节能环保设计理念

绿色数据中心是当前数据中心规划设计的一个主要目标。在规划设计数据中心时,需要确定各种经济技术指标要求和节能目标。通过采用先进技术手段,并通过科学的管理流程,提升数据中心 PUE,最终达到建设绿色数据中心的目标。

2)数据中心规划的基本流程

在数据中心规划初期有个完善的需求分析、科学的方法论和理性的分析策略至关重要,应参考业务运维管理、安全管理、网络管理、未来架构和业务发展计划的概要性评估分析和规划建议,提出未来数据中心的需求目标、技术架构、容量、级别及考核指标。在明确需求方向的策略指导下,投入设计及建设阶段。

与其他规划的制订流程类似,数据中心规划可分为现状的分析与评估、总体方案的确定,以及具体实施计划的制订 3 个阶段。3 个阶段的工作密切相关、相辅相成。正确的现状分析与评估,是制订高品质规划方案的前提和基础,可操作的实施计划是整个规划项目落地的重要保障。数据中心规划方案,应按照行业各自的内部决策审批流程,经过高级管理层审批后执行。

(1)现状的分析与评估

本阶段的主要工作是基于企业或机构战略和发展需要,对现状进行评估分析,形成数据中心需求分析报告。需求分析报告至少应包括：数据中心等级和设计标准；数据中心 PUE 指标；IT 机房高架地板面积或 IT 机柜数量、IT 总功率或每机柜功率密度；市政配套设施的数据（如电力容量、市政水量或中水水量、通信带宽、燃气容量等）；数据中心运行人员监控及维护房间、备品备件间、电梯运输要求；数据中心分期建设计划等。

一个数据中心的规划设计受到多种条件和因素的制约，这既包括土地或建筑物的取得方式，电、热、水等市政设施配套情况等外部条件，也包括投资预算、项目的组织实施等内部因素，以及对数据中心提出的容量规模、可用性级别、能源效率等技术要求。在进行现状分析与评估时，首先必须全面、准确地识别出这些条件和制约因素，必要时可借助外部咨询公司实现。然后，组织数据中心主管部门、建筑主管部门、财务主管部门等相关部门负责人进行协商评估，清楚地确定各种因素的优先级别和重点并达成共识。

（2）总体方案的确定

本阶段的主要工作是根据前期需求分析报告、数据中心技术应用和最新发展趋势，并结合数据中心建设实践，形成数据中心技术规划报告。目前，数据中心技术规划报告内容没有统一的规定，但至少应包括：数据中心等级和设计标准；数据中心建筑规模、建筑高度，IT 机房面积、配套设施面积；数据中心 IT 功率密度、机柜数量及功率密度；数据中心装饰装修、电气系统、暖通系统、综合布线系统、消防系统、安防监控和总控中心等建议方案；数据中心节能措施；数据中心市政设施需求；数据中心投资估算；数据中心运行管理模式等。

（3）具体实施计划的制订

制订数据中心规划的具体实施策略和计划，阐明每阶段的投入、产出以及所取得的效果，形成数据中心规划实施报告。

概括来讲，数据中心规划设计的核心内容包括 3 个方面：科学估算数据中心容量、合理确定数据中心等级、综合评估数据中心选址。

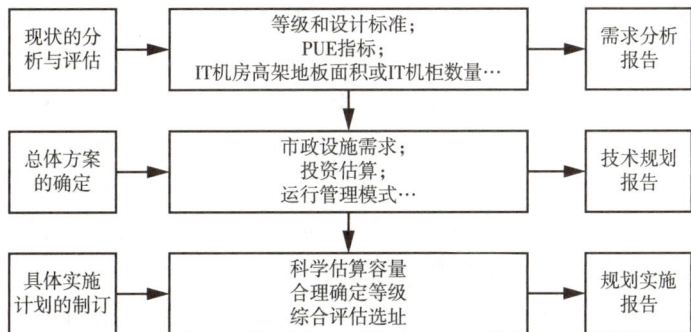

图 7-5　数据中心规划流程示意图

7.3.2　数据中心的容量

如何规划数据中心容量一直是数据中心管理者和从业者的一个重大问题。当一个数据中心建设意向提出之后，数据中心的建设容量到底该多大？到底该按照哪些因素去规划数据中心的容量？数据中心到底该按照哪种方式去建设？如何使将要建设的数据中心能够面临 10 年或更长时间的业务成长？如何使数据中心保持可靠性、经济性和节能环保性的有机统一？对以上诸多问题，都必须在数据中心规划过程中予以解答。

在设计和建设数据中心时，人们会将预测数据中心规模看成一个首先要进行的基本程序。如果预测的数据中心或数据中心机房模块设计寿命是 10~15 年,那么这项任务就会变得异常困难,因为数据中心或数据中心机房模块的使用寿命期内,机房内的 IT 设备将会被新一代的设备"刷新"或更换 3~4 次。IT 设备的快速更迭使得最基本的未来容量预测成为泡影。

数据中心空间规划是指承载 IT 设备的空间,即安装 IT 设备的机柜空间的规划。需要指出的是,机柜的 IT 设备安装空间未必等同能安装的 IT 设备数量。众所周知,电力和制冷支持也决定 IT 设备在机柜的安装数量,空间、电力、制冷 3 个方面紧密联系在一起,它像一个由空间、电力、制冷 3 个因素组成的木桶,三方的平衡最重要。目前数据中心的空间利用率都比较低,主要原因体现于 IT 业务高速的发展,IT 设备快速更新换代,同样空间的 IT 设备计算能力成倍提高,电力容量也大幅提高,现有机柜的电力和制冷无法支持 IT 设备。

未来的 IT 设备计算能力越来越强,用电量也越来越高,同时占用空间越来越小,机柜高密度必然是未来的发展趋势。新建或改建的数据中心规划时,结合 IT 业务系统、机柜容量、电力容量的需求,不仅要有效解决机柜使用率低的问题,还要解决高密度功耗带来的制冷问题。数据中心空间与电力和制冷如何匹配将是数据中心规划长久争论的问题。

IT 设备的空间需要电力、制冷、通风、给水排水、智能化等系统空间的支持,机柜功率密度高低直接影响机柜空间效率的高低,最终影响总建筑面积的需求。几年后,IT 设备更新换代,就会遇到 IT 设备计算能力成倍提高,占用空间几乎不变,电力需求有所增加,以及现有空间可容纳更多设备的问题,并且随着电力、制冷需求的增加,这时现有的电力、制冷系统将严重制约 IT 业务快速部署,迫使建设方重新建设或租赁新的数据中心。

因此,空间规划需要与电力和制冷系统同时进行规划,结合 IT 设备技术发展趋势,适当地提高当前机柜的功率密度,是有效解决空间问题的重要方案之一。为了确定数据中心的容量,需要考虑多方面的问题,具体内容如下:

①需要充分考虑目前业务需求和未来一定时期内的扩展需求,但矛盾是对未来发展考虑得越多越充分,就必然会大大增加项目的投入,因此需要根据企业自身的具体情况而定。

②需要充分考虑企业的经济规模,即项目投入与预计产出比是否处于最优状态,资源和资金的使用是否高效。根据数据中心项目建设的具体情况,可以采用先期基本建设一次建成,后期按需分步实施的策略。

③确定拟建规模的可行性,重点考虑各方面的资源状况是否能满足拟建规模的要求,主要包括场地空间、能源供应、项目资金状况等方面。

④需要充分考虑企业所在行业的现状和发展趋势。对于不同行业,在确定数据中心建设规模时应充分考虑各自的行业特点。

⑤对于改造项目,在保持项目可用性和可靠性的前提下,应充分考虑原有设备和设施的有效利用。

在充分考虑了以上因素后,根据功率密度确定原则,对未来数据中心机架的数量进行适当预估,初步确定数据中心机房的面积需求。同时,根据未来数据中心的供电密度和冗余等级,对其需要的配电设施和空调设施区域面积做出合理的预估,最终可以确定数据中心的建设规模。

对数据中心容量具有直接影响的因素有两个:一是 IT 设备容量。数据中心拟支撑的 IT 设备容量,是估算数据中心容量的重要参考。二是 IT 系统架构。根据企业的 IT 系统架构的不同,这些 IT 设备在数据中心内,以及不同数据中心间进行设备的部署安装。

7.3.3　数据中心的等级

数据中心由于业务支撑及功能的要求不同,其基础设施的架构、安全性、建设及运行效率和成本有很大差异,选择合适的数据中心功能及级别,对数据中心建设的决策者意义重大。可靠性要求过高,会造成投资和运行费用偏高;可靠性要求过低,又无法满足业务及生产安全需求,因此,如何根据行业特点和业务需求的差异,合理规划、科学设计、建设具有适宜可靠性的数据中心,避免过度投资或投入不足,成为数据中心规划及建设阶段迫切需要探讨的重大问题。

本章节针对不同级别的数据中心详解机电基础设施的部署策略及方法,根据技术先进、安全可靠、经济合理原则,为新建、扩建和改建数据中心的规划、设计、实施、验证、运维提供技术依据。本节不适用于涉密机房。

1)数据中心国际标准分析

国内外对数据中心级别和功能的分类有很多种方式,综合来看,全球行业内普遍认可的标准有 UI(Upti me Institute)和 TIA(美国通信工业协会)发布的分类方法。根据数据中心基础设施的"可用性(Availability)""稳定性(Stability)"和"安全性(Security)",UI 将数据中心分为 Tier Ⅰ、Tier Ⅱ、Tier Ⅲ、Tier Ⅳ 共 4 个级别,其对应的功能分别是"基本需求""主要设备冗余""在线维护"和"容错"。这种分类方法由 UI 率先提出,数据中心的建设者和设计者对其认可程度较高,在数据中心行业被广泛引用。UI 的白皮书对各种级别所能达到的功能和要求都做了严格的定义和描述,但没有提及各系统的设计细节,这也给数据中心从业者提供了更为广泛的空间和更宽阔的设计思路。

美国国家标准学会(ANSI)和美国通信工业协会(TIA)共同发布的《数据中心电信设施标准》(ANSITIA-942-A-2012)也是国际上较为通用的以数据中心为对象的技术规范标准,其内容参考了 UI 的分类方法,也将数据中心分为 T1、T2、T3、T4 四个级别,并对各个级别的数据中心做了一些详细要求和推荐做法,它提出了许多的设计理念、系统构架与技术指标,对数据中心工程建设具有很高的指导意义。

2)数据中心国家标准分析

我国现行的《电子信息系统机房设计规范》(GB 50174—2008)将数据中心分为 A、B、C 共 3 个级别,该规范参考和借鉴了国际标准的内容,但仍然存在一些差别。例如,该规范没有提及在线维护的功能,对容错和在线维护的功能也未做明确区分。事实上,不管是国内还是国际上,较多的数据中心功能要求均为在线维护,能够达到容错级别的数据中心反而不多。这是因为数据中心一旦达到容错的级别,虽然可以大大减少宕机的概率,但往往也需要投入大量的建设成本和运维成本,而随着信息系统技术的发展及管理、业务恢复能力的提升,信息系统自身的可靠性就很高,在线维护功能的机房就足以支撑业务需求,不需要全面性追求最高级别及性能。

(1)机房分级

电子信息系统机房设计时应根据机房的使用性质、管理要求及其在经济和安全性中的重要性区分所属级别。A 级机房是指电子信息系统运行中断将造成重大的经济损失;或者电子信息系统运行中断将造成公共场所秩序严重混乱。B 级机房是指电子信息系统运行中断将造成较大的经济损失;或者电子信息系统运行中断将造成公共场所秩序混乱。C 级机房是指不属于 A 级或 B 级的电子信息系统机房。在异地建立的备份机房,设计时应与原有机房等级相同。同一个机房内的不同部分可以根据实际需求,按照不同的标准进行设计。

（2）性能要求

A 级机房内的场地设施应按容错系统配置,在电子信息系统运行期间,场地设施不应因操作失误、设备故障、外电源中断、维护和检修而导致电子信息系统运行中断。B 级机房内的场地设施应按冗余要求配置,在系统运行期间,场地设施在冗余能力范围内,不应因设备故障而导致电子信息系统运行中断。C 级机房内的场地设施应按基本需求配置,在场地设施正常运行情况下,应保证电子信息系统运行不中断。

7.3.4 数据中心的选址

数据中心的选址为数据中心建设的一项重要的基础性工作,数据中心选址关系到企业保持业务系统连续运作的需要、长期可持续发展的要求,同时也是加强风险管理、提高市场竞争力的重要手段。

数据中心选址是数据中心建设规划的前期基础工作,牵涉较为复杂的技术层面及运行管理层面的综合考量,需要进行充分调研,认真评估以及决策层的适度指导和参与。数据中心选址决定将很大程度地影响数据中心资源供给、安全生产、绿色节能及管理运行等目标的实现。

现有数据中心选址规范:

1）国内与数据中心选址相关的规范

目前,国内与数据中心选址相关的规范主要包括:
《电子信息系统机房设计规范》（GB 50174—2008）。
《智能建筑设计标准》（GB/T50314—2015）。

2）国际标准

国际标准主要有:《数据中心电信设施标准》（ANSI/T1A-942-A-2012）、Upti me Institute-2014、ASHRAE TC9.9-2015。

国内、国际标准规范和监管方面对数据中心选址的相关要求见表 7-1。

表 7-1　国内、国际标准规范和监管方面对数据中心选址的相关要求

标准名称	项目	技术要求
《电子信息系统机房设计规范》（GB 50174—2008）	第 4 条机房位置及设备布置	• 水源充足,电力比较稳定可靠,交通通信方便,自然环境清洁 • 远离产生粉尘、油烟、有害气体以及生产或储存具有腐蚀性、易燃、易爆物品的工厂、仓库、堆场等 • 远离水灾隐患区域 • 远离强震源和强噪声源 • 避开强电磁场干扰

标准名称	项目	技术要求
《数据中心电信设施标准》（ANSI/TIA-942-A—2012）	安全位置选择考虑	• 数据中心不应靠近附近机场的飞行航线 • 与铁路及高速公路距离大于800 m，以保证降低化学物质溅落危险 • 与军事基地距离大于800 m，与核设施、国防设施等大于1 600 m • 其他注意事项：污染风险/接近警察局、消防队、医院、地区规划、多路接入、震动问题、环境问题
	分级参考指南（建筑）	• 距洪水危险区域的距离 • 距海岸或者内陆水路的距离 • 距主要交通要道的距离 • 距机场的距离 • 距主要大城市的距离

通过对目前相关国际、国内标准和监管要求的研读，可以看出，现有标准在数据中心选址方面相对偏重避免地理及地质灾害高发区，以及对人为灾害污染多发区或较高安全隐患的物理回避区，数据中心在安全生产为首要前提下除满足相关选址规范条件，应特别考虑资源经济性及可持续供应性，如电信、电力、水利、技术人员等，较大型数据中心的选址也应遵从国家规范，如工业和信息化部等五部委在2013年1月发布的《工业和信息化部发展改革委国土资源部电监会能源局关于数据中心建设布局的指导意见》（工信部联通〔2013〕13号）建设布局的指导意见。

7.3.5 数据中心的布局

数据中心对建筑专业的要求，主要包括主体结构、运输通道、出入口、建筑层高、门窗和管线路由等。

1) 建筑布局要求

（1）主体结构

为便于 IT 设备的布置和后期调整扩展的灵活性，以及扩大操作人员监控设备运行管理的视野，主体结构宜采用大开间大跨度的柱网。分室宜采用轻钢龙骨隔断墙，并且有利于计算机机房再改造时的可拆卸、移装的灵活性。主体结构应具有耐火、抗震、防火、防止不均匀沉降等性能。变形缝不应穿过主机房，以免造成对主机房环境条件的影响和安全隐患。机房围护结构的构造和材料的保温、隔热性能，应尽量满足计算机对场地条件中恒温、恒湿精度等级要求。

（2）运输通道

数据中心建筑以 IT 设备、变配电设备及动力设备为主，特别注意柴油发电机、变压器、水冷机组等大型设备的运输要求，同时运输通道应满足分期建设和故障维修时的运输要求，满足设备既可运输就位也可运离出建筑外的要求。

（3）出入口

由于机房的重要性和洁净要求，机房区宜设单独出入口，应避免人流、物流的交叉。机房建筑的入口至主机房应设通道，通道宽度应不小于 1.5 m。

机房安全出口不应少于 2 个，并宜设在机房的两端。门应向疏散方向开启，走廊、楼梯间应通畅并有明显的疏散指示标志。

（4）建筑层高

目前数据中心建筑的层高主要受 IT 设备、变配电设备及动力设备等设备及管线高度影响。例如，柴油发电机房高度由设备高度、管线高度、进排风高度等因素来决定；IT 机房高度由 IT 设备机柜高度、机房内空调制冷形式以及 IT 机房管线的高度来决定。同时应考虑通道内的综合管线对整层高度的影响。工程实践经验表明，机房区域层高一般不低于 5 m，机房净高一般不低于 3 m。

（5）门窗

IT 机房对温度和湿度要求相对比较高，数据中心不宜设置外窗，如果数据中心建筑内走道为取消排烟管道可设置外窗。数据中心建筑内设备比较昂贵，重要房间通常为甲级防火门，同时应考虑设备运输高度。

（6）管线路由

电缆走线的布置，力求满足信号线、交流电源线、直流电源线、光纤独立走线，使线路短捷、力避迂回、便于维护、减少线路投资和通信故障，提高工作效率。垂直方向的电缆、线缆可通过强电井、弱电井或地板孔洞进行楼层沟通；空调的穿楼层管道，可通过管井和水井贯穿。数据机房采用上走线方式，建议按主走线架、过桥走线架和列走线架分层设置，各层走线架之间相隔一定的距离，避免施工时出现走线架"交互打架"现象。

2）结构要求

数据中心对结构专业的要求，主要是设定抗震设防类别、核算结构荷载等。

（1）抗震设防类别

依据《电子信息系统机房设计规范》（GB 50174—2008），A 级和 B 级机房抗震设防类别不低于乙类，C 级机房抗震设防类别不低于丙类。

（2）结构荷载

数据中心结构荷载主要分为地面荷载和吊挂荷载，地面荷载由 IT 设备、变配电设备及动力设备等设备质量决定，吊挂荷载由管线质量决定。同时还应考虑重型设备运输通道的地面荷载。数据机房地面活荷载的建议：电力电池室、气体消防钢瓶间楼面均布活荷载一般要求不低于 16 kN/m²，主设备机房楼面均布活荷载一般要求不低于 8 kN/m²。

机房内设备密度较大，对建筑楼板承重有特殊要求，在机房选址和设计时应核实机房位置的建筑承重；对于个别机房需考虑做楼板的承重加固，特别是 UPS 及电池、精密空调等大型设备，质量较大，应安装设备承重散力支架；机房布局时，要重点考虑大型设备的承重，尽量把重型设备放置在机房的承重梁上。

3）数据中心装饰装修要求

数据中心装饰装修目的是满足数据中心对于防火、防水、防尘、防静电、隔热保温、屏蔽抗干扰、防雷、防鼠等的要求，它涉及数据中心基础设施各专业的协调配合以有利于数据中心内各自设施的合理安装,更好地发挥作用。

数据中心装饰装修工程应根据用户提出的技术要求,依据国家有关标准和规范,结合数据中心各系统运行特点进行总体设计,做到业务完善、技术规范、安全可靠,保证数据中心场地工作人员的身心健康,延长 IT 设备的使用寿命。进行数据中心装饰装修工程之前,首先要了解大楼建筑结构类型、柱网大小、层高、梁高、楼板厚度、窗体尺寸以及围护结构墙体材料、厚度等,然后才能做出可行的、符合要求的二次装修设计。

与其他装饰装修工程类似,数据中心装修的主要内容也是顶、墙、地等的处理。数据中心装修应尽量选择无毒、无刺激性、难燃、阻燃材料。

(1)吊顶

吊顶是数据中心装饰装修工程的重要内容。公共部分吊顶上部通常安装强电、弱电的线槽和管线、消防灭火系统的气体管路、新风系统的风管等。此外,吊顶面层通常会安装嵌入式灯具、风口、消防报警探测器、气体灭火喷头等。

吊顶应采用 A 级装修材料,如与上层地面温差过大,应采用 A 级保温材料。吊顶必须具有自重轻、防尘、防火性能好、无有害气体释放、抗腐蚀不变形、吸音性能好、有一定强度,以及具有良好的装饰效果等特点。常用的吊顶材料有铝合金板、铝塑板钢板、矿棉吸音板、石膏板等。目前比较流行的是金属吊顶板材,因为金属材料很好地符合了消防安全的需要。

吊顶安装要集美观、防火、防潮等性能于一体,必须安装容易、拆卸方便,应做到吊顶的每一个单元可以单独拆卸,以利于后续使用、维修方便。顶棚表面应平整,减少积灰面,并应避免眩光。安装吊顶前,原顶棚应进行防尘和保温处理。吊顶上部空间管线繁多,设计上要综合考虑,使各系统管路纵横交错、排列有序。如吊顶以上作为敷设管线用时,其四壁应抹灰、楼板底面应清理干净;当吊顶以上空间为静压箱时,则顶部均应抹灰,并刷不易脱落的涂料,其管道饰面应选用不起尘的材料。机房原结构顶面粘贴保温板。

(2)墙

数据中心机房通常有建筑外围界墙和机房内部隔断墙两种类型。为了保证机房内少出现内柱以提高机房空间使用效率和后续使用调整的灵活性,数据中心建筑设计时主体结构常采用大开间、大跨度的柱网。在实际使用过程中,为了满足防火、温湿度控制、数据中心管理等方面需要,根据 IT 设备的不同功能及其对环境的不同要求,常采用隔断墙将整个大空间分割成不同的机房模块和功能区域。

数据中心外围界墙应为耐火墙体,在土建施工时通常采用轻质土建隔断墙,材质为加气混凝土砌块,并在两面用水泥砂浆抹平设置保温措施,应充分满足防火性能要求,并具有良好的隔热、隔音效果。

机房内装修时,墙面应采用 A 级装修材料,如与墙外温差过大,应采用 A 级保温材料。目前,机房墙(柱)面装饰主要有无机涂料、金属复合壁板饰面和铝塑板饰面 3 种。

机房区隔墙耐火极限应满足防火规范的要求,并同时满足耐压要求,除钢瓶间外,隔墙一般宜自重轻,有一定的可变性。墙、柱面应不起尘、防火、防水、易清洁、防静电。外墙内壁抹灰到顶板、梁下,避免积灰、起尘,以便装修吊顶板防尘洁净化处理。

机房应做好保温、隔热、防尘、防潮、防静电、防水、防鼠虫措施,封堵机房与其他区域、其他楼层相通的孔洞,在使用和施工过程中新开的孔洞应及时进行封堵,所有进出机房的管、槽之间的空隙均应采取密封措施。

（3）门窗

数据中心机房一般不宜设置外窗。如有外窗，或为不影响建筑物外立面而保留外窗，建议对外窗进行密封处理。

机房外门窗多采用防火防盗门窗，机房内门一般采用不锈钢无框大玻璃门，这样既满足了安全、管理等方面的需要，又保证了机房内通透、明亮的效果，便于数据中心管理人员巡检，但由于普通玻璃的不耐火、易爆裂等特性，在新数据中心采用时应满足消防要求。

根据消防要求，在两个防火分区之间的门，应满足防火要求。常用的有钢制防火门、木制防火门（通常外包铝塑板饰面）、防火玻璃门（不锈钢包框）等。其他无防火要求的门，可以根据实际需要，安装无框玻璃门、木门等其他类型门。

（4）地

数据中心常用的地面装修材料有防静电活动地板、网络地板、防静电地胶板、水泥自流平等。实践中，防静电活动地板的应用最为广泛，其具有以下优点。

①安装简单、拆卸方便，有利于机房内设备的布放、维修和维护。

②通过活动地板下形成的隐蔽空间，IT设备可以方便地进行线路线缆的敷设和连接，既有效保护了各种电缆、电线，又保持了机房的整洁、美观。

③满足制冷系统使用要求。目前制冷系统通常采用地板下送风，吊顶内回风的气流组织形式。活动地板下空间形成了静压箱，从而有效保证了IT设备通过活动地板的出风口得到均衡、稳定的冷空气，保证了送风效果和效率。

④通过防静电活动地板，并配以机房接地系统，有效地将静电电荷通泄至地。

⑤有效屏蔽电磁辐射。主机房地面为防静电地板配出风地板；走廊及其他房间也铺设防静电地板，与主机房保持相同的标高；配电间、钢瓶间等辅助区，地面可设计为水泥自流平地面。监控中心、背投设备间、ECC（应急指挥中心）等支持区，地面可使用网络地板，上面铺设防静电地毯。

7.4　数据中心的建设管理

7.4.1　建设理念

1）建设目标

数据中心的建设目标是：构建满足企业（机构）总体工作目标的数据中心，为企业（机构）信息化建设的各项应用服务提供高性能、高可用性、高扩展性和高安全性的硬件架构、软件平台及技术支持，以满足企业（机构）数据共享的要求，确保企业（机构）各单位数据中心之间的互联互通，并满足面向各类用户提供数据服务的基本技术要求，以提高企业（机构）的管理水平、工作效率、服务能力及竞争力。

2）建设任务

①建设完善的机房环境，为数据中心构筑可靠、高效、易用的网络系统平台、数据库系统平台和公共服务基础平台，构建良好的主机（服务器）系统、存储系统、安全体系和数据备份

与容灾系统。

②运用现代信息技术手段,将企业(机构)各单位不同时期、不同厂商开发的独立系统有机地联系起来,实现信息的高度共享,彻底解决"信息孤岛"的问题。同时将企业(机构)不同单位部门的数据资源进行整合、挖掘,转换成可靠、实用的信息,为上级、领导、基层、社会、群众提供良好的信息服务。

③通过统一的数据标准规范与各业务应用系统之间建立相互的联系,实现企业(机构)各级单位相互独立的信息系统数据资源的整合。把分布在各级单位网络中信息孤岛上的数据集成到一起,实现数据的统一存储、分析、处理、传递,最终实现信息的高度共享。

3)建设原则

企业(机构)数据中心的建设应遵循以下几项原则:

①坚持"统一领导,统一规划,统一标准,统一建设,信息共享,面向服务"的指导方针,推进规范化、标准化建设,建立互联互通、功能强大的企业(机构)数据中心。

②应以国家部门、行业领域信息中心或专业信息机构为依托,汇集、建立企业(机构)某一部门或行业的科学数据共享资源。

③坚持以需求为导向,从需求上找准切入点,从企业(机构)数据应用效益和现实情况出发确定重点建设内容,在企业(机构)数据共享应用方面下功夫,不做表面文章,不搞花架子工程。

④坚持采用现代信息技术中的先进成熟技术,保证系统的安全性、可靠性、可扩充性、易维护性和开放性。

⑤遵循系统工程建设的规律,对企业(机构)数据中心总体设计进行详细、科学的论证,加强项目过程管理,规范技术文档,对重要信息系统必须保留完整的源代码。

7.4.2 建设质量控制

质量是工程的生命,必须从严要求。数据中心工程的质量控制应当贯穿于工程项目实施全过程的各阶段和各个方面。每个阶段、每个分部及分项工程,甚至每道工序,都要进行规范有序和严格的检查与验收。

1)工程质量控制的主要任务

(1)审查与选择好工程项目的承建者

设计单位、设备或材料的制造者或供应厂商及施工承建单位都是工程项目任务的具体实施者,其资格与素质会直接影响到工程质量的好坏。因此,工程项目质量控制的首要任务,就是数据中心工程建设的业主单位要选择优秀的工程实施者,这就需要在招标时对投标者的资格审查、评标时的条件评比等途径,把好资格审查关。

(2)监督承建者建立完善的质量保证体系

在确定了承建方之后,在有关任务开始前,就应要求承建方根据所承担任务的特点及质量要求,建立或完善自身的质量保证体系。一般要设有专门的质量工程师及有关组织机构,必要时还可以要求设置项目质量的负责人或经理,要有明确的质量管理目标、职责分工及完善的质量管理制度、程序和方法。这个体系应与我国的信息与通信工程质量管理体系有良好的衔接与配合关系。当前,我国推行的国际标准化组织发布的 ISO 9000 质量管理和质量保证标准系列的国家标准 GB/T 19000 系列,是建立质量管理和质量保证体系应遵循的指导性文件。

(3)工程设计质量的管理

①明确工程设计质量的要求与标准。

②做好工程设计成果的审查,尤其是做好方案审查和图纸审查。

③做好协调工作,包括设计与外部有关方面(设备、材料供应等)的协调,以及设计内部各专业之间的协调。

④在施工阶段的管理过程中,进行施工图的审核,质疑设计图纸中的质量或功能缺陷等问题,并要求有关单位修改。

⑤对于在施工阶段提出的设计变更也必须进行审核。

(4)施工材料、设备、配件的质量把关

在施工准备阶段,材料、设备、配件等的质量如果不符合要求,会直接影响工程的质量。数据中心工程建设的业主应当严格监督有关部门按照合同规定和设计要求的质量标准组织采购、订货、包装与运输;材料、设备、配件进场时要严格按标准进行检查和验收;进场后应严格监督、按要求储存、保管;在使用前还应经工程建设的业主对其可用性加以确认。

(5)施工过程中的质量管理

施工过程中的质量控制是数据中心工程建设的业主控制质量的工作重点,应当做到以下几点:

①根据质量目标,加强对施工工艺的管理。

②监督承建单位严格按工艺标准和施工规范、操作规程进行建设。

③加强工序控制,严格执行检查认证制度,严格控制每道工序的质量,对重要环节还要进行现场监督、中间检查和技术复核,尤其要加强对隐蔽工程和各环节接合点的控制,以防止质量隐患。

对于不符合质量标准的,应及时加以处理。

(6)工程质量验收

①检查验收分部与分项工程,认证并处理工程质量事故与质量缺陷。

②对单位工程质量验收的核定。

2)施工准备阶段质量控制

(1)对承建单位组织设计和施工人员的质量控制

对承建单位组织设计的质量控制承建单位为完成工程所进行的组织设计事关工程的全局,也是建设单位委托的管理单位进行业务管理的重要任务。数据中心工程建设的业主对承建单位工程施工组织设计审核的主要内容有:

①承建单位担任工程项目的组织领导班子是否健全、真实、可靠。项目经理是谁,项目技术负责人是谁,是否兼职或挂名,项目质量检查组长是谁,质检员有几名,素质怎样,主要工种的工长素质怎样,特殊工种是否都经过有关部门考核(试)并发给了上岗证。

②主要组织技术措施是否得力,针对性是否很强。在保证工程质量措施中,对服务器等核心设备安装工程的主要分部、分项的质量是否都有预控方法和针对性措施。

③施工的总进度安排是否合理,是否有利于工作,是否有利于质量控制和质量检测。

（2）对施工人员的素质控制

人是施工的主体，人的素质高低直接影响工程的优劣。管理工作的重要任务之一就是推动承建单位对参加施工的各层次人员，特别是特殊专业工种的培训，在分配上公正合理，并运用各种激励措施，调动广大职工的积极性，才能不断地提高人的素质，才能使质量控制系统有效运用。数据中心的建设和传统基础设施建设不完全一致，其通常涉及更加核心专业技术的应用。因此，技术人员和施工人员的有效配合是数据中心建设管理的重点，可以让基层劳动人员更好地理解和实施技术人员的规划方案是施工质量控制的关键。

①人员培训。人员培训的层次有领导者、工程技术人员、项目经理、操作者，特别是特殊工种。培训重点是关键施工工艺和新技术、新工艺的实施，新的施工规范、施工技术操作规程的贯彻。

②资格审定。对负责小型机、服务器、存储设备等重要工作的作业人员的资格进行审查，要求提供相应的资格证书或证明。

③调动积极性。推动承建单位健全岗位责任制，改善劳动条件。建立人尽其才，公平合理的分配制度，充分发挥人的积极性。

（3）对施工方案和施工图的质量控制

施工方案和施工图是工程施工的直接依据，数据中心工程建设的业主必须对其作全面认真审核，而且也要求承建单位对施工图认真审阅，找出问题，提出合理建议。

①施工图审核的重点

②各类施工图纸是否齐全完备，图纸之间是否有相互矛盾或缺陷。

③施工图是否符合合同、相关法规和有关方面对工程项目的要求。

④施工图是否符合现行设计和施工规范，有无抵触；图纸和施工方案是否相符。

7.4.3 建设投资控制

1）施工阶段的投资控制

施工阶段可以采用组织措施、经济措施、技术措施、合同措施来进行投资控制。

（1）组织措施

①建立项目管理的组织保障体系，在项目管理班子中落实从投资控制方面进行投资跟踪、现场监督和控制人员，明确任务及职责，如发布工程变更指令、对已完工程的计量、支付款复核、设计挖潜复查、处理索赔事宜，进行投资计划值和实际值比较，投资控制的分析与预测，报表的数据处理，资金筹措和编制资金使用计划等。

②编制本阶段投资控制详细工作流程图。

（2）经济措施

①进行已完成的实际工程量的计量或复核，未完工程量的预测。

②工程价款预付、工程进度付款、工程款结算、备料款和预付款的合理回扣等审核、签署。

③在施工实施全过程中进行投资跟踪、动态控制和分析预测，对投资目标计划值按费用构成、工程构成、实施阶段、计划进度分解。

④定期向工程管理负责人、建设单位提供投资控制报表、必要的投资支出分析对比。

⑤编制施工阶段详细的费用支出计划，依据投资计划的进度要求编制，并控制其执行和

复核付款的账单,进行资金筹措和分阶段到位。

⑥及时办理和审核工程结算。

⑦制订行之有效的节约投资的激励机制和约束机制。

(3)技术措施

①对设计变更严格把关,并对设计变更进行经济分析和审查认可。

②进一步寻找通过设计、施工工艺、材料、设备、管理等多方面的挖潜节约投资的可能,组织检查,对查出的问题进行整改,组织审核降低造价的技术措施。

③加强设计交底和施工图会审工作,把问题解决在施工之前。

(4)合同措施

①参与处理索赔事宜时以合同为依据。

②参与合同的修改、补充工作,并分析研究对投资控制的影响。

③监督、控制、处理工程建设中的有关问题时以合同为依据。

2)工程计量与支付控制

(1)工程计量

工程计量是指数据中心工程建设的业主对承建单位按合同中规定的建设项目,按施工进度计划及施工图设计要求,在建设实施时对实际完成的工程量的确认。工程计量的内容包括下列项目:

①工程量清单中的全部项目。

②合同文件中规定的项目。

③工程变更项目。

(2)工程支付

工程支付是指建设单位对承建单位任何款项的支付,都必须由数据中心工程建设的业主出具证明,作为建设单位对承建单位支付工程款项的依据。因此,业主在项目建设管理过程中,利用计量支付的经济手段,对工程造价、进度、质量进行三大控制和全面管理。

(3)工程结算编制和审查

工程决(结)算是指一项工程,通过施工实施后与原设计图纸产生差异,将有差异而增减的工程内容,按施工图预算编制方法,对原施工预算的量、价、费进行修正后,作为双方办理工程费用结算的依据。

①工程决(结)算编制的依据

a.施工图、说明书和施工图预算。

b.施工合同和协议。

c.现行预算定额、材料预算价格、费用定额及取费基础、调价方法或调价系数的规定。

d.图纸会审纪要。

e.设计变更通知。

f.工程停止报告。

g.材料代用产生的价差。

②工程决(结)算编制的步骤

a.收集整理原始资料,做好调查、核对工作。对施工图预算的量、价、费进行核对,实际完成的分部、分项工程内容与施工图预算是否一致等。

b.调整增减工程量。按工程变更通知、验收记录、现场签证、材料代用等资料,计算应调整增减的工程量。

c.按施工图预算编制方法,将调整增减的工作量来套预算定额的单价,计算增减部分的工程造价。

d.调整后的单位工程决(结)算总造价=原单位工程预算总造价+调增(减)部分的工程造价;或单位工程决(结)算总造价=单位工程决(结)算总直接费+间接费+材料价格调价的差价+计划利润+税金。

③工程决(结)算的审查

a.核对施工图预算和增减变更因素的工程量、定额单价、取费标准、材料差价、计划利润和税金是否按规定计算,防止错漏。

b.审查工程决(结)算编制的依据。

c.审查实际完成工作量与工程决(结)算内容是否一致。

d.审查材料使用量和材料结算价格。

e.审查工程决(结)算的编制是否符合合同条款的要求。

f.审查工程决(结)算编制的内容是否完整齐全。

7.4.4　建设进度控制

进度控制是数据中心工程项目建设中与质量控制、投资控制并列的三大目标之一,其任务是确保工程项目建设按期完成。

施工管理中的进度控制相关内容如下所述。

(1)施工进度管理的主要工作

①下达工程开工令:数据中心工程建设的业主在中标函发出日之后,于投标书中规定的期限内发出开工通知书。

②审查承建方的施工进度计划:在中标通知书颁发日期之后,承建方应在规定的时间,向工程建设的业主提交工程进度计划,业主应根据合同条件、情况及其他有关方面的因素,审查承建方的施工进度计划。

③监督进度计划的实施:数据中心工程建设的业主监督进度计划的实施,是一项经常性的工作,是以被确认的承建方的进度计划为依据。如果承建方的实际进度不符合被业主确认的进度计划,业主有权要求承建方修改进度计划,表明为保证工期竣工而采取的措施。

④批准延期:如果由于下列的原因导致工程拖期,承建方有权提出延长工期的申请;工程建设的业主应按合同条件,批准工程延期的时间。

a.额外增加或附加工作的数量或性质。

b.本合同条件中提到的任何误期的原因。

c.异常恶劣的环境条件。

d.由建设方造成的任何延误、干扰或阻碍。

e.除去承建方不履行合同或违约,或由他负责以外的其他可能发生的特殊情况。

(2)施工进度计划的编制和审定

①施工进度计划的编制。施工进度计划是在确定了施工方案的基础上,对工程的施工程序、各个项目的延续时间及项目之间的搭接关系、工程的开工时间、竣工时间及总工期等

作出安排。在此基础上,可以编制劳动力计划、材料供应计划、成品与半成品计划、设备需用量计划等。所以施工进度计划是组织施工设计中一项非常重要的内容。

a.编制依据。施工组织总设计进度计划、施工方案、施工预算和定额、资源供应情况、上级和建设单位对工期的要求等,都是编制施工进度计划的依据。

b.施工项目的划分。施工项目划分的粗细程度,应根据计划的需要来决定。一般划分项目应顺序列成表格,编排序号。凡是与工程施工直接有关的内容均应列入,非直接施工辅助性项目和服务性项目不必列入。划分项目应与施工方案一致。

c.计算工程量和确定项目延续时间。计算工程量应针对划分的每一个项目并分段进行。既可套用施工预算的工程量,也可以根据图纸并按施工方案安排自行计算,或根据施工预算加工整理。项目的延续时间最好是按正常情况确定,它的费用一般是最低。待编制出初始计划并经过计算再结合实际情况作出必要的调整,这是避免盲目施工而造成浪费的有效办法。但现在一般是按实际施工条件来估算项目的延续时间,这样较为简便。

d.确定施工顺序。确定施工顺序是为了按照施工的技术规律和合理的组织关系,解决各项目之间在时间上的先后和搭接问题,以做到保证质量、安全施工、充分利用空间、争取时间、实现合理安排工期的目的。当施工方案确定后,项目之间的工艺顺序也就随之确定了,若违背这种关系,将会出现质量、安全事故,或造成返工浪费。由于人员、设备和材料等资源的组织和安排需要形成各项目之间的先后顺序关系,不是由工程本身决定的,而是人为的。所以组织方式不但可以调整,而且应该按规律、按管理需要与管理水平进行优化,并将工艺关系和组织关系有机地结合起来,形成项目之间的合理顺序关系。

e.流水作业的组织。流水作业是一种科学组织施工的方法。它建立在分工、协作和大批量工作的基础上。这时,施工进度计划的编制应当以流水作业原理为依据,以使工作有鲜明的节奏性、均衡性和连续性。按流水作业法划分的每一个施工过程或工序(亦称施工段),应由固定的施工队负责完成;并确定各施工队在各施工段上的工作持续时间(称流水节拍);各施工队按照一定的施工工艺,配合必要的设备,依次地、连续地由一个施工段转移到另一个施工段,反复完成同类工作;不同的施工队完成工作的时间应适当搭接起来。

f.施工进度计划的评估。为了鉴别计划的可行性,应从时间、技术经济效果、技术力均衡情况等方面进行评估。若有不合理之处,应重新调整。

②施工进度计划的审定。数据中心工程建设的业主应当细致而认真地审查承建方的施工进度计划,这是保证工程质量和工程进度的一个环节。

a.检查进度的安排在时间上是否符合合同中规定的工期要求。

b.检查进度安排的合理性,以防止承建单位利用进度计划的安排造成建设单位违约,并以此向建设单位索赔。

c.审查承建单位的技术力量、材料、机具设备供应计划,以确认进度计划能否实现。

d.检查进度计划在顺序安排上是否符合逻辑和施工程序的要求。

e.检查进度计划是否与其他实施性计划协调。

f.检查进度计划是否满足材料与设备供应的均衡性要求。

③工程进度的管控。数据中心工程建设的业主对工程施工进度实行管控的最根本的方法,就是通过各种途径定期取得工程的实际进展情况。

a.检查。首先是在工程项目实施过程中,随时或定期检查项目的实际进展情况。

b.对比。即将实际进度与计划进度进行比较,找出两者的差别。

c.分析。即时分析实际进度情况及其对进度目标的影响程度,并分析产生差别的主要原因。

d.研究。主要是针对分析的结论,研究补救与改进的有效途径和措施。

e.调整。根据研究的结果帮助承建单位对原来的计划进行调整。

f.落实。根据调整后的计划,监督组织落实,以便使进度得到控制。

在工程项目的实施过程中,按照上述方法与步骤,对工程项目实施进度进行及时的监督与控制,不断纠正进度偏离目标的情况与趋向,从而使进度目标得到实现,这就是工程建设的业主进度控制的主要任务。

7.4.5 建设风险控制

数据中心工程建设的风险可定义为:在特定的条件及时间之内,数据中心工程建设的实际结果与系统建设预期的目标之间可能发生差异的程度。数据中心工程的风险和系统的应用是伴生的,风险是永远客观存在的,如何防范和控制风险也是数据中心建设过程中必须应对的问题。

1)数据中心建设存在的风险

数据中心建设往往具有投资大、周期长、知识密集、高风险等特点,不仅多采用先进技术,涉及物理设备、通信网络、系统架构、协议分析、数据整合、应用集成等各个方面,而且众多先进技术相互之间的集成本身就有相当的难度,再加上工程项目多为分散开发与异地整合,具有一定的隐蔽性,容易造成工程隐患。在数据中心建设中,由于用户需求不全面、可行性论证不充分、合同条文不明确、系统开发不规范;缺少对设备的监理、对系统的评测验收;工程结束后,承建方没有提交完整的文档资料,致使工程缺乏连续性、继承性、可扩展性;工程长时间不能投入正常运行,工程款一拖再拖等众多原因,经常造成项目延误、重复建设、水平落后。其中建设中必然经历需求调研分析、系统规划设计、系统开发测试、系统实施等几个过程,都存在导致日后系统出现错误造成损失的风险。

(1)需求调研阶段

技术人员对需求认知的局限性将造成数据中心的局限性。在日后系统应用过程中,当这种局限性越来越明显时,可能对系统的使用产生影响。

(2)系统规划设计阶段

存在着系统的硬件环境风险和数据中心技术带来的风险。在摩尔定律的作用下,信息技术飞速发展,技术人员对新的硬件设备、软件和技术的掌握具有一定的局限性,造成系统规划设计阶段不能充分发挥、整合技术设备的功能或过高估计了技术设备的性能两类错误。

(3)系统开发测试阶段

每一项功能都是由技术人员编写程序代码实现的,此项工作烦琐且复杂,人非机器,错误不可绝对避免,开发的质量需要测试工作来保证。测试工作只是模拟未来的使用方式来验证系统,不可能对系统进行全方位的验证,系统出错的可能性永存。

(4)系统实施阶段

系统实施受到环境影响,系统建设的进度、质量、成本等与业主方和承建方都密切相关。数据中心所依赖的硬件、软件系统的建设和使用过程都存在着大量的风险因素,这类风险客观长期存在,既有有形的风险(设备、环境),也有无形的风险(行为、道德)。

2) 工程建设风险控制过程

数据中心的建设从立项到最终的投入使用,包含了大量的过程活动,从风险监控的角度,需求整理、项目采购、项目计划、系统规划、应用测试、客户培训6项工作是管理的重心。数据中心不同于传统的实物产品,可度量性差,其过程表现的是人的行为和思想活动,因此建档工作过程文档实属必要,这将构成进行质量管理、控制风险的基础。目前,控制数据中心建设的主要机制是参照信息系统集成资质认证、信息系统工程监理及其他检测机制,将从事前、事中和事后的各个环节完善对整个数据中心工程的质量控制、监督和保障,组成了对数据中心工程建设完整有效的风险控制体系。

(1)信息系统集成资质认证

计算机信息系统集成是指从事计算机应用系统工程和网络系统工程的总体策划、设计、开发、实施、服务及保障。计算机信息系统集成的资质是指从事计算机信息系统集成的综合能力,包括技术水平、管理水平、服务水平、质量保证能力、技术装备、系统建设质量、人员构成与素质、经营业绩、资产状况等要素。资质认证规范了市场,提高了系统集成企业的综合能力,从而也提高了信息工程的质量。

(2)数据中心工程监理

数据中心工程监理是指依法设立且具备相应资质的信息系统工程监理单位,受业主单位委托,依据国家有关法律法规、技术标准和信息系统工程监理合同,对信息系统工程项目实施的监督管理。在数据中心工程项目中引入监理机制,从工程规划咨询、设计、招投标咨询、中标方技术方案审核、施工过程、验收等方面对工程实施监理,对数据中心工程进行质量控制、投资控制、进度控制、变更与风险控制,进行合同管理、信息管理、安全管理,项目实施过程中协调建设方、承建方的关系,妥善解决出现的问题。这加大了工程管理力度,确保了工程的合理性和规范性,保证了工程实施计划的可行性以及工程实施的进度和质量。

(3)数据中心工程检测机制

在数据中心工程建设过程中,都离不开检测、检验、试验等手段所提供数据,这也是减少或避免人为因素的干扰和主观评价的影响,加强风险控制的必要手段。对数据中心建设的检测主要从以下几方面进行:

①功能检测。根据设计要求和建设合同,对数据中心系统的硬件和软件的功能是否符合或达到要求进行检测。如根据《电子计算机场地通用规范》(GB/T 2887—2000)对机房进行检测,根据合同对硬件设备和软件设备的型号、规格等进行检测,根据系统设计要求对其功能及其兼容性测试和资料审查等。

②性能检测。性能检测是指采用专业的检测设备、检测工具对数据中心系统的性能进行测试。包括对网络系统的网络丢包率测试、网络链路传输速率测试、网络连通性检测、网络传输时延测试、网络吞吐率测试,以及根据《软件工程产品质量》(GB/T 16260—2006)对软件进行压力测试、稳定性测试;涉及智能楼宇和综合布线的应根据《信息技术用户建筑群的通用布缆》(ISO/IEC 11801—2000)、《智能建筑工程质量验收规范》(GB 50339—2003)、《建筑与建筑群综合布线系统工程验收规范》(GB/T 50312—2000)等标准和规范的要求进行检测。

③安全检测。根据《信息安全技术信息系统安全管理要求》(GB/T 20269—2006)、《信息安全技术网络基础安全技术要求》(GB/T 20270—2006)、《信息安全技术信息系统通用安

全技术要求》(GB/T 20271—2006)、《信息技术安全技术信息技术安全性评估准则第 3 部分:安全保证要求》(GB/T 18336.3—2008)、《信息技术设备的安全》(GB 4943—2001)等标准的规定,采用专业检测设备,对系统进行漏洞扫描和数据库漏洞扫描,及时发现漏洞并提出解决方案。通过对硬件、软件系统进行质量检测和安全性检测,能够充分反映数据中心建设的质量和安全性,查找质量隐患和安全漏洞,以利于及时整改,保障数据中心工程质量。

7.5 典型案例:"两地三中心"数据中心设计

7.5.1 项目背景

随着我国金融市场的迅猛发展,信息科技与金融业务深度融合,已成为银行业发展的重要推动力和竞争制胜的关键性因素。为了进一步增强核心竞争力,银行构建了数据大集中模式下高效、稳定、有灾难恢复能力的数据处理中心,全面支持业务和应用的可持续发展,实现集中核算、信息共享,在全辖范围内为客户提供标准化的产品和服务。银行数据中心于2005 年进行设计、2008 年投入使用,采用"两地三中心"架构,建设时采用了大量国际领先的IT 新技术,大幅度提高信息系统的安全等级,自数据中心建设启动至今,经过近十年的实践检验,该数据中心为保证业务连续性提供了强有力的基础保障。

7.5.2 设计过程

1) 项目需求

①一期设计需求数据中心生产用房总建筑面积不少于 27 000 m²,包括生产机房楼(20 000 m²)、生产控制楼(4 500 m²)、动力配电楼(2 800 m²),IT 机房净使用面积不少于7 800 m²。生产设备及场地环境设备用电量为 1 000 V·A,IT 设备运行功率不低于4 800 kW。

②该项目设计目标提出于 2005 年,当时尚无 PUE 指标。

2) 项目限制条件

园区根据控规条件,项目建筑高度在 24 m 以下。

3) 布局方案

(1) 园区布局

根据数据中心生产流程及安全管理的要求,园区划分为生产、办公和服务保障 3 个相互分隔且可分等级管理的功能区域,办公和服务设施独立于生产区域之外。

①生产区:包括生产机房楼、生产控制楼、动力配电楼。基于生产流程及管理要求,生产机房楼与生产控制楼尽可能靠近,可设计为连体形式,但结构上仍要相互独立。生产控制楼与办公楼间的人员交通应便利。应尽量避免生产性建筑与规划用地周界邻近。

②办公及综合服务区:包括综合办公楼两栋。

③园区内道路:为避免车辆可能对机房等建筑造成破坏及振动影响,除必要的设备运输

外,生产区内不允许车辆通行。

④园区周界:以围墙或围栏与外界分隔,并辅以必要的隔离缓冲地带。

⑤出入口:园区设1个主出入口用于日常人员、车辆通行,辅助出入口数量按相关规范要求设置,设备、后备发电机燃料运输应通过辅助出入口。

⑥地下停车场:不得设在生产区域地下,出入口不得设在生产区域内。

（2）生产用房室内布局

①首层设不间断电源（Uninterruptible Power Supply, UPS）及低压配电间（包括 UPS 机房、电池间）、消防设备间,剩余空间主要用于设备测试机房、设备库房和设备预装间等。其中,双区配电设施设在不同物理分区,所需面积应根据最终设备量计算。专用空调可直接安装于 UPS 机房内。应考虑大型设备装卸和移动路径,包括库房与货梯、货梯至室外、库房至室外等。

②二～四层为标准数据机房层,采用环廊围合布局（符合绿色节能 IT 建设理念）,每层围合内分为 4 个核心机房分区和机房内走廊（面积不少于 3 200 m²）,外围设专用空调机房及消防钢瓶间、风机房、公共弱电间等辅助空间。其中,二层设 1 组（4 间）通信接入间,安装电信运营商接入设备,由运营商参与维护管理,应与其他机房人流分离,布设可直接进入其他机房的常规通道,与通信竖井相邻。空调机房与数据设备机房分置,以长廊的形式分列于机房两侧,宽度应满足设备维修及搬运要求（预计在 3 000 mm 左右）。每个气体消防分区为一个核心机房最小功能单元（800 m²,其中 IT 设备安装面积为 650 m² 左右）,符合消防规范。

③二层设单一安全通道（隔离缓冲区）与生产控制楼连通,内设智能控制闸门、日常人员出入通道。

④各层货运电梯与机房之间设初装缓冲前室。

（3）电气方案演进

①三路外市电引入,确保机房供电高可靠性。机房楼采用三路 10 kV 中压供电线缆引入,三路外市电引自两个不同的变电站,三路电源同时送电工作,互为备份,形成了"2+1"的冗余架构,自供电源头确保了供电的可靠性。一级负载中特别重要的负载除市电三路供电外,还有 6 台柴油发电机作为备用电源,每 3 台 1 组,每组可单独或并机运行,柴油发电机按满负荷运行 8～10 h 设置燃料库,燃料库为两个 15 m³ 的油罐,如按最小配置安排,可运行 20 h 以上。对特别重要不允许中断供电的计算机系统、网络通信等,按系统分别设置两套集中布置的 UPS 作为应急电源。

②并机双总线低压配电结构,保证低压配电系统高可用性。机房 UPS 系统供配电结构图如图 7-6 所示。

从图中可以看出,该机房低压配电结构具备以下特征。

变压器结构为 2 N 冗余结构,在实际使用过程中,可确保当同组内一台变压器故障,另外一台变压器可正常对该组全部负载供电。此外,机房变压器用途划分合理,对 UPS 供电与对空调设备供电的变压器完全分开,因此变压器负载特性单一且易于掌控,更有利于针对负载特性进行无功补偿、谐波治理等工作,以提高供电效率以及在柴油发电机供电时的稳定性。

两级自动转换开关（ATS）实现单路市电中断和双路市电中断情况下的供电源自动选择功能。同时,自第二级发出柴油发电机组自动起动信号,确保在两路市电中断时,柴油发电机组可在 15～30 s 自动启动并形成供电能力。

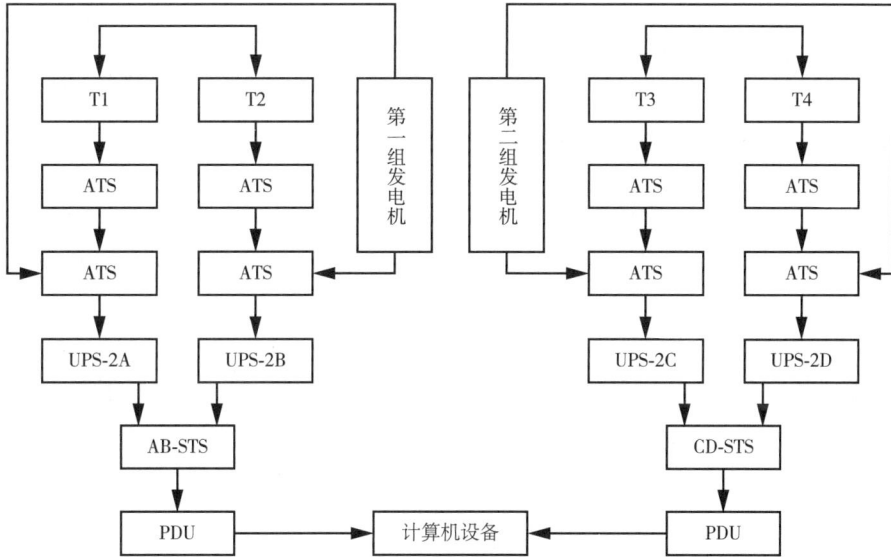

图 7-6 机房 UPS 系统供配电结构示意图

（资料来源：银行数据中心基础设施建设的典型案例）

静态转换开关（STS）实现同一路供电线路上的两组 UPS 输出自动切换选择功能；由于静态转换开关切换时间可控制为 3~7 ms，因此在切换过程中负载可不受影响。

机房内精密配电柜（PDU）采用冗余结构对负载供电，这样的结构保证了设备对双路供电的需求。

以安全可靠为基本原则，因地制宜地选择供配电设备。

a.UPS 的选型。在机房建设时期，高频 UPS 设备受技术条件制约，尚不够成熟、稳定。为保证生产安全，当前在用的 UPS 设备均为工频机。但为提升其输入特性，减少输入谐波含量，在 UPS 前端均配置了输入滤波器，将输入电流谐波含量控制在 15% 以内，在提高整个供电系统稳定性的同时兼具了节能的效果。

b.精密配电柜（PDU）的配置。由于机房楼 UPS 设备均安装在一层，而 IT 设备集中在二~四层，其供电距离相对较远。为保证 IT 设备电源输入端零地电压符合需求，机房内各PDU 均配置了隔离变压器，对设备供电的零线引自隔离变压器二次侧中性点，最大程度减少了零线长度，确保了零地电压在需求范围内。

（4）空调方案演进

①空调配置特点。机房采用风冷直膨式空调设备，其制冷量按机房单个模块制冷需求配置，且留有一定的冗余。虽然风冷式空调较水冷式空调有着制冷效率偏低、制冷容量较小等缺点，但由于机房按中、低功率密度设计，且静压箱尺寸合理，通风、回风情况较好，因此风冷空调设备能够满足制冷需求。在此基础上，风冷空调设备更能发挥其冗余性能良好，单台设备故障不影响机房整体制冷效果且安装便捷，扩容简单等优点。

②空调配电结构特点。空调配电结构与 UPS 配电结构近似，均为 2 N 供电结构，且为空调设备供电的变压器均有柴油发电机组作为后备电源，确保机房能够不间断制冷。

4）项目节能措施

数据中心能耗较高，应采取各种措施降低能耗，具体措施包括：

（1）暖通系统节能措施

①设备分区域摆放，且按冷热通道隔离方式分布；对具备实施条件的区域进行冷热通道封闭。

②合理规划空调室外机安装位置，将室外机位置与室内机位置进行统一合理设计，最大限度减少冷媒管路的长度；同时，室外机采用卧式架空安装，对其留有充足的进风空间，提高制冷效率。

③使用空调设备对自然冷源的利用、UPS 输入端谐波治理、高频 UPS 机型的试用等工作，并在充分评估其安全性、可靠性和节能效果的基础上逐步推广使用。

（2）电气系统节能措施

①采用智能照明系统，将每路照明回路纳入智能化集中管理系统，通过软件设置，实现灯光的自动开关和手动控制、能够达到远程/延时/定时/光线感测控制，并能与其他系统联动，最终实现照明的智能化和节能。例如，机房内所有灯光的照明都是节能的方式，平时仅保证摄像头可以拍摄的程度，人员通过时灯光逐步变亮。

②采用楼宇自控系统（BAS），将园区暖通系统中风、水、电设备及锅炉、油罐、冷水/冻机组、电梯等机电设备，通过开放的 POC 协议进行集中的数据采集和远程控制，降低办公和运营环境能耗。

（3）建筑设计节能措施

机房楼外观是集装箱式的建筑，每一层四周都是通道，有利于中间核心区域的温度和湿度的保持。

5）项目总结

在建筑设计时，充分考虑作为生产中心使用的需求，从功能区划分、层高设计及便于电缆走线和设备运输和安装等角度做出优化设计，形成了如下实用特点。

①抗震按照百年一遇、承重按照最大负荷设计。

②防洪在特大洪水标准上再作提高进行设计。

③机房按照严格防信息泄露设计，安防、消防、屏蔽措施严密。

④机房采用分区域模块化设计，各分区功能明确，并可根据业务发展需求分阶段使用各功能区。

⑤楼层采用板降处理，为后续机房制冷所需的静压箱提供物理空间。

⑥机房楼与控制楼设置连廊，便于安全防控和维护人员进出。

⑦一层预留物流门，便于货物运输。

⑧合理规划 UPS 间、电池间位置和强电走线路由。

⑨合理规划电信运营商和电信路由。

8

智慧交通基础设施

8.1 智慧交通基础设施概论

　　智慧交通作为智慧城市建设中的重要应用领域,是解决城市交通问题的重要抓手,智慧交通基础设施作为智慧交通的物质基础和关键支撑,其直接影响了智慧交通和智慧城市的建设水平及最终成果。体系复杂的智慧交通没有前期良好的基础设施建设做铺垫是不可能实现的,本节将重点介绍智慧交通基础设施的内涵、意义、现状、挑战与展望。

8.1.1 智慧交通基础设施基本内涵

　　智慧交通基础设施的基本内涵随着智慧交通概念的宽泛而宽泛。2009 年,国际商业机器公司(International Business Machines Corporation,IBM)提出了智慧交通的理念,即在智能交通的基础上,融入了云计算、物联网、大数据、移动互联等新一代信息技术,能汇集交通信息,提供实时交通信息服务。智慧交通的概念涉及交通、汽车、车联网等多个领域,不同领域专家对其概念的解释也有所差异。

　　交通运输部规划研究院相关专家指出智慧交通是指在较完善的交通基础设施基础上,将信息技术(包括计算机技术、通信技术、传感技术)集成运用于传统交通运输系统,改变现有交通基础设施、运输工具、运输组织和交通管理的形态,所形成的一套将虚拟和现实相结合,提供门到门一体化综合运输服务,能够应需而变地将任何人、任何物在任何时间采用任何方式运送到任何地点的智慧型综合交通运输系统。

　　目前,由于各界对智慧交通的概念莫衷一是,智慧交通基础设施的释义也因此见仁见智。结合国内学者及业界人士对智慧交通概念的界定,本书对智慧交通的理解体现在以下几个方面:智慧交通的出现伴随着智慧城市的提出,是智慧城市在交通方面的重要应用领域;智慧交通是推动交通变革、升级交通服务、满足现实需求的必然结果;智慧交通是将物联网、云计算、大数据、移动互联网等现代信息技术应用于交通领域的复杂体系。

本书认为,智慧交通是秉承智慧城市理念,将新一代信息技术与交通领域进行深度融合,使交通更具有类人类的高级思维,从而提高交通管理成效、优化人们出行方式、改善交通运输服务的复杂系统。智慧交通基础设施则是指为了保障智慧交通发挥功能、产生价值的工程设施,是智慧交通建设运营的基础和根基。因此,智慧交通基础设施应兼具智慧和交通基础设施的特性,具有基础性、公共性和智慧性的特点。

8.1.2　智慧交通基础设施的意义

中国的交通发展史也是中国的经济发展史。改革开放之前,"出远门"指的可能仅仅是走出自家村口,到了 20 世纪 90 年代,伴随着基础设施的大力兴建,我国交通行业也实现了跨越式发展,形成了水、陆、空综合运输网络。随着交通工具的逐渐丰富,交通体系的日益完善,快速、便捷的高铁、轻轨取代了老旧的蒸汽火车,小巧、灵活的私家汽车和出租车成为新的代步工具,各城市根据自身发展规划也逐步形成了新的综合交通体系网络。然而机动车的泛行和城市化的发展都给当前的交通发展带来了挑战,交通拥堵、能源消耗、环境污染、出行安全等问题也成为交通管理中的核心问题。利用现代信息技术,全面、综合、深度地对交通领域进行改革,建设智慧交通基础设施,打造城市智慧交通,提升交通系统运行效率、管理水平和服务水平,是治理交通问题的重要手段,也是构建智慧城市的重要领域。

1) 人、车、路、云协同互联,盘活道路资源

由于道路规划的不够合理以及交通基础设施供给无法满足日益增长的交通需求,我国的城市交通拥堵问题一直阻碍着交通进一步发展。智慧交通基础设施以网联通信及网联协同智能为支撑,将"人—车—路—云"等交通要素连接起来,促进全域连接,通过将多种关键技术进行有机整合,从而升级交通服务。同时,在信息服务、交通运输与管理与应用软件公司等各个数据提供方对如车辆信息、道路信息等的感知数据实时动态分享和分析,对如车辆行驶管理、交通实时控制等的控制数据及时发出和下达,智慧交通基础设施通过数据交互和协同计算,保障业务数据安全共享、支持业务信息互联互通,从而有效提高基础设施利用率。

智慧交通基础设施通过统计车辆信息,道路信息与行人信息,对道路网络进行合理布局和深度优化,从而引导城市出行方式,满足人们更多的出行需要,使交通系统变得更加安全高效,进而提高人们的生活水平和交通设施使用效率。

2) 个性化服务,让出行更优质

近年来,激增的车辆数量与运输自由度的提高,使得如何更加安全高效的通行逐渐成为交通管理的重心。智慧交通基础设施通过采集道路上行驶车辆信息,判断道路拥挤状况,再通过通信接口将数据发送到数据监控中心,对数据进行检测和整理后,传导到交通系统中,为交通调度和交通事件告警提供决策参考。智慧交通系统可以通过交通信息网,对交通工具的自主运作发出安全有效的指令。根据相关数据分析,智慧交通可使车辆安全事故率降低 20% 以上,交通堵塞减少约 60%,短途运输效率提高近 70%,现有道路网的通行能力提高 2~3 倍。

然而,智慧交通基础设施能做的远远不止管理和应对道路上的事,基于交通信息网络和用户身份信息,提供个性化和便捷化的出行服务,是智慧交通基础设施的特色之一。智慧交通基础设施通过融合云计算、大数据、人工智能以及基于位置的服务(Location Based

Services,LBS)等尖端科学技术,助力打造"互联网+交通"出行服务,根据客户端收集到的使用者信息,结合即时分享的车辆信息和交通信息等,为用户提供最合适的出行方式、导航路线、物流计划乃至交通运营管理等个性化的交通信息服务。

3)解决城市病,让城市更宜居

智慧交通基础设施是将以出行者、车辆、车站和场站为代表的点状交通参与者和交通枢纽与以道路、轨道、航线等为代表的线性交通线路相互连接、交织形成一体化交通体系的根本支撑。智慧交通控制中心通过优化交通布局、引导交通出行、改善交通服务水平,有效增加道路利用率,缓解道路拥堵状况,从而减少机动车尾气排放,降低城市空气污染,助力构建绿色交通和绿色城市;同时,更完善的交通信息收集系统还可以联手基于蜂窝流量通信的车联网,成为打击犯罪、维护城市治安的有力帮手。车联网和道路基础设施信息的相互传递,使对目标进行识别和跟踪成为可能,连接监控的智慧交通基础设施甚至可能主动识别潜逃的犯罪分子,对其进行持续的追踪监控,从而提高破案率,降低犯罪率。

4)城市信息库共享,推动智慧城市高质量发展

智慧交通基础设施不仅将会改革人们的出行方式,还将对旅游、物流与汽车等行业进行深度"冲击"。交通管理从过去被动式的"智能管控"升级到现在主动式的"智慧管控"后,"聪明的车"将为用户规划更合理的旅游路线,"智慧的路"将提高交通物流的运输效率,自动驾驶汽车的"春天"又将促进汽车行业的发展。

此外,智慧交通基础设施不仅是适用于城市内交通管理、交通服务的工程设施,还可以通过将信息库与其他城市的智慧交通基础设施共享,促进建设城市间的"大交通"体系。一方面,智慧交通基础设施的连接共享可以减少城市各种信息收集系统的重复收集工作,降低信息收集成本与信息处理压力;另一方面,收集整理后的信息有助于政府规划,帮助政府从城市整体方向探求长期困扰城市的"交通病""城市病"的解决方案,支持政府智能化决策,推动智慧城市的高质量发展。

8.1.3 智慧交通基础设施现状、挑战与展望

1)智慧交通基础设施的现状

从西方发达国家的经济发展历程来看,各国交通发展均经历了以下几个阶段:大力增加公路通车/通航里程;提高公路/航道等级;综合运用各种运输方式;从可持续发展的角度去优化各交通运输方式;交通信息化/智能交通/智慧交通。伴随着交通快速发展,交通基础设施也在不断升级优化。

近年来,中国的智慧交通基础设施在许多城市和交通运输的各个行业得到了广泛的应用,在取得显著成就的同时,也开始步入快速发展的轨道,主要表现在以下几个方面:

第一,经历数十年的发展,智能交通建设发展的基础已经基本形成,智慧交通建设迅速展开。智能交通管理系统是国家中长期科技发展规划纲要关于交通业的优先主题之一,我国在2000年就成立了全国智能运输协调指导小组及其办公室,发布了《中国智能运输系统体系架构》,接着在北京、上海、广州等大城市开展了智能交通系统的关键技术攻关,关键产品开发和示范应用,促进了以智能化交通管理为主的智能交通体系建设。随后,全国许多城

市进行了智能交通系统的规划和建设,公路、公交、城市等领域相继实施了大批的智能交通系统建设项目,国家科技支撑计划也立项支撑了一些重大智能交通技术应用示范工程。应该说智能交通领域的研究和实践的发展,引导了交通运输、电子信息通信等领域的相关单位和企业来参与智能交通系统行业的建设,培育形成了我国智能交通系统发展研究和产业化推进的一支基本队伍。智能交通沿着交通信息化的规划路线,借助新技术的发展,正一步步升级为智慧交通,智慧交通的建设在各省区市迅速展开。

第二,科技引领智能交通发展。在关键技术领域取得多项创新成果,我国智能交通系统的技术支撑体系已经初步建立起来。科技引领是我国发展智能交通的一个重要特点。将现代交通技术列为一个单独的领域来开展研究,并与科技支撑计划相配合,通过开展对智能交通管理前沿技术的探索和关键技术的攻关,获取了一批自主知识产权的新方法、新技术和战略产品,解决了一部分制约我国综合交通运输系统发展的技术和战略性难题,为我国综合交通运输系统的效率提升提供了有效的技术支撑,也为我国综合交通运输长期可持续发展形成了必要的技术储备。为了突破交通管控及安全的瓶颈技术,保障交通运力的高效安全,围绕智能交通管理系统发展的要求,对大城市区域的交通协同联动控制系统,车路状态的感知和交互系统,智能车路协同系统,综合交通枢纽智能管控系统这样一些关键技术进行立项和布局。

第三,智慧交通应用发展非常显著,特别是集成应用,已经跻身世界先进水平。我国智慧交通建设已经发展成为世界智慧交通发展格局的一个重要构成,在对智慧交通关键技术进行系统开发和研究的同时,结合了重大应用的需求,对智慧交通关键技术进行了大范围的集成应用,实施国家综合智慧交通技术应用示范。

第四,综合交通运输领域智能化管理和服务得到了重视和发展。智慧交通改善和提升了公众出行的服务水平,中国智慧交通的建设发展,紧密结合了中国交通运输特点和发展的需求,在道路交通智能化发展的同时,重视综合交通领域的智能化系统建设和发展。

第五,智慧交通体系不断完善,智慧交通产业化发展初具规模。标准化是智慧交通发展的一项重要内容,我国较早成立了全国智能交通系统的标准化组织,发布了近百项智能交通的技术标准,随着智能交通向智慧交通理念的升级,各相关部门初步布局了国家智慧交通系统的标准体系,为智慧交通的规模化发展提供了保障。经过多年发展,我国智慧交通产业也已经初具规模,形成了一批智慧交通行业里的骨干企业,产业发展还受到资本市场的关注,公路、铁路、城市交通、民航等行业性市场稳步发展,智慧交通产业格局正在逐步完善之中。

2)智慧交通基础设施的挑战

中国经过多年的发展历程,智能运输系统建设已进入发展期。但还存在以下4个制约中国智慧交通基础设施发展的难题。

(1)关键核心技术未掌握

关键核心技术问题是影响中国智慧交通产业竞争力的主要问题。目前,中国市场的智慧交通中高端产品主要是国外品牌,关键核心技术主要依赖从国外进口,即使是发展最快、推广范围最广的智慧交通行业管理和智能导航产业也不例外。

此外,在智慧交通行业管理方面,关键设备和技术也是依赖进口。关键核心技术的缺乏不仅使产业在发展过程中不断付出昂贵的技术使用成本,产业的命脉也会被国外企业所扼制。

（2）缺乏标准化的规范

交通资源信息开放度低、获取难度大，部门之间的沟通与信息传递相互脱节，政企之间的协作共享存在壁垒，尚未形成一套规范化且可推广的资源整合体系。各方对于智慧交通的内涵理解存在差异，对于大数据平台如何建设、数据如何共享、成果如何应用并没有形成统一的思路。

此外，当前交通信息缺乏标准，阻碍相关行业健康发展。"互联网+"时代的交通资源数据的来源广泛，包括传感器的智能探测、车载雷达、全球定位系统或移动支付的终端消费记录等。多源的大数据信息需要一定的采集标准与输入接口为末端的统一分析加工提供便利。另外，在"互联网+"时代下交通数据通常涉及隐私信息，信息安全风险涉及广大用户。在数据整合分析与共享过程中，一旦发生信息泄露将会造成巨大的损失。因此，对于交通资源数据的安全管理与保护是当前亟待解决的重要挑战。

（3）完善的市场机制未形成

中国智慧交通企业的专业化生产程度很低，仍然处于各自为政、孤军奋战的状态，尚未形成完整的产业链。目前，即使是在几个国家级智能交通示范城市，智能交通产品和服务市场也形成部分覆盖，顾客对大多数智能交通产品和服务还认识不足，未形成完善的激励机制。

（4）政府行为滞后于市场行为

目前，中国智慧交通的建设还处于起步阶段，但是由于互联网的快速发展，人们已经开始习惯应用网络约车的方式进行打车、拼车、搭顺风车。滴滴打车与快滴打车合并、优步租车进入中国市场等一系列市场行为引起出租车行业的剧变，而政府的行为却滞后于市场的发展。智慧交通建设过程中，政府应该起引导作用，走在前面，引领中国智慧交通、智慧城市的建设。

3）智慧交通基础设施的展望

从整体而言，我国智慧交通基础设施未来的发展呈现三大态势：

一是城市化进程加快给智慧交通产业创造巨大空间。我国经济社会发展正处在城市化的进程加快，机动化程度迅速提高阶段，交通运输的效率、交通服务的水平、交通的安全、交通的环境、交通的拥堵等诸多问题集中出现，成为制约我国经济社会发展一个重要问题。应该说智慧交通系统对于缓解和解决上述问题具有直接的作用和意义，大力发展智慧交通管理系统，探讨实现更加安全、更加顺畅的交通环境技术，将是我国交通运输领域的一项重要战略任务。我们将加快技术转移，加大应用力度来推动智慧交通产业规模和水平的提升。进一步完善智慧交通系统建设相关的技术规范，重视基于物联网技术的智慧交通标准以及重点领域相关标准的制定。积极营造智慧交通产业化的市场环境，要建立起技术，应用和资本三者共同引领的智慧交通产业发展模式。要鼓励和支持优势企业来参与智慧交通有关领域里的项目研发、建设与运营。

二是世界智慧交通系统将进入一个创造新一代移动社会的崭新阶段。我们要把握好加快城镇化发展和建设智慧城市这两大机遇，不断提升交通感知的智能化水平，推动政府关于交通信息资源的有序开发，而且要形成公益服务和市场化增值服务两者相结合的交通信息资源开发利用机制，以此提高交通信息资源的综合应用能力。要大力发展公交智能化管理和服务技术，持续改善和提高公众出行的智能化服务水平，满足公众出行的多样化、个性化和动态化交通服务需求。要以综合交通枢纽的智能化管理和服务作为突破口,提升交通系统的整体运行效果。要关注智能车辆技术的研发,要发展智慧车路协同技术,提高交通主动安全的水平。

三是智能交通技术应用方面,利用智慧交通技术来减少交通污染,发展低碳和绿色交通,促进城市交通的可持续发展成为重要方向。与改善人与交通关系相关的智慧交通项目将得到重视和发展。在发展新能源汽车的同时,要通过城市交通运行管理、智慧化监测和智慧化信号控制等智慧交通技术来减少交通污染。

新技术的发展会极大地推动智慧交通技术的发展,同时,智慧交通开拓了个性化的移动服务,也将为大数据、云计算、新一代宽带技术,泛在网络等新一代技术提供应用环境,并提供广泛的市场空间,创造新型商业机会。未来,中国智慧交通系统将在自主创新的同时,积极借鉴国际智慧交通领域里的成功经验,开展广泛的国际合作交流。通过不懈努力,我国的智慧交通基础设施将会更加快速地发展,同时,智慧交通基础设施也将为公众提供更加便捷、高效、绿色、安全的出行方式,创造更加美好的生活。

8.2 新型基础设施风口下的城际高速铁路

中国铁路的大发展,迎来了智慧交通和新型基础设施共推的契机。城际高速铁路作为新型基础设施的一员,是轨道交通与铁路建设技术多元化发展以及与5G等互联网技术的深度融合。智慧交通基础设施内涵丰富,涵盖智慧运输、智慧管理、智慧服务以及智慧出行4个方面。本书为阐明新型基础设施中交通基础设施建设的项目管理内容,将以城际高速铁路作为分析对象,具体阐述城际高速铁路内涵及其建设、运维管理。

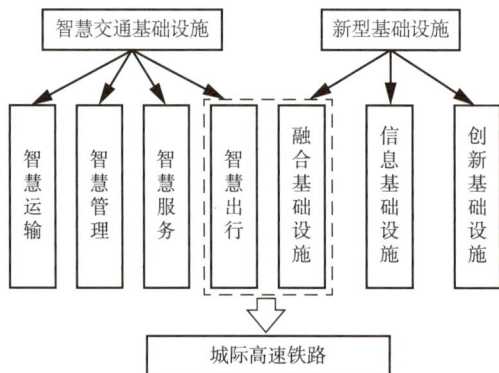

图 8-1　城际高速铁路:智慧交通基础设施与新型基础设施的结合

8.2.1 城际高速铁路的内涵

城际高速铁路,简称城际高铁,顾名思义,是为了实现相邻城市之间的高速联络,兼具城际铁路和高速铁路的双重特征的铁路,通常是指连接相邻人口稠密的都市圈或者城市带(城市群)的客运专线铁路,属于高速铁路的一种类型。城际高速铁路主要特点是线路距离较短、列车班次公交化以及轨道系统所能允许的列车最大运行速度不低于 250 km/h。

2004 年,国家发改委在《中长期铁路网规划》中首次提出"经济发达的人口稠密地区发展城际铁路快速客运系统"这一原则,自此,围绕城际铁路的一系列规划研究逐渐开展。2015 年,随着国家铁路局对《城际铁路设计规范》(TB 10623—2014)的正式发布,城际铁路被定义为"专门服务于相邻城市间或城市群,旅客列车设计时速 200 km 及以下的快速、便捷、高密度客运专线铁路",但在与之同日发布的专家解读中提出,城际铁路的合理速度目标值不宜高于 200 km/h。对于速度目标值为 250~350 km/h 的铁路,是典型的高速铁路,不属于城际铁路的范畴。2016 年,《中长期铁路网规划》修订后强调要形成以"八纵八横"主通道为骨架、区域连接线衔接、城际铁路为补充的高速铁路网,再次突出城际铁路的重要性。

随着城际铁路的发展和新型基础设施的提出,城际高速铁路凭借其低耗能、大承载、融合新技术等特点,作为一种新兴的轨道交通类别,既是智慧交通基础设施重要组成部分,同时也是新型基础设施的领域之一。

表 8-1 城际高速铁路相关政策

序号	时间	政策	主要内容
1	2004	《中长期铁路网规划》(2004)	第一次提出"经济发达的人口稠密地区发展城际铁路快速客运系统"这一整体原则。
2	2007	《全国城镇体系规划(2006—2020 年)》	城市群地区要发展以轨道交通为骨干的城际快速交通网络,充分发挥其运能大、占地少、污染小、安全舒适、准时等优势,使之成为城际间居民出行的主要交通方式。
3	2013	《铁路"十二五"发展规划》	应我国城镇化发展需要,尽快形成高速铁路、区际干线、城际铁路和既有线提速线路有机结合的快速铁路网络,满足大流量、高密度、快速便捷的客运需求,为拓展区域发展空间、促进产业合理布局和城市群健康发展提供基础保障,同时也为广大城乡居民提供大众化、全天候、便捷舒适的基本公共服务。
4	2015	《城际铁路设计规范》(TB 10623—2014)及专家解读	城际铁路是指专门服务于相邻城市间或城市群,旅客列车设计时速 200 km 及以下的快速、便捷、高密度客运专线铁路;城际铁路的合理速度目标值不宜高于 200 km/h。
5	2017	《铁路标准化"十三五"发展规划》国铁科法〔2017〕15 号	开展高速铁路、城际铁路、客货共线铁路、重载铁路和市域(市郊)铁路等勘察设计、施工、验收、安全及试验检测标准制修订工作,完善综合客运枢纽建设相关标准,为铁路工程建设提供技术支撑。
6	2017	《全国国土规划纲要(2016—2030 年)》国发〔2017〕3 号	加快高速铁路、区际干线、国土开发性铁路建设,积极发展城际、市郊(域)铁路,完善区域铁路网络,优化城镇密集区交通网络。
7	2019	《绿色出行行动计划(2019—2022 年)》交运发〔2019〕70 号	明确应加快城际交通一体化建设。
8	2021	《交通运输领域中央与地方财政事权和支出责任划分改革方案》国办发〔2019〕33 号	明确城际铁路的建设、养护、管理、运营等具体执行事项由地方实施或由地方委托中央企业实施。

8.2.2　城际高速铁路的意义与挑战

城际高速铁路作为深度融合互联网、大数据、人工智能等技术的新型基础设施成员,能有效拉动经济增长、优化资源配置、改善产业布局,对于人口资源众多,处于转型期的发展中国家具有重要意义,主要体现如下:

1)新型基础设施主力军,有效拉动投资

城际高速铁路,作为工程活动,具有投资规模大、运营周期长、影响范围广的工程属性。一方面,在建设期间,规模庞大的投资属性本身会对当地劳动力产生较大需求,带动相关产业链上下游,通过需求拉动及资本积累直接影响经济增长;另一方面,在运用期间,能促进如旅游、地产、物流运输等相关产业发展,同时为劳动力迁移和就业提供便利。

随着铁路的不断完善,传统"铁公基"拉动作用略显疲软,在"新型基础设施"大背景下,城际高速铁路作为主力军,有望掀起新一轮高铁建设高潮,高铁固定资产投资力度也将不断加大。

2)压缩时空,助力新型城镇化

新型城镇化战略与交通战略在总体布局、理念使命、推进次序等方面具有协同性,同时,新型城镇化的区域平衡发展、城市产业结构升级、城市间功能互补等方面有赖于高铁战略的实施,高铁的可持续运营有赖于新型城镇化战略的有序推进。城际高速铁路作为主要交通工具之一,不仅具备连接城市的功能,同时还要承担市域的快速铁路职能,其能弥补地方铁路的规划空白,串联分散的高铁站,具有"补丁"作用,有助于推动区域平衡。此外,作为新型基础设施,城际高速铁路具有数字化、智能化、低碳化、绿色化的特点,契合了新型城镇化中的集约、智能、绿色、低碳的核心理念。城际高速铁路作为居民未来的主要出行方式,将有力支撑新型城镇化的推进。

3)互联互通,推动城市群发展

城际高速铁路作为连接相邻城市或城市群的桥梁,是原有城际铁路的突破和创新,具有运能大、占地少、污染小、安全舒适、准时等比较优势,可增强城市群综合承载能力、实现城市群可持续发展。在打破地域隔阂的同时,城际高速铁路一方面促使人力、资本、技术等内部要素"走出去",另一方面促进外部要素"走进来",打破要素流动壁垒,推动产业聚集,促进城市群间市场经济发展。

目前,虽然城际高速铁路受到的关注日益增多,有关于城际高速铁路的规划建设也在不断完善,但在项目规划和实施过程中仍然暴露出诸多问题,面临着如缺乏系统的规划理论体系、规范的技术规则标准、融资难、运营不佳等挑战。

8.2.3　城际高速铁路的展望

在智慧交通和新型基础设施双重发力下,未来我国城际高速铁路将有以下特征:

1)更加智慧化

城际高速铁路作为智慧交通的重要应用领域之一,深度融合现代信息技术,无论是规划建设期还是投产运营期,都将发挥其智慧化、数字化特点。运用数据库收集到的城市交通信息和布局,合理根据功能定位、服务人群进行规划设计,基于智慧网络平台实现系统感知、判断、决策及自我学习,保障安全运行及功能发挥。

2)城际服务化

城际高速铁路将更多地推动城市间的互动交流,引导要素资源的流通,促进城市一体化和加快城市化进程,带动沿线经济带的发展。城际轨道交通作为专用的交通线路,承担沿线各个主要城市和主要中心城镇之间的客流,就像是城际间的客运公交车,发车的密度将更加密集,接近"公交化",拥有强大的运输能力。

3)产业全球化

2003 年铁道部提出了跨越式发展路线,我国高铁从持续了十几年的自主发展道路向"引进—消化吸收—自主创新"的路径转变。经过多年来的技术和经验积累,我国高铁已经成为向世界展示发展成就的重要名片。推进全球化经营是高铁发展的必经之路。"一带一路"倡议也为我国高铁"走出去"带来历史机遇。城际高速铁路的发展将推动高铁相关行业和企业不断向外开拓和输出,形成全球化局势。

8.3　城际高速铁路项目的建设管理

我国高铁事业发展迅猛,成绩举世瞩目。高铁大发展为我国国民经济长期繁荣奠定了扎实基础。城际高速铁路作为深度应用大数据、互联网、人工智能等现代信息技术的融合基础设施,其项目建设的成功既离不开管理创新,又离不开技术创新。本节将阐释城际高速铁路项目建设管理概念及意义,探讨城际高速铁路项目的建设管理模式,并结合新型基础设施特征,重点介绍城际高速铁路项目中典型的一体化管理以及智能化精调管理。

8.3.1　城际高速铁路项目的建设管理概念及意义

1)城际高速铁路项目建设管理的概念

城际高速铁路项目建设管理以融合基础设施中的城际高速铁路项目为建设管理对象。它可以定义为,在城际高速铁路项目建设全生命期内,用系统工程的理论、观点和方法,进行有效的规划、决策、组织、协调和控制等活动,从而使城际高速铁路项目建设在既定的资源和环境条件下,其质量、安全、环保、工期和投资控制等目标得以实现。我国高铁项目建设管理的 14 个要素分别是:标准化管理、招投标与合同管理、勘察设计管理、质量管理、安全管理、环保管理、施工组织与进度管理、投资管理、稳定管理、风险管理、技术创新管理、物资管理、协调管理、竣工验收和后评价管理。高铁项目建设管理的 14 项要素均属于保障项目质量、安全,环保、进度、投资和稳定目标实现的手段和支撑。

2)城际高速铁路项目建设管理的意义

城际高速铁路作为传统基础设施与新兴技术融合升级的融合基础设施,其项目建设管

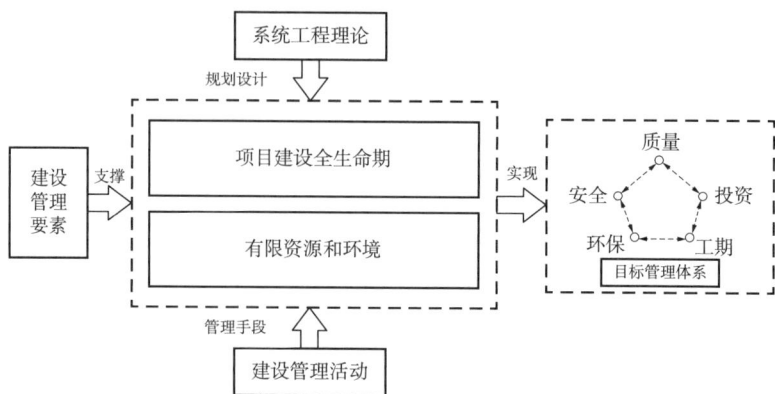

图 8-2　城际高速铁路项目建设管理框架

理既具有传统基础设施的保障项目目标实现、提高企业竞争力、促进行业发展的作用,同时,由于其建设管理过程也是对现代新兴技术的深度应用过程,因此也具有新型基础设施建设项目促进行业升级、优化产业结构、提升经济质量的功能。城际高速铁路项目建设管理的意义主要体现在如下 3 个方面:

(1)有利于实现高铁项目建设目标

城际高速铁路项目都有建设总目标,项目总目标可分解为质量、安全、环保、工期、投资等目标。质量目标通常表现在高合格率、高优良率等方面;安全目标主要体现在施工现场人员职业健康状态良好、低伤亡率或零伤亡率;环保目标主要体现在实现城际高速铁路建设与自然环境的和谐统一;工期目标表现为在满足质量、安全等前提下,实际工期不超过计划工期;投资目标表现为在满足质量、安全、工期等前提下,实际投资不超过预算投资。

科学有效的项目管理是保障高铁项目建设目标实现的基本手段和重要支撑,实现城际高速铁路项目建设目标是城际高速铁路项目建设管理目的的集中体现。以系统工程和现代工程管理理论为指导,以标准化管理和集成化管理为抓手,不断提高高铁项目建设管理水平,有利于全面实现高铁项目建设目标。

(2)有利于高铁企业可持续发展

高铁项目是高铁企业实现战略目标的载体,高铁项目建设管理是实现高铁企业发展战略目标的主要途径。我国高铁网规划目标的实现,依赖于各高铁项目的成功实施。高铁项目建设管理水平决定了高铁项目建设管理绩效,决定了高铁项目建设目标的达成程度,也决定了高铁企业发展战略目标的实现程度。城际高速铁路项目建设管理的新成果、新经验将不仅可为高铁企业发展提供新动力,而且可为信息科技企业发展提供新能源。通过全面的城际高速铁路项目建设管理,促进高铁企业和相关信息科技企业管理制度和机制完善,实现企业预期经济效益,进而提升企业竞争力,使企业获得可持续发展。

(3)有利于提高我国铁路产业国际竞争力

加强高铁项目建设管理使我国铁路在技术、质量和建设成本方面都有了很大进步,促进了我国与其他国家在铁路建设领域的交流与合作,有利于我国铁路走出国门,助力"一带一路"倡议的实施。铁路项目是"一带一路"倡议的钥匙性工程,通过"一带一路"倡议的实施,建设国际铁路运输通道,推进境外铁路项目建设运营一体化,实现产业转型,能够带动国内相关装备、技术、标准、管理和服务"走出去",从而实现各国物质文化的大融合。我国高铁极大地缩短了"一带一路"国家的时空距离,带动了周边国家与地区经济发展,让各国人民共享我国高铁发展的巨大成果,有利于提升我国铁路行业的国际竞争力。

8.3.2　城际高速铁路项目建设管理模式

1）城际高速铁路项目建设管理模式的概念

城际高速铁路作为新型基础设施中的融合基础设施，其建设管理模式目前主要借鉴于传统高铁项目建设管理模式。本书基于业主视角定义城际高速铁路项目建设管理模式，即为保证城际高速铁路项目建设管理系统能够高效运行，并确保其目标的实现，而采取的管理方式。

城际高速铁路项目建设管理模式不能等同于城际高速铁路项目承发包模式或城际高速铁路项目融资模式，这三者虽有共同点但也有很大区别。共同点是通过各种有效模式选取，确保城际高速铁路项目建设管理系统高效运行和管理目标顺利实现，其中建设管理模式是前提，承发包模式是支撑，融资模式是保障。但三者又有不同，城际高速铁路项目建设管理模式是业主实施项目的组织和管理方式；城际高速铁路项目承发包模式是工程项目的"采购—交付"方式；城际高速铁路项目融资模式是工程项目筹集资金的渠道和方式。城际高速铁路项目不同的建设管理模式反映了不同的组织实施方式，影响着城际高速铁路项目承发包模式和融资模式的选择。因此，城际高速铁路项目建设管理模式的确定是重中之重。

2）城际高速铁路项目建设管理模式的分析

（1）"项目公司+大咨询"建设管理模式

在21世纪高铁大规模建设之初，我国高铁项目建设主要采取"项目公司+大咨询"建设管理模式。通过此方式可充分发挥各方咨询能力，提升国内高铁项目建设管理水平。"项目公司+大咨询"建设管理模式，按照我国政府投资项目投资管理体制的要求，组建精干的项目法人公司进行全过程、全方位的建设和经营管理，将从项目决策阶段的项目建议书开始，到设计准备、初步设计，施工图设计，以及施工阶段的招投标，直至竣工验收大部分工程项目管理委托咨询单位或咨询联合体开展技术、管理咨询工作，实现"全过程关键环节咨询"管理服务。其具有建设单位可以咨询单位先进管理经验和熟练的专业知识来应对自身管理能力不足的问题，提高高铁项目管理水平和避免建设单位组织机构臃肿的优点，但同时存在由于咨询企业全过程咨询能力有所欠缺，建设单位建设管理任务仍然很重等缺点。

2017年2月，发布了《国务院办公厅关于促进建筑业持续健康发展的意见》（国办发〔2017〕19号）首次提到鼓励全过程工程咨询服务的应用和推广，全过程咨询已成为项目管理的有效方法。今后"项目公司+大咨询"建设管理模式在规模大、技术复杂、难度大的高铁项目中的应用，应该尽量满足如下条件：第一，建设单位自身管理力量和专业技术能力不足；第二，工程咨询单位具有较强的全过程技术和管理咨询能力，特别是针对智能化、数字化相关的技术并具有丰富的高铁项目全过程技术和管理咨询经验。

（2）铁路局集团公司自建模式

铁路局集团公司自建模式目前在我国高铁项目建设中也得到了成功应用，该模式的最大特点是充分发挥了项目法人投资主体、建设主体、运营主体的核心作用，铁路局不仅负责项目投资，还要负责项目建设和运营，实现了投资、建设与运营一体化管理。铁路局集团公司自建管理模式真正落实了项目法人的主体地位，充分调动了项目法人投资好项目、建设好项目、运营好项目的积极性,因此也有利于项目各项目标的管控。但这种模式要求铁路局集团公司具有强大的建设管理能力和管理人员储备,这与铁路局现状和未来改革方向不符,同时,由于缺乏高铁建设企业之间的有效竞争,该模式也难以普遍推广。

今后铁路局集团公司自建管理模式在高铁项目中的应用,应该尽量满足如下3个条件:一是铁路局集团公司有足够的建设管理能力;二是属于铁路局集团公司管辖范围且规模在一定范围内的项目;三是车站工程或临近既有线施工任务重的工程。

(3)铁路局集团公司项目管理承包模式

铁路局集团公司项目管理承包模式广泛运用于高铁项目与既有线相关的枢纽工程。该模式通常是铁路局集团公司受项目公司委托进行项目建设管理,直至项目竣工验收后交付给项目公司,其工作核心是依据项目管理承包合同完成项目建设各项工作。铁路局集团公司项目管理承包模式可充分发挥铁路局集团公司建设管理优势,有利于加快工程进度,保证建设和运营安全。同时,该模式实现了铁路局集团公司提早参与建设,以便在建设过程中更好地考虑运输需求,为项目顺利实施和竣工验收创造条件,确保运营安全可靠。但目前铁路局集团公司项目管理承包模式的法律法规体系不够健全,且缺乏有效和充分的竞争机制,不利于报价的充分竞争。

今后铁路局集团公司项目管理承包模式在高铁项目中的应用,应该尽量满足如下3个条件:一是要有健全的铁路局集团公司项目管理承包模式法律法规体系;二是要有规范的项目管理承包工程造价确定方法;三是高铁项目应在铁路局集团公司管辖范围内。

(4)工程管理中心项目管理承包模式

工程管理中心项目管理承包模式是指工程管理中心作为专业性、永久性的铁路项目管理机构,受项目公司委托对高铁项目设计、招标、物资供应、施工到竣工验收建设过程等进行管理。该模式可以满足管理专业化要求,有利于工程项目目标控制,提高建设管理工作效率。同时,有利于培养高铁项目专业建设管理队伍,推动铁路项目建设专业化管理的发展。但工程管理中心作为国铁集团铁路项目管理机构,现有力量不足以支撑大量高铁项目的管理承包任务,我国项目管理咨询特别是特大复杂项目管理咨询市场也并未培育起来,具备高铁项目管理承包能力的单位不多,无法形成有效的竞争环境。

目前,工程管理中心项目管理承包模式在高铁项目中的应用,应该尽量满足如下两个条件:一是项目公司缺乏建设项目管理经验和人员;二是存在技术超复杂的工程,需要较强能力的专业队伍进行建设项目管理的高铁项目。

(5)"项目公司+项目总承包+项目管理咨询"建设管理模式

"项目公司+项目总承包+项目管理咨询"建设管理模式是指项目公司负责项目建设与经营,项目总承包负责项目的设计施工,另外委托专业咨询公司进行项目管理咨询。该模式将生产组织方式与项目管理方式相结合,"包工程"与"包服务"相结合,集合最优最好资源共同完成高铁项目建设。但由于项目管理层级太多,影响管理效率。同时,冗长的管理层级也增加了建设管理费用。

"项目公司+项目总承包+项目管理咨询"建设管理模式在高铁项目中的应用,应该尽量满足如下两个条件:一是项目公司缺乏高铁项目设计、施工管理经验;二是投资特别大的高铁项目难以找到有能力的总承包商和项目管理咨询公司承担全部项目设计、施工和建设管理任务。

表 8-2　不同建设管理模式的对比

模式	优点	缺点	应用情景
项目公司+大咨询	通过咨询单位弥补自身管理能力不足	对咨询单位依赖重	建设单位自身管理能力不足且咨询单位经验丰富
铁路局集团公司自建模式	充分调动项目法人积极性,利于目标管控	要求铁路局集团公司具有强大的建设能力以及充足的管理人才	铁路局集团公司有足够的建设管理能力或施工任务较重的工程
铁路局集团公司项目管理承包模式	加快工程进度,保证建设和运营安全	不利于报价的充分竞争	有健全项目管理承包模式法律法规体系、有规范的工程造价确定方法、项目在公司管辖范围内
工程管理中心项目管理承包模式	满足管理专业化要求	我国具备高铁项目管理承包能力的单位不多,未形成有效的竞争环境	项目公司缺乏专业管理人才或技术超复杂需要专业队伍进行管理的项目
项目公司+项目总承包+项目管理咨询	集合各类最优资源	项目管理层级太多,影响管理效率	项目公司缺乏经验或投资特别大的项目

3) 城际高速铁路项目建设管理模式展望

伴随着中国高铁项目大规模建设,中国高铁建设管理模式也在不断创新。从"项目公司+大咨询""项目公司+大监理",到铁路局集团公司自建、铁路局集团公司或工程管理中心项目管理承包,再到"项目公司+项目总承包+项目管理咨询"等建设管理模式应用与创新,可以领略到中国高铁项目不仅在进行技术创新,也进行了许多管理创新。但我们同时也看到,每一种建设管理模式的产生都有项目所处的历史背景和实际情况,且每一种建设管理模式都有其适用条件。

目前,我国城际高速铁路项目专业化建设管理队伍的市场化发育程度还不高,城际高速铁路项目建设管理本身具有复杂性、专业性和困难性,在深度融合大数据、互联网、人工智能等现代信息技术后,相应的建设管理队伍和具备智能化、数字化相关技术的人才都极其匮乏。因此,城际高速铁路项目建设管理模式还需不断优化创新。但总的趋势是,城际高速铁路项目建设管理需要专业化公司和兼具项目管理才能和信息技术技能的专业化队伍。因此,大力培育城际高速铁路项目建设管理咨询单位、锻炼城际高速铁路项目建设管理人才、提升城际高速铁路项目建设管理人才的管理水平是当务之急。铁路行业主管部门可以制定有关政策,引导城际高速铁路项目建设管理咨询单位的培育和发展,相关建设协会可以制订并出台具体实施细则,加强对城际高速铁路项目建设管理咨询单位的责任管理和信誉评价,有条件开展城际高速铁路项目建设管理咨询的企业应该加强建设管理人才的招聘、培养,各方共同努力推动城际高速铁路项目建设管理专业化,通过多种建设管理模式的应用,全面提升城际高速铁路项目建设管理水平。

8.3.3 城际高速铁路建设项目一体化管理

1）城际高速铁路项目一体化管理概念

城际高速铁路建设项目的一体化管理是基于设计、项目、进度、组织"一体化视角"，以提升项目管理绩效为目标，统筹考虑建设与运营阶段、协调各参与方关系、集成各管理要素、运用新兴科学技术，创立一体化管理模式，实现各环节的有机衔接、各利益相关方的协同运作、各资源的优化配置，从而确保项目推进过程中标准化管理思路的落实以及项目目标的顺利实现。

2）城际高速铁路项目一体化管理

以科学管理、系统工程理论为指导，开展高铁建设设计、施工、调试全过程的一体化管理，通常需要完善组织构架，提前介入设计、报批等前期工作；推进标准化管理和一线式流程控制；组织运用新兴技术和实施科技攻关，解决高铁建设的世界性技术难题；强化考核和责任机制建设，打造优秀的建设管理人才队伍等措施。主要做法如下：

（1）完善组织架构，提前介入设计、报批等前期工作

早期介入，督促责任落实。成立前期工作协调组推进城际高速铁路项目立项、审批等程序，将设计方案的稳定、用地预审和环境评估批复等工作作为前期工作的核心任务来抓，制订前期工作推进计划表，梳理关键要素，明确具体时间节点，落实具体负责人员，及时协调解决重要问题。

加大监管，建立沟通机制。及时做好资金清理、拨付工作，同时加大对资金使用的监管力度；及时提出项目管理机构设置方案，配齐、配强建设管理人员；做好建设各阶段相应的监督、协调和配合工作；加强与地方政府的沟通协商，争取政策支持，推进有关评估和审批项目的进度；发挥设计、施工单位积极性，整合优势，攻破难关。

（2）创建制度，推进城际高速铁路建设"零容忍"标准化管理

以科学管理、系统工程理论为指导，推进标准化管理。所有参建单位都按照事事有流程、事事有标准、事事有责任的要求，把标准化管理落实到施工现场和作业层，以"零容忍"的态度，确保铁路工程质量安全有序可控；通过创建施工关键工艺标准和管理制度、提升人力资源配备标准和创建过程质量控制标准等来推进一体化管理标准。

（3）运用前沿科技，引领世界铁路发展新潮流

在建设管理过程中深度融合大数据、互联网、人工智能等现代信息技术，利用建设工程过程搞科研，用科研成果抓好工程的安全、质量、投资等工作，建立一支优秀的团队推进科技运用和科研创新活动，用科研提升建设管理人员的管理水平和管理能力，促进项目一体化管理。

（4）强化考核和责任机制建设，确保工程建设质量和进度

通过实施分级安全质量考核管理，落实人员管理责任。开展业绩排列考核管理，奖优惩差，既教育本人，又警示全局；建立典型重大问题警示管理制度，做到安全质量管理常态化，实行重要工序实名签认终身责任制，从而把工程安全质量的过程控制落实到实处。

（5）加强人力资源调配和技能培训，打造一支优秀的建设管理人才队伍

科学预测城际高速铁路建设人才需求，制定高铁建设人才培养规划和具体目标，集成高

铁建设专业技术培训资源,培养建设管理人才。实施"理论教学+实践锻炼"的全覆盖一体化培训模式,打造具有创新力的领军人才。

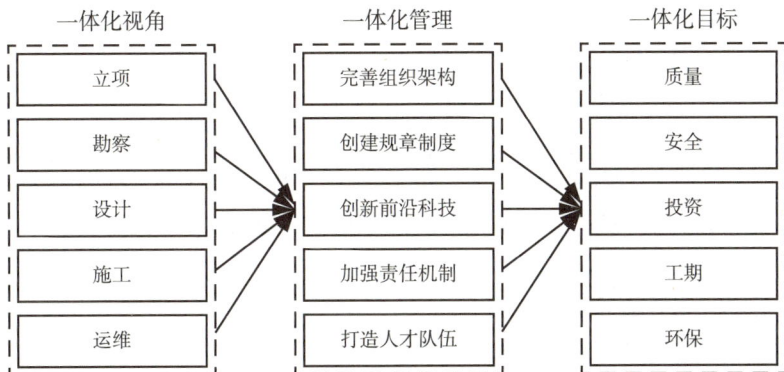

图 8-3 城际高速铁路项目一体化管理机制示意图

8.3.4 城际高速铁路项目智能化精调管理

轨道精调的概念,是伴随着我国高速铁路建设,尤其是轨道控制网的应用,逐步在铁路系统进行普及。通过在开通前对轨道几何尺寸系统性的消缺、整修,能够有效地保障轨道的高平顺性,是线路开通前必不可少的步骤,它的成败,直接决定了线路开通后的运营品质。传统的轨道精调不仅对人工依赖程度高,而且工作复杂、效率低下,将导致精调难度高、精调质量低、后期维修难等一系列问题,制约了轨道施工进度和运营质量。因此,利用现代信息技术,对城际高速铁路轨道进行智能化精调管理对于进一步提升我国高速铁路运行速度和质量有重要意义。

1)城际高速铁路轨道智能化精调管理概念

城际高速铁路轨道智能化精调管理是指通过运用技术手段,根据轨道测量数据对轨道进行的精确调整,使轨道精度达到规范标准,满足动车平稳、舒适运行的要求。轨道智能化精调管理可有效提升高速铁路精调作业质量和效率,确保高速铁路快速投入运营,同时有助于改善轮轨关系、提高旅客乘坐舒适度。

2)城际高速铁路轨道智能化精调管理

城际高速铁路轨道智能化精调管理以集中数据管理为基础、大数据处理为手段,建立大数据处理中心,实现高速铁路精调数据智能化传输、高速铁路精调方案智能化定制和高速铁路全寿命精调数据管理,主要内容如下:

(1)构建城际高速铁路智能化精调管理总体架构

城际高速铁路智能化精调是一项系统工程,涉及精调测量、方案设计、作业流程等各个环节,应树立系统管理、自主研发、大数据处理、"互联网+"的原则,从智能化精调测量仪器、大数据精调方案处理中心、智能化精调组织体系、精调后评价及改进机制、智能化精调队伍建设五大部分构建城际高速铁路智能化精调管理体系架构。

(2)建立操作标准和知识产权管理

城际高速铁路智能化精调可能涉及复杂技术的开发和使用环节,通过建立技术操作标准,规范化作业,有效减少工人磨合时间,提高工作效率。同时,加强研发产品和技术的知识产权管理,提高自主创新能力和市场竞争能力。

(3)建立城际高速铁路智能化精调大数据处理中心

通过数据处理中心把传输收集的数据及设计的数据转换成人工识别的数据,根据线路平顺性的指标要求设置好边界条件。利用"互联网+",建立智能化精调数据传输流程,制订智能化精调现场操作方案,实现全寿命智能精调数据管理。高速铁路精调大数据一方面是为运营管理阶段提供准确的基础资料;另一方面从设备状态"记忆性"的角度出发,对外部环境重点地段、与设计线形偏差较大地段、扣件调整极限地点等信息的提前记录和管理、高速铁路线路全寿命周期管理提供了可能。

(4)打造高速铁路智能化精调专业化人才队伍

运用专业化培训教材和多层面的培训体系,培养不同类型的高铁智能化精调人才。通过建立知识共享交流平台,实现历史数据查看、现有信息共享的互动学习。

城际高速铁路智能化精调管理显著的降低了城际高速铁路建设及运营成本,大幅度减少了运营期的维修工作量,是城际高速铁路建设后期的重要环节,也是城际高速铁路提高运营平顺性的关键工序。

8.4　城际高速铁路项目智慧运维管理

为确保城际高速铁路安全、可靠、持续、经济、低耗与高效地运行,必须做好相应的运维管理。城际高速铁路项目的智慧运维管理是通过建立高效、规范的运维管理体系,引入运维管理的新理念、新技术与新方法,不断提升运维管理水平,持续改善运维质量,保证城际高速铁路安全稳定运行,使运维管理变得更加便捷、有效和智慧。城际高速铁路作为新型基础设施中具有深度运用现代信息化技术和对传统基础设施的融合升级两大特性的融合基础设施,其智慧运维管理将突破传统的运维范式。本节将重点介绍城际高速铁路项目智慧运维管理的概论,以及在此体系下服务、商圈、检修的变革。

8.4.1　城际高速铁路项目智慧运维管理概论

1)城际高速铁路项目智慧运维管理内涵

城际高速铁路作为新型基础设施中的融合基础设施,其智慧运维管理是以物联网、"互联网+"技术、大数据与云计算为支撑,以泛在化、融合化、智慧化为特征,以精细化的运营组织、协同化的智慧管理、精准化的智慧服务为重点,保障城际高速铁路安全、持续、高效的运营。其中,泛在化是指更透彻地感知;物联网是指更全面的基础数据采集;大数据是指更透彻的信息感知;融合化是指更全面的互联互通;更多数据流和信息流的共享是指"互联网+"的应用;智慧化是指更深入的智能化,更优化的计划、资源配置以及更智能、更敏捷的调度指挥。城际高速铁路项目智慧运维管理目标是更安全、更高效、更优质。其中,安全就是提高安全预警控制能力、提高快速应急反应能力、提高应急处置能力;高效就是提高运营效率和效益、管理效率;优质就是提高旅客运输需求满意度,提高服务质量,实现分析精确化、管理信息化、决策数据化,从而引领高铁运维现代化。

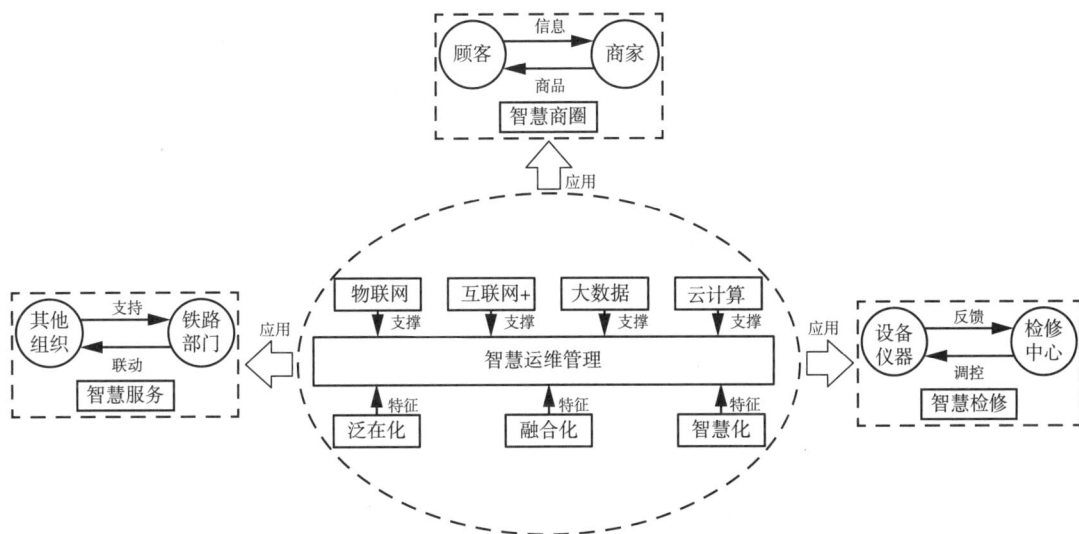

图 8-4　城际高速铁路项目智慧运维管理机制示意图

2) 智慧运维管理主要目标

城际高速铁路智慧运维管理的出现是为了更好地满足智慧交通管理中的智慧化目标，具体如下：

(1) 协助运营部门实现统一协调管理、信息共享

为旅客提供高质量服务，通过客流需求和运输能力供给的协调、移动设备资源的协调和列车运行时刻的协调几个方面来实现；提高客流分析预测的准确性、运力资源配置的优化、列车运行的协调性；发挥整体能力和综合效益，实现运营的高效、安全和可靠。

(2) 实现专业、高效及自动化

借助物联网技术实现旅客身份的数字化，并根据客流量信息及分布情况，对高峰期及淡季的铁路客运量进行动态分析预测，实现旅客运输计划的智能化编制，可灵活响应需求的运行图。

(3) 实现客运产品开发科学化

根据运输市场详情，对客运市场进行智能预测分析，合理编制客运营销计划，优化定价策略，并支持各类方式的电子支付服务，为旅客提供方便；通过物联网技术及时、准确地获取旅客的需求及铁路客运资源信息，可完成票额分配计划的智能制订，灵活应对客票的实时查询，做好票额信息动态发布工作，为旅客提供多种购票方式。

(4) 实现更好的客运管理

通过先进的信息技术，获得旅客运输需求以及旅客运输资源的信息，并制订合理的客运计划，提供多种客票发售与预订手段，合理组织客流，提高客运营销水平；在进站、购票、候车、检票、乘车、旅行、换乘、出站等环节为旅客提供充足的信息和灵活多样的服务，为旅客的出行方式、路线和车次等提供优化决策。

(5) 实现突发事件的迅速响应、联动处置

应急调整是指针对运力资源条件、客流的紧急变化，以尽可能快的速度输送旅客和恢复运行为目标进行的客运产品内容的调整；建立应急处理案例库，根据故障类型、故障时间、故障影响范围、处理方式进行登记、更新、查询、辅助决策；具有客运服务指挥台的所有信息查

询功能;根据故障类型,影响范围以及人工智能等因素给出相应的应急处理方案(可能多个),并就每个方案推理出详细的列车调整方案、售票组织方案、客运人员调整方案、后勤保障方案等,为最终的应急处理和服务补救提供辅助决策。

(6)建立统一的智慧出行服务平台

基于现有平台,融合多领域信息,利用"互联网+"技术,提供更智慧的信息服务、出行综合服务等。

8.4.2　服务新模式:多组织间的联动协同

1)政府部门与城际高速铁路的联动协同

(1)政府部门为智慧运维保驾护航

随着我国国民经济的不断发展,人民生活水平显著提高,人们对交通需求提出了更高要求,个性化、差异化、定制化的服务需求日益增多。城际高速铁路作为改善民生生活、推动交通发展、助力智慧城市建设的新型基础设施,需要政府"有形的手"与市场"看不见的手"相互配合协作,共同促进交通服务升级,提高居民生活质量。

城际高速铁路的智慧运维管理首先从政府的管理和公众服务的智能化开始。在"互联网+便捷交通"的时代,政府首先要建设智慧的交通管理系统和公众服务系统,提高自身交通管理智能化水平和对外服务的水平。其次,政府要在智慧交通基础设施建设上,明确政府和企业的分工,充分发挥企业和政府的优势。最后,政府应积极制定促进行业健康发展、良性竞争的政策,促进城际高速铁路健康、可持续地发展。

(2)政府部门协助智慧运维服务升级

依托政府公信力和号召力,在政府服务平台搭建城际高速铁路智行平台,组织信息发布与维护,处理服务建议与投诉,既可以丰富政府服务平台的内涵,协助政府实现便民一体化,又可以共享政府公共服务资源,提升铁路部门服务能力,满足旅客出行需求。此外,政府对城际高速铁路智慧运维服务的投资和推广,是保证智慧运营可行性、通用性和实用性的重要因素。智慧运维服务是连接旅客消费端、服务中间商、运维终端的系统集成,是一种新兴的服务方式,发展迅猛但尚未成熟,政府对该行业的投资与支持有助于智慧运维服务体系的快速形成与成熟。同时,借助政府平台的公共资源,大力推广智慧运营服务,使旅客不仅是服务的被动接收者,更是早期介入服务的定制者和参与者。最后,联通政府便民服务系统与城际高速铁路智行平台,有助于完善站前管理综合保障机制,通过数据互通,信息共享、共同管理、共同整治,可有效甄别犯罪分子、打击犯罪行为、保障运行安全。

地方政府与铁路联动的城际高速铁路智行服务管理升级,是城际高速铁路步入信息化时代,自觉践行"开放、分享、共创"的互联网理念的良好诠释,是适应高铁发展形势,推进转型发展和服务管理升级要求,为重点旅客、高端客户提供"点对点、一对一"的服务,打造个性化、差异化高铁服务品牌的创新做法。智行平台的启用,盘活了铁路的信息资源,与旅客建立了"双向交流""双向互动"的新型服务关系,较好地解决了车站原有的服务模式存在的服务不及时、相对滞后等问题和不足。通过信息平台,旅客获取铁路资讯变得简单便捷,旅客与车站管理部门的互动交流也更为顺畅,旅客出行的满意度指数也随之提高。

2）客服中心与城际高速铁路的联动协同

为适应城际高速铁路智慧运维管理体系的构建,需要全面规划建设智慧客户服务体系。智慧客户服务体系主要以"互联网+人工智能"为主要突破口,探索新的方法衔接系统,对应现有的系统升级。同时以提高客户满意度为主要目标,开发便捷客户的智能服务体系,升级数据流转管理平台,拓展远程客户服务,升级人工智能平台,开发手机应用程序(Application,App)多元化服务。智慧客户服务体系显示了城际高速铁路客户服务的科技化和优越性,以目前最尖端的科技为基础,最大限度地节约成本,提高客服效率,提升客户满意度,并带来一定的社会效益,给"智慧客运"带来新的生机和活力。

（1）创建智慧客户服务体系

以"互联网+"为导向,培养信息化管理思维,运用人工智能理论方法,整合铁路客服业务和现有管理流程的梳理确认、优化重组、清晰可视,从总体上提高铁路客服的运营管理水平。

通过"智慧客户服务体系"的建设提升客运总体运营管理的效率;通过信息化建设让数据实现互联互通共享,并且让数据做到可视化、直观化,让数据作用最大化,使铁路客运管理更加科学精细、决策更加精准精确,实现旅客体验更佳、作业效率更高、客运资源利用更优、经营效益更好的目标。构建智慧客户服务体系主要分为4个部分:智慧管理系统体系升级,以建设工单流转管理系统为基础,建立客服大数据库为最终目标的,进行数据化、流程化管理体系的升级;智慧人力资源体系升级,拓展非集中式的远程客户服务;智慧客服人工智能体系升级,顺应社会客服发展潮流和智慧客运服务理念,客服中心全面接入人工智能,主要包括智能语音服务、智能语音质检、智能机器人、智能知识库4个方面;智慧客运多元化服务,开发客服App特色服务。

（2）升级客服中心数据流转管理机制

①升级客服中心服务工单管理平台。随着铁路建设的快速发展,信息化、数据化、智能化将成为铁路现代化发展的标志,信息的整合集成、互联互通和实时共享将成为提高客运服务质量的有力支撑。升级客服中心服务工单管理平台以实现信息的快速流转,并且做到数据可视化、流程化,为数据库提供基础数据,为未来的数据分析打下坚实基础。

②完善工单流转业务流程。升级的信息化工单流转业务流程实现:业务流程配置化、流程处理可视化、数据传输实时化、信息处理集中化、统计分析多样化。

工单信息化处理效率全面提升,主要体现在,数据传输实时化、业务流程配置化、信息管理集中化、统计分析多样化。即数据传输和发送在站点和客服之间实时完成,并且流程处理可视化,用户在处理业务的过程中,就明了整个业务流程以及自己当前处理业务所处的阶段。客户可以根据前期录入和后面补充的信息分类,并在处理阶段将它们划分成不同数据区块,方便操作用户集中访问和操作处理。最后还能以各种数据的形式对工单数据进行抽取,使之进入大数据库,便于未来的管理和分析。

（3）拓展非集中式远程客户服务平台

扩展非集中式远程客户服务平台需要建立远程客户服务平台和远程客户服务标准体系。远程居家工作模式降低了对大型呼叫中心和配备支持人员的需求,远程坐席人员让员工队伍有无限增长的可能性,也让多样化的工作安排调度成为可能。为规范远程作业体系,规范作业方式,客服中心应建立远程服务标准体系,包括现有标准中的对客户的态度、语音、用语和礼仪的要求,以及业务专业性和服务技巧,与客服中心坐席客服要求水平一致。在远程坐席标准中,增加在线时间和考勤时间的内容标准,居家工作人员,需要在家进行打卡上线,并累计完成远程工作时间才算完成远程客服任务。在设备系统和功能使用上,远程办公流程和使用系统也与现场办公客服要求一致,使远程客服的服务水平和效率毫不低于现场办公客服,这对于提高客服人员效率,减少客服坐席压力有巨大推动作用。

（4）升级人工智能平台服务体系

随着网络化、智能化和自动化的发展趋势,客服中心不再是简单地用电话与客户实现互动,需要通过网页、App、微信公众号、邮箱、短信、电话等各类多媒体通道与客户实现智能化互动。为适应时代潮流,客服中心引进智能机器人,实行 7×24 小时智能服务,缓解人工坐席的工作强度,更快捷地与公众进行信息互动。客服中心搭载人工智能体系,主要应用于智能语音服务、智能语音质检、智能机器人、智能知识库 4 个方面。为规范人工智能作业体系,规范人工智能作业方式,客户服务中心应建立相应的人工智能服务标准体系,包含 7 个模块。一是作业方式模块。铁路局客服中心平台作业方式分人工服务和自助服务,该模块实现客服中心话务、居家异地办公等形式人工服务,以及自动语音服务、自助信息推送,机器人解答等形式自助服务功能。二是人力资源管理模块。该模块实现人力资源预测、培训考试、话务排班、考勤、绩效管理、人力资源优化等功能。三是知识库管理模块。该模块实现语义分析、对话管理、可视化分析、智能采集等功能。四是客户管理模块。该模块实现收集存储旅客基本信息、旅客标签管理、常旅客积分、常旅客回访及记录、旅客征信管理、服务黑白名单等功能。五是销售管理模块。该模块功能包括铁路客票的购票、订票、送票等票务及延伸服务,订餐、酒店预订、接送车预订等商务销售,订单状态、执行情况等追踪管理,支付方式、支付状态及退款业务处理等功能。六是服务管理模块。该模块实现遗失物品查找、重点服务预约、会员服务以及投诉、表扬、建议、意见等功能。七是信息服务模块。该模块功能包括客票信息、旅服信息、调度命令、行车信息、站车人员及岗点信息等信息汇聚与集中展现,灵活的时刻表、席位、票价、余票等票务信息查询,列车动态信息查询,出行常识、服务信息发布,实时公告发布等功能。

智慧客户服务体系将给客户带来更高的服务响应速度以及更优质的服务,使客户更乐于继续使用和推广铁路客户服务系统,同时也有利于积累客户的口碑,促进城际高速铁路健康运维。

8.4.3 商圈新业态:商业与城际高速铁路的互动融合

中国高铁自 2007 年"和谐号"正式上线运营以来,已经走过了 10 多个年头,从一条条运营线逐渐形成了"高铁网",更以长三角沪苏浙皖地区的高铁网最为繁密,与此同时,依存在高铁车站上的高铁车站商业也飞速发展了起来。随着互联网尤其是移动互联网的飞速发展,中国的商业经济开始了飞速发展,"高铁网"与"互联网"相互融合也已是时代发展所向,因此以"互联网+"为契机,围绕城际高速铁路打造新型基础设施下新的商业模式是顺应时代和引领发展之举。

1）建设以移动支付为入口的高铁站智慧商圈

通过在商铺收银系统中接入统一的移动支付前端,联合支付宝、微信、银联等公司,打造集中收银的移动支付系统,并因此与支付宝、银联、微信等大型移动支付公司形成了战略关系。不仅可以带来资金的收益,也能全面收集商户销售数据,掌握其经营动态,对日后的租赁管理乃至指导商户经营活动都大有裨益。在有效管控线下消费人流的基础上,搭建线上流量,在移动端口碑频道上线高铁商圈的产品,为广大消费者提供一站式的线上线下消费体验,真正地在线上将高铁站升级为有商业属性的枢纽综合体,打造新一代的线上"超级车展"。

2) 实现大数据驱动的商业化转型

通过收集、整合旅客消费人数、性别比例、消费情况等数据,结合自身大数据系统及会员平台,以内外部数据结合的方式对高铁车站商圈的特点进行分析。基于现高铁车站商圈消费者流动性强、常旅客比例不高、线上转换率低等特点,通过开展精准营销活动(推送符合旅客出行消费习惯的优惠券,打造节假日主题活动等)提升转化率和客单价。同时,大数据系统可促使不同商户联合协作,进行捆绑销售或联合营销活动等,加强营销氛围,带动商户销售额,提升高铁商铺价值,使更多优质商户愿意到城际高速铁路车站开设门店,创造新的盈利点。

8.4.4 检修新体系:"互联网+"助力下的自动管理

现代信息技术的发展和应用使得高铁项目原有的监测系统、检修手段已不能满足需要,为提升深度融合新兴技术的城际高速铁路项目的检修管理水平,保障城际高速铁路运营安全,需努力构建以计划管理为前提、以安全风险管理为保证、以检修巡视管理为核心、以问题闭环管理为载体、以生产信息系统管理平台为支撑的高铁接触网"互联网+"检修新体系,为城际高速铁路正常运行提供坚强有力的保障。

1) 建立生产信息系统管理平台

生产信息系统管理平台的建设是一个庞大而复杂的综合性系统工程,在包含高铁接触网检修管理的同时,涵盖了供电段所有业务部门的作业支撑以及对铁路供电业务未来发展的信息化展望。通过建立数据中心、流程中心、业务中心、决策中心,打造标准化、协同化、智慧化的生产信息系统管理平台。

2) 建立"互联网+"计划管理

建立"互联网+"计划管理,实现生产计划统一管理、动态管理,改变过去现场作业班组通过邮件上报电子表格的传统管理模式,不断优化计划管理,有效提高计划管理和计划调整的准确性,实现计划下达的自动化。

3) 建立"互联网+"检修管理

制定详细统一的检修标准,通过"互联网+"检修管理,在严格按照相关要求的前提下,重塑作业过程,卡控作业标准,提高检修质量与效率。在作业过程中,引入"互联网+"应用技术,充分利用手持终端,将需要填写的众多表单项目进行有效固化,规范填写标准。同时将手持终端的时间信息纳入填写过程中,及时有效掌握现场作业动态,规范工作步骤,严格按照要求进行流程化操作。在系统数据库中将接触网设备与作业指导书及相关技术资料相关联,在作业过程中现场作业人员可随时调取查看,有效地指导现场检修工作,提升设备检修质量。同时,作业人员可通过系统数据库调阅设备相关历史数据,全方面了解设备运行状态,为高质量的检修工作提供数据依据。系统自主定时与不定时检查,发现潜藏隐患自动预警并处理,将设备隐患消灭在萌芽状态,进一步促进设备检修质量的提升。

4)建立"互联网+"巡视管理

巡视管理是防止设备发生故障的有效途径。运用"互联网+"巡视管理,可将巡视计划、巡视信息上传系统终端,通过人工及系统自我检测分析,找出隐患处,同时依据数据库经验信息提出整改方案和整改依据,提高巡视质量。

5)建立"互联网+"问题闭环管理

充分整合数据资料,打通信息壁垒,形成资源共享,把设备履历与问题缺陷相关联,达到数据的重新整合,建立相应问题库档案,做到设备全生命周期管理。通过"互联网+"问题闭环管理,结合生产信息系统,让设备履历与缺陷问题相关联,实现缺陷问题自动统计下发,同步推送至处理人手持终端,以流程化管理方式完善闭环管理。

6)建立"互联网+"运行检修管理保障机制

围绕新的管理模式,明确各部门的管理职责和标准,确保新的检修管理方式能够无缝融入,从而在制度上保障新的管理方式能够平稳运行。同时,为切实有效地推进检修管理的变革,有针对性地组织干部职工培训,努力打造高素质人才队伍。对照标准化创建工作及安全机制、岗位履职等考评标准,把"互联网+"检修管理融入各类考评机制中,从而使管理得到良性发展。建立激励机制,对系统及管理方式进行不断完善,积极推进可持续化改进意见工作,对改革管理方式及完善系统应用提出建议得到采纳,给予一定奖励,激励全段职工,参与管理、促进发展。

8.5 典型案例:京雄城际铁路

8.5.1 京雄城际铁路概况

1)京雄城际铁路项目简介

自2017年4月中共中央、国务院印发通知,决定成立雄安新区后,为了提高雄安新区的交通运输能力,完善雄安新区的交通网络布局,研究将原京霸城际铁路大兴机场至霸州段调整至大兴机场至雄安新区。

2018年2月28日,京雄城际铁路正式开工建设,京雄城际铁路起自京九铁路李营站,途中经过北京大兴区、北京新机场、霸州市,最终到达雄安新区,正线全长92.4 km,共设5座车站,总投资约335.3亿元,京雄城际铁路的开工标志着雄安新区重大基础设施正式启动建设。2019年4月,北京至雄安新区城际铁路(北京段)开始铺轨,京雄城际铁路(北京段)建设整体从线下施工转入线上轨道铺设,进入最后的建设冲刺阶段。2019年9月26日,京雄城际北京西至大兴机场段开通运营。

2020 年 12 月 27 日,连接北京和雄安新区的京雄城际铁路大兴机场至雄安段正式开通运营,京雄城际实现了全线贯通,雄安站也同步投入了使用。京雄城际自北京西站引出,经过既有京九铁路至李营站,接入新建高速铁路线路,最高设计时速 350 km,北京西站至雄安新区间最快旅行时间 50 分钟,大兴机场至雄安新区间最快 19 分钟可达。

2) 京雄城际铁路项目意义

京雄城际铁路作为雄安新区首个重大基础设施项目,承担着联系雄安新区、北京机场和北京城区——京港大通道的重要组成部分,为进一步完善和优化区域及全国路网布局、疏解北京非首都功能,服务雄安新区"千年大计",助力京津冀协同发展提供重要支撑和保障。该线路的正式通车也将进一步紧密雄安新区与北京、天津等京津冀中心城市的联系,完善京津冀区域高速铁路网结构,提高雄安新区对全国的辐射能力,成为雄安新区面向世界的窗口,为雄安新区建设发展提供有力支撑。

京雄城际铁路的建设不仅会促进周边及沿线地区要素流动,加快产业聚集和经济融合,其修建过程中使用的智能设计、智能建造和智能运营,也使其一举打造成为我国智慧高铁的"新名片"。中国铁路设计集团有限公司董事长刘为群称京雄城际铁路是我国第一条全过程、全专业运用建筑信息模型(Building Information Modeling,BIM)技术设计的智能高铁,其应用了 70 余项物联网、云计算、大数据等前沿科技,是智能高铁"新标杆"。此外,京雄城际铁路还打破了多个铁路领域的零纪录,从基础、桥墩、桥梁到桥面系的全装配式一体化结构设计和施工到国内首个智能化全地下牵引变电所,再到首次大规模使用清水混凝土和首次采用的装配式吸声站台墙等,京雄城际铁路的一次次智能尝试推动着智能高铁发展,为智能高铁标准化提供了宝贵的经验。

3) 京雄城际铁路项目特点

京雄城际铁路作为雄安新区的重大基础设施项目以及目前国内的智能高铁代表,兼具重大基础设施的项目特点以及融合新一代信息技术的技术特点。主要体现为"高、大、多、严、重"五个特点,"高"即项目的建设标准高,在近年来铁路建设最新成果的基础上,打造出中国城际铁路的 2.0 版;"大"即线路穿越多个地区,不可控因素多,审批程序复杂,导致项目整体的征拆难度大;"多"即桥梁特殊结构多,线路多次跨越国省干道、跨津保铁路、跨南水北调渠等,有转体、支架现浇、挂篮等各种工艺类型的特殊结构物 20 处之多;"严"即雄安新区的环水保要求十分严格;"重"即紧张的施工时间,需要完成跨大广高速 132 米系杆拱及跨南水北调、跨津保铁路、跨荣乌高速等 5 处转体等,施工生产任务重。

8.5.2 京雄城际铁路项目技术应用

京雄城际铁路作为智能设计、智能建造和智能运维的先锋者和模范者,自项目立项后,从项目勘察到项目运维都深度融合了现代信息技术。

在勘测阶段,运用激光雷达测绘和遥感技术,通过三维协同等技术提升了工作效率和测量精度。在可行性研究和设计阶段,建立北京新机场至雄安站全部工程结构的地理模型和地质模型,为方案比选、结构布置以及施工图精度模型的建立提供基础数据,利用三维地理信息系统(Geographic Information System,GIS)功能,实现虚拟踏勘,同时利用低精度模型轻量化的特点,进行设计方案的快速比选,辅助方案设计。基于 BIM 等技术,用数字提前模拟出了整条铁路。在施工阶段,更是随处可见智能技术的身影。利用 BIM 结合三维打印技术打印结构构件,提供了模型选型的依据;结合无人机采集施工现场信息,实时记录和更新工程数据;运用"二维码身份证"和智能安全虚拟现实技术(Virtual Reality,VR)体验教育,保障施工人员更加安全作业和更快熟练掌握安全操作技能;使用智能焊接机器人进行现场焊接作业,标准化施工;创新应用"BIM+智慧工地"管理平台,运用数字孪生技术,创建虚拟实体,将视频监控和实时监测收集到的数据反馈至系统中,进行提前模拟和提前预警,有助于管理人员进行科学决策。在运维阶段,物联网搭建起一个智慧化运行管理平台,可以在无人值守的情况下实现设备的自动运行和实时监测。5G、4G 网络良好覆盖,让乘客尽情体验高速网络,并助力高铁智慧运营;牵引变电所配置的智能巡检机器人,为变电所实现智能化运行、无人化值守提供强有力的技术支撑;雄安站屋面光伏发电装置将清洁电能不断输送到站台内部,保障站台的用电需求。

京雄城际铁路的建设,是高铁与科技的深度融合,是中国智慧高铁的新探索,也是中国未来高铁的新雏形。

8.5.3 京雄城际铁路项目建设管理

1)深度融合 BIM 技术的前期准备

随着国内铁路 BIM 技术应用的不断成熟,2017 年 7 月,国铁集团提出了铁路 BIM 工程化应用目标,并编制了京雄城际铁路 BIM 工程化应用方案,旨在通过 BIM 技术与铁路工程的深度融合,从技术、方法、流程、标准、组织、规章、制度等方面改变传统铁路建设管理模式,提高管理水平,实现铁路工程的全生命周期管理。为更好地运用 BIM 技术,京雄城际铁路进行了充分的前期准备,主要如下:

(1)制定标准指南

依据 BIM 技术相关标准以及京雄城际铁路的实际需求,制定专用于京雄城际铁路的相关标准指南,做到有据可循、有据可依,大力提高工程建设效率。

(2)开展人员培训

针对 BIM 技术的普及与运用,BIM 软件平台的操作等技术难点和薄弱点,组织相关人员进行学习培训,为京雄城际铁路提供专业化队伍。

(3)研发 BIM 平台

通过数据收集和研究,建立京雄城际铁路数据库。基于 BIM+GIS 技术搭建建设管理平台,实现铁路修建的全过程管理和精细化管理。

(4)深化技术应用

结合工程系统分解结构(Engineering Breakdown Structure,EBS),实现基于 BIM 技术的京雄城际铁路施工的过程管理,从而将 BIM 技术真正用在辅助工程施工重难点和项目管理的过程中。

2)智能建设中的精细化管理

为了更好地规避京雄城际铁路建设过程中的风险,降低项目损失,借助 BIM、大数据、物联网等新技术,有效提高项目的进度、安全以及质量,降低项目成本,对项目实施精细化管理。

（1）进度管理

进度计划的模糊性与滞后性给传统进度管理带来了很大的阻碍，要掌握真实完整的进度节点往往需要消耗大量的时间和精力。京雄城际铁路运用BIM技术对项目进度进行全过程管理，不仅能正确、准确地规划项目进度，还能及时有效地变更、通知进度计划，保证项目按期完工。项目施工前，BIM施工管理平台可根据年、季度、月、周对工程进度预先计划，分析进度计划安排合理性，明确各阶段进度目标。在施工过程中，实时监控工程的进度，并通过模型的颜色反映不同进度状态，全方位、多角度显示工程进度，辅助进度管理。通过BIM模型直观展示项目进度，通过简便的勾选操作一键生成当日进度，生成当日产值，通过数据分析生成施工节点甘特图，并对工程进行4D/5D施工模拟，准确掌握项目真实进度情况。

（2）安全质量管理

京雄城际铁路的安全质量管理主要通过线下与线上相结合的方式。线下通过建立规范的规章制度，明确各级管理人员岗位职责，将安全质量管理落实到每一个人身上，形成全员共防共治的安全质量保证体系；开展逐级技术交底，提前识别重点工序和危险因素，做好前期准备和预防措施，降低过程中的施工风险。线上通过BIM施工管理平台进行检测，形成用于安全和质量管理的信息数据库。通过点击模型构件，可以在平台上清晰地追踪所涉及的原材料、质量检验信息、施工过程，充分实现了安全质量信息的可追溯性，并对工程施工过程中的安全风险进行管理，包括风险查询、预警、短信提醒和应对措施等，有效提高了工程精细化管理水平。通过视频监控和实时监测，甄别不安全的人与"物"，进行及时警示和处理。借助管理平台，做到"事前模拟、事中预警、事后留痕"，保障项目的安全生产。

（3）成本管理

京雄城际铁路在工程智能化施工的大量探索和实践，有效降低了施工成本。通过BIM施工管理平台，建立员工工资管理、物料明细管理等模块，实现工资发放和物料数据实时跟踪上传。结合工程系统分解，根据进度数据、清单价、劳务价、成本价等，在施工管理平台成本模块中按照预设计算公式计算某施工阶段、限定里程范围、各分部分项工程的成本、智能估算成本和产值，有效地为成本控制、验工计价等提供参考依据。构建数字孪生铁路，运用数据模拟、预测，进行方案比选和模板选型，有效减少试错成本。

8.5.4 京雄城际铁路项目运维管理

通过运用大数据、物联网、云计算和智能传感等技术，京雄城际铁路打造了一个智能检测平台，其运维管理更大程度地降低了管理人员的负担以及更为显著地提升了铁路乘客的体验。

京雄城际铁路全线采用智能高铁列车控制系统、智能高铁调度指挥系统等，基于智能控制、大数据、云计算等技术，实现列车无人驾驶、在途运行实时调整，在提高行车管理效率的同时，保障行车安全；高铁设备采用电子标签管理，运用地震预警、综合视频一体化等智能技术，提升高铁防灾能力；智能巡检机器人在京雄城际固安东无人值守变电所巡检，为变电所实现智能化运行、无人化值守提供强有力的技术支撑；智能管理系统对雄安牵引变电所设备进行全面监控，精准测距和处置故障；数字化巡检手电筒助力动车工作人员记录作业过程，对后续作业质量分析、作业者素质评价有重要参考意义；站台屋顶的光伏建材为雄安高铁站注入电能，保障站内设备正常运行。

智能高铁车站的建设，能够实现旅客精准定位、路径规划、位置搜索等智能服务，站内导航与站外导航融合,乘客从家出发输入车次即可导航至检票口或候车厅;沿线高铁站内配备各种智能机器人,像随行小秘书一样为旅客服务;车站与城市空间紧密融合,高铁与航空、城轨等交通方式无缝衔接,旅客出行更加方便快捷;基于大数据分析控制、多系统协同融合、全设备自动管理的智能车站,配备刷脸进站、5G覆盖及电子客票系统,全面提升旅客出行的体验;车站拥有"智慧大脑",可对全站监控设备、电表、水表、扶梯、直梯等进行作业全过程监控,一旦设备发生故障,能及时抢修,为旅客出行提供便捷体验;首次出现的装配式吸声站台墙,也可降低列车进站引起的噪声,让候车更安静,交通更便民。

京雄城际铁路的建设和运营践行了新型基础设施创新、绿色、可持续等新发展理念,是智慧交通发展的新样板,也是新型基础设施的新示范。

9

智慧能源基础设施

9.1 智慧能源基础设施概论

　　能源是城市发展进步的重要支柱。当前,我国经济发展进入新阶段,我国能源发展的主要矛盾,已从过去经济快速增长、人民生活水平日益提高的必要用能需求与落后的能源生产之间的矛盾,历史性地转变为经济高质量发展、人民日益增长的美好生活需要与不平衡不充分的能源行业发展之间的矛盾。在城市能源需求日益增长的同时,环境污染、能源供需不平衡的问题不断加剧。因此,对建设具有更高能源利用效率、更多清洁能源接入的智慧能源基础设施的需求越发迫切。

9.1.1 智慧能源基础设施概述

1) 智慧能源基础设施内涵

　　传统化石能源的产业发展和利用率提升主要依赖单一技术本身参数性能的迭代创新。可再生能源在全球能源结构调整和低碳能源发展的大趋势下大规模发展,但其间歇性、分散性、波动性又给能源行业发展带来新的挑战。单一品种能源发展和效率提升正遭遇瓶颈,新时代能源变革动力将更多地来自多能源品种跨界融合和多元化应用需求。5G、大数据、人工智能、物联网、区块链等先进信息技术快速进步,正加速对传统基础设施产业进行改造、融合与渗透。能源革命与科技革命的历史性交会,推动全球能源基础设施行业步入崭新的发展阶段,能源基础设施智慧化转型将是这一时期的重要方向。能源基础设施的智慧化是传统基础设施的转型升级,主要是以现代网络为载体,通过先进信息技术在传统能源电力行业的应用,加速信息技术与传统能源基础设施的深度融合,引导能源基础设施向数字化、智能化转型发展。

　　能源基础设施数字化智能化升级的内容包括传统集中发电网、新能源分布式供能、储能网、智能电网、天然气网及用能网等,特别是以特高压骨干网、各级智能电网、清洁能源、油气管网为重点。整个能源领域运用新一代信息技术将集中式发电网、分布式能源网、智能电网、智能油气网、储能网及其他能源网相互结合,促进能源替代、存储、转化、交易和调度互联互通。通过建设"源—网—荷—储—用"协调发展、集成互补的能源互联网,实现能源在生产、传输、消费等环节的协调控制,促进供需双向互动、能源共享,进而推动我国能源生产和消费革命。

基于此,智慧能源基础设施这一概念应运而生。智慧能源基础设施是基于互联网开放体系,综合利用大数据、云计算、物联网等信息通信技术对各种能源生产、能源存储、能源输送、能源使用系统进行监测控制、操作运营、能效管理并向客户提供节能服务,实现能源的高效使用,更好地解决能源节约和应对气候变化等问题,通过节能环保和信息消费的跨界融合,衍生出的新模式、新服务、新业态。智慧能源基础设施即能源基础设施智能化转型,涵盖能源生产、传输、存储以及消费全环节。

智慧能源基础设施的理论基础是循环经济(Circular Economy)、低碳经济(Low Carbon Economy)及智能化。"智能化"是利用系统能效技术、IT互联网技术,形成信息和能量的耦合与协同,构建基于能源生产、储运、应用和再生4个环节的信息和能量循环回路,从而实现系统能效的最大化,促进能源与环境的和谐、可持续发展。信息和能量循环回路既可形成每个能源用户的智能能源小循环,也可形成整个区域和城市的智能能源大循环,从而彻底改变传统的能源基础设施运作方式,并最终提供基于节能减排的区域清洁能源整体解决方案。

2) 智慧能源基础设施特征

(1)能源信息一体化

智慧能源基础是传统能源基础设施的数字化、智能化升级。智慧能源基础设施依靠传感器技术,实现能源基础设施的数据采集、传输和处理、实时和非实时信息的高度基础、共享与利用,促进能源供应与消费的实时匹配。利用物联网设备拓宽能源信息数据抓取深度和广度并对能源数据进行精确计量,通过能量流和信息技术的融合,对所有的能源进行管理上的最优化,从而产生巨大的协同效应,达到最高能效。

(2)设计需以问题为导向

智慧能源基础设施没有一个通用的范式,而是要针对具体的实际问题进行设计,具有很强的以问题为导向的特征。一方面,智慧能源基础设施不只考虑能源的某个环节,而是综合考虑从能源的生产、输送、消费等环节的运作情况,还考虑各环节的互动情况;另一方面,智慧能源基础设施所涉及的能源常常是多种能源,从整体上采用智能化手段进行优化设计,以达到高效、节能、清洁的目的。

(3)互动性强

智慧能源基础设施是一个高效、互动的能源体系。从技术上说,智慧能源基础设施是一个集成了各种能源管理系统的系统体系。与传统的能源基础设施不同的是,智慧能源基础设施贯穿了能源的所有环节,各环节能够进行及时准确的信息交换,能够从整体上优化能源决策,减少决策延迟和失误带来的能源浪费。因此,智慧能源是高效、互动的。

(4)环境友好

智慧能源基础设施中所涉及的能源不仅包含太阳能、风电能等新能源的接入,还包含水、煤、气等常规能源。不过,智慧能源强调用智慧的方法开发、运输和使用常规能源,以提高常规能源的利用效率和能效,减少浪费,减轻对环境的污染。

（5）智能自愈

融合智能技术和人的知识，以提高能源基础设施的自我抗扰动能力，事故时能够实现动态重构，快速自愈。

（6）概念延伸

能源基础设施的概念延伸至终端用户，影响用户行为，挖掘需求侧的安全和经济潜力。

9.1.2　智慧能源基础设施重大意义

智慧能源基础设施是基于能源互联网、能源区块链等的一种较高形式的供给系统的总和，可简单地理解为"能源基础设施+低碳技术+IT技术"的耦合，但这绝对不是简单的相加，其背后是贯穿在能源生产、配送、供给、使用各个环节的综合性系统。这种泛在级能源供给体系主要作用表现在两个方面：一方面，可以基于互联网进行能源监测、调度和管理，提高可再生能源的利用比例，实现供能方式的多元化，优化总体能源结构；另一方面，可以基于互联网进行能源的公平交易、高效管理和精准服务，促使供需对接，实现能源按需流动，促进资源节约及高效利用，降低能源消耗总量。智慧能源基础设施是在能源供需矛盾突出、环境问题加剧、供给侧结构性改革亟须破冰等历史背景下被提出的，其必要性和迫切性不言而喻。

首先，能源供需矛盾和环境污染问题要求能源生产和消费方式革故鼎新，智慧能源基础设施通过能源基础设施智能化的手段，实现能源的循环经济和低碳经济。我国能源结构处于不尽合理状态，致使我国能源供需矛盾日益加剧，可再生能源消纳难度不可忽视。此外，长期粗放型、高能耗的能源生产方式带来了雾霾、温室效应等日渐突出的环境问题。严重的能源供需矛盾与环境污染问题将阻碍我国社会发展、威胁国家能源安全，而解决之道有赖于能源生产与消费方式的革故鼎新，从根本上改变能源生产和消费模式。但能源生产与消费方式的变革需要有新技术、新模式、新理念的支撑。智慧能源基础设施的出现及应用，将利于实现我国节能减排目标，是促进国家产业升级的重要手段。一方面，该产业将能源基础设施和IT产业的发展有机融为一体，不仅占据了下一轮IT应用领域的制高点，还催生了新的能源产业和能源装备产业。另一方面，该产业将大大提高能源利用效率并降低能源消费量，从而达到节能减排的效果。作为新型能源供应体系，智慧能源基础设施是跨领域先进技术、模式和理念的综合集成平台，能够催生出适应新经济形态的能源生产和消费方式，从而最大限度地提高能源利用效率，促进可再生能源高效消纳，实现能源的清洁性、高效性、安全性、便捷性以及可持续利用，实现了我国能源生产和消费模式的根本改变。

其次，能源产业供给侧结构性改革和结构调整要求能源市场机制与时俱进。近几年是我国推进供给侧结构性改革的攻坚之年，能源领域更是改革的重要阵地。我国能源产业"以供给顺应需求"的传统模式造成产能严重过剩，在经济新常态下，亟须改变这一传统供需响应模式以合理化能源供需结构。而市场这只"无形的手"是撮合供需的关键所在，能源供给侧结构性改革必须有拥有科学合理的、契合改革需求的能源市场机制。智慧能源基础设施是在物理层、信息层、市场层共同作用下不断演变趋优的产业形态，将通过自平衡体和多元能源信息双向交互，实现市场主体、交易模式、产品类型的变革，具有较强的适应性和时代特征。它通过技术革新来推动市场机制创新，通过对新常态的应急响应来实现市场机制的与时俱进，从而满足能源产业供给侧结构性改革和结构调整的迫切需求。

最后，能源技术在智能自治、公平公开、低碳环保等硬约束要求下需推陈出新。在绿色环保、互联互通、开放自治的新时代概念引领下，低碳绿色等环保因素，系统智能、自愈性等技术因素,以及公平公开、多赢共生等市场因素的重要性日益凸显,而上述因素也正逐渐成为能源产业领域发展的硬约束。传统能源基础设施在智能自洽、公平公开、低碳环保等新的硬约束下无法兼顾经济性与有效性完成既定目标,因此能源产业发展技术的推陈出新势在必行,从而适应新环境、满足新要求。智慧能源基础设施的根本驱动力即为创新,其发展离不开能源产业链上如广域电力网络互联技术、多能源融合与储能技术、能源路由器技术、用户侧自动响应技术等各个环节上的技术开发和融合。这些技术是促进能源产业健康有序、可持续发展的基本保障,也是满足智能自治、公平公开、低碳环保等硬约束的必要条件。

当前,我国正处于新型基础设施建设的热潮中,其中"融合基础设施"主要通过深度应用互联网、大数据、人工智能等技术,支撑传统基础设施转型升级而形成。智慧能源基础设施是融合基础设施的重要组成部分之一,在"新型基础设施"背景下,智慧能源转型将从能源供给到能源服务,再到能源生态圈构建,开展数字信息化建设。能源"新型基础设施"有助于高效整合各类能源资源和服务信息,升级能源基础设施,重塑能源行业价值体系,促进能源行业上下游产业链创新升级,挖掘更广阔的市场空间。在促进自身发展的同时,能源"新型基础设施"也将与社会民生、城市建设等共享发展红利,提高能源服务质量,推动智慧城市建设,从而带来显著的经济效益和社会效益。

9.1.3 智慧能源基础设施挑战与展望

目前来看,推进智慧能源基础设施发展的最大挑战在于尚存在技术瓶颈。智慧能源基础设施需要以互联网技术为基础,在硬件方面,能源产业的工作环境相当恶劣,高温差、大振动、多潮湿、强电磁等环境严峻考验着以智能传感器、微处理器为代表的智能硬件。此外,智慧能源基础设施中出现了种类繁多的信息需求,远远超过现有智能硬件的收集与处理能力。在软件方面,需要打通现有诸多能源品类的管理系统,构建一套综合管理信息系统来辅助化石能源与可再生能源的统筹规划、协同运营。同时,能源基础设施中所蕴含的海量信息数据繁复驳杂,对数据搜集、识别、分析、处理能力提出了很大挑战。

另外,智慧能源基础设施不仅要求资源的高效利用配置,同时也需要达到充足的安全性和柔性,此外对于能源供给以及能源消费端需求,在形式与距离方面需要因地制宜,建设社区分布式能源网络。这就需要从现有单向、集中式的能源供给网络逐步转向集中式与分布式能源供给网络并存。分布式能源网络是未来能源发展的必然形式,通过现场的能源生产,配合各类控制优化技术,实现能源的阶梯级使用。因此,在推进智慧能源基础设施发展的过程中,单向、集中式供应模式与交互、分布式供应模式的冲突不可避免。

随着智慧能源基础设施的发展,电网、天然气网、热力网、供水网等都需要进行充分的协调整合。这就需要利用互联网技术将不同能源网络的信息流融汇在同一个网络内,使信息能够自由流动、不断交互,实现这些能源网络的相互协同、耦合、支撑。伴随着智慧能源基础设施的发展,多种能源网络都将不可避免地趋向智能化,最终形成一个集成多元能源的综合性网络。

9.2 智慧能源基础设施现状及政策

9.2.1 发展现状

能源智能化是国际公认的能源未来发展趋势,是支撑可再生能源的开发、输送和消纳的关键。近年来,由于能源行业在基础设施和系统建设方面的持续投入,其信息化已具备良好的基础,两化深度融合建设重点逐步转向通过云计算、大数据、物联网等新技术,对已有系统进行集成、整合、深化和提升,让信息化发挥更大的效益。目前,我国智慧能源产业投入中,电力行业占比66%,其次是石油行业占22%,煤炭行业占6%。

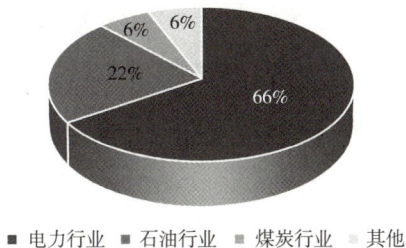

■ 电力行业　■ 石油行业　■ 煤炭行业　■ 其他

图 9-1　智慧能源产业投入占比

我国能源企业已经开始在大数据、云计算、物联网、移动互联网、5G 等先进信息技术加持下,初步开展数字化转型工作。以电力领域数字化智能化升级为例,国家能源集团开展发电工业互联网、智慧电厂试点建设;国家电网进行国网云平台、数据中台和物联平台等基础平台的建设,构建泛在电力物联网;南方电网全面开启基于云、大数据、物联网、AI 的数字南网建设。未来电力系统将持续向智能化和数字化方向发展,人工智能、云计算、物联网等新一代信息技术将推动电力领域的新型基础设施建设,形成集约化、平台化、服务化、智能化的电力能源管理体系。

9.2.2 国家政策

智慧能源基础设施是基于互联网开放体系,通过节能环保和信息消费的跨界融合,衍生出的新模式、新服务、新业态。所谓的智慧能源基础设施也就是能源行业智能化转型,对优化能源资源配置,提高能源利用效率有重大意义。近年来为推动智慧能源基础设施发展,我国出台了多项政策。

表 9-1　智慧能源基础设施相关政策

序号	时间	政策	主要内容
1	2015.7	《关于推进新能源微电网示范项目建设的指导意见》	鼓励在新能源微电网建设中,按照能源互联网的理念,采用先进的互联网及信息技术。
2	2015.7	《配电网建设改造行动计划(2015—2020 年)》	建设城乡统筹、安全可靠、经济高效、技术先进、环境友好的配电网络设施和服务体系一举多得。

续表

序号	时间	政策	主要内容
3	2015.7	《关于积极推进"互联网+"行动的指导意见》	加快发电设施、用电设施和电网智能化改造,提高电力系统的安全性、稳定性和可靠性。
4	2015.8	《关于加快配电网建设改造的指导意见》	通过配电网建设改造,中心城市(区)智能化建设和应用水平大幅提高,供电质量达到国际先进水平。
5	2016.2	《关于推进"互联网+"智慧能源发展的指导意见》	推动建设智能化能源生产消费基础设施,加强多能协同综合能源网络建设,推动能源与信息通信基础设施深度融合。
6	2016.3	《2016年能源工作指导意见》	启动实施"互联网+"智慧能源行动。促进能源和信息深度融合,推动建设智能化生产消费基础设施。推动能源与通信基础设施深度融合。营造开放共享的能源互联网生态体系。
7	2016.3	《中华人民共和国国民经济和社会发展第十三个五年规划纲要》	加快推进能源全领域、全环节智慧化发展,加快智能电网建设。推进能源与信息等领域新技术深度融合,建设"源—网—简—储"协调发展、集成互补的能源互联网。
8	2016.6	《能源技术革命创新行动计划(2016—2030年》	计划到2030年,建成与国情相适应的完善的能源技术创新体系,能源自主创新能力全面提升,能源技术水平整体达到国际先进水平。
9	2016.12	《能源技术创新"十三五"规划》	推进能源互联网建设,加强智能配电与用电网络建设,促进分布式能源和多能互补式发电项目在微网中的利用,开展能源互联系统运营交易技术研究。
10	2016.12	《能源生产和消费革命战略(2016—2030)》	坚持安全为本、节约优先、绿色低碳、主动创新的战略取向,全面实现我国能源战略性转型。
11	2017.1	《能源发展"十三五"规划》	坚持战略导向,以增强自主创新能力为着力点,应用推广一批技术成熟、市场有需求、经济合理的技术。
12	2017.3	《首批"互联网+"智慧能源(能源互联网)示范项目评选结果公示》	确定了首批56个"互联网+"智慧能源(能源互联网)示范项目名单。
13	2017.9	《关于促进储能技术与产业发展的指导意见》	储能是智能电网、可再生能源高占比能源系统、"互联网+"智慧能源的重要组成部分和关键支撑技术。
14	2018.3	《2018年能源工作指导意见》	扎实推进"互联网+"智慧能源(能源互联网)、多能互补集成优化、新能源微电网、并网型微电网、储能技术试点等示范项目建设,在试点基础上积极推广应用。
15	2019.3	《泛在电力物联网建设大纲》	明确"三年两网,世界一流"的战略目标;提出到2021年初步建成泛在电力物联网;再通过三年攻坚,到2024年基本建成泛在电力物联网。
16	2019.5	《国家标准化管理委员会国家能源局关于加强能源互联网标准化工作的指导意见》	计划到2025年,形成能够支撑能源互联网产业发展和应用需要的标准体系。制定50项以上能源互联网标准,全面支撑能源互联网项目建设和技术推广应用。

序号	时间	政策	主要内容
17	2020.3	《关于加快建立绿色生产和消费法规政策体系的意见》	加大对分布式能源,智能电网、储能技术,多能互补的政策支持力度,研究制定氢能、海洋能等新能源发展的标准规范和支持政策。
18	2020.3	《2020年能源工作指导意见》	推进长三角、粤港澳大湾区、深圳社会主义先行示范区、海南自贸区(港)等区域智能电网建设。加强充电基础设施建设,提升新能源汽车充电保障能力。
19	2020.3	《关于加快煤矿智能化发展的指导意见》	到2025年,大型煤矿和灾害严重煤矿基本实现智能化;到2035年,各类煤矿基本实现智能化,构建多产业链、多系统集成的煤矿智能化系统。
20	2020.7	《关于加快能源领域新型标准体系建设的指导意见》	在智慧能源等新兴领域,率先推进新型标准体系建设,发挥示范带动作用。
21	2021.3	《2021年能源工作指导意见》	持续推进粤港澳大湾区、深圳社会主义先行示范区、长三角一体化等区域智能电网建设。
22	2021.3	《中华人民共和国国民经济和社会发展第十四个五年规划和2035年远景目标纲要》	我国"十四五"期间推进能源革命,建设清洁低碳、安全高效能源体系的总体目标,并详细规划了现代能源建设体系的重大工程。
23	2021.7	《关于落实能源领域5G应用实施方案的通知》	推动条件好的煤矿率先展开5G应用,推动5G网络与原有工业网络的融合,形成信息网络与生产控制网络的融合部署模式。
24	2021.9	《新型储能项目管理规范(暂行)》	规范新型储能项目管理,推动新型储能积极稳妥健康有序发展,促进以新能源为主体的新型电力系统建设,支撑碳达峰、碳中和目标实现。

在国家政策号召下,全国各地也积极响应,陆续根据各省区市发展特点与情况在"十四五"规划意见稿中提出大力积极促进智慧能源产业发展,要求建设智慧能源基础设施,打造绿色、智慧、安全的现代化能源互联网,推动能源清洁低碳安全高效利用,为我国智慧能源基础设施发展营造良好的政策环境。

9.3 点状智慧能源基础设施规划建设

随着经济社会的快速发展、技术不断革新,在全球新一轮科技革命和产业变革中,互联网理念、先进信息技术与能源产业深度融合,正在推动网状智慧能源基础设施新技术、新模式和新业态的兴起。目前,在我国能源革命、能源供给侧改革、电力体制改革推进的关键时期,点状智慧能源基础作为能源系统中的各大关键节点,被认为是能源战略的重要支撑,对提高可再生能源比重、提升能源综合利用效率、推动能源市场开放和产业升级、提升能源国际合作水平具有重要意义。在此背景下,点状智慧能源基础设施的深化发展是大趋势。因此,如何在新的历史背景下、在新的内外部环境中,实现点状智慧能源基础设施的合理规划和高效运营是值得研究的重要问题。

9.3.1 智慧电厂及其规划

1)智慧电厂概述

智慧电厂是一种新型电厂,是在物理电厂、自动化电厂、信息化电厂、数字化电厂、智能化电厂基础之上,更聪明且具有自我感知和判断能力的电厂。智慧电厂可以通过运用互联网、新型传感器、物联网等技术,实现电厂内各控制设备、系统的互联互通与实时监测;采用三维建模、虚拟现实技术,实现电厂的虚拟可视化;利用云计算、大数据、人工智能与智能机器人,实现电厂的全天候、全方位的智慧管控。在实现绿色、安全、经济、高效、环保发电的同时,智慧电厂可以利用智慧生产、智慧决策,实现电厂资产最优分配、生产质量最优控制、经济效益与社会效益的最优平衡。

智慧电厂具有信息化、数字化、可视化、智能化、能感知、精计算、巧决策、勤执行、善学习等一系列特点,能够实现智慧燃料、智慧管控、智慧运行、智慧减排、智慧维护、智慧安防、智慧经营与智慧决策。具体来看,智慧电厂的"智慧"主要体现在3个方面:一是生产自动化。通过外置智能优化模块,可以实现电厂设备启动、运行与事故的智能控制,从而最大限度地降低工作强度、减少人员数量与避免人为操作带来的不确定性。二是信息数字化。通过应用智能硬件设备、智能数字传感器,可以实现设备的全生命周期管理与生产经营信息的精细化管理,通过对电厂进行三维建模,增加定位、影像系统,可以实现电厂三维可视化管理,实时了解地下管网、地上建筑及生活区、厂区的地理三维信息、机组设备运行状况和运行参数,提高电厂管理质量和运行效率,降低运营成本,最终为电厂智慧决策提供数据分析与挖掘支持。三是决策智慧化。在电厂实现生产自动化及信息数字化的基础上,通过建立大型厂级数据库及利用专业的智慧云平台,可以实现设备的自我感知、自我诊断与自我救助。

在新工业革命的大背景下,作为能源革命的重要组成部分,智慧电厂成为未来发电企业的转型方向。其不仅能够极大地提高能源利用效率,还可以更好地推动绿色发展。可以肯定的是,传统电厂智慧化改造将是必由之路,也是今后市场的重要投资领域。

目前,智慧电厂的建设刚刚起步,各相关企业都还在摸索阶段。电力企业的探索主要侧重于生产经营数字化管理和信息化的集成展示,是机械电气设备向数字化和互联网技术管理的纵向拓展,在智慧生产和优化控制方面的应用还较少。对某单一设备和局部系统进行智能化改造和升级的较多,但考虑系统之间的联系,并从整体上实现发电过程智慧化的实践还不够丰富。

尽管如此,中国从未停止电厂智慧化改造的探索之路。随着新一代信息技术的不断发展,数字化、信息化、智能化正在源源不断地为传统电厂的转型升级注入新动力。未来,当一座座智慧电厂落成后,依托大数据、云计算、人工智能等先进技术,这些新型的电力设施不仅可以弥补传统电厂存在的不足,推动能源领域供给侧结构性改革,进而推进能源革命,还将支撑智慧城市建设,推动我们昂首迈进智慧社会新时代。

2)智慧电厂规划

智能电厂建设的规划与设计是电站建设的基础,应做到最大范围与程度的适应性与安全性,在基础设计、网络架构和设备选型等方面尽可能采用数字化、网络化、智能化的理念。在基础设计方面,应整体考虑层级功能与层间信息交互,实现全厂设备的全寿命周期(设计、制造,建设、运行、检修维护、退役)智能管理,消除信息孤岛,设计资料统一采用数字化移交方式。在网络架构方面,应能够按照实时性要求控制流量,满足生产管理需要。在设备选型方面,应优先选择具有状态自评估、故障自诊断、自愈性、自适应、信息可视化等功能的设备,优先选择具备标准化接口,易于升级扩展的设备等。

智能电厂的体系架构主要包括4个系统层级,分别为智能设备层、智能控制层、智能生产监管层、智能管理层。

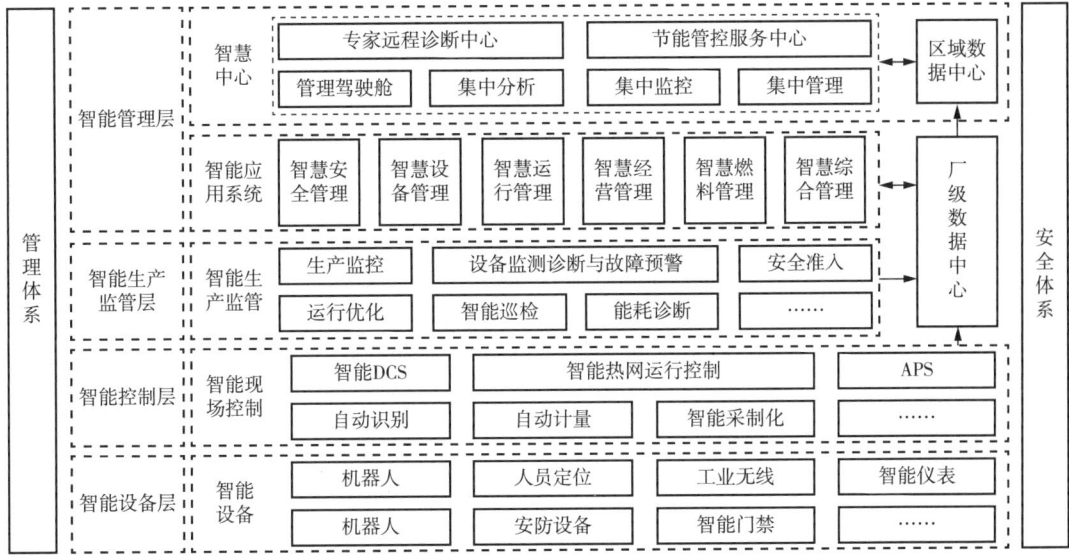

图 9-2　智能电厂应用架构

（1）智能设备层

智能设备层主要任务是全面感知信息、信息交互和有效执行指令。其包括现场仪表、执行机构、工艺设备和装置、人机接口设备和基础网络系统。如现场总线设备、智能仪表、智能执行机构、煤质在线分析仪表、炉内温度场检测设备、智能巡检机器人、无线设备网络、音视频检测设备、气象环境监测设备、可穿戴检测设备等。

（2）智能控制层

智能控制层主要任务是厂内电力生产流程的智能控制,实现生产过程的数据集中处理、实时监控,并达到安全、高效的生产。其包括厂内所有生产控制系统和生产控制优化系统。

（3）智能生产监管层

智能生产监管层主要任务是厂内生产设备的智能运维管理,以及生产效能评估及优化系统。通过汇集全厂生产过程的实时和历史数据与信息,实现厂级负荷优化调度、生产过程寻优等功能。

（4）智能管理层

智能管理层主要任务是厂内资产、财务、人力、供应链、安全生产等业务的智能管理,达到厂内资源合理分配和利用。通过互联网或能源互联网与集团公司、产业链上下游进行连接,并进行数据交换,为电厂经营决策提供支持。

9.3.2 智慧储能及其规划

1）智慧储能概述

新能源一般是指在新技术基础上加以开发利用的可再生能源,包括太阳能、风能、地热能、波浪能、洋流能和潮汐能等。目前,中国能源结构中太阳能、风能、潮汐能等可再生能源的利用比例正在逐年稳步上升。不过,一直以来,两大问题限制了可再生能源的进一步开发利用。一是在现行技术路线下,太阳能、风能等可再生能源供给具有不连续、不稳定的特点;二是中国电网峰谷差正在不断拉大。因为能源的转换利用和输送具有波动性和即时性,所以会存在能源供求在空间与时间上不匹配的矛盾。可再生能源不稳定、不连续的特性,决定了大规模开发利用可再生能源离不开储能技术的支撑。特别是,随着技术的进步,智慧储能正在成为突破可再生能源利用不连续、不稳定瓶颈以及平衡电网峰谷差的最佳解决方案。

智慧储能通过解决何时储能、储多少能、如何利用储存的能量等问题,不仅能够解决能量供求在时间和空间上不匹配的矛盾,提高能源利用率,还可以通过"峰谷电价"杠杆降低能源利用成本。随着储能技术发展,未来的储能设备将从低性能、低密度、高成本、短寿命变为高性能、高密度、低成本、长寿命。当储能设备在用户侧、生产侧普及后,在储能设备上安装能源路由器,就可以将实时数据传输到智慧能源服务系统,进而引导用户尽可能消纳风、光资源,形成储能产业生态圈的同时,共同推动智慧储能产业的技术进步和健康发展。

未来,智慧储能相关设备既可以与遍布国内城乡的电网并网后储能、供热、发电,也可以为有智慧储能需求的工商业企业研制并研发成套储能系统产品。智慧储能的实质是对现有能源的合理利用,可以应用于电能替代、风电供暖、电网调峰等领域。例如,智慧储能可以在不增加电网负担的情况下对夜间的谷电及弃风电进行消纳,通过技术手段将其转化为热能存储下来,再根据用户的不同需求,通过与水的换热,产出热水进行供暖,或者产出蒸汽进行工业供热。

2）智慧储能基础设施规划

随着电网负荷峰谷差日益增大和新能源的大规模并网,储能技术成为人们关注的焦点,除抽水蓄能和压缩空气储能等传统的储能方式已经得到了较多的应用之外,化学储能和电磁储能等一些新型储能技术也逐渐得到应用。在储能规划的过程中,有以下几个方面需要加以考虑:

①将应用环境与储能技术的特点进行综合考虑,以便在考虑经济性的同时兼顾技术适用性,如储能规模、建设条件和调节性能等。同时不同的储能技术各具优缺点,可以充分利用其优势实现混合储能。

②储能技术不论应用在电网中还是应用在新能源发电中,除在电力市场中套利之外,还有一个重要的价值方面就是为电网运行提供辅助服务,所以在规划和评估的过程中,对其价值方面进行更为全面的考虑无疑对储能技术的应用推广有很大的促进作用。

③储能技术可应用于用户侧实现需求侧管理,当用电环节中储能应用规模达到一定程度时,势必会对峰谷电价产生较大的影响,从而对储能装置的经济性产生影响,甚至会导致投资回收风险,所以应加强电网中储能规模的全局规划研究。

9.3.3 智能充电桩及其规划

1) 智能充电桩概述

充电桩通过与互联网、云计算、大数据、移动支付、5G、车联网等技术有机融合后可以变得更加智慧,进而更好地为用户提供高效、便捷、安全、智能的充电服务。新能源汽车用户可以在车辆电量过低时,随时打开电子地图,查找附近的充电桩,查看每个充电桩的服务费用,并选择价格低、距离近的充电点。然后,用户利用导航软件,就能又快又准地找到目标充电桩,到达之后,使用手机扫码即可为汽车充电,充电结束后,线上支付相关费用即可。

充电桩是连接能源网络与新能源汽车的重要接口,能够弥补新能源汽车发展中的短板。与此同时,作为数据桩、信息桩、网联桩,充电桩还将推进能源行业、出行领域乃至整个社会实现数字化转型。眼下,充电桩的信息化、智能化、数字化、自动化特征将越发明显,通过运用物联网技术,可以对资源进行优化配置,提高充电桩的使用效率;通过收集新能源汽车电池信息、用户用车习惯、车辆分布等数据,并利用大数据技术深度挖掘数据价值,充电桩可以对外提供二手车评估、用户画像、商圈规划等增值数据服务。

充电桩的应用场景主要分为公共充电与私人充电两类。其中,公共充电包含特定区域充电设施和通用性充电设施,主要覆盖酒店商超、高速公路、城市主要路段等主要场景。随着充电容量越来越大、电动车辆越来越多,可以设置不同类型的充电桩以更好地满足不同应用场景的需要。例如,可以在高速公路、交通枢纽、城市干道、公共设施等区域设置充换电站,以满足电动汽车的应急充电需求;可以在公共设施、公共停车场、城市干道处建立直流充电桩(群),以满足电动汽车的中快速充电需求;可以在停车场、集体用户、住宅小区建设交流充电桩(群),以满足电动汽车的常规充电需求。

2) 智慧充电桩规划

对于在城市内进行电动汽车充电设施的综合规划,主要分为以下3个步骤:

(1)电动汽车充电需求预测及分类

充电需求预测是电动汽车充电设施规划的基础,已有的研究已经提出了多种充电需求的预测方法,包括基于交通网络流量的预测方法、基于停车生成率模型的预测方法、基于用户充电行为及蒙特卡罗模拟的预测方法等。第一通过城市车辆保有量的预测,结合不同车辆类型和电动汽车渗透率来计算电动汽车的保有量;第二根据不同电动汽车的驾驶行为和充电模式、充电场所的选择,将电动汽车充电需求分为多种类型,进而得到不同类型的电动汽车充电需求。

(2)电动汽车充电设施的综合规划

充电桩的建设需要根据电动汽车的充电需求,结合电动汽车充电模式进行相应的设计,在规划、布局方面也要考虑如何与城镇电网紧密结合。不同类型的电动汽车充电需求由不同类型的充电设施来满足。对于所有的充电设施,考虑规划的投资成本、运维成本、电量成本以及其他成本,以综合成本最小为目标,建立统一的规划模型,根据充电需求分布、充电设施分布和城市道路交通状况在城市范围内对充电设施进行综合规划。

电动汽车充电桩布局包括"需求"和"可能性"两个因素。衡量充电桩需求的主要指标是交通量与服务半径两个要素,决定可能性与否关键在于交通、环保及区域配电能力等外部环境条件与该地区的建设规划和路网规划。因此,充电桩分布与电动汽车交通密度和充电需求的分布应尽可能一致,充电桩的布局应符合充电桩服务半径要求,充电桩的设置应满足城市总体规划和路网规划要求,并充分考虑本区域的输配电网现状及电动汽车未来发展趋势。

（3）规划方案的评价及调整

由于实际工程建设与理论规划间往往存在差别,理论规划方案需要进行评价和调整。考虑环境因素、政策因素、经济因素以及其他相关因素,评价规划方案的可行性,对部分不可行的充电设施规划结果进行调整。

9.3.4　点状智慧能源基础设施建设管理

1）工程管理

根据点状智慧能源基础设施的行业特点,人员培训工作应当贯穿生产管理的全过程,培训分为新员工进场实习、岗前实习培训和员工岗位培训,培训合格后方可上岗。

点状智慧能源基础设施应按照国际安全标准制订严格的安全责任制度,将工作程序制度化。在技术管理方面,应建立运行分析制度,根据设施的实际运行状况、生产任务的完成情况,编制相应的点状智慧能源基础设施运行报告,及时发现生产过程中存在的问题,提出行之有效的解决方案,促进管理水平的提高。建立完善的技术文件管理体系,为生产提供有效的技术支持。

在做好随机配备的备品备件管理的同时,要根据历年的消耗情况并结合点状智慧能源基础设施的实际运行状况制订出年度一般性耗材采购计划,而批量的备品备件的采购和影响机组正常运行工作的关键部件的采购应根据实际耗材量、库存量、采购周期和企业资金制订出中远期采购计划,实现资源的合理配置,保证点状智慧能源基础设施的正常生产运行。

2）运行管理

相应设施应具备相应的技术文件,包括制造厂提供的设备技术规范和运行操作说明书出厂试验记录以及有关图纸和系统图、安装记录、现场调试记录和验收记录以及竣工图纸和资料、实际运行测试记录、事故和异常运行记录、检修和重大改进记录。

此外,应有必要的规程制度,包括安全工作规程、消防规程、工作制度、操作制度、交接班制度、巡回检查制度、操作监护制度等。点状智慧能源基础设施的运行记录包括日发电曲线、日有功发电量、日无功发电量、日厂用电量等。相关记录包括运行日志、运行年月日报表、气象记录、缺陷记录、故障记录、设备定期试验记录、培训工作记录等。

对于运行人员,有如下基本要求:运行人员必须经过岗位培训、考核合格、健康状况符合上岗条件;熟悉设备工作原理及基本结构;掌握计算机监控系统的使用方法;熟悉设备各种状态信息故障信号及故障类型,掌握判断一般故障的原因和处理的方法;熟悉操作票工作的填写以及引用标准中有关规程的基本内容;能统计计算容量系数、利用时数、故障率等。

3）事故处理

当设备出现异常运行或发生事故时,当班值长应组织运行人员尽快排除异常,恢复设备正常运行,处理情况记录在运行日志上。事故发生时应采取措施控制事故不再扩大并及时向有关领导汇报,在事故原因查清前运行人员应保护事故现场和损坏的设备,特殊情况例外(如抢救人员生命),如需立即进行抢修的必须经领导同意。当事故发生在交接班过程中应停止交接班,交班人员必须坚守岗位处理事故,接班人员应在交班值长指挥下协助事故处理,告一段落后由交接双方值长决定是否继续交接班。

事故处理完毕后当班值长应将事故发生的经过和处理情况如实记录在交接班簿上,事故发生后根据计算机记录对保护信号及自动装置动作情况进行分析查明事故发生的原因,并写出书面报告汇报上级领导。

9.4 网状智慧能源基础设施规划建设

由于特殊的行业特点和行业所处经济社会地位,网状智慧能源基础设施十分注重规划,在保障系统安全稳定低碳经济运行的同时,满足日益增长的社会需求。网状智慧能源基础设施的发展在时间维度上有一个自我演化和自适应的过程,存在明显的多阶段性。同时,网状智慧能源基础设施所包含的主体类型和数量较多、市场竞争度高。从整体系统看,实现市场效率最大化和社会福利最大化是能源互联网建设的目标之一;而从市场主体角度看,自身收益最大化是其追求的生存和发展目标。可见,市场和主体之间存在的利益不一致性,将体现出一定博弈形态。因此,网状智慧能源基础设施引入旧有系统后,将强化旧有系统规划的阶段特性和博弈强度,在时间维度上,处于不同规划阶段的主体将通过多方案比选评估以及对其他主体策略的预判来不断调整自身投资规划策略。而这种规划期的博弈若不考虑到系统规划管理中,将造成规划结果与市场发展运行的不匹配,进而降低市场效率。

9.4.1 能源区块链及其规划

1) 能源区块链概述

在当前气候变化加剧的背景下,对环境可持续发展的要求更加严格,能源行业的发展随之步入了瓶颈期。一方面,能源企业的传统业务模式和盈利模式越发难以适应经济社会对数字化与低碳化的需求;另一方面,随着以能源用户为主导的能源变革如火如荼地进行,能源企业现有系统不仅无法管理日益复杂的交易请求,还难以满足监管机构和能源用户对能源供应安全和分布式能源接入的旺盛需求。区块链去中心化、高透明性、可追溯性的特点可以帮助能源企业在安全的基础上创新性地解决以上问题并促进能源价值链重塑。

能源区块链是指区块链技术在能源领域的融合应用。在具体应用中,天然气、电力、石油、供热、供冷等各个能源子系统节点,可以利用有序链接的加密区块来验证并存储能源交易数据信息,使用共识机制进行分布决策以及维护全网数据一致性,利用智能合约自动完成有关数据信息的传递、相互验证。

能源区块链技术可以用于能源市场交易、电动汽车充电及结算、供应链金融、绿证资产数字化等场景。其中,推动能源交易模式的转型是能源区块链最具前景的应用方向。能源区块链将改变传统的能源交易模式,推动能源交易的分散化与自动化。能源行业应用区块链技术的目标是提供一种完全去中心化的能源系统,能源供应合同可以直接在生产者和消费者之间传达。区块链技术有助于加强个人消费者和生产者的市场影响力,这也使消费者

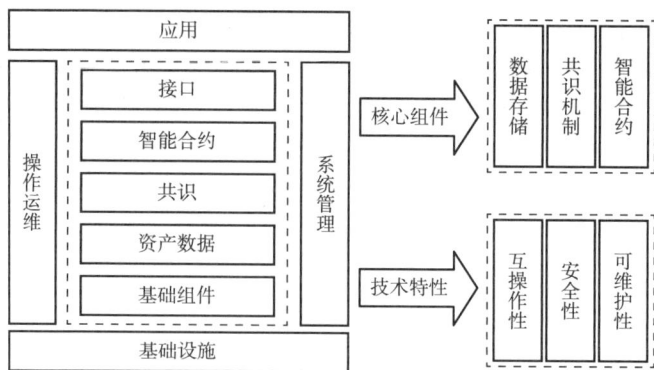

图 9-3　能源区块链技术组成

直接拥有购买和销售能源的高度自主权。区块链能源点对点交易是目前区块链在能源行业的主要应用场景,区块链的去中心化和分布式特点,让电力生产者、售电部门和消费者可以实现"直连",可以大幅度降低电力的交易成本,提升交易效率。

2）能源区块链规划

自 2009 年以来,国家开始大力推进能源行业的供给侧结构性改革,卓有成效但阻力依旧,能源行业大力迈入新格局,我国供给结构亟待优化。整体而言,从规划到落地一个具体的区块链项目主要包含以下几个步骤:

（1）业务定位

所有的商业活动都要有清晰的定位,这个定位不仅是业务层的,而且是用户层的。一般常规的实施方法就是从市场前景,到痛点分析,业务规划,再到具体的实施,其中包括技术层和后期的运营和推广。从宏观层面来看,相比国外的能源区块链投资与应用的活跃程度,我国的能源区块链依然基本是刚刚起步。"能源互联网"是我国能源发展的一个重要战略,而区块链在能源领域的应用也逐步提上议程。根据相关预测,通过传统风险投资对区块链能源基础设施投资将加速增长,基于区块链的能源基础设施是该领域一个十分重要的风向标,对该领域的动向起着监督作用。

（2）项目实施阶段

项目实施阶段具体分为以下 3 个部分进行。

①服务器架构,业务模式验证。快速搭建应用验证自己的商业模式。前期可以采用中心化服务器进行托管,保证流通性。另一方面可以降低用户进入区块链项目的门槛。

②智能合约架构,分布式锁仓与解锁。采用智能合约进行一些代币的锁仓和释放。主要是依托以太坊的信任机器最大限度地保障用户和投资的利益,避免中心化的服务器带来的风险。在区块链技术和智能合约的帮助下,可以有效地控制能源网络,智能合约将向系统发出信号,制订如何启动交易的规则。此类流程将基于智能合约的预定义规则,可以确保所有的能量和存储流都是自动控制的。这有助于平衡供给和需求。例如,当产生比需求更多的能量时,智能合约可以确保这些多余的能量被自动地传送到存储器中。

③区块链架构,数据的控制和集成。基于前两个部分的基础采用区块链技术进行系统架构的实现。系统架构从技术角度看,一般主要分为底层区块链技术、协议层、服务层、接口层、服务层 5 个部分。协议层主要包括虚拟机和共识,负责执行智能合约和节点直接达成共识。服务层主要包括智能合约和数据服务:智能合约分为标准合约和定制合约两种——定

制合约是为了满足不同业务场景,提供给用户编程的智能合约。应用层就是一些平台应用的开发实现。

9.4.2 能源互联网及其规划

1)能源互联网概述

能源互联网是能源系统与互联网技术深度融合形成的新一代能源系统,以大数据、云计算、物联网、移动互联网、人工智能等新一代信息技术为实现工具,可以将能源与能量的生产、转换、存储、输送、使用等环节的众多节点连接起来,实现信息流、能量流和能源流的自由接入、实时流动、即时交换与共享,完成信息网、能量网、能源网的"三网合一"。能源互联网将打破原先相对独立的不同类型能源之间的界限,形成以智能电网为基础,与热力管网、天然气管网等多种类型网络互联互通,多种能源形态协同转化,集中式与分布式能源协调运行的新型能源供给利用体系。在横向上,它能够实现热、气、水、电、风、油等不同类型能源之间的相互补充,满足用户多种需求的能源梯级利用;在纵向上,它能够实现能源开发、生产、运输、存储和消费全过程的"源—网—荷—储"综合协调。能源互联网上的每个主体都是平等和自治的信息、能量、能源中心,可以自由上传并获取信息、能量与能源,进而避免能源集中统一再分别配送等不必要的环节。能源互联网的普及不仅将有效解决优质能源短缺、能源开发利用的清洁化水平低和可再生能源供应不稳定、难以接入电力主干网络等问题,还会彻底改变传统的能源生产消费模式,实现能源清洁高效、安全便捷与可持续利用。

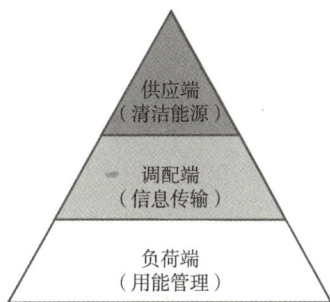

图 9-4　能源互联网基本组成架构图

能源互联网将大量分布式产能、储能设施融入传统能源管网中,使得分布式微网与主干网络互为补充。借助物联网、大数据、人工智能、云计算等技术,能源互联网还能激活能源网的"神经末梢",实时掌握能源供需动态。物联网技术大大增强了能源网络的信息抓取与设备控制能力,并让更精细化地配置能源成为可能,有助于改善能源消费现状,抑制能源浪费。云计算进一步加强了对能源供需的实时监控与可视化管理能力,实现了能源消耗的追溯、监控与自动化响应,从而降低了能源利用成本,提高了能源综合利用效率。大数据技术则为能源风险管理提供了助力,并使得把握能源消费者的行为方式成为可能,从而助力更加精准地配置能源。通过采用以巡检机器人和图像分析算法为代表的人工智能技术,可以集成智能传感、机器学习、计算机视觉以及自然语言处理能力,进而利用先进感知、边缘智能等技术为能源互联网的高效运行提供便捷技术支持。

2) 能源互联网规划

在分析整体系统时,复杂问题简单化对能源系统分析很重要。在以能源互联网为代表的网状智慧能源基础设施规划过程中,需要从城市发展愿景、影响因素、终端需求等不同角度进行有步骤的规划,即目标设定与负荷预测;区域条件因素分析;合理的能源规划方法;系统评价体系。简单来说就是"要什么—有什么—怎么给—好不好"。

（1）目标设定与负荷预测

目标设定应以当前国家或地区的经济、社会、城市发展愿景为指导,制订符合发展趋势的能源目标。目标设定应遵守以下 SMART 原则:即 Special,规划目标要考虑规划地区的实际情况;Measureable,目标指标要量化,尽量避免目标的空洞化、泡沫化;Achievable,目标是可实现的,根据当地条件、区域功能定位和发展力度制定目标,通过严格的限制和管控是可以实现的;Relevant,规划与城市总体布局规划、控制性详细规划,以及社会可持续发展是高度相关且相互协调的;Timely,要有明确的目标设定和关键节点。另外,规划要与时俱进,要根据发展和进步调整。

基于需求侧的预测分析是区域性能源合理规划的基础,影响着能流网络的路径匹配和优化策略。只有正确了解终端的建成环境负荷的静、动态情况,才能实现能源基础设施能效最大化,实现设备的高效运行和环境效益良好的系统收益。在进行区域能源负荷分析时,主要采取的方法有同类型建筑数据采集和计算机能耗模拟。同类型建筑数据采集,统计当地同种建成环境的能耗数据,对逐时逐项的数据进行分类分析,选取得到各类型建筑的典型能耗特征;计算机能耗模拟,根据国家节能标准和建筑物设计参数对各种情景的建筑进行能耗模拟,调整相应的参数进行归类统计。

（2）区域条件因素分析

规划区域能源基础设施的影响因素是规划过程中约束条件的直接依据和考量。包括区域的资源禀赋因素、气候因素、环境因素、区域功能定位、政府政策等。

①资源禀赋因素。正确合理的资源条件分析是对能源系统和技术合理匹配的前提。低碳城市和可持续发展社会的构建将赋予可再生能源利用更广阔的平台,尤其是对可再生能源和低品位能源的激活对能源总线的可行性和利用质量有着很重要的影响,对优化能源结构具有积极的推动作用。

各种能源资源在自然本底和品位上存在先天的差异,这在很大程度上也影响和约束着能源网络的规模和广度。在规划过程中,要充分考虑各种自然资源储量、可获得性、经济环境互惠性等重要参考指标,注重能源结构的整体性。具体内容包括煤炭、石油、天然气等碳基能源的储存量、消费进度和供应质量;可再生能源的种类、资源条件以及技术开展的SWOT 分析;区域、大区电网的调入调出情况等。

②气候因素。气候变化是地球运动的产物,也是大自然最原始的资源供给,太阳能、地热能、风能、水能、潮汐能等各种能源都可以理解为气候资源的一种。气候考量能够体现该地区的气候条件的同时,也能映射出能源基础设施的气候条件适应性要求,对能源路径的优化选择具有指导意义。基于区域能源系统定位和愿景,将区域能流网与气候变化适应性相结合,提升规划的有效性。

③环境因素。不同的能源配置和使用方式会产生不同的环境影响。因此,规划时需要弄清区域的环境因素,确定目标并寻找突破点,构建合理化的供能结构,减少碳排放,改善环

境质量。不同的能源资源在特性上存在先天差异,不仅表现在能质上的优劣,在成本、污染物排放等方面也存在差异。

④区域功能定位。根据不同的用能特性,可以设定为不同的功能区,从而选择不同的能源供应路径。按照建成环境的用能惯性和特点将城市区划为不同功能区,根据功能区的自身发展以及对于整体城市群的作用,因地制宜地配置能源路径,实现"强区对应强路"。

⑤政策因素。节能技术推广和环境质量改善均离不开相关政策的支持和相关制度的限制。政府的明确鼓励和支持政策对促进能源互联网的规划建设起着至关重要的作用。

(3)规划方法及系统架构

系统建模、分析优化是实现科学合理规划的重要基础。就能源互联网等网状智慧能源基础设施而言,应采用合适的全能流规划方法。

能源互联网更为关注能源的配给和综合利用。因此,可将其大致划分为能源生产与消费层、能源传输层、综合能源管理大数据平台、应用层。

①能源生产与消费层。未来用户既是能源的生产者,又是能源消费者,负荷更具柔性,具备调节能力;在这层构成能源生产和消费单元,具有局部自治能力。

②能源传输层。主动配电网将是能源传输配送的主要载体,承担能源路由的职责,其具有灵活的拓扑结构、潮流可控、设备利用率。

③综合能源管理大数据平台。实现多源数据的汇集,支持能源生产、传输、消费等全过程的数据存储、分析、挖掘和管理。

④应用层。为能源全寿命周期提供优化控制决策服务,为能源互联网的参与主体提供互动服务,为社会提供公共服务。

通过以上4层架构的能源互联网模型,充分利用地区丰富的新能源资源,从能源生产与消费、能源配送网络、能源管理与公共服务、能源互联网建设与运营模式4个层面进行建设。能源生产与消费层面,规范分布式能源接入,调配用户侧可控资源,参与区域能源优化;能源配送层面,建设拓扑结构灵活、潮流可控的主动配电网;能源应用层面,建设基于大数据平台的能源管理服务中心,同时在能源互联网建设与运营模式层面就政策法规、产业形态、商业模式进行探索。

(4)评价体系

能源基础设施的评估体系主要以源端能源结构、终端用户用能,以及过程端的能流网络进行全能流的分析评价。可概括为优质性、高效性、安全性、环保性、经济性。

①优质性主要反映的能源结构的匹配特性,传统碳基能源到绿色能源的过渡与替代对于能源基础设施改革和社会可持续发展至关重要,因此在满足能源基本供需的前提下,以天然气能源为重要供能保障,重点开发可再生能源和绿色能源的利用,提升其使用质量和数量,进一步优化能源结构。

②高效性反映能源基础设施的能源转换和利用能力。如何在相同时间和资源的前提下,更好地实现能源的合理供应是实现高效性的关键。其中,需要对多源多汇多路径能源基础设施进行综合建模,通过对不同能源基础设施的输入量和品位关系进行综合比较,针对不同用能情景进行因地制宜的能源配置,以评价系统的高效性。

③安全性是系统在指定运行环境下保持稳定运行的能力,以及应对和抵抗突发情况的能力,主要体现在稳定运行时间和自启动恢复时间等。

④环保性体现在城市能源基础设施在供能、转换、用能多过程对环境的影响程度,主要

体现在不同能源使用的碳排放效应和大气污染程度。

⑤经济性是指系统建设成本和使用成本。可以定义为系统获得的综合收益(节省直接购能费用、供能收益、碳排收益等)与该系统的投资与运行成本的比值。

9.4.3 网状智慧能源基础设施建设管理

1)设计管理

一是采取联合设计方式,由中标的各设计单位组成联合设计体,集中攻关、分项实施,对工程科研设计实行统一组织、统一管理和统一协调;二是制订阶段性目标,定期组织召开研讨会、评审会、工作例会和联络会,对重大技术原则和关键技术专题等开展中间检查,实施分步和分级评审,采取循序渐进的方式审定初步设计原则及相关内容;三是执行激励制度,加强对科研设计单位的考核,强化质量意识。

建立设计与科研互动机制,制订设计进度与科研进展的协调配合计划,采取分步、分级评审原则。采用设计专题研究方式实现科研成果向设计技术原则的转化。强化关键技术研究成果的转化应用,创造条件组织试验验证,确立安全、可靠、先进、适用的设计原则。抓好设计全过程优化和动态优化,实现工程基建与生产的有效衔接,确保设计方案的完善性、合理性和适应性,实现工程的各项建设目标。

在施工图设计阶段,技术牵头单位、组织设计单位根据初步设计审定原则和工程总体目标编制施工图设计技术组织措施,明确设计目标、设计依据、设计内容、主要设计原则、质量保证措施、进度计划、设计接口、设计评审、设计文件、现场服务等有关内容。强化、深化、细化事先指导、中间检查、成品校审3个关键环节,从源头上确保安全、提高质量、控制投资。采取有力措施强化施工图设计阶段的设计管理,确保施工图交付进度和质量满足工程要求。严格执行设计变更管理制度,按程序、按权限控制设计变更,执行设计变更考核和设计变更周报制度。

2)质量管理

做好监造指导文件编制工作及技术交底工作,监造单位须选择具有丰富监造经验的驻厂监造人员开展驻厂监造工作。在工程开工前,还需对驻厂监造代表开展有针对性的岗前培训,使得驻厂监造代表工作更有针对性。在开工检查中,监造单位须重点对各制造厂产品鉴定报告、型式试验报告、生产设备及检测设备等进行检查,在确保具备开工条件后,才发出开工令,以保证加工质量。

原材料质量的优劣直接关系到线路材料的整体质量,必须严把原材料入厂关。在确保原材料复检性能合格的同时,还须确保原材料使用具有可追溯性。加强关键生产工序质量见证,保证材料关键性能,组织专家巡检,进一步提升制造厂加工及管理水平。严格履行体系要求,确保质量问题闭环处理。

3)造价管理

工程初设批复概算作为工程实施的造价最高限额,原则上不得突破。统一组织项目设计、施工、监理、物资招标,并对工程设计、施工、监理和主要设备等实行限价招标。各单位在组织设计单位编制招标控制价时,应同时编制同口径概算,原则上招标控制价不应超出同口径概算投资水平。

重大设计变更原则上要求原初步设计评审单位评审且出具评审纪要/意见。各建设管理单位按照公司签证管理办法要求负责审批一般签证及重大签证,并上报备案。因设计变更导致线路物资数量、规格、技术参数等变化时,各建设管理单位负责在提出设计变更的同时,需提出线路物资技术变更确认单,按照上述设计变更审批权限一并由建设管理单位审批。物资管理单位(部门)按相关规定组织开展后续合同变更。

建设场地征用及清理费由建管单位统一负责。各建设管理单位及施工单位应严格控制建设场地征用及清理费用,严格依据政府相关部门文件或会议纪要确定的标准签订拆迁补偿协议,且不应超过当地同类工程补偿水平。协议签署前应细致分析协议价格、数量与概算、施工图、当地同类工程补偿水平差异,以确定其合理性。

建设管理单位是工程施工图预算的具体执行单位,配合施工图预算编制、参与施工图预算审查、依据或参考审定施工图预算开展工程结算。对于按施工图预算降点结算的工程,建设管理单位应严格按照审定的施工图预算和合同条款规定开展工程结算。

为加强造价过程管控、提升竣工结算效率和质量,对本体单位工程、其他费用合同等,可在其完成后、工程投产前开展分步(过程)结算,由建设管理单位开展预结算并上报相关部门审批。分步结算管理流程和要求参照竣工结算执行。

4)合同管理

合同分层分类管理。根据工程出资分工和管理界面划分原则,由总部相关部门、专业公司和各建设管理单位各负其责。按照合同管理与工作界面保持一致的原则,合同签订和执行主体尽量保持一致。

所有合同均由合同签订主体与合同乙方签订双方合同。所有合同电子版均须报相关部门统一备案。总部相关部门、专业公司、各建设管理单位所签合同(含补充协议等)在合同签订3个月之内提交电子版备案。

5)投资和资金计划管理

工程年度计划编制依据工程可研估算、概算(有概算的优先采用概算),合理预测工程建设资金需求和投资完成。工程累计资金计划和投资计划不得突破批复概算金额。

工程所有资金支付均纳入月度预算管理。月度实际支付不得突破当月资金预算。因特殊原因,当月批复的资金预算未执行完毕的,不得结转下月使用,需要重新办理预算申请。各合同执行单位要严格按照已签合同和预计下月新签合同的支付需要,编制工程月度资金预算。预算申请要细化到合同(包括预计新签合同),并包括以下信息:项目名称、单项工程名称、合同编号、合同名称、合同对方、合同金额、已经付款金额、下月资金预算。

明确投资统计内容及分工,明确投资统计报送流程。建设管理单位按照下达的年度投资计划填报"年度计划",负责填报本单位执行合同和物资类合同的"投资完成",负责项目形象进度月报表、建设规模和新增生产能力表、电力大中型项目基本概况年度报表填报。

6)现场管理

工程在实施过程中,严格执行网状智慧能源基础设施工程建设涉及的相关法律法规,结合网状智慧能源基础设施建设的重点工作和关键管控节点,制订相应的管理措施。深化建设规范性的相关要求,确保工程建设依法合规。

建设管理单位组织编制现场建设管理工作大纲,分解工程目标,明确现场管理的组织体系和各参建单位的职责,建立技术、质量、安全、进度、物资、计划、财务、信息、档案等各项管理制度。监理项目部组建现场监理组织机构,编制监理规划和实施细则,规范监理行为,确保监理工作质量。施工、调试承包商编制切实可行的《项目管理实施规划》及相关管理制度,为各项工作的顺利进行打好基础。

发挥监理、施工等各方面的作用,根据现场实际情况,在施工图出版前、施工前组织高质量的审查,确保设计方案的安全性和合理性。严格按程序审批设计变更。

落实工程建设总体要求,针对关键施工技术环节,在工程开工前,重点对项目部建设、安全质量管理、技术支撑、现场水保、环保控制措施、工程创优、档案管理、计划管理及投资控制、关键施工技术创新等专题开展管理培训,全面提升提高工程参建单位和人员的责任意识、整体素质和业务水平。

大力推行施工技术的标准化和系列化,严格按照标准工艺要求配置人员机具,大力提倡机械化施工,提高施工质量,控制施工风险。注重科技水平以及工程质量的提升,积极推广应用"五新"及建筑业十大新技术,积极倡导技术革新,开展设计优化和创新工作,推动成熟的新技术、新工艺、新流程、新装备、新材料在工程中应用,促进工程施工质量、工艺水平和工作效率的提高。

坚持"安全第一、预防为主、综合治理"的工作方针和"以人为本、生命至上"的管理理念。严格执行《安全生产法》及相关法律法规,落实国家、行业、公司相关标准、制度及规定。加强监督检查落实管理责任。加强隐患排查治理和应急管理,强化安全文明施工费专款专用、规范使用和监管,确保达到安全生产标准化要求,大力推行机械化施工,强化施工机具安全评估和进场检验,切实提升工程本质安全水平。

坚持"百年大计、质量第一"的工作方针。严格执行国家、行业工程质量相关法律法规、标准和公司相关制度规定,建立健全质量管理体系,全面落实工程建设质量管理责任,以达到国家优质工程标准为目标,以标准工艺执行落实为抓手,以关键环节和关键设备质量管控为重点,强化质量监督检查和验收,持续提升工程质量和工艺水平。

7) 项目后评价

项目后评价是项目管理成功的一个重要环节,然而项目管理人员往往觉得项目后评估工作烦琐,做得不够仔细,可操作性不强。其实好的项目后评估会引导后续项目的开展,并促进项目过程改进。虽然不同类型的项目评估要求不同,但大多包括客户满意度、盈利要求、后续项目指标要求、内部满意度要求,加权后得到具体分值,形成项目的一个后评价报告。为了达到项目后评价的目的,后评估方法应采用宏观结合微观、定性结合定量分析对比,通过综合分析(常用的方法有成功度分析法等成熟方法),总结经验教训,对效果评价。

9.5　典型案例：南网数字电网建设

9.5.1　概述

2018年12月，习近平总书记在中央经济工作会议上强调，要推动粤港澳大湾区等地区成为引领高质量发展的重要动力源。2019年2月18日，《粤港澳大湾区发展规划纲要》正式公布，标志着这项由习近平总书记亲自谋划、亲自部署、亲自推动的国家战略进入全面实施阶段。这充分体现了以习近平同志为核心的党中央对港澳在国家发展大局中发挥不可替代作用的肯定和支持，彰显了粤港澳大湾区在全国经济社会发展中的重要战略地位。《粤港澳大湾区发展规划纲要》明确提出要建设能源安全保障体系，一是建设清洁、低碳、安全、高效的能源供给体系，二是强化电力、天然气等能源储运体系。李克强总理在2019年政府工作报告中提出，要对标全面建成小康社会任务，扎实推进脱贫攻坚和乡村振兴。坚持农业农村优先发展，加强脱贫攻坚与乡村振兴统筹衔接，确保如期实现脱贫攻坚目标、农民生活达到全面小康水平。

智能电网是推动能源革命的重要手段，是构建清洁低碳、安全高效现代能源体系的核心，是支撑智慧城市发展的基石。当下，南方电网公司正在向智能电网运营商、能源产业价值链整合商、能源生态系统服务商转型，打造"安全、可靠、绿色、高效"的智能电网，携手社会各界共同构建创新发展生态，助力南方五省区高质量发展。

为做好新形势、新需求、新动力下的智能电网建设工作，南方电网公司开展了新一轮的智能电网发展顶层设计，深化了对智能电网发展的认识和理解，明确了思路和目标，谋划了发展蓝图。2018年，南方电网公司印发了《南方电网智能电网发展规划研究报告》和《南方电网智能电网发展规划2018—2020年实施行动计划》，2019年发布数字南网行动方案，旨在全面推行智能电网建设和覆盖电网生产、管理、运营的业务应用体系，建设基于云计算、数据中心、物联网、人工智能的数字电网、数字运营和数字能源生态，使得"电网状态全感知、企业管理全在线、运营数据全管控、客户服务全新体验、能源发展合作共赢"。

9.5.2　智能电网架构

1) 南方电网对智能电网的战略规划

南方电网智能电网建设的指导思想是实事求是地推进智能电网的建设，以需求引导、整体规划、有序推进、重点突破为原则，做好顶层设计，构筑一个合理的智能电网发展体系，重点方向是争取在关键领域有所突破，同时开展标准研究，用标准来规范智能电网相关工作，并且有序地推进，同时开展示范先行，在取得经验后分阶段实施。定位是要构筑一个智能、高效、可靠的绿色电网，以提高电力系统安全稳定水平，提高系统和资产的运用效率，提高用户侧的能效管理和优质服务水平，提高资源优化配置和高效运用能力，促进资源节约型、环境友好型社会发展为目标。

实施方案方面，南方电网未来10年大概分两个阶段，第一个阶段是规划、研究和示范，第二个阶段是示范、推广和完善。目前规划已经通过了专家审查。实际上智能电网从发输配用电,把它划分为 5 个关键领域,17 个研究方向,50 多项关键技术的研究。同时配送电关键技术研究安排了 50 多项标准,也包括国家标准,行业标准,企业标准,还包括一些示范工程,有专项示范和综合示范,构成了一个整体。通过技术研究来进一步编写标准,通过示范来验证技术研究,并且通过示范工程进一步指导关键技术研究的深化。

2) 确立发展目标

智能电网的发展目标是以提供满足人民日益增长的美好生活需要的电力为中心,更好地提升电网发展的"安全、可靠、绿色、高效"水平,成为引领发展、业绩卓越、广受尊敬的智能电网运营商、能源产业价值链整合商、能源生态系统服务商。据此,南方电网公司制定了公司智能电网三年实施行动计划以及各省"十三五"智能电网建设实施方案,计划于 2020 年基本形成智能电网发展格局;2025 年基本建成智能电网,初步形成能源生态系统,显著提升在能源产业价值链的影响力和整合力。此外,南网公司还制定了人工智能与业务发展深度融合专项规划,海南、粤港澳大湾区智能电网建设方案,并坚持点面结合,制定实施了 20 个智能电网示范区专项规划。覆盖省级综合示范、地市级整体示范、园区级重点示范、农村县域特色示范。

具体地,南方电网智能电网发展目标包含以下 4 个方面:

首先是安全性目标。确保电网安全风险可防可控,提高电网安全稳定运行水平,强化电网防灾抗灾能力,提升网络安全防护水平。

其次是可靠性目标。提高供电可靠性,减少客户停电时间,提升电能质量,提供具有南方电网特色的差异化、多模式供电解决方案。

再次是绿色目标。推进能源生产和消费革命,推动清洁能源在更大范围进行优化配置,促进能源的分散开发、就地消纳,推进"绿色电网"建设。

最后是高效目标。促进能源系统高效协同运行,提高电网资产精益化管理水平,提升电网资产利用率,增强驾驭复杂大电网能力,提高电网运行效率,提升用电服务精细化水平,为客户提供定制灵活、选择多样、高效便捷的用电保障服务,拓展业务范围,创新企业价值,促进社会能源资源的高效利用和优化配置。

3) 数字南网架构

数字南网主要包括用户层、应用层、平台层、数据源、网络层及感知层。其中感知层包括 PC 终端、配网自动化终端、计量自动化终端、调度自动化终端及移动终端等。网络层包括在线网络、无线专网、无线公网、卫星通信等。数据源包含管理信息系统、自动化系统及外部数据。平台层包含物联网等通用组件、数据中心及各类资源。应用层即为数字电网、数字运营、数字能源生态。用户层则包含内部员工、外部客户、合作伙伴、供应商、政府单位等。除此之外,数字南网还构建了安全防御体系、运营管理体系及标准规范体系。

图9-5　数字南网技术架构

9.5.3　关键技术及成效

广州供电局以数字南网为基础,积极探索智能电网建设新方式,通过综合利用人工智能、大数据、云计算以及时空地理信息等技术,发布时空大数据云平台。该平台时空可实现电网内外部资源云化、数据共享和业务融合,是面向电网、公众和企业的统一服务门户系统,以自服务的方式提供开放、多层次、按需调整的资源云服务和信息服务,目前已可提供基础地形图、电网资源专题图、业务应用专题图、时空数据分析四大类共120余个服务,为各业务系统的开发提供了快速通道,开发效率相比传统平台提升近3倍。

在智能电网建设过程中,南方电网公司将信息技术、计算机技术、数据通信技术、传感器技术、电子控制技术、自动控制理论、运筹学、人工智能、互联网技术等有效地综合运用于电力系统,建立南方电网全生产要素和价值链条的数字镜像,实现电网设备状态、运行状态和市场信息的透明化。依照系统精简、信息规范、界面统一、业务协同的技术原则建设变电站智能运维系统,实现对变电站的可测、可量、可观、可控,进一步提高变电站作业安全水平、设备健康水平和快速运维水平。随着配电自动化、两覆盖建设的推进,配网运行呈现出中压调控部分透明、低压变户基本透明的特征。监控主站通过监测数据、缺陷、故障、电量等多系统数据确定差异化运维策略,自动生成并执行设备远程巡视计划。实现巡视无人化,提高巡视效率,保障巡视质量。

在运行控制、运营管理、综合支撑等领域,南网公司实现应用融合,打造"运行控制平台"和"运营管理平台"两大平台,A+/A/B类供电区三遥点实现光纤覆盖,粤港澳大湾区光纤延伸至公变,并建设新一代智慧调度系统,实现信息流和能量流统一平台化管控,充分发挥资源优化配置作用,打造电网平台生态圈。此外,公司推进配电"开关遥控、合环转电、故障自愈"三大常态化应用,以全过程自动决策控制代替"人工寻障+人工复电",通过就地式馈线自动化技术和主站智能遥控技术相结合,逐步实现中压配网故障快速自愈,最终建成国际一流的智能自愈型中压配电网,把故障隔离恢复时间从分钟级压至秒级。

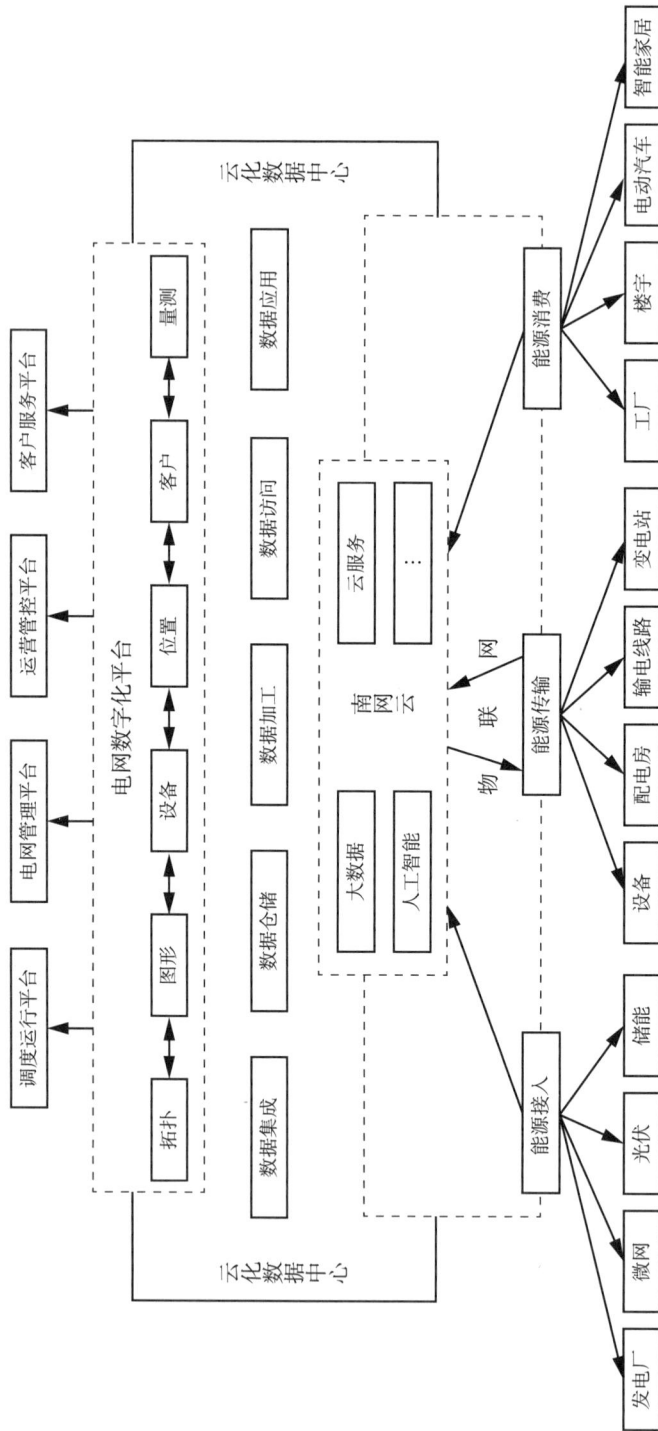

图 9-6 数字南网应用模式

能源转型、技术进步、机制创新将不断驱动和引领智能电网的发展和完善。随着新能源的广泛应用、电能占终端能源消费比重提升、先进电力技术和信息通信技术的发展,智能电网的内涵将不断深化和发展;智能电网将以电为核心、以能源服务为基础,构建全方位能源服务平台,支撑能源体系和社会经济的可持续发展。

新型信息基础设施

10.1　新型信息基础设施概论

10.1.1　新型基础设施发展背景

1）数字经济刺激通信需求

在数字经济时代，我国的生产要素发生了巨大的变革。传统产业和服务业的主要生产要素是劳动力和资本，它们的流通高度依赖于传统的基础设施如铁路、电网、石油管道、高速公路等，而在数字经济时代，以信息为主要载体，以因特网、宽带网为基础。数字经济中最重要的输入元素是数据，为了保证数据的安全存储与流通，企业之间的交流要求随着地理、空间的扩展而不断扩展，呈现出非线性指数增长的"平台"。5G、工业互联网、物联网、卫星网络等新的基础设施已经成为了通信的必备基础。

2）行业领域逐渐交融

现在的网络企业，或者说是数字化企业，其市值要远远超过传统的能源、钢铁、化工企业等。数字技术提高了场景的连通性、数据的连通性和价值的互通性，为各行业企业提供加速度，借力5G等新技术为企业赋能，未来企业的发展没有任何风险，但同时有了超越自我、可以改变世界和宇宙的概率。新型基础设施的元素构成了一股新的力量，产业界限逐渐模糊，产业界限逐渐融合。所以，无论是企业界或学术界都需要一种新的、能够理解外部环境的逻辑架构适应环境。对于大多数传统企业来说，虽非数字原生，但需要充分利用新的信息基础设施，以改善自己的商业模式，获得重生。

3）国际产业链竞争格局

掌握了标准制定权的公司将会获得高额的专利费、巨大的市场价值，从而在全球范围内占据一席之地。作为一个具有专利权的产业,移动通信产业的每一项通信产品都与其所依托的通信协议标准信息息相关,而具有国际标准的国家则可以在技术、架构、设备等方面进行推广。标准的垄断促进芯片等设备销售,带来巨大的市场价值。在未来的大国博弈中,信息基础设施是否领先决定了我国能走多快多远。

新的信息基础设施是未来新经济、新技术、新产业的重要基础,也是国际上的重要力量。新的信息基础设施包括 5G、物联网、人工智能等科技基础设施,具有广阔的发展空间、良好的经济效益和社会效益,以及对上下游产业的带动作用,将在今后的经济社会发展中扮演担大任、挑大梁的重要角色。

比如 5G,未来 5G 的投资规模将达到数千亿美元,中美将在新一代信息技术领域展开一场较量。中国移动通信产业在 1G 空白、2G 落后、3G 追随、4G 同步发展的过程中,终于在5G 时代率先起步,在标准制订、产业链配套等领域获得了一定的话语权。新的信息基础设施为发展智能化、工业数字化转型奠定了坚实的基础。5G 技术与云计算、大数据、物联网、人工智能等领域的深度融合,将成为下一代信息基础设施的重要组成部分。5G 网络以低延迟、大连接、大带宽为主要特征,未来将会促进物联网、车联网、VR(虚拟现实)、AR(增强现实)等领域的发展,从而促进社会的发展,改变人们的生活。

4) 社会形态变化

21 世纪后,随着新一代信息技术的飞速发展,网络与真实社会的融合日益深入。物联网、移动互联网的发展,使得整个世界都与之相连,同时也带来了大量的实时数据。随着大量的数据积累、运算能力的不断提高、算法的不断优化,人工智能技术已经开始大规模地商品化,数据已经成为经济、社会生活的全过程、全过程的生产要素,一个智慧的社会正在出现。在此背景下,智能社会是随着云计算、大数据、物联网、移动互联网、人工智能、虚拟现实/增强现实、区块链等新一代信息技术的成熟和广泛应用而出现并深度发展的新型经济社会形态,在科学技术、产业活动、人民生活、社会治理等方方面面都呈现高度智能化的特征。

智慧社会是数字化和未来的发展,尤其是移动互联网、物联网、云计算、人工智能等新一代信息技术的迅速发展和应用,是人类社会发展的必然结果。科技进步不仅能促进经济的发展,还能促进人们的生活、交往、公共服务、社会管理等各个方面的深刻变化,同时也会促使人类社会的经济和技术形式发生变化。日本"社会 5.0"把人类社会发展分为狩猎社会、农业社会、工业社会、信息社会和智能社会五个时期。基础设施在经济社会发展中起着举足轻重的作用,其规模和质量对国家、地区、城市的吸引力、竞争力、可持续性、经济发展、贸易、人民生活水平等各方面都有重大的影响。人类文明出现以后,每个社会形式都依赖于新兴技术,同时也依赖于与新兴技术相关的基础设施。

5) 政策引导支持

序号	时间	文件	内容
1	2015	《中国制造 2025》	全面突破第五代移动通信技术。
2	2016	《国家信息化发展战略纲要》	2020 年 5G 技术研发和标准取得突破性进展。
3	2016	《智能制造工程实施指南(2016—2020)》	初步建成 ip6 和 4G/5G 等新一代信息技术与工业融合的实验网络。

续表

序号	时间	文件	内容
4	2016	《"十三五"国家信息化规划》	加快推进5G技术研究和产业化,实施5G商用,积极拓展5G业务应用领域。
5	2017	《信息通信行业发展规划2016—2020》	支持5G标准研究和技术实验推进5G频谱规划,启动5G商用。
6	2017	《政府工作报告》	加快5G技术研发和转化,做大产业集群
7	2018	《完善促进消费体制机制实施方案》	进一步扩大和升级信息消费,加大网络提速降费力度,加快5G商用。
8	2018	《政府工作报告》	推动5G产业发展。
9	2018	《扩大和升级信息消费三年行动计划(2018—2020年)》	加快5G标准研究、技术实验,推进5G规模组网建设及应用示范工程,确保启动5G商用。
10	2020	《关于组织实施2020年新型基础设施建设工程(宽带网络和5G领域)的通知》	发布了七项5G创新应用提升工程。
11	2020	《政府工作报告》	强调了我国5G建设的重要性。
12	2021	《5G应用"扬帆"行动计划(2021—2023年)》	大力推动5G全面协同发展,深入推进5G赋能千行百业。
13	2021	《工业和信息化部关于加强5G公众移动通信系统无线电频率共享管理有关事项的通知》	就提升5G服务质量做出有关事宜通知。

从2015年开始,国家出台了大量的政策,从技术标准、网络建设和工业应用3个层面加强了5G的建设。在5G成为国家重大战略的背景下,各国政府纷纷出台行动计划、实施方案、指导意见等相关政策,为5G发展创造有利的政策环境,积极推进5G网络建设、应用示范和产业发展。

10.1.2 新型信息基础设施内涵及现状

新的通信网络基础设施可以为企业的迅速发展注入新的动力。以5G、工业互联网、物联网、卫星互联网为代表的新型通信网络,对促进产业数字化发展具有强大的赋能作用。未来,企业的竞争力、经济发展的动力和社会福利的提高,都将取决于企业的数字化能力。新型通信网络基础设施建设会助力产业实现加速和指数级增长,也必将助力各种智能终端冲上"云霄",推动新的网上经济繁荣,推动数字经济新时代的到来。

1)5G网络

(1)内涵特征

5G,即第五代移动通信技术,也叫IMT-2020,是一种新一代的移动通信系统,它将在2020年实现大规模商业。与以往的手机通信方式相比较,5G充分考虑了人之外的通信需要,使通信的联系扩展到人和物、物和物,并期望能形成一个万物互联的世界。国际电信联盟(International Telecommunication Union,ITU)对5G的设定,主要应用在增强型移动宽带业务(Enhance Mobile Broadband,eMBB)、海量机器类通信(massive Machine Type of Communication,mMTC)、超高可靠与低时延通信(ultra-Reliable & Low-Latency Communication,uRLLC)三大场景,在流量密度、能效、数量等方面,具有较高的速度、低延迟、大覆盖和移动性。5G能够实现"人与人""物与物"的双重要求,在超高清视频、AR/VR、车联网、工业物联网等垂直行业中得到了广泛的应用。

（2）发展现状

2019年10月,5G个人业务正式在全国推广。早期5G网络的部署主要集中在人口稠密的大城市和商业区。其中,中国联通与中国电信分别以"共建、共享"的形式进行网络建设,而三大运营商所需的主要基站——铁塔则由铁塔公司负责。到2020年二月末,三大运营商5G用户已超过3000万,在50多个城市中开通了16万个5G基站。截至2023年2月末,我国5G基站总数已达238.4万个,占移动基站总数的21.9%,5G网络的建设正在持续稳定地推进。

（3）体系架构

5G终端对终端的基本结构包括:无线设备、传输设备、核心网络、商业应用平台、机房、供电、地面和地面管道。

该无线装置主要包括一台天线装置（AAU）,AAU与该基带处理单元（BBU）经由光纤连接。

传输系统主要包括一个光纤传输网络、光传输设备和路由交换设备。5G承载的内容取决于核心网元部署的位置,包括多个级别的传输网。

5G新的核心网以服务化体系结构为基础,结合核心网的特性和技术发展趋势,把"服务"分为多个可复用的"服务",通过轻量级的界面进行交互,以达到5G的高效化、软件化、开放化的目的。该平台是以软件定义的网络和网络的虚拟功能为基础,以支持核心网的控制面网元为基础,并以此为基础,进行IT运营。

基于5G网络的基本功能,5G网络能够以开放的网络能力为平台,开放网络能力,并与MEC(Mobile Edge Computing,MEC)实现云与网的协同。

2）工业互联网

（1）内涵特征

工业互联网是以机器、原材料、控制、信息系统、产品和人的互联为基础,对工业数据进行全面的深度感知、实时传输、快速计算处理和先进的模型分析,实现智能控制、业务优化和生产组织模式的转变。产业互联网以"工业"为核心,以产业要素为核心,以产业知识为核心,以产业应用为核心,以产业价值为核心,以"产业数据+产业知识+智能控制"为核心,为产业数字化转型提供核心基础,为企业的核心竞争力提供支撑。

（2）发展现状

2015年,我国提出了"制造强国"战略,提出了以"智能制造"为主要发展方向,从制造业大国到制造业强国的"三步走"。2017年,国务院发布了《关于深化"互联网+先进制造业"发展工业互联网的指导意见》,2020年3月,工业和信息化部发布了《关于推动工业互联网加快发展的通知》,加快了网络、平台、标识、大数据中心四大基础设施的建设,即北京、广州、重庆、上海、武汉,2019年,《工业互联网综合标准化体系建设指南》《工业互联网综合标准化体系建设指南》,加快基础共性、总体、应用三类标准,拓展融合创新应用,培育壮大创新发展新动能。从整体上看,我国工业网络平台的建设与推广工作取得了较大的进步,各平台公司的定位与发展道路逐步清晰,平台的功能和应用水平得到了显著提高。

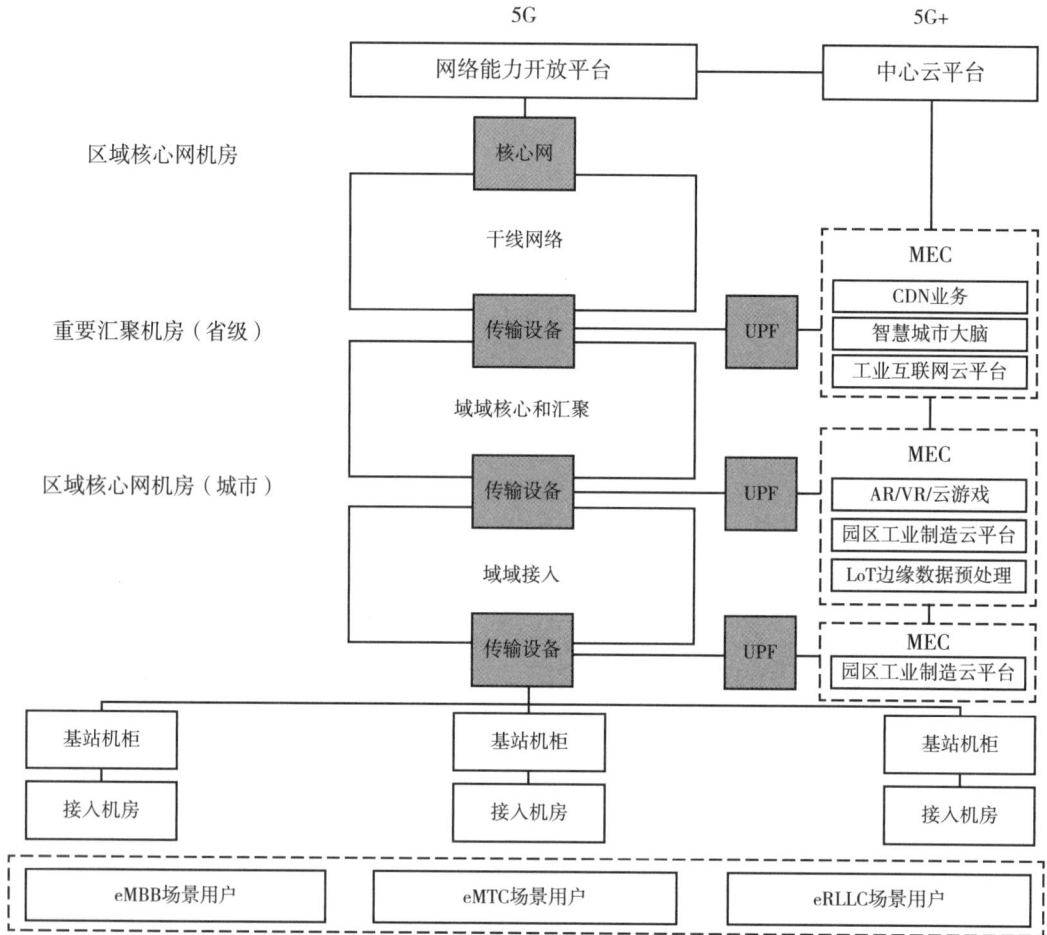

图 10-1　5G基础设施体系

3)物联网

(1)内涵特征

物联网可以被简单地理解为"万事互联",它是在因特网的基础上不断地延伸和扩展,最后形成由多种传感器和因特网组成的庞大的网络。它的含义是:通过与新一代的数字技术(如大数据、5G、人工智能等)实现实体和数字的相互融合,使一切事物都数字化、网络化,实现物与物、物与人、人与现实环境之间的有效信息交互;外延是指基于物联网数据的运营和创新,物联网是"新零售"从线上走向线下的基础,是解决共享经济信息不对称的关键所在,可以有效解决行业痛点,催生新的经济模式与创新应用场景。物联网内涵与外延形成双螺旋架构,推动物联网做螺旋式的上升发展。

(2)发展现状

物联网市场迅猛发展,物联网应用场景也得到不断扩展,网络、终端功耗、终端成本等问题不断优化创新。窄带物联网（Narrow Band Internet of Things，NB-IoT）、eMTC、远距离无线电（Long Range Radio，LoRa）等技术进一步增强覆盖、降低功耗、提升连接率；4G Cat1/Cat1bis 终端类型面向物联网进行了简化，降低了模组成本，逐步扩展应用场景，产业关注度不断提高；在短距通信技术方面，Wi-Fi5 向 Wi-Fi6 演进，可以提升30%的传输速率；蓝牙有望从 5.2 标准向更低功耗的方向继续演进。

4）卫星互联网

（1）内涵特征

卫星因特网，指的是以卫星通信为基础的因特网，以一定数量的卫星组成网络，从而实现对全世界的覆盖，并建设具有实时信息处理能力的大型卫星网络，它可以实现对地面、空中终端的宽带上网等通信业务。随着科技的发展，目前的卫星因特网的投资费用已经急剧减少。卫星网络的发展已成为世界各国的重要战略，而卫星通信的发展也进入了一个新的发展阶段。卫星因特网已成为与5G同样重要的通信网络，其主要原因在于它可以与卫星通信系统紧密结合，从而形成一个空地一体的综合通信网络。卫星通信可以充分利用覆盖范围广、灵活性强的优势，实现与陆地通信的互补、融合，形成覆盖空、天、地、海的优势。

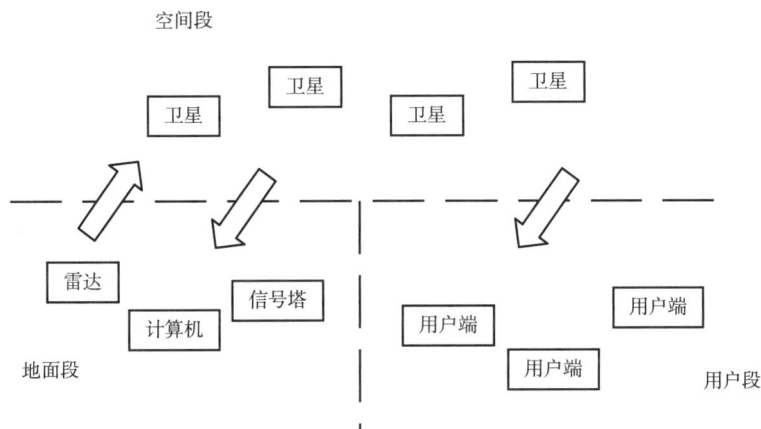

图 10-2　卫星物联网体系

（2）发展现状

中国目前从事卫星通信的公司有中国电信、中国卫通、中信网络、亚太、亚洲等。在卫星因特网领域，除刚刚投入运行的中星 16 号等卫星能提供宽带移动通信业务外，其他的卫星因特网还没有真正投入运行。目前，中国航天科工、中国航天科技、中国电力公司等已经开始积极规划、研发和推进卫星网络建设，其中以"福星计划""鸿雁系统""虹云工程"为代表。

5）云计算

（1）内涵特征

从狭义上来说，云计算是一种资源供应的方式，用户可以在任何时候从"云"中获得资源，根据需要使用，而且可以将其视为无限扩展，只需要支付使用量。云计算从广义上说，是一种与 IT、软件、互联网相关的业务，它将大量的计算资源集中在一起，形成一个所谓的"云"，再用软件进行自动的管理，不需要太多的人员参与，就可以迅速地为用户提供各种资源。换言之，计算能力是一种可以通过网络进行交易的物品，就像水、电、煤气一样，可以很容易地获得，而且成本相对较低。

（2）发展现状

尽管我国的云计算行业发展迅速，但与欧美等发达国家相比仍有很大的差距。中、美云的市场结构有很大的不同，目前中国的云计算市场主要是以基础设施即服务为主（Infrastructure-as-a-Service，IaaS），美国的云计算市场比较成熟，产品标准化程度高，应用范围广泛，使用的是（Software-as-a-Service，SaaS）。美国 SaaS 领域也涌现出了很多龙头企业。但是，在全球云计算服务市场中，SaaS 依然是第二大的增长。

与发达国家相比，国内的公司云服务质量仍处于较低的地位。据麦肯锡等公司的调查，美国公司的上云比例在 2018 年超过 85%，欧盟公司的上云比例则高达 70%。而根据国内有关机构的不完全数据，2018 年，全国各个行业的上云比例仅为 40%。

6）人工智能

（1）内涵特征

人工智能新型信息基础设施以数据、算力和算法为核心要素资源，是赋能实体系统实现感知、理解和决策等任务目标的能力中心，具有三大动力互相促进、形成良性循环的特征：由于现有的算法具有更多的数据和更快速的运算能力，因此可以将其进一步优化成更强大的算法；好的算法可以创造出更好的程序，好的程序可以收集更多的数据。

（2）发展现状

我国人工智能在全球处于并跑和领跑地位。2016 年以来，中国在 AI 领域获得的大额投资累计达 114 次，居全球首位；从技术水平看，中国在语音、图像识别、自然语言处理（Natural Language Processing，NLP）等领域达到国际一流水平，在全球范围内，我国的科研成果和发明专利数量位居第二。2017 年 7 月，《新一代人工智能发展规划》正式发布，国家新一代人工智能技术创新战略联盟正式启动，形成了"一体两翼"的战略布局。"两翼"是指由专家组成的多个工作小组和以企业为主的应用推动小组。"一体"指的是新一代的"启智"开放平台，在 2019 年已经基本成型。2020 年，设立专项计划，以促进新一代人工智能技术的发展。

10.1.3 新型信息基础设施类别逻辑

在智能互联时代，可穿戴设备、环境监测设备、虚拟现实设备等在智能化和网络化的今天，将会出现各种新的信息技术。

5G 技术是智能社会建设的基石，它具有高速率、宽带宽、高可靠、低延迟等特点，可以满足未来虚拟现实、超高清视频、智能制造、无人驾驶等诸多领域的需要，为其他技术的应用奠定了坚实的基础。

卫星互联网补充和完善了 5G 网络，它以卫星通信为依托，由一定数目的卫星组成规模组网进而辐射到世界各地，构建具有实时信息处理功能的大型卫星系统，是一种新型网络，能够向地面和空中终端提供宽带互联网接入等通信服务。

物联网和工业互联网是一个很好的应用领域。物联网通过无线射频识别、红外、GPS、激光扫描等多种传感器与互联网相连，从而实现了对电子产品的识别和管理。工业互联网是信息技术与工业系统深度融合而形成的一种产业和应用生态系统，它是以机器、原材料、控制系统、信息系统、产品、人与人的网络连接为核心，实现对工业数据的全面感知、实时传输、快速计算和先进的模型分析。物联网、工业互联网、卫星物联网等都有一定的功能重叠。工业物联网作为一种新兴的技术,在工业互联网中具有广泛的应用前景。

人工智能、云计算是服务于智慧社会的新型技术形态。人工智能使得实体系统获得感知、理解和决策等可以实现进度与完成目标的能力,由试验技术向工业化过渡,应用范围由服务业逐步扩展到工业和农业,是产业智能决策的"大脑"。云计算通过自动化管理集合计算资源,高效快速提供资源,计算资源的快速提供与利用过程中,实现了管理成本与服务提供商干预的最小化,是智能社会的优化器。

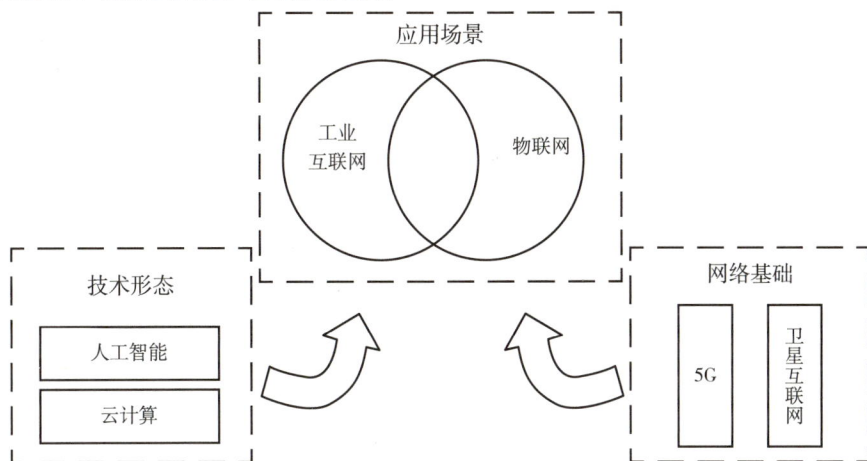

图 10-3 各类新型信息基础设施逻辑

10.1.4 新型基础设施的意义

1)赋能数字经济

在硬件、数据、算法等方面,新的信息基础设施可以产生一系列"指数效应",这就是"升维"的商业生态系统。新型通信网络基础设施等具有指数级技术特征,这些技术能够推动相关产业呈指数级增长。新型通信网络基础设施是各个企业在数字经济时代实现发展的关键动能,5G 等通信网络基础设施能够促进其他新型基础设施技术的发展,这些新型技术将带来新的产业突破和增长,也将衍生出一些充满想象力的应用场景和创新实践。

2)促进经济结构转型

我国经济的根本特点是长期处于低息状态下的金融压制,而通过降低利率来刺激投资,导致了一系列的结构性失真。在中国的经济体系中,最好的办法就是通过改革来重新平衡,也就是走上结构改革的道路,从均衡发展到平衡发展,然后再进行调整。新的基础设施是国民经济发展的重要支撑,它的投资规模与结构将直接影响到各种资源的分配和效率,从而影响到各个行业的发展,从而推动行业的转型,乃至整个行业的更迭。新基建投资是一项基础性、战略性、先导性、面向全局、长期发展的投资,是我国经济结构转变的关键环节。

3)助力科技"领跑"

我国以前一直处于"短平快"的技术与产业发展模式,被基于"相对优势"的全球化理论长期锁定在中低端集成制造上,产业格局依赖性较大。推动新型信息基础设施,可以从供给侧的创新思维,引导高科技及其相关产业的发展,从创造未来的社会需要,为新一代信息技术和策略性新兴产业提供可持续发展的前行动力,实现多领域融合发展与实现技术引领,营造可持续产业生态。

4) 统筹信息安全

新型信息基础设施的内在安全性是一种新的信息基础结构,即"基因层面"具有内在安全的制度机制,能够为"新设施""新功能""新应用"提供可量化的设计、可检验的安全标准,重建了可控制的信息基础结构,重建了新的网络空间安全秩序。

5) 促进社会智慧化演进

支持创新智能化的新基建。在新的资讯基建领域,如人工智能等数码技术的发展,都离不开庞大的数据支持,而大学、科研机构、中小型企业,却常常缺乏足够的数据,无法承担专门的数据生产与标注,而开放的人工智能资料库则为人工智能的理论与应用提供了方便。开源社区汇集了各种算法、代码,并依靠众多的创新者不断丰富和提高,使得很多创新活动都不必从头做起,尤其是对于非数码技术的创新者,更是可以利用现有的算法进行应用,从而大大提高了创新的效率。创造性活动的效率和智能程度,直接推动了人类的智力进化。

10.2　5G 规划管理

从前述新型信息基础设施概论可以看出,数字经济时代,新型信息基础设施建设已经成为推动企业发展和变革的一个主要动力。新的信息基础设施具有丰富的内容,包括5G、工业互联网、物联网、卫星互联网、云计算、人工智能等。本书为阐明交通基础设施建设的项目管理内容,将以5G技术作为分析对象,具体阐述5G网络规划、服务质量、成本目标等方面的规划管理,并结合华阳智能矿井案例,探究新型信息基础设施管理内容,丰富智慧社会发展途径。

10.2.1　网络覆盖管理

5G 的网络覆盖性能需要根据 5G 网络的业务预测结果、网络发展策略、使用目标覆盖区域及覆盖率等指标来表征,覆盖率是反映各地区业务覆盖效应的重要指标,包括面积覆盖率和人口覆盖率。面积覆盖率是指符合某一特定覆盖阈值的地区所占面积的比例;人口覆盖率是指在符合特定覆盖阈值的地区内,人口所占的比例。

5G 技术和产业链的发展及成熟是一个长期的过程,预计长期演进技术(Long Term Evolution,LTE)网络将与5G网络长期并存、有效协同:LTE网络提供广覆盖的语音和数据业务,5G网络提供市区等高流量区域的高速数据业务。根据统一规划、逐步实施的原则,确定网络建设各阶段的目标覆盖范围。由于我国东、中、西各区域经济发展不平衡,在实际工程建设时应充分考虑5G网络的投资收益、5G业务发展策略,以及当地5G网络市场发展水平、竞争和资金情况等来制订不同阶段的目标覆盖区域和具体覆盖目标,然后利用网络规划仿真工具,预测目标覆盖区域内每个地点接收和发送无线信号的电平值、信噪比等信息,根据

5G 不同类型业务的覆盖门限要求,对整个预覆盖区进行统计,以确定网络覆盖是否满足规划要求。

10.2.2　网络容量管理

网络容量是衡量一个系统建设完成后,能够满足各种服务、用户规模的一个重要指标,而 5G 系统的容量指标包括:同时调度用户数、峰值吞吐量、平均吞吐量、边缘吞吐量、同时在线用户数。在进行 5G 网络容量规划时,首先要考虑到 5G 业务的市场定位与发展目标,对各个服务的用户规模及区域网络的容量需求进行预测,并根据不同的服务模式,对不同的服务模式下的基站所提供的服务能力进行测算,再通过网络规划模拟工具,对网络的容量进行预测。

10.2.3　服务质量管理

5G 网络的业务质量主要包括接入成功率、忙时拥塞率、无线信道呼叫损耗、误块率、切换成功率、掉话率等。在进行无线网络规划时,网络覆盖连续性、网络容量等指标的设置直接关系到网络的服务品质。

10.2.4　成本目标管理

在满足网络覆盖、网络容量、服务质量、用户感知等目标的基础上,综合考虑网络中远期的发展规划,以及现有网络、站址资源的分布情况,进行滚动规划,并充分利用现有的站址资源以降低建设成本。

10.3　5G 建设管理

10.3.1　建设管理目标

目前国内的 LTE 网络已大规模部署且短期内不会退网。由于现有 5G 频谱相对较高,根据频率资源的使用特征,低频段频率适合做连续覆盖,高频段频率适合做热点热区覆盖。5G 主要作为容量吸收层提供市区等高流量区域的高速数据业务,多网协同将长期存在。

5G 技术和三大业务都有自己的成熟历程,5G 将成为移动宽带技术发展的第一个阶段,大规模的物联网应用将迟部署超可靠、超低时延的应用正逐步推进。

5G 的建设可以考虑以下内容:

前期目标,明确网络演进需求,制定 5G 建设策略和规划管理;完成 5G 技术验证;实现移动网络的统一部署。

中期目标,聚焦 5G 网络建设过程,结合应用场景的实际情况,对 5G 网络基站建设过程的进度、质量、造价进行控制;实现各项基础设施配套的精细化建设,在配套建设中精确落实各个项目;加强建设过程中工程要素的合理化分配和动态协调管理。

后期目标,实现 5G eMBB 连续广域覆盖;适时启动 LTE 频段向 5G 重耕,业务逐步向 5G 迁移;网络按需升级;实现网络云化、新老协同、能力开放。

10.3.2　基站建设管理内容

1）部署管理

（1）部署策略

重点对各区域的资源承载能力进行评价，并对各区域进行资源储备。具体来说，需要对各子业务区的服务类型进行清楚界定，确定满足服务目标所需要的传输速度，预测对应的损耗路径，通过计算公式来确定覆盖范围，从而达到对5G覆盖范围的全面控制。同时，在建设初期，为了避免各部分之间的相互影响，必须合理地布置基站机房，并选用适当的部署方式。另外，在机房部署时，还要确定网络架构选择、部署方案传输等有关内容，以便在未来使用云计算进行部署。

5G网络覆盖策略一般采取了"宏微融合、分层立体覆盖"的布局模式，其具体要求是：在25米以下的广域覆盖应用宏基站；弥补了宏基地台覆盖空洞、小区和建筑的深度覆盖，并配合室分实现了室内连续覆盖；25 m以上的住宅和建筑，其深度覆盖范围应为高层建筑；采用室分系统，实现了室内覆盖。

（2）基站建设

需要根据实际应用场景，如人口密度、地理条件等，选择合适的基站位置，并对站点进行详细的规划，以确保网络的覆盖范围最大化。同时，实地考查也是非常重要的。在进行水文地质条件的确定、天线的倾斜和方位角的调整以及在附近安装的基站的考查等方面，管理者要做好相应的防范措施，以达到最佳的通信品质。

5G系统的基站覆盖距离短、穿透损耗大，因此基站选址对于保持5G的网络拓扑结构非常重要，5G基站建设遵循"立足投资效益，灵活部署"的原则，建设要点包括：在现有网络资源的基础上，充分利用现有网络的站点资源，使其悬挂高度可以向下移动；在承载与风阻的要求上：站位偏移控制：5G站间距离缩短到200~300 m，站位偏差控制宜适当减小到50~70 m；在基站建设上，要缩小基地台的半径，要有更好的针对性，要根据周围的情况，灵活地调整计划，同时要密切配合其他的基站。

（3）配套建设

5G技术相对于传统的通信技术来说，其速度快、信息量大，因此，在5G网络建设中，要考虑到5G技术的高性能输出，并在配套建设中精确落实各个项目，通过落实信号基站、线路铺设等前期规划项目，制订系统严格的相关制度，便于更好地实现5G技术的高性能输出，也是5G工作的关键所在，对5G设施的运行具有积极作用。

目前，5G网络中的"自组网"（SA）标准才刚刚出台，其设备功率大、体积笨重、配套改造费用高。为了降低投入，尽可能地将基站的设备安装在铁塔公司的基础上，由各运营商共同租赁。目前设备的功耗和体积都很大，因此，我们呼吁各厂商大力发展低功耗、小体积、轻量化的商业设备，以减少后期的网络投资。

2）过程管理

（1）进度管理

在5G无线通信项目的前期项目中，项目经理要确定各阶段的工作时间和具体的目标，并对工期进行管理，以确保项目的总体进度不会受到影响，从而对施工中的偏差进行有效的控制。在对管理过程进行分析的基础上,对各工作阶段中的"里程碑"事件进行了清晰的界定,并严格按照"周期"进行项目推进,防止工期延误,对保障通信工程的施工质量起到了积极的作用。同时,施工单位要合理地确定施工工期的具体时限和数量,并确定工程的总量,以确保工程的安全和质量,并能及时地加快工程的进度,以确保工程的按期、高质量地完成。

（2）质量管理

在5G无线通信项目加速发展的背景下,加强对5G网络的建设和管理工作。在施工过程中,施工单位要保证设备的质量完整,并准确地实现施工质量控制的目的。通信工程施工中存在的质量问题,要从技术失误、措施不到位、通信市场不规范等方面入手,建立统一的质量标准,以便在通信工程施工中应用。在工程质量管理方面,严格执行标准化规范,注重关键部位工程材料的质量,例如外部环境恶劣、城市设施交叉复杂、地下隐蔽工程等,并明确职责,确保工程质量,为各种新材料、新技术、新工艺应用于工程建设,提供有效助力。

（3）造价管理

在5G无线通信项目中,成本费用是一个非常重要的管理工作。在施工管理中,施工单位要对工程造价进行及时的监控,对工程造价和工程造价进行对比,并对造价、入库单、签收单等进行合理的控制。采用多项式计价,根据实际成本基准,逐步优化具体成本,使项目成本和成本之间的协调一致,使项目的各项工作得以准确地进行（如估算、预算、预算等）。

3）调控管理

（1）技术管理

在以5G为基础的通信项目建设中,必须对各种技术的运用有足够的认识,合理地进行优化、创新、实施、深入的研究和探索,对各种技术的运用更加全面,才能发挥出最大的作用。在5G通信项目中,需要大量的设备和技术,为了达到高效的管理,必须严格遵守操作规程,降低技术的使用风险,以达到最大限度地发挥技术的作用。此外,5G通信项目正处在一个快速发展的时期,其作用和价值已充分体现出来,因此必须引起人们的普遍关注,并应针对现实情况不断地优化和创新,加强对关键技术的研究,以防止造成对通信项目的不利影响。另外,在实施5G通信工程的关键技术时,也要对各种技术的应用情况有足够的了解,并对其目前的应用趋势进行分析,以保证5G技术的发展,从而最大限度地发挥其作用,减少信息的干扰,提高信息的安全性,提高技术的稳定性,为5G通信项目打下坚实的基础。

（2）资源管理

5G通信工程与传统通信工程建设有着一定的差距,需要得到广泛重视,在实践展开项目管理的过程中,不仅需要优化关键核心技术的运用,同时应该加强对工程要素合理化分配的重视。再加上5G通信工程具有一定的复杂性,在实际展开工作环节经常会受到一定的影响及限制,而且设备多样化的应用导致项目管理难度不断提升,需要根据实际情况进行优化,并对项目管理方案及要点有着充足的掌握,管理人员应该重视自身的责任,加强对核心技术的了解,确保通过多种工作有助于实现技术创新,减少所产生的影响,保证5G通信工程的顺利进行。除此之外,人员也应该具备丰富的技术底蕴及管理能力,在项目管理阶段应严格遵守5G通信工程建设方案,合理地进行指导,保证建设工作的顺利进行,杜绝所产生的限制。所以说,针对5G通信工程的核心要素,不仅关系到管理人员,同时与相关设备的运用有着密切关系,只有有效将二者协调,加强对技术应用的重视,保证应用的安全性,实现有效对通信工程建设成本的控制,避免周期过长、资金投入过大等多种因素产生一定的限制,使得各项资源更加合理分配与运用。例如,针对 5G 通信工程基站建设来讲,需要实现对基站周边设施的调查与研究,并针对现有设备制定针对性建设方案,优化调整资源的配置,将其价值充分展现,满足工程建设的基本要求,保证通信技术覆盖范围更加合理。

(3)动态化协调管理

在 5G 通信项目建设中,要针对 5G 通信项目的实际情况,在各个节点设置 5G 信号发送基站,并将 5G 信号发送基站用作信号接收基站,以辅助下一步的发送和接收。为了达到高效施工,也要注重动态管理,使之能够在各种工作中得到最优化,从而避免受到各种因素的制约。同时,由于少数人对 5G 项目的认识不足,存在误解,不能确保 5G 项目的建设质量,因此,必须进行合理的规划和协调,以促进 5G 技术的普及,减少负面效应,消除相关的错误,促进人们对 5G 技术的全面认识。另外,对于 5G 通信工程,在实行动态管理的同时,也要围绕其实际情况进行分析,提出相应的解决办法,增强对各种工作的理解,从而进行合理的优化和调整,消除这些制约因素,从而从根本上提高 5G 通信工程的价值,确保 5G 通信工程的施工效果,使建设项目更加完善,促进通信工程的发展。从动态的角度来说,既要 24 小时监控 5G 项目的进度,又要充分了解 5G 项目建设中存在的问题,合理地进行各种工作的优化和创新,消除各种制约因素,解决问题,让管理者更加注重自己的职责。因此,5G 通信项目的动态管理,需要各个方面的协同,才能使 5G 通信项目的建设更高效,更好地推进项目的管理、维护施工秩序、促进 5G 通信项目的发展,以及对技术创新的关注,为以后的工作提供更多的支持。

10.4 5G 建设典型案例:华阳智能矿井

10.4.1 案例概述

1)案例背景

煤炭在国家能源安全中起着举足轻重的作用。中国煤炭消费总量为 28.29 亿吨,占全国能源消费总量的 56.9%;到 2030 年,我国的能源消费中,煤炭的比重仍然很大。

新元煤矿是华阳集团下属的矿井,年产煤炭 270 万吨,可开采储量 7.13 亿吨,利用 5G 技术,实现煤炭工业智能化发展,促进生产效率提升、生产能力变革,提高企业盈利能力,同时推动煤炭行业装备升级改造。

2)行业挑战

安全性差。煤矿安全是煤矿企业的头等大事。煤矿生产中存在着瓦斯、煤尘、渗水、矿井作业时间长、劳动强度大的问题,必须采用新的技术和设备来改善矿井的生产条件。

生产管理难度大。传统的矿井监测系统,因受传统工业环形网络带宽的制约,仅能传输少量的视频,而要满足井下小规模、无人作业需要上传大量的视频,这点"杯水车薪"完全无法满足。此外,在综采工作面,采煤机、液压支架、刮板运输机等都处在不断移动的情况下,传统的光缆往往会发生扭曲,因此,如何确保视频监测能够满足生产要求是一个问题。

每天人工巡视的次数较多。矿井中安装了大量的矿井压监测传感器,目前多是手工抄表,实时性和实时性都不高,如何实现自动化抄表是一个问题。此外,矿井中的机器装备都配备了感应器,通常一台机器上都会配置几到十多个,对网络的数据传送有很高的要求。

烟囱型网络较多。在此基础上,为了满足不同的生产系统,开发了多个标准的网络,在此基础上,如何利用一个统一的 5G 网络来满足各种业务的需要,并能满足企业对数据不出园区的需要是关键问题。

3) 技术应用

在 5G 统一网络的基础上,本书进行了 5G 巡检,即利用 5G 与硐室巡检机器人相连,将监测数据、视频、音频信号传输到井上监测指挥中心,实现了对矿井下变电站的自动巡检;硐室无人操作,采用"超级千兆位"大带宽,可完成 60 路 4 K 高清视频的大量回传;采用无人作业的方法,充分发挥 5G 网络高可靠、带宽大、延时低的优点,实现了对井下设备的遥控,降低了掘进作业的工作人数;采用矿井 NBIoT 网络进行数据采集,实现了水文、瓦斯等采集数据的无线回传,降低了输电建设的维护难度。

采矿系统包括智能无人遥控采矿设备,目前以铲运机、矿卡、破碎锤等为主。同时,该系统可实现无死角的有线、无线网络的全方位覆盖,对各种生产数据进行全面的收集,为矿山机械的智能化供电提供了依据。

在交通系统上,从矿石进入高溜井到地面上的矿场,全过程都是由无人驾驶的有轨运输技术完成,从而使整个运输环节取得了技术上的突破。其次,对高溜井、卸载坑、中间缓冲矿仓等矿储量进行了综合分析,并对整个运输过程进行了统筹调度,解决了各个环节的堵塞,达到了矿石量和矿石品位的双重稳定。

在辅助系统上,恩菲数码的全要素控管平台实现了供配电、控制、网络三个系统的深度整合,实现了矿企各个专业、设备、系统、流程、中段、班次之间的数据共享,使智能诊断、大数据、自动运行、远程遥控成为可能,并通过全要素控管平台替代传统十几个或几十个子系统,加入工艺 App 即可实现过程控制。

10.4.2　5G 规划管理要点

由于地质条件、设备水平、管理模式等因素的制约,在生产过程自动化、智能化方面,将以自动化、遥控为主,如台车、铲运机等将实现远程遥控作业,在有条件的矿山开展凿岩、出矿设备的自主运行实验,针对矿山的凿岩、装药、出矿、支护、溜井放矿、运输等作业场所分散、动态性强的作业,建立采矿装备作业过程智能控制系统,实现主生产作业或危险区域远程遥控作业、现场无人少人化的目标;在生产控制和经营管理方面,以大数据、云计算、网络技术为基础,尤其是 5G 技术的普及,把"技术支点"(如 5G)连接成"线"并铺成"面",实现了智能管理和决策的全过程。智能化矿井的整体架构是以"矿石流"为主线,以"落矿—出矿(输送—提升)—选矿(粉碎—球磨—浮选—浓缩—脱水)—尾矿充填—尾矿排出"为核心的一体化、智能化、扁平化的矿井生产和管理模式。在此基础上,结合网络覆盖、网络容量、服务质量和费用等指标要求,提出了以下几个具体的控制要点。

1) 覆盖规划管理

煤矿 5G 网络需要同时覆盖地面和井下两个不同的使用环境。煤矿地面环境与普通地面环境差异不大,在井上建立 5G 基站,运用边缘计算技术(MEC),通过矿山业务服务器,在运营商与企业自服务网络管理下实现覆盖;井下方面,考虑无线通信设备的安全要求和无线电磁波的井下传输特性需求,在井下设置 5G 传输防爆切片分组网(Slicing Packet Network, SPN),建立井下传输环网。在 5G 覆盖管理方面需要注意:

无线基站与站点的设置。基站和基站不应建在高温、粉尘、易爆、电压不稳定的环境中,并应远离地震、噪声较大的场所。远离变电站、工业锅炉、采暖锅炉。不要设置在无线发射台、雷达站或者其他高功率的干扰源中。

传送装置和装置的环境的决定。保证设备在运行状态下的供电、技术标准;保证设备的安装条件(如电压、温度、湿度、海拔、污染等级、防水和防尘)。

井下覆盖模式的选择。根据矿井特性、矿井容量密度、井下作业的安全需要,根据 5G 技术的需要,选用适合井下作业和部署的技术方案。5G 技术的需要,选用适合井下作业和部署的技术方案。

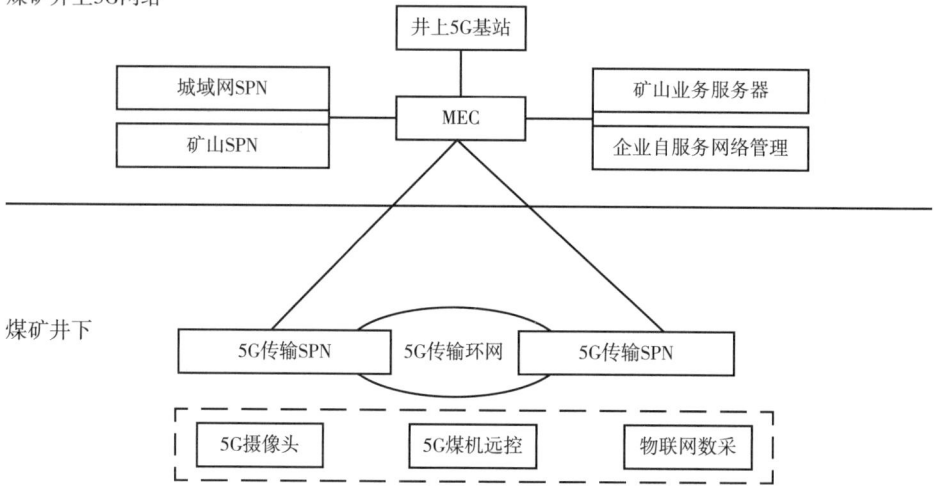

图 10-4 煤矿 5G 网络架构

2)容量规划管理

容量规划基于实际具体需求确定。

容量管理符合《国家防爆标准》(GB 3836)中爆炸性环境设备要求,高粉尘、高瓦斯特殊环境要求;完成 5G 网络的隔爆、煤安标准;针对相关法律法规对容量进行定制化开发。

3)服务质量管理

本案例为煤矿产业,主要服务质量需求为实现或提高煤矿生产过程安全效益、生产效益、潜在效益。主要控制内容如下:

改进操作的安全性。减少矿井作业人员,减少工人劳动强度,减少"三违",减少事故发生率,控制重大事故,并对其进行安全评价。

降本提效,节省投资。智能综合采购技术减少人员需求,降低成本;5G 物联网实现预测性防护,提高生产效率;5G 智能掘进,降低人员成本;无人巡检,降低人员成本;5G 环网试验取代传统网络,节约投资。

10.4.3　5G 建设管理及控制要点

随着新一代信息技术,特别是"大、云、移、物、智"等新技术的落地应用,矿业行业不断朝着智能控制和管理体系演进,建设管理要求也在进一步扩大,差异性建设管理方面及要点如下。

1)部署管理

（1）部署管理

本案例采用宏基站层、微基站层、SPN 结合的部署策略:井上采用宏基站层为主、微基站层为辅的部署模式,井下使用切片分组网建立地下传输环网。

除上述整体部署以外,对井下部分的井下传感器类、视频监控类、远程控制类等有着独立设备与高技术需求的应用,进行与 5G 网络的独立连接:对 5G 应用进行设计,形成独立应用系统,提供电源、标准网络接口,进而和井下环网 5G 网络连接。

（2）基站建设管理

本案例结合基站技术要求、站址偏移、利旧资源等对 5G 建设过程进行如下规划:

根据需求进行勘察。根据每个产品的需要,对每个产品的地理分布和周围的环境进行了调查,这是一个很重要的基础,它可以满足用户的网络需求,增加它们的网络覆盖率,改善它们的最佳网络服务质量。

在建设初期,要根据基地周围的环境和实际的生产需求进行调查,以此来分析和确定未来是否会进行投资。一般来说,基站的建设目的就是要满足市场经济发展的需求,但基站的规划与其他方面的联系很大,因此,在未来的市场需求增长时,必须尽可能地扩大基站的规模。基站的建设要严格遵守设计要求,在建筑密度比较大的地区,要做好基站的建设,减少基站建设的难度。

2)过程管理

本案例将智能生产技术与信息化技术结合起来,对实时数据进行集成与分析,从而实现对建设过程中的质量、进度、造价等进行管理。

运用高效率的智能化制造技术。通过地面中央控制室,实现对煤矿各主要生产环节的远程监控和控制,从而使矿井的生产效率得到明显提升;实现了环境监测,工业电视,调度通信等数据的管理、存档和检索。同时,公司、煤矿、煤矿的调度、管理等部门也能实时了解生产设备的运行状况、产量和井下的安全状况,使企业能够迅速作出响应,并进行精确的调度。

实现动态监控的智能化。通过采用工业以太环网络和新建成的无线自组网,实现了对原有的矿井采掘工作面等传统的固定点位监控盲区进行有效的视频监控,增强对矿井安全的实时监控。5G 物联系统可以对环境参数、闸阀位置、水量、电量、设备运行状况等进行实时监测,并将动态图像通过图形化的方式呈现在荧光屏上;该装置可以对各种设备的防护信号进行检测,并对其进行自动分析和校正,从而达到对其自身或装置的自动防护或维修。

3)协调管理

增强团队合作。运营商要求建设单位向工程单位投入充足的资金,施工单位要严格按照设计图纸进行施工。3 个方面的合作,可以有效降低工程建设中的成本和技术问题,确保工程的进度。在基站工程施工中,团队合作的结果是,运营商、施工单位、设计单位等部门能够更好地协同工作,增强团队协作能力,从而使基站工程的施工质量和工作效率得到提升。

加速资源分配。资源分配的增效依赖于精准定位与物资调度系统。系统的位置划分为矿井人员的位置与矿井的物料的位置;该系统利用 RFID 射频技术对井下人员进行准确定位;同时,采用"信号、集中、闭塞"的交通管理模式,以跟踪矿车的位置、调度机车、提升转运效率、提高行车安全性、提高车辆的安全性、智能化,达到实时、合理的使用和调配。

提高协作的有效性。利用工业以太环网和新建成的无线自组网作为传输平台,使矿井内每个矿工、调度中心、矿井下矿工之间能够实时进行语音通信,既可以大大提高矿工的工作效率,又可以大大提高企业的协作水平。

4) 其他管理

加强环保基站建设。移动通信网络基站在其建设和运营中很有可能会因为紫外线光照辐射而直接影响到健康,这个问题一直以来都被认为是普通群众比较关注和重视的一个问题。相关研究成果表明,现阶段正常使用的该项目建设基站所可能产生的各种电磁辐射强度基本上都不会直接地影响到国民的生命和身体健康,但如果能够更好地依靠一些高新技术来建设和发展一个绿色环保基站的建设,对于项目建设将具有更大意义。

参考文献
References

[1] 孙丽娜.新型基础设施:释放中国经济发展潜力的新动能[N].金融时报,2020-09-14.

[2] 翟云."后疫情"时期数字化转型意义、困境及进路[J].互联网经济,2020(8):16-21.

[3] 李剑锋.中国石化数字化转型发展的路径与策略[J].中国石化,2019(11):67-70.

[4] 刘海峰,黄溅华.智能交通物联网技术与产业化[J].工程研究-跨学科视野中的工程,2014,6(1):20-30.

[5] 张瑶,王傲寒,张宏.中国智能电网发展综述[J].电力系统保护与控制,2021,49(5):180-187.

[6] 刘强.智能制造理论体系架构研究[J].中国机械工程,2020,31(1):24-36.

[7] 赵春江.智慧农业的发展现状与未来展望[J].中国农业文摘-农业工程,2021,33(6):4-8.

[8] 傅荣校.智慧城市的概念框架与推进路径[J].求索,2019(5):153-162.

[9] 楚金华.我国智慧城市建设研究述评[J].现代城市研究,2017,32(8):115-120.

[10] 顾小清,杜华,彭红超,等.智慧教育的理论框架、实践路径、发展脉络及未来图景[J].华东师范大学学报(教育科学版),2021,39(8):20-32.

[11] 倪明选,张黔,谭浩宇,等.智慧医疗:从物联网到云计算[J].中国科学:信息科学,2013,43(4):515-528.

[12] 赵松岭,陈镜宇.发展智慧物流的路径探索[J].人民论坛,2020(8):108-109.

[13] 张粲东.新基建的历史发展轨迹及与传统基建的比较分析[J].地方财政研究,2020(6):83-89.

[14] 吴文化,向爱兵."新型基础设施"与传统基建需协同发力[N].经济日报,2020-09-29(011).

[15] 于洪涛.自主创新正当时,百度智能云AI赋能智慧金融[J].中国金融电脑,2021(11):88-89.

[16] 夏杰长,贺少军,徐金海.数字化:文旅产业融合发展的新方向[J].黑龙江社会科学,2020(2):51-55,159.

[17] 北京大学课题组,黄璜.平台驱动的数字政府:能力、转型与现代化[J].电子政务,2020(7):2-30.

[18] 陆彦.工程项目组织理论[M].南京:东南大学出版社,2013.

[19] 毛文静,唐丽颖.组织设计[M].杭州:浙江大学出版社,2012.

[20] 卞咏梅.项目组织与团队管理[M].北京:电子工业出版社,2011.

[21] 胡鹏,郭庆军.工程项目管理[M].北京:北京理工大学出版社,2017.

[22] 庞业涛,何培斌.建筑工程项目管理[M].2版.北京:北京理工大学出版社,2018.

[23] 席西民,刘鹏.组织管理与系统工程研究回顾与展望[J].系统科学与数学,2019,39(10):1514-1520.

[24] 王德东,房韶泽,王新成.组织因素对重大工程项目绩效影响研究[J].管理评论,2021, 33(1):242-253.

[25] 张光军,吕佳茵,刘人境.我国大科学工程项目组织管理问题与对策:以神光Ⅲ激光装置建设项目为例[J].科技进步与对策,2018,35(21):1-6.

[26] 曾晖,成虎.重大工程项目全流程管理体系的构建[J].管理世界,2014(3):184-185.

[27] 周晓杰."新基建"浪潮下的全过程工程咨询模式探究[J].中国招标,2021(11):42-44.

[28] 李开孟,伍迪.PPP的层次划分、基本特征及中国实践[J].北京交通大学学报(社会科学版),2017,16(3):1-12.

[29] 阎长俊,KEMAL A.BOT模式与建设项目采购方式的变革[J].中国软科学,2001(11): 62-66.

[30] 向鹏成,邹龙.跨区域公共工程项目组织运行机制[J].科技进步与对策,2012,29(18): 26-29.

[31] 晏永刚,张元刚,要长友.基于多级关键组织的巨项目空间组织结构形式设计[J].科技管理研究,2014,34(10):173-177.

[32] 王芳,储君,张琪敏,等.跨部门政府数据共享:问题、原因与对策[J].图书与情报,2017 (5):54-62.

[33] 陈曦.跨部门合作机制对我国政府的启示[J].学术探索,2015(04):23-28.

[34] 吴文强.政府多部门决策协调的研究述评[J].公共行政评论,2020,13(1):177-194.

[35] 苗蕴慧,姚爽.5G技术与我国制造业国际市场竞争力的提升[J].学术交流,2020(10): 124-132.

[36] 李晓华.面向智慧社会的"新基建"及其政策取向[J].改革,2020(5):34-48.

[37] 吕芳,程名.美国公共服务合同外包改革对政府规模的影响[J].国外社会科学,2018 (5):84-92.

[38] 王雨辰."新基建"视域下的基础设施供给方式研究[J].经济体制改革,2021(5): 194-200.

[39] 曹小琳,宋阳.中国基础设施建设走向国际的合同管理研究[J].科技进步与对策,2011, 28(13):81-84.

[40] 吴春尚,孙序佑,杨好伟.采购管理[M].成都:电子科技大学出版社,2020.

[41] 阎长俊,Ke mal Ah met.BOT模式与建设项目采购方式的变革[J].中国软科学,2001 (11):62-66.

[42] 王波,张坤琳,岳良运.从零开始学采购:供应商管理与采购过程控制[M].北京:人民邮电出版社,2018.

[43] 谢展,袁福银,孙春虎.浅析大型公路施工项目合同管理[J].公路,2020,65(6): 182-185.

[44] 宫迅伟.采购2025:数字化时代的采购管理[M].北京:机械工业出版社,2018.

[45] 盛磊,杨白冰.新型基础设施建设的投融资模式与路径探索[J].改革,2020(5):49-57.

[46] 马荣,郭立宏,李梦欣.新时代我国新型基础设施建设模式及路径研究[J].经济学家, 2019(10):58-65.

[47] 宇德明,张飞涟,等.高速铁路项目建设管理[M].北京:中国铁道出版社,2021.

［48］王雨辰."新基建"视域下的基础设施供给方式研究［J］.经济体制改革,2021（5）:194-200.

［49］孙伟.基础设施建设 PPP 模式融资的经验性规律及策略优化:基于两个典型案例的分析［J］.经济纵横,2019（7）:120-128.

［50］刘用铨.新基建领域推行 PPP 模式探析:以北京地铁四号线为例［J］.财会月刊,2020（14）:145-151.

［51］何川,孙沛香,舒伟.基础设施 REITs 试点的现状、问题和对策［J］.金融理论与实践,2021（12）:99-107.

［52］张捷.公募 REITs:基础设施融资新方式［J］.宏观经济管理,2021（8）:14-21.

［53］王轶辰.新基建面临"新风险" 如何让数字基建的每块砖安全可溯源?［N］经济日报-中国经济网.2020-4.

［54］管清友.新基建的风险与机遇［N］.经济形势报告网.2020-7-2.

［55］郝利.王威.新基建主题系列——关注特高压及新能源项目的用地法律风险［EB/OL］.中伦资讯.2020-3-28.

［56］顾成杰.面向"新基建"的 5G 网络安全风险分析与对策研究［J］.中国信息安全,2020（7）:55-56.

［57］蒋昭星.南京铁塔公司 5G 基站建设项目风险管理研究［D］.南京:南京航空航天大学,2020.

［58］池程,马宝罗,田娟.工业互联网标识解析安全风险分析模型研究［J］.信息通信技术与政策,2020（10）:23-27.

［59］郝闯,马卓元,李丹.工业互联网安全现状与风险分析［J］.网络安全和信息化,2021（8）:29-30.

［60］宇德明.高速铁路项目建设管理［M］.北京:中国铁道出版社,2021.

［61］齐宝库.城市基础设施建设工程管理［M］.大连:大连理工大学出版社,2012.

［62］徐宪平.新基建:数字时代的新结构性力量［M］.北京:人民出版社,2020.

［63］尹丽波.数字基建［M］.北京:中信出版集团股份有限公司,2020.

［64］宇德明,张飞涟,等.高速铁路项目建设管理［M］.北京:中国铁道出版社,2021.

［65］贾一苇.全国一体化国家大数据中心体系研究［J］.电子政务,2017（6）:31-36.

［66］张玉清,周威,彭安妮.物联网安全综述［J］.计算机研究与发展,2017,54（10）:2130-2143.

［67］郝英好.人工智能安全风险分析与治理［J］.中国科学电子研究院,2020（6）:501-505.

［68］王金京.大数据背景下信息通信网络安全管理策略研究［J］.数字通信世界,2021（1）:105-106,113.

［69］邬江兴.内生安全:重新定义新基建的安全属性［J］.中国科技产业,2020（5）:7-9.

［70］任望,王永涛,程岩."新基建" 新安全 新思考［J］.中国信息安全,2020（5）:46-47.

［71］伍前红,李大伟,郑海彬."新基建"下区块链所面临的安全态势与发展建议［J］.中国信息安全,2020（7）:49-51.

［72］冯朝胜,秦志光,袁丁.云数据安全存储技术［J］.计算机学报,2015,38（1）:150-163.

［73］王世伟.论信息安全、网络安全、网络空间安全［J］.中国图书馆学报,2015,41（2）:72-84.

[74] 林小村.数据中心建设与运行管理[M].北京:科学出版社,2010.

[75] 龚伟华,王刚,等.银行数据中心基础设施建设与运维管理[M].北京:机械工业出版社,2016.

[76] 陈琨,杨建国.智慧交通的内涵与特征研究[J].中国交通信息化,2014(9):28-30.

[77] 本刊编辑部.交通强国,任重道远科技赋能,智慧交通[J].智能建筑与智慧城市,2020.

[78] 杨建勋,刘逸凡,刘苗苗,等."互联网+"时代城市绿色低碳交通的挑战与对策[J].环境保护,2018,46(11):43-46.

[79] 史官清,张先平.高铁战略与新型城镇化战略的协同性与依存性研究[J].财经理论研究,2016(1):91-98.

[80] 卢春房.中国高速铁路建设项目一体化管理模式研究与实践[J].铁道学报,2016,38(11):1-8.

[81] 赵军超.浅谈高速铁路轨道精调[J].价值工程,2017,36(19):151-153.

[82] 马汉丞.浅谈高速铁路无砟轨道精调[J].科技情报开发与经济,2011,21(11):222-225.

[83] 北京至雄安新区城际铁路正式开工 未来半小时通达[J].铁路采购与物流,2018,13(2):67.

[84] 雄安:京雄城际铁路全线开工[J].中国建设信息化,2018(5):5.

[85] 京雄城际铁路(北京段)开始铺轨[J].现代企业,2019(4):122.

[86] 京雄城际铁路全线开通[J].铁道技术监督,2021,49(1):83.

[87] 孙建军.京雄城际铁路项目管理及创新建造技术研究[J].四川建材,2021,47(1):207-208.

[88] 解亚龙,马西章,孟飞.铁路BIM工程化实施策略研究[J].铁路计算机应用,2021,30(2):35-39.

[89] 孙建军.BIM与信息化融合在京雄城际铁路建设项目中的应用[J].四川建材,2021,47(2):148-149,151.

[90] 雷佳锡.京雄城际铁路施工风险控制与质量安全管理研究[J].工程技术研究,2021,6(6):176-177.

[91] 欧阳邵杰.面向能源互联网的电力系统时空多维规划及运营模式研究[D].北京:华北电力大学(北京),2017.

[92] 魏彤."十四五"时期能源综合利用与智慧化转型探析[J].中国工程咨询,2020(9):57-61.

[93] 王晓雄,王景超,裴顺.浅谈智能电厂规划建设[J].南方能源建设,2017,4(3):30-34.

[94] 王承民,孙伟卿,衣涛,等.智能电网中储能技术应用规划及其效益评估方法综述[J].中国电机工程学报,2013,33(7):33-41,21..

[95] 贾龙,胡泽春,宋永华.考虑不同类型充电需求的城市内电动汽车充电设施综合规划[J].电网技术,2016,40(9):2579-2587.

[96] 黄仁乐,蒲天骄,刘克文,等.城市能源互联网功能体系及应用方案设计[J].电力系统自动化,2015,39(9):26-33,40.

[97] 李海.特大城市(群)能源系统规划及优化方法研究[D].北京:北京建筑大学,2019.

[98] 刘小华,王超,樊鹏华.电力信息化工程建设项目管理[J].科技创新导报,2015,12(5):185-186.

［99］雷金勇.南方电网智能电网发展［EB/OL］.2019-12-06.

［100］童光毅,杜松怀.智慧能源体系［M］.北京:科学出版社,2020.

［101］王毅,张标标,赵甜.智慧能源［M］.北京:清华大学出版社,2012.

［102］本刊编辑部,刘刚,林浩,等.发展工业互联网建设数字开发区:2021(第五届)京津冀开发区协同创新发展论坛专家发言摘编［J］.经济与管理,2021,35(5):35-43.

［103］邱增礼.5G 通信工程建设的项目管理研究［J］.中国新通信,2021,23(13):30-31.

［104］汪昆.5G 无线通信工程建设管理工作探讨［J］.通信世界,2021(11):28-29.

［105］宁焕生,徐群玉.全球物联网发展及中国物联网建设若干思考［J］.电子学报,2010,38(11):2590-2599.

［106］靳聪.低轨卫星物联网体系架构研究［D］.南京:南京邮电大学,2019.

［107］陈青松.5G 无线通信工程建设管理特点及分析［J］.通讯世界,2020(8):9-10.

［108］张雷,田果.移动通信基站建设的策略分析［J］.电子技术,2021,50(11):40-41.

［109］常洁,关舟,关庆贺.中国 5G 垂直行业应用案例 2021［R］.GSMA,中国信息通信研究院,2021-02-21.

［110］臧传君,宋伟国.智慧矿山的建设与管理［J］.中国机械,2019(6):2.

［111］朱晨鸣,王强,李新,等.5G 关键技术与工程建设［M］.北京:人民邮电出版社,2019.

［112］中国社会科学院工业经济研究所未来产业研究组.中国新基建:未来布局与行动路线［M］.北京:中信出版集团股份有限公司,2020.

［113］任泽平,马家进,连一席.新基建［M］.北京:中信出版集团股份有限公司,2020.

［114］尹丽波.数字基建［M］.北京:中信出版集团股份有限公司,2020.